経済理論と住宅市場

中神康博

日本評論社

はしがき

　わたしは，1989 年にカリフォルニア大学サンディエゴ校に住宅市場ダイナミックスに関する論文を提出し博士号（Ph.D. in Economics）を取得して以来，カナダ，アメリカ，日本の大学で都市経済学の分野を中心に教育・研究に携わってきた。とくに土地市場や住宅市場に関心をもってきたが，これまで研究生活を続ける中で感じてきたことは，土地市場や住宅市場を分析するためにはミクロ経済学，マクロ経済学のコースワークの域にとどまらず，より広い経済理論をある程度体系的に学ぶ必要があるということであった。しかし残念ながら，カリフォルニア大学サンディエゴ校時代の大学院やセミナーで都市経済学を専攻するわたしにはそのような機会に恵まれることはなく，手探りで研究を続けざるを得なかった。

　成蹊大学における研究生活もいよいよ大詰めを迎えるにあたり，これまでに参考としてきた土地・住宅市場に関する論文の中でとりわけ重要と考える論文をわたしなりに整理し，この分野に関心をもつ次世代の研究者に少しでも役に立ちたいと考えるようになった。経済学に使われるテクニックが日増しに高度になり，基本文献をじっくり読みこなす時間がなくなりつつあると感じていたからである。わたしは，その目的を達成すべく，2012 年に土地・住宅市場に関する主要論文をテーマごとにまとめる作業に取り組み始めた。それはちょうど大学行政に携わる年齢に差し掛かり，じっくり研究に時間を費やすことができなくなるという焦りを感じていた時期でもあった。

　以来，成蹊大学経済学部の Discussion Paper Series に 10 本のサーベイ論文を執筆した。

- 「使用者費用と価格 - 家賃比率について」No.121，2012
- 「家賃 - 価格比率の役割について」No.135，2016
- 「価格リスクと住宅需要について」No.141，2017
- 「住宅市場と価格変動について」No.147，2018

- 「土地利用規制とリアル・オプションについて」No.148, 2019
- 「土地集約と Holdout 問題について」No.155, 2020
- 「サーチ理論と住宅市場について」No.159, 2021
- 「ライフサイクルと住宅保有について」No.167, 2022
- 「住宅とポートフォリオについて」No.172, 2023
- 「サーチにおける提示価格の役割」No.174, 2023

本書はこれらの 10 本のサーベイ論文を，11 の章に再構成してまとめたものである。

　これまでの長い研究生活において多くの方々からご指導，ご鞭撻をいただいた。とくに以下に挙げる 3 人の先生方に出会わなければ，本書が生まれることはなかったと思う。慶應義塾大学経済学部 4 年生のときに，怪我による頸椎の痛みに悩まされ就職活動を断念した後，ロチェスター大学留学のきっかけを作ってくださり，ご存命中はもちろんのこと，公私ともに大変お世話になったわたしの研究における精神的支柱でもあり続ける慶應義塾大学経済学部時代のゼミ指導教授の故・大山道廣先生，ロチェスター大学でうまくいかず失意の中トランスファーしたワシントン大学（シアトル）で，わたしに自信を取り戻させ次なるステップの機会を与えてくださった Eugene Silberberg 先生，そしてワシントン大学在学中に出会った *Economic Theory and the Cities* の著者である，当時ブラウン大学の Vernon Henderson 先生（現ロンドンスクールオブエコノミクス教授）である。2 年間の海外研修先として選んだブラウン大学で，その Henderson 先生の都市経済学の授業の代講を半年間にわたって任せられたのも，辛いながらもいまとなってはよき思い出である。

　この 3 人の先生方が書かれた本のタイトル，すなわち Silberberg 先生の *The Structure of Economics*，国際経済学から都市経済学に専攻を変えるきっかけとなった Henderson 先生の *Economic Theory and the Cities*，そして大山先生が逝去された翌年に刊行された『理論経済学と経済政策』は，いずれも経済理論に立脚した分析であることを常に意識して書かれたものであり，本書のタイトルである『経済理論と住宅市場』は 3 人の先生方へのオマージュであることは言うまでもない。

　もちろんこのほかにも多くの先生方からたくさんのことを学んだ。1992

年，北米における 10 年あまりの留学生活，教鞭生活を終え日本に戻って来たとき，思えばバブル崩壊の最中であった。日本住宅総合センターが主催する住宅研究会に参加させていただき，当時の研究会の中核メンバーであった故・坂下昇先生，八田達夫先生，金本良嗣先生をはじめそうそうたるメンバーの方々から多くのことを学ぶ機会を得たことは，わたしにとって大きな財産となっている。また，日本住宅総合センターが刊行する『季刊 住宅土地経済』に幾度となく論文を掲載する機会を与えていただき，この学術雑誌とともに成長できたことはたいへん喜ばしいことであった。日本住宅総合センターには心より感謝申し上げたい。

30 余年にわたって教育・研究に携わってきた成蹊大学においてもよき先輩先生方，そしてよき仲間に恵まれた。とくにお二人の名前を挙げないわけにはいかない。研究のことに限らずどんなことでも常にドアをオープンにして相談に乗っていただいた武藤恭彦先生は，思いもかけず北米での生活が長くなってしまったわたしにとって大きな存在であり続けた。また，定年を控えて集大成としての本を出版された西藤洋先生の研究スタイルには大きな感銘を受けたものである。研究生活も終盤になったこの時期にこのような形で本書を出版することができたのも，西藤先生からの強いメッセージを感じとっていたからだと思う。本書の端緒となった最初のディスカッションペーパーの発表が，西藤先生が成蹊大学をお辞めになった 2012 年であったことは決して偶然ではなかったのである。

本書はわたし自身のオリジナルな論文を集めたものではない。しかし，日本の大学院だけではなく不動産に関する経済理論を体系的に学ぶ場が限られている中で，わたしがこれまでにとくに重要と思ってきた論文を 1 冊の本としてまとめておくことはそれなりに意味があるのではないか，そんな思いから 10 年以上の月日をかけて完成させたものである。とはいえ，わたしの勉強不足や紙幅の制約もあって，ここで取り上げることができなかった論文も数多く存在する。論文の選び方だけではなく，個々の論文に対するわたしの理解にも随所に問題があるかもしれない。読者からのご叱正，ご寛恕を賜りたい。

データが氾濫する中で，ともすると経済理論が等閑にされているのではないか，そんな懸念を抱き始めていたわたしにとって願いはただひとつ。本書が次世代の研究者の一助になること，それを願って止まない。

謝　辞

　本書が生まれるまでに多くの方々にお世話になった。本書が生まれるきっかけとなったのは，井上智夫氏（成蹊大学），清水千弘氏（一橋大学）とともに行ったプロジェクト「首都圏における住宅市場の動学分析」である（科学研究費補助金〔基盤研究（C）：21530232〕）。プロジェクトを進める中で計量経済学のエクスパートである井上智夫氏から，また不動産市場のデータ分析の第一人者である清水千弘氏から，多くのことを学んだ。本書第1章，第2章は彼らとの共同プロジェクトからヒントを得，生まれたものである。第2章は，本書の趣旨から若干離れているようにも見えるが，家賃 - 価格比率は住宅市場を理解するうえできわめて重要な指標であることから，あえて含めることにした。

　本プロジェクトは10年以上の年月をかけて進めてきたものであるが，その間，成蹊大学の同僚の先生方にも多くの助言やコメントをいただいた。とくに統計科学を専門とする井上潔司氏には，わたしがモデルを解くことができず立ち往生しているとき，しばしば突破口を見出すためのよき相談相手になってもらった。また，若き研究者である庄司俊章，地主遼史の両氏にも一部草稿を読んでいただき有益なコメントを頂戴した。

　現在，特任教授として成蹊大学に籍を置いているが，定年を迎える最終年度の後期に異例ともいうべき研修期間をいただき，本プロジェクトの第6章，第11章にあたる部分のディスカッションペーパーを執筆する機会を得た。また，本書を出版するにあたり，その費用の一部を「成蹊大学学術出版助成」によって補助してもらうという幸運にも恵まれた。成蹊大学そして成蹊学園に対し，記して謝意を表したい。

　本書を出版するにあたり，日本評論社にはたいへんお世話になった。本プロジェクトを出版したいと日本評論社に問い合わせたところ，柴田英輔氏に関心をもっていただき，幸いにも日本評論社の「事業出版」のひとつとして採用していただくことになった。この制度がなければ，経済理論，それも住

宅市場という狭いフィールドで読者も限られているこのような本を出版することはとても叶わなかったであろう。また，若き編集者の吉田素規氏に膨大な編集作業をお願いすることになり，氏の多くの助力がなければ到底本書を完成させることはできなかったと思う。お二人に心より感謝申し上げる次第である。

　本書が生まれるきっかけとなった最初のディスカッションペーパーを発表した翌年，父が他界した。父は不動産関連の仕事を生業としていたが，わたしも不動産の領域に関心をもち，自由に学究の道を歩んできた。それを可能ならしめた妻への感謝とともに，本書を両親に捧げたいと思う。

　2025 年 1 月

中神康博

目　次

─── 第**3**章 ───

流動性制約

テニュア選択

リスクヘッジと住宅需要

──── 第**6**章 ────

住宅とポートフォリオ

199

―――第**8**章―――

土地利用規制とリアル・オプション

289

————第**9**章————
住宅市場と価格変動 329

———第 **10** 章———
サーチ理論と住宅市場

第1章

持家の使用者費用と
家賃 – 価格比率

1.0 はじめに[1]

　持家は消費財だけではなく投資財としての性格をもつ。すなわち，持家は消費財として住宅サービスを生産する財であると同時に資産としても所有される。前者の価格である家賃は住宅サービス市場で決定され，後者の価格である資産価格は住宅資産市場で決まる。しかし，持家が生み出す住宅サービスの価格は市場で実際に取引きされるわけではなく，データとして存在しない。どうすればよいか。

　住宅市場を分析するうえで新古典派の投資理論が重要なヒントを与えてくれる。ミクロ経済学で学ぶように，資本の限界生産力の価値が資本コストに等しいとき，最適な資本量が達成される。資本コストは，資本をレンタルする場合にはレンタル料に相当し，資本を所有する場合には機会費用としての利子費用と減価償却費を合計したものと考えてよい。使用者費用とはこの合計を資本の価格で除した値で，本書では1円あたりの費用と定義している。資本市場が完全であるならば，レンタルするか所有するかにかかわらず資本を利用する費用は等しくなる。

　この議論を応用して住宅価格と家賃との関係を見ることができる。住宅価格を P，利子率を i，固定資産税率を τ，維持費用を m，減価償却率を d，

---

1) 本章は，中神（2012）にもとづいている。

キャピタルゲイン率（住宅価格が下がる場合にはキャピタルロス率である）を g とすれば，住宅を一定期間保有する費用は，

$$iP+\tau P+dP+mP-gP = (i+\tau+d+m-g)P$$

である。すなわち，利子費用，固定資産税，住宅維持費用，減価償却費，キャピタルゲインから構成される。自己資本によって住宅を購入した場合でも，機会費用としての利子費用が存在するので，やはり利子費用 iP は必要である（もちろん，返済のための利子率と銀行預金の利子率とのあいだに乖離が存在するのが一般的である）。したがって，右辺は住宅の資本コストで，括弧の中は住宅1円当たりの資本コストであるから，持家（あるいは住宅保有としてよい）の使用者費用ということになる。

　一方，持家による便益はどのように考えればよいだろうか。住宅を保有し賃貸住宅市場に貸し出せば，便益は家賃そのもので R である。自分自身で利用するのであれば，自分自身に家賃 R を払っていると考えることができる。この場合の家賃は帰属家賃あるいはみなし家賃と呼ばれる。同じ物件に対して，住宅を保有する費用と便益は一致すると考えられるので，

$$R = (i+\tau+d+m-g)P \tag{1.1}$$

が成立する。これは費用便益という観点から住宅価格と家賃との関係を見たものであるが，持家にするか借家にするかという選択（テニュア選択とよばれる）として捉えることも可能である。その場合，(1.1) 式の左辺は借家の費用であり，右辺は持家の費用である。住宅市場の均衡においては借家にするか持家にするかは無差別の状態になっている。

　住宅市場を分析する際に，使用者費用とともに家賃 - 価格比率と呼ばれる概念が用いられることがある。(1.1) 式が示すように，住宅市場が均衡状態にあれば，家賃 - 価格比率は使用者費用に等しいと考えられるが，実際には両者が同じ動きをしているわけではない。世帯や地域によって使用者費用や家賃 - 価格比率に大きな散らばりがあったり，また時系列で見てもその変化に大きな違いが見られたりする。なぜ世帯や地域によって使用者費用あるいは家賃 - 価格比率の値は異なるのか。

　この点を明らかにするためには，本章ではライフサイクルモデルにもとづいて使用者費用と家賃 - 価格比率を導出し，流動性制約，遺産動機などが使

用者費用や家賃 - 価格比率に及ぼす影響について考える。まず，1.1 節で使用者費用と家賃 - 価格比率に関してレビューを行った後，1.2 節では，基本モデルとしてライフサイクルモデルにもとづいて使用者費用と家賃 - 価格比率を導出する。1.3 節では，流動性制約が持家の使用者費用に及ぼす影響について考察する。とくに流動性制約が拘束力をもつ場合ともたない場合の比較を行う。1.4 節では遺産動機を考慮したとき，流動性制約の縛りや相続税の優遇措置が持家の使用者費用に及ぼす影響について考える。1.5 節でまとめを行う。

1.1　使用者費用と家賃 - 価格比率

　住宅市場を動学的に分析するには需要サイド，供給サイド，情報という 3 つのアプローチが欠かせない。とくに 1980 年代後半から 1990 年代初頭にかけての"資産バブル"と呼ばれた不動産価格の動き，さらには"バブル"の崩壊とその後緩やかに下落していく過程，こうした動きをいかに説明するかはとても難しい作業である。「はじめに」で述べたように，使用者費用と家賃 - 価格比率は住宅価格の変動を分析する重要な指標としてしばしば用いられる概念である。しかし，住宅価格にバブルが存在したのかという課題に対して使用者費用と家賃 - 価格比率いずれも満足のいく答えを用意できるわけではない。

　そもそもバブルとは何かという問題がある。Stiglitz は，「今日の価格が高いのは投資家が明日の売値も高くなると信じているから，ただそれだけの理由だとすれば，換言すればファンダメンタルズの要因だけではそのような価格を正当化できないとすれば，そのときバブルは存在する」（Stiglitz 1990：13 頁）としている。また，Case and Shiller も，バブルとは「将来の価格の上昇に対する皆の過度の期待が価格を一時的に押し上げるような状態」（Case and Shiller 2003：299 頁）と述べている。バブルを定義するためにはファンダメンタルズを定義しなければならず，そのファンダメンタルズの定義も実はたいへん難しい作業なのである。

　バブルが存在したかどうかという点を巡っては，これまで住宅市場は効率的か，という視点から実証的な分析がしばしば行われてきた。Case and Shiller（1988）はアンケート調査から，不動産の購入者は合理的な期待形成

のもとに意思決定を行っているわけではなく，過去に価格が上昇している場合にはさらに上昇を続けると予想し，下落しているときにはさらに下落し続けると予想するとした。Case and Shiller（1989）は自ら住宅価格指数を作成し，不動産からの収益率が系列相関をもつことを実証的に示した。また，Abraham and Hendershott（1994）は，収益率の上昇はいつもでも続くわけではなく，いつしか収まってファンダメンタルズに回帰していくという，いわゆる平均回帰の動きが見られることを実証的に示した。日本の不動産市場においても，同様の結果を得ている（例えば，井上・井出・中神 2002 を参照）。

　しかし，不動産の収益率から住宅市場の効率性を分析するというアプローチの方法は，不動産価格が適正であるかという判断を行う際には問題がある。第 1 に，収益率は不動産価格の変化を問題にしているのであって，それによって住宅価格の水準が適正であるかどうか判断できるわけではない。価格や家賃という水準に関する情報をいかに活用するかが重要である。第 2 に，それと関連して，不動産価格の変化を問題にしようとすると，不動産税制や土地利用規制など制度的な問題の取り扱いが困難になってしまう。税制を含め制度的な条件は頻繁に大きく変わるものではないので，変化を問題にしようとするとこのような要因が取り除かれてしまう。その意味で家賃 - 価格比率は，価格の適正水準を判断するうえで重要な指標である。Meese and Wallace（1994）は，不動産の現在価値関係から不動産価格の理論値を計算し，それと市場価格を比較することでどの程度のバブルがあったかを分析している。日本においても同様の手法を用いてマンション価格の理論値を計算し，市場価格と比較することでバブルの存在を分析している（井上・清水・中神 2010 を参照）。

　しかし，家賃 - 価格比率にも問題がないわけではない。Himmelberg, Mayer, and Sinai（2005）は住宅価格の動きを概観するなかで，まず家賃 - 価格比率を取り上げている。「はじめに」で述べたように，家賃 - 価格比率は借家と持家のいずれが相対的に有利かという情報を与える。言い換えれば，家賃に比べて住宅価格が高ければ持家に対する需要が減って価格は下がり始める。逆に家賃に比べて住宅価格が相対的に安ければ，持家に対する需要が増えて価格は上昇し始める。すでに述べたように，住宅市場が効率的に機能している場合には（1.1）式は無裁定条件ということになる。しかし，家

賃‐価格比率が使用者費用よりも持続的に高かったり，あるいは低かったりしたときに，住宅価格は高すぎる，あるいは安すぎるという判断をしてよいのだろうか。Himmelberg, Mayer, and Sinai（2005）は家賃‐価格比率を住宅価格が高すぎるか安すぎるのかという判断に用いるのに疑問を投げかける。なぜなら，住宅価格は住宅サービスに対するフローの価格ではないからである。彼らは，住宅価格が適正であるかどうかの判断は，住宅価格と家賃を比較するのではなく，市場で決定される家賃と使用者費用から導出される家賃の理論値を比較することによってなされるべきであると主張する。

　それでは使用者費用は家賃‐価格比率よりも優れた指標と言い切れるのであろうか。これにも問題がないわけではない。第1に，使用者費用に含まれるキャピタルゲインをどのように定義するかという問題である。本章でも論ずるように理論的には住宅価格の上昇率（キャピタルゲイン率）であるべきだが，バブル期のように住宅価格が高騰を続ける時期は住宅価格の上昇が大きな値になってしまい，使用者費用がマイナスになってしまうということもあった。その際，リスクプレミアムなどの概念を持ち込むことによってそれを回避するという安易な方法が用いられることもあるが，それはあくまでも恣意的なものであって，そのリスクプレミアムがどのように生まれたものであるかを説明しなければならない。結局のところ，Mayer（2011）が指摘するように，使用者費用を用いてバブルの存在を分析しようとすると，価格期待形成の仮定が望ましいものであるかを調べているようなもので，本末転倒になってしまう。

　一方，家賃‐価格比率について Martin（2008）が指摘し，また本章においてもその点を改めて確認するように，住宅価格は将来にわたる収益の流列の現在価値の総和として定義され，それと現時点における家賃との比率は多くの情報を含んでいる。資産価格モデルに住宅を含めることで，住宅の消費財としての側面と投資財としての側面を強調しながら住宅価格を求め，家賃‐価格比率を導出する。家賃‐価格比率は，住宅からの便益の変化，割引率の変化，税制の変化，減価償却率などの情報を将来にわたって反映させる指標である。それに対して，使用者費用の比較，あるいは Himmelberg, Mayer, and Sinai（2005）が求めた使用者費用にもとづく家賃の理論値と家賃との比較という方法は，短期的な価格の動きを説明するのには有効ではあっても，長期的な住宅価格の情報を伝えきれていないのではないかと思われ

る。

　このように，バブル時期という不動産価格が乱高下するようなときには，使用者費用と家賃‐価格比率どちらを使うべきであるかというよりも，使用者費用，家賃‐価格比率はいずれも住宅市場において重要な指標であり，分析しようとする目的に応じて使い分けることが肝要である。その意味でも同じフレームワークをもつモデルから使用者費用と家賃‐価格比率を導出し，その関係について確認しておくことは重要な意味がある。

1.2　基本モデル：Martin（2005, 2008）を参考に

　家計に関するライフサイクルモデルにもとづいて持家の使用者費用ならびに家賃‐価格比率を導出しよう。効用は住宅サービス以外の消費財 c_t（基準財とする）と住宅サービス h_t に依存し，効用関数を $u(c_t, h_t)$ とする[2]。簡単化のために住宅ストック 1 単位から住宅サービス 1 単位が生産されるものと仮定する。また，家計は住宅ストックを消費財と同時に投資財としても保有する。したがって，住宅ストックから生産される住宅サービスを自己消費するだけではなく，賃貸住宅市場に供給することも可能である。賃貸住宅市場における住宅サービスの価格は，外生的に与えられ R_t とする。また，家計は住宅ストックのほかに金融資産をもつ。消費者は毎期非弾力的に労働を供給し，税引き後に労働所得 w_t を得る。したがって，労働供給は効用最大化による意思決定に影響を及ぼすことはない。

　家計の効用最大化モデルは以下のようになる[3]。

$$\max_{c_t \geq 0, h_{t_t} \geq 0, D_t \geq 0} \sum_{t=0}^{\infty} \beta^t u(c_t, h_t)$$

$$\begin{aligned} c_t + D_t + (1 + \tau_p) P_t H_t \\ \leq w_t + (1 + r_t^D) D_{t-1} + P_t (1 - \delta) H_{t-1} + R_t (H_t - h_t) \end{aligned} \tag{1.2}$$

$$H_t - h_t \geq 0 \tag{1.3}$$

$$D_t \geq 0 \tag{1.4}$$

2）効用関数は効用最大化のための適切な性質を備えているものとする。
3）モデルに不確実性を導入することは可能であるが，本章では考慮していない。

ここで，c_t：t 期における住宅以外の消費財（基準財），h_t：t 期における住宅サービス，H_t：t 期における住宅ストック，D_t：t 期における預金残高，P_t：t 期における住宅ストック 1 単位の価格，w_t：t 期における税引き後の労働所得，R_t：t 期における住宅サービス価格，r_t^D：t 期における預金金利，τ_p：固定資産税率で期間に関係なく一定，δ：住宅資本の減価償却率，である。上記のライフサイクルモデルは家計の効用最大化に注目しており，部分均衡モデルである。(1.2) 式は消費者にとっての t 期における所得制約である。(1.2) 式は

$$c_t + R_t h_t + (D_t - D_{t-1}) + P_t(H_t - (1-\delta)H_{t-1}) + \tau_p P_t H_t$$
$$\leq w_t + R_t H_t + r_t^D D_{t-1}$$

と書くことができる。左辺は t 期におけるその他の財，住宅サービス，貯蓄，新規住宅ストックへの支出に固定資産税への支払いで，右辺は t 期おける労働所得，不動産所得（帰属家賃を含む），金融資産からの利子所得で構成されており，各期において支出は所得を超えてはならないという制約条件である。また (1.3) 式は，消費財としての住宅サービスは保有する住宅ストックが生産する住宅サービスを超えてはならないという条件である。(1.4) 式は，預金残高は負になることを許されないという条件である。

ラグランジュ関数を以下のように定義する。

$$\mathcal{L} = \sum_{t=0}^{\infty} \{\beta^t u(c_t, h_t) + \lambda_{1t}(w_t + R_t H_t + r_t^D D_{t-1} - c_t - R_t h_t$$
$$- (D_t - D_{t-1}) - P_t(H_t - (1-\delta)H_{t-1}) - \tau_p P_t H_t) + \lambda_{2t}(H_t - h_t) + \varphi_t^D D_t\}$$

ここで，λ_{1t} は t 期における所得制約に対するラグランジアン乗数，λ_{2t} は住宅サービスの自己消費は住宅ストックが生産する住宅サービスを超えないという制約のラグランジアン乗数，φ_t^D は預金残高の非負制約のラグランジアン乗数である。効用最大化のための必要条件は以下のようになる。

$$c_t：\quad \beta^t u_c(c_t, h_t) - \lambda_{1t} = 0 \tag{1.5}$$

$$h_t：\quad \beta^t u_h(c_t, h_t) - \lambda_{1t} R_t - \lambda_{2t} = 0 \tag{1.6}$$

$$H_t：\quad \lambda_{1t+1} P_{t+1}(1-\delta) + \lambda_{1t} R_t + \lambda_{2t} - \lambda_{1t}(1+\tau_p) P_t = 0 \tag{1.7}$$

$$D_t：\quad \lambda_{1t+1}(1+r_{t+1}^D) - \lambda_{1t} + \varphi_t^D = 0 \tag{1.8}$$

(1.5) 式は，その他の財を 1 単位変化させたときの限界便益と限界費用が一致しなければならないという条件である。(1.6) 式は，住宅サービスを 1 単位変化させたときの限界便益と限界費用が一致しなければならないという条件である。(1.3) 式で不等号が成立しているとき，$\lambda_{2t} = 0$ である。(1.7) 式は住宅ストックを 1 単位変化させたときの，また，(1.8) 式は預金を 1 単位変化させたときの，それぞれ限界便益と限界費用が一致しなければならないという条件である。なお，以下の議論では $D_t > 0$ を仮定し，$\varphi_t^D = 0$ を満たすものとする。

　(1.5), (1.6), (1.7) 式から

$$\frac{u_h(c_t, h_t)}{u_c(c_t, h_t)} = P_t(1 + \tau_p) - \frac{\lambda_{1t+1}}{\lambda_{1t}} P_{t+1}(1 - \delta)$$

を得るが，これは，次のように書くこともできる。

$$\frac{u_h(c_t, h_t)}{u_c(c_t, h_t)} = \left(1 - \frac{\lambda_{1t+1}}{\lambda_{1t}}\right) P_t + \tau_p P_t + \frac{\lambda_{1t+1}}{\lambda_{1t}} \delta P_{t+1} - \frac{\lambda_{1t+1}}{\lambda_{1t}}(P_{t+1} - P_t) \quad (1.9)$$

ここで，$\lambda_{1t+1}/\lambda_{1t}$ は (1.5) 式より

$$\frac{\lambda_{1t+1}}{\lambda_{1t}} = \frac{\beta u_c(c_{t+1}, h_{t+1})}{u_c(c_t, h_t)}$$

であり，1 期先の基準財を 1 単位増やしたときの効用の変化を現在価値に直したもので，しばしば価格カーネル（Pricing Kernel）と呼ばれる。言い換えれば，当該家計の 1 期先の割引率を表している。(1.9) 式の左辺は，消費財を基準財とする住宅サービスの限界代替率である。右辺の第 1 項は持家を 1 単位保有したときの機会費用，第 2 項は住宅 1 単位あたりの固定資産税である。さらに第 3 項は住宅 1 単位あたりの減価償却費，第 4 項は住宅 1 単位あたりのキャピタルゲインで，いずれも当該家計の主観的割引率で割り引いた現在価値である。したがって右辺全体は，追加的な住宅ストック 1 単位から生み出される住宅サービス 1 単位あたりのネットの限界費用とみなすことができる。これは 1.1 節で定義した，住宅ストック 1 単位あたりの持家費用である。

　(1.9) 式は以下のように書き直される。

$$P_t = \frac{1}{(1+\tau_p)} \frac{u_h(c_t, h_t)}{u_c(c_t, h_t)} + \frac{P_{t+1}(1-\delta)}{(1+\tau_p)} \frac{\beta u_c(c_{t+1}, h_{t+1})}{u_c(c_t, h_t)}$$

これを前向きに解くと,

$$P_t = \sum_{s=0}^{\infty} \frac{(1-\delta)^s}{(1+\tau_p)^{1+s}} \frac{\beta^s u_c(c_{t+s}, h_{t+s})}{u_c(c_t, h_t)} \frac{u_h(c_{t+s}, h_{t+s})}{u_c(c_{t+s}, h_{t+s})}$$

となる。これは住宅の需要価格が 4 つの要因に影響を受けていることを示している。第 1 の要因は,将来にわたる住宅サービスとその他の財の限界代替率である。これは将来の需要予測に影響を受ける。家計の構成員数が増えば住宅サービスに対する相対的な評価が高まり,住宅価格は上昇する。それに対して,家計の構成員数が減れば住宅サービスに対する相対的な評価が下がって,住宅価格は下落する。第 2 の要因は,当該家計にとっての異時点間の主観的な割引率である。割引率が高くなれば住宅価格は下落し,低くなれば住宅価格は上昇する。第 3,第 4 の要因は減価償却率と固定資産税率であるが,いずれも上昇すれば住宅価格は低下する。このように,住宅の需要価格は将来の需要の変化を反映している。

しかし,(1.9) 式に問題がないわけではない。家計の住宅サービスとその他の財の限界代替率や,当該家計の異時点間の主観的な割引率を客観的に観察することは不可能である。そこで,まず借家市場と持家市場の均衡を考える。「はじめに」で触れたように,住宅ストックが生み出す住宅サービスのうち,自己消費を上回る部分を賃貸住宅市場に供給している場合,(1.6) 式において $\lambda_{2t} = 0$ と置くと (1.5),(1.6) 式より住宅サービスとその他の財の限界代替率は家賃に等しくなる。つまり,$t+s$ 期における借家市場の均衡における家賃を R_{t+s} とすれば,

$$\frac{u_h(c_{t+s}, h_{t+s})}{u_c(c_{t+s}, h_{t+s})} = R_{t+s}$$

が成立する。

また,預金についても (1.8) 式が満たされていれば,簡単な計算を施すことによって

$$\frac{\beta^s u_c(c_{t+s}, h_{t+s})}{u_c(c_t, h_t)} = \prod_{i=1}^{s} \frac{1}{1+r_{t+i}^D}$$

となる。

　したがって，住宅ストックが生み出す住宅サービスのうち，自己消費を上回る部分を賃貸住宅市場に供給しており，預金もプラスの状態であれば，(1.9) 式は

$$R_t = P_t\left(\frac{r_{t+1}^D}{1+r_{t+1}^D} + \tau_P + \frac{1}{1+r_{t+1}^D}\frac{\delta P_{t+1}}{P_t} - \frac{1}{1+r_{t+1}^D}\frac{P_{t+1}-P_t}{P_t}\right)$$

となる。括弧の中は，住宅を 1 年間保有しそれを利用することによる 1 円あたりの費用，すなわち使用者費用である。

　この関係を P_t について解くと，

$$P_t = \frac{(1-\delta)\,P_{t+1}}{(1+r_{t+1}^D)\,(1+\tau_P)} + \frac{R_t}{(1+\tau_P)}$$

となるので，これを前向きに解くことにより

$$P_t = \sum_{s=0}^{\infty}\frac{(1-\delta)^s}{(1+\tau_P)^{1+s}}\left(\prod_{i=0}^{s}\frac{1}{1+r_{t+i}^D}\right)R_{t+s}$$

を得る。先の結果と異なるのは，将来にわたる住宅サービスとその他の財の限界代替率が市場で評価される家賃となっていること，また主観的な割引率も市場で決まる預金金利になっていることである。

　さらに，辺々を R_t で割ると

$$\frac{P_t}{R_t} = \sum_{s=0}^{\infty}\frac{(1-\delta)^s}{(1+\tau_P)^{1+s}}\left(\prod_{i=0}^{s}\frac{1}{1+r_{t+i}^D}\right)\frac{R_{t+s}}{R_t}$$

という関係を得る。これは価格 - 家賃比率（便宜上，家賃 - 価格ではなく価格 - 家賃比率としている）が 4 つの要因に影響を受けていることを示している。第 1 の要因は，将来にわたる家賃の変化率である。これは将来の需要予測に影響を受ける。人口が増えることが予想されれば，家賃の上昇が予想され，価格 - 家賃比率は上昇する。第 2 の要因は利子率である。利子率の低下

が期待されれば，価格 - 家賃比率を押し上げる。第3，第4の要因は減価償却率と固定資産税率であるが，いずれも上昇すると価格 - 家賃比率を低下させる。

　一方，住宅ストックが生み出す住宅サービスをすべて自己消費に充てている場合（$\lambda_{2t} > 0$），（1.5），（1.6）式より，

$$\frac{u_h(c_t, h_t)}{u_c(c_t, h_t)} = R_t + \frac{\lambda_{2t}}{\lambda_{1t}} > R_t$$

という関係が成り立つ。住宅サービスとその他の財の限界代替率は市場家賃よりも高い評価を与える。この関係式を（1.9）式に代入すると，

$$R_t = P_t\left(\frac{r_{t+1}^D}{1+r_{t+1}^D} + \tau_P + \frac{1}{1+r_{t+1}^D}\frac{\delta P_{t+1}}{P_t} - \frac{1}{1+r_{t+1}^D}\frac{P_{t+1}-P_t}{P_t} - \frac{\lambda_{2t}}{\lambda_{1t}}\frac{1}{P_t}\right) \quad (1.10)$$

となり，右辺の括弧の中の最後の項が加わったことで持家の使用者費用は確実に低下する。

　（1.10）式を P_t について前向きに解くと，住宅価格は

$$P_t = \sum_{s=0}^{\infty}\frac{(1-\delta)^s}{(1+\tau_P)^{1+s}}\left(\prod_{i=0}^{s}\frac{1}{1+r_{t+i}^D}\right)\left(R_{t+s} + \frac{\lambda_{2t+s}}{\lambda_{1t+s}}\right)$$

となり，さらに辺々を R_t で除すると，

$$\frac{P_t}{R_t} = \sum_{s=0}^{\infty}\frac{(1-\delta)^s}{(1+\tau_P)^{1+s}}\left(\prod_{i=0}^{s}\frac{1}{1+r_{t+i}^D}\right)\left(\frac{R_{t+s}}{R_t} + \frac{\lambda_{2t+s}}{\lambda_{1t+s}}\frac{1}{R_t}\right)$$

となる。住宅ストックの一部を賃貸住宅市場に供給する場合と比べて，住宅価格と価格 - 家賃比率は確実に上昇する。個々の物件あるいは地域によって住宅価格や家賃 - 価格比率に違いがあるとすれば，その理由として，家賃変化率，利子率，減価償却率，固定資産税率だけではなく，住宅が自己消費のみに利用されているかどうかという点も重要であることがわかる。

1.3 流動性制約と使用者費用：Díaz and Luengo-Prado(2008)を参考に[4]

(1) モデル

次に，流動性制約がある場合の持家の使用者費用について考える。モデルの複雑さを避けるために住宅サービスはすべて自己消費するものとする。そのうえで前節と異なるのは以下の点である。第1に，住宅ローン残高は住宅価格の一定割合（Loan-to-Value Ratio）を超えてはならないという流動性制約を仮定する。第2に，預金金利と借入金利を区別する。一般に預金金利よりも借入金利の方が高いが，両者が等しい場合と，借入金利が預金金利よりも高い場合に分けて分析を行う。第3に，借入残高について非負制約を設けた。

以上の変更を加えたライフサイクルモデルは以下のようになる。

$$\max_{c_t \geq 0, H_t \geq 0, D_t \geq 0, M_t \geq 0} \sum_{t=0}^{T} \beta^t u\,(c_t, H_t)$$

$$c_t + D_t - M_t + (1+\tau_P)\,P_t H_t$$
$$\leq w_t + (1+r_t^D)\,D_{t-1} - (1+r_t^M)\,M_{t-1} + P_t(1-\delta)\,H_{t-1} \tag{1.11}$$

$$M_t \leq (1-\theta)\,P_t H_t \tag{1.12}$$

$$D_t \geq 0 \tag{1.13}$$

$$M_t \geq 0 \tag{1.14}$$

なお，M_t は t 期における住宅ローン残高，θ は住宅ローンの頭金の割合である。

（1.11）式は所得制約で，

$$c_t + (D_t - D_{t-1}) - (M_t - M_{t-1}) + P_t(H_t - (1-\delta)\,H_{t-1}) + \tau_P P_t H_t$$
$$\leq w_t + r_t^D D_{t-1} - r_t^M M_{t-1}$$

と書き直すことができる。（1.12）式は，住宅ローン残高はすべての期間において担保価値を超えてはならないという制約条件である。（1.13），（1.14）

4) 本節は，Díaz and Luengo-Prado（2008）に加えて Díaz and Luengo-Prado（2010, 2011）も参考にしているが，必ずしもこれらの論文の解説を行っているわけではない。

式はそれぞれ，預金残高と住宅ローン残高は非負でなければならないという制約条件である。

ラグランジュ関数を以下のように定義する。

$$\mathcal{L} = \sum_{t=0}^{\infty} \{\beta^t u(c_t, H_t) + \lambda_t(w_t + r_t^D D_{t-1} - r_t^M M_{t-1} - c_t - (D_t - D_{t-1})$$
$$+ (M_t - M_{t-1}) - P_t(H_t - (1-\delta)H_{t-1}) - \tau_P P_t H_t$$
$$+ \mu_t((1-\theta)P_t H_t - M_t) + \varphi_t^D D_t + \varphi_t^M M_t\}$$

これまでと同様，λ_t は t 期における所得制約のラグランジアン乗数，μ_t は流動性制約のラグランジアン乗数である。φ_t^D と φ_t^M はそれぞれ預金残高と借入残高は非負でなければならないという条件のラグランジアン乗数である。効用最大化のための必要条件は，

$$c_t: \quad \beta^t u_c(c_t, H_t) - \lambda_t = 0 \tag{1.15}$$

$$H_t: \quad \beta^t u_H(c_t, H_t) - \lambda_t(1 + \tau_p)P_t + \mu_t(1-\theta)P_t + \lambda_{t+1}P_{t+1}(1-\delta) = 0 \tag{1.16}$$

$$D_t: \quad -\lambda_t + \varphi_t^D + \lambda_{t+1}(1 + r_{t+1}^D) = 0 \tag{1.17}$$

$$M_t: \quad \lambda_t - \mu_t + \varphi_t^M - \lambda_{t+1}(1 + r_{t+1}^M) = 0 \tag{1.18}$$

である。(1.15) 式はその他の財を 1 単位変化させたときの限界便益と限界費用が一致するという条件である。(1.16) 式は住宅ストックを 1 単位変化させたときの限界便益と限界費用が一致するという条件である。(1.17) 式は預金を 1 単位変化させたときの，また，(1.18) 式は借入を 1 単位変化させたときのそれぞれの限界便益と限界費用が一致するという条件である。

(1.15), (1.16) 式より

$$\frac{u_H(c_t, H_t)}{u_c(c_t, H_t)} = (1 + \tau_p)P_t - \frac{P_{t+1}(1-\delta)}{\lambda_t/\lambda_{t+1}} - \frac{\mu_t}{\lambda_t}(1-\theta)P_t$$

となる。簡単な計算を施すことによって

$$\frac{u_H(c_t, H_t)}{u_c(c_t, H_t)} = \frac{[(\lambda_t/\lambda_{t+1}) - 1]}{\lambda_t/\lambda_{t+1}}P_t + \tau_P P_t + \frac{\delta P_{t+1}}{\lambda_t/\lambda_{t+1}} - \frac{P_{t+1} - P_t}{\lambda_t/\lambda_{t+1}}$$
$$- \frac{\mu_t}{\lambda_t}(1-\theta)P_t \tag{1.19}$$

を得る。右辺の第1項は住宅保有にともなう機会費用の現在価値，第2項と第3項は固定資産税と減価償却それぞれの現在価値である。第4項はキャピタルゲインの現在価値であり，第5項は流動性制約によって生ずる機会費用である。

(2) 使用者費用への影響

　流動性制約が拘束力をもつ場合ともたない場合それぞれについて使用者費用と家賃-価格比率を考察する。その前に Díaz and Luengo-Prado（2008）の3つの補題を確認しておこう。最初の補題は，

補題1　$\mu_t > 0$（流動性制約あり）と $\varphi_t^M > 0$（住宅ローンなし）は同時には起こりえない。

というものである。$\mu_t > 0$ ということは $M_t = (1-\theta)P_t H_t$ が満たされており，$M_t = 0$ となることはない。つまり，$\varphi_t^M = 0$ でなければならない。このことを前提に，まず預金金利と借入金利が等しい場合から見ていく。

　〔ケースⅠ：預金金利と借入金利が等しい場合（$r_t^D = r_t^M$）〕

補題2　$\varphi_t^M > 0$（住宅ローンなし）と $\varphi_t^D > 0$（預金なし）は同時には起こりえない。

仮に同時に成立したとする。$\varphi_t^D > 0$ ならば，（1.17）式より $-\lambda_t + \lambda_{t+1}(1 + r_{t+1}^D) < 0$。したがって，（1.18）式より $-\mu_t + \varphi_t^M < 0$ でなければならない。しかし，$\varphi_t^M > 0$ を仮定すれば $\mu_t > 0$ でなければならず，補題1により，これは明らかに矛盾する。

補題3　$\varphi_t^M > 0$（住宅ローンなし）となることはない。

$\varphi_t^M > 0$ であれば，補題2より $\varphi_t^D = 0$ でなければならず，（1.17）式より $-\lambda_t + \lambda_{t+1}(1 + r_{t+1}^D) = 0$ となる。このとき（1.18）式より $\varphi_t^M = \mu_t > 0$ となって，明らかに補題1と矛盾する。このことから常に $\varphi_t^M = 0$，つまり住宅ローンはプラスでなければならない。

　これら3つの補題から次のような結論を導くことができる。預金金利と借入金利が等しい場合，（1.17），（1.18）式から $\varphi_t^D + \varphi_t^M - \mu_t = 0$ である。補

題 3 より，住宅ローンは常にプラスであり，$\varphi_t^M = 0$ である。それゆえ，$\varphi_t^D = \mu_t$ でなければならない。したがって，$\mu_t > 0$，すなわち流動性制約が拘束力をもつとき，預金はゼロでなければならない。一方，$\mu_t = 0$，すなわち流動性制約が拘束力をもたないとき，$\varphi_t^D = \varphi_t^M = 0$ となって預金，住宅ローンはいずれもプラスである。

〔ケースⅡ：借入金利が預金金利を上回る場合（$r_t^M > r_t^D$）〕

借入金利が預金金利を上回る場合，（1.17），（1.18）式の関係式から

$$\lambda_{t+1}\left(r_{t+1}^D - r_{t+1}^M\right) + \varphi_t^D + \varphi_t^M - \mu_t = 0$$

を得る。第 1 項については負の値をとるので，$\varphi_t^D + \varphi_t^M - \mu_t > 0$。よって，流動性制約が拘束力をもつ，もたないにかかわらず，$\varphi_t^D + \varphi_t^M > 0$ でなければならない。したがって，$\varphi_t^M = 0$，$\varphi_t^D = 0$，すなわち預金，借入が同時にプラスになるということはあり得ない。住宅ローンがある家計にとっては $\varphi_t^M = 0$ であるから $\varphi_t^D > 0$ でなければならず，預金はゼロである。住宅ローンのない家計は $\varphi_t^M > 0$ であるから，預金はゼロの場合もプラスの場合もありうる。

以上の議論をもとに，流動性制約が拘束力をもたない場合ともつ場合について，それぞれ持家の使用者費用を導出する。

（a）流動性制約が拘束力をもたない場合（$\mu_t = 0$）

預金金利と借入金利が等しいとき $\varphi_t^D = \varphi_t^M = 0$ であるから，（1.17）式もしくは（1.18）式より

$$\frac{\lambda_{t+1}}{\lambda_t} = \frac{1}{1 + r_{t+1}^D}$$

という関係が得られる。このとき（1.19）式は

$$\begin{aligned}
\frac{u_H(c_t, H_t)}{u_c(c_t, H_t)} &= \frac{r_{t+1}^D P_t}{1 + r_{t+1}^D} + \tau_P P_t + \frac{\delta P_{t+1}}{1 + r_{t+1}^D} - \frac{P_{t+1} - P_t}{1 + r_{t+1}^D} \\
&= P_t\left(\frac{r_{t+1}^D}{1 + r_{t+1}^D} + \tau_P + \frac{\delta}{1 + r_{t+1}^D}\frac{P_{t+1}}{P_t} - \frac{1}{1 + r_{t+1}^D}\frac{P_{t+1} - P_t}{P_t}\right)
\end{aligned}$$

となる。括弧の中は預金金利と借入金利が等しいときの持家の使用者費用で、これを uc^D とする。

　一方、借入金利の方が預金金利よりも高ければ、借入している家計の限界代替率は

$$\frac{\lambda_{t+1}}{\lambda_t} = \frac{1}{1+r_t^M}$$

となるので、（1.19）式は

$$\frac{u_H(c_t, H_t)}{u_c(c_t, H_t)} = \frac{r_{t+1}^M P_t}{1+r_{t+1}^M} + \tau_P P_t + \frac{\delta P_{t+1}}{1+r_{t+1}^M} - \frac{P_{t+1}-P_t}{1+r_{t+1}^M}$$
$$= P_t\left(\frac{r_{t+1}^M}{1+r_{t+1}^M} + \tau_P + \frac{\delta}{1+r_{t+1}^M}\frac{P_{t+1}}{P_t} - \frac{1}{1+r_{t+1}^M}\frac{P_{t+1}-P_t}{P_t}\right)$$

となる。括弧の中は借入金利が預金金利よりも高いときの持家の使用者費用で、これを uc^M とする。

　借入金利の方が預金金利より高いので、2つの使用者費用を比較すると

$$uc^M - uc^D = \frac{(r_{t+1}^M - r_{t+1}^D)(1-\delta)}{(1+r_{t+1}^M)(1+r_{t+1}^D)}\frac{P_{t+1}}{P_t} > 0$$

となるが、住宅エクイティにともなう機会費用を考えれば当然である。

(b) 流動性制約が拘束力をもつ場合（$\mu_t > 0$ の場合）

　借入している家計は $\varphi_t^M = 0$ であり預金はゼロとなるから、家計が直面する利子率は（1.18）式によって決まる。すなわち、

$$\mu_t = \lambda_t - \lambda_{t+1}(1+r_{t+1}^M) \tag{1.20}$$

である。これを（1.19）式に代入して整理すると、

$$\frac{u_H(c_t, H_t)}{u_c(c_t, H_t)} = \frac{\theta\left(\lambda_t/\lambda_{t+1}-1\right)+(1-\theta)\,r_{t+1}^M}{\lambda_t/\lambda_{t+1}}P_t+\tau_P P_t+\frac{\delta P_{t+1}}{\lambda_t/\lambda_{t+1}}-\frac{(P_{t+1}-P_t)}{\lambda_t/\lambda_{t+1}}$$

$$= P_t\Bigg(\frac{\theta\left(\lambda_t/\lambda_{t+1}-1\right)+(1-\theta)\,r_{t+1}^M}{\lambda_t/\lambda_{t+1}}+\tau_P$$

$$+\frac{\delta}{\lambda_t/\lambda_{t+1}}\frac{P_{t+1}}{P_t}-\frac{1}{\lambda_t/\lambda_{t+1}}\frac{P_{t+1}-P_t}{P_t}\Bigg)$$

となる。第1項は住宅購入の際の頭金の機会費用と借入に対する利子費用，第2項は固定資産税，第3項は減価償却費で，第4項はキャピタルゲインである。固定資産税以外については主観的な割引率で現在価値に割り引いたものである。

　流動性制約が拘束力をもつときの持家の使用者費用を uc^C としよう。θ が uc^C に及ぼす影響を見るために，uc^C を θ で微分し，（1.20）式を考慮すれば，

$$\frac{\partial uc^C}{\partial \theta} = 1-\frac{1+r_{t+1}^M}{\lambda_t/\lambda_{t+1}}>0$$

となる。流動性制約が拘束力をもつとき，θ の値が大きいほど，言い換えれば Loan-to-Value Ratio（住宅価格に対する住宅ローンの比率）が小さいほど，流動性制約によって生ずる機会費用が減少して持家の使用者費用は上昇する。

　一方，住宅価格の上昇率が一定であるという仮定のもとで uc^C と uc^M の差をとると，

$$uc^C-uc^M = \left(\frac{1}{1+r_{t+1}^M}-\frac{1}{\lambda_t/\lambda_{t+1}}\right)\left\{(1-\delta)\frac{P_{t+1}}{P_t}-(1-\theta)\left(1+r_{t+1}^M\right)\right\}$$

となる。（1.20）式より $1+r_{t+1}^M<\lambda_t/\lambda_{t+1}$ であるから，uc^C と uc^M の差の符号は右辺の中括弧の中の符号，すなわち減価償却を考慮した住宅価格比率と住宅ローンに対する粗利子率の差に依存する。

(3)　住宅価格への影響

　流動性制約がある場合と流動性制約がない場合について住宅価格を求めておこう。（1.19）式を P_t について解くと以下のようになる。

$$P_t = \frac{1}{[(1+\tau_P)-(\mu_t/\lambda_t)(1-\theta)]}\frac{u_h(c_t, h_t)}{u_c(c_t, h_t)}$$
$$+ \frac{1}{[(1+\tau_P)-(\mu_t/\lambda_t)(1-\theta)]}\frac{P_{t+1}(1-\delta)}{\lambda_t/\lambda_{t+1}}$$

流動性制約が拘束力をもたない場合は $\mu_t = 0$ であるから，上式を前向きに解くと住宅の需要価格は，

$$P_t = \sum_{s=0}^{\infty}\frac{(1-\delta)^s}{(1+\tau_P)^{1+s}}\left(\prod_{i=0}^{s}\frac{1}{1+r_{t+i}}\right)\frac{u_h(c_{t+s}, h_{t+s})}{u_c(c_t, h_t)}$$

となる。ただし，住宅ローンがあり借入金利が預金金利よりも高い場合には借入金利を用いる。

　流動性制約が拘束力をもつ場合には，（1.19）式の μ_t に（1.20）式を代入して P_t について解くと，

$$P_t = \sum_{s=0}^{\infty}\frac{(1-\delta)^s}{[(1+\tau_P)-(1-(1+r_{t+1}^M)/(\lambda_t/\lambda_{t+1}))(1-\theta)]^{1+s}}$$
$$\times \left(\prod_{i=0}^{s}\frac{\lambda_{t+i+1}}{\lambda_{t+i}}\right)\frac{u_h(c_{t+s}, h_{t+s})}{u_c(c_t, h_t)}$$

を得る。住宅の需要価格は，将来にわたる住宅サービスとその他の財の限界代替率，当該家計の主観的な割引率，減価償却率，固定資産税率だけではなく，借入金利，Loan-to-Value Ratio の値に依存して決まる。住宅サービスのその他の財に対する限界代替率が大きくなればなるほど住宅の需要価格は上昇し，θ 値が大きくなればなるほど，言い換えれば Loan-to-Value Ratio の値が小さくなればなるほど住宅の需要価格は下落する。

1.4 遺産動機と使用者費用： Nakagami and Pereira(1993)を中心に

　Díaz and Luengo-Prado（2008）のモデルを Hurd（1989）型の遺産動機モデル[5]に拡張して，遺産動機が持家費用，住宅価格，家賃 - 価格比率に及ぼす影響について分析を行う[6]。変数の定義はこれまでと同じである。ただし，これまでのように無限に生存するのではなく寿命は T 期とする。t 期まで生

存して $t+1$ 期に死亡したときの $t+1$ 期における金融資産と実物資産の合計を W_{t+1} とすると，

$$W_{t+1} = (1+r_t^D) D_t + P_{t+1}(1-\delta) H_t - (1+r_t^M) M_t$$

である。第1項は t 期における預金の $t+1$ 期における価値，第2項は減価償却を考慮した住宅資産価値，第3項は住宅ローン残高である。また，s_t は，当該家計が t 期までに少なくとも生存している主観的な確率を表し，m_{t+1} は $t+1$ 期に死亡する主観的な確率を示す。したがって，

$$m_{t+1} = s_t - s_{t+1}$$

なる関係が存在する。また，m_{t+1}/s_t は時間 t まで生存するという条件のもとで時間 t に死亡する確率で，これは死亡のハザード率と呼ばれる。

(1) 遺産動機

まず，1.2節と同じ設定で，遺産動機のみを考慮したライフサイクルモデルを考える。遺産動機を考慮したライフサイクルモデルは以下のようになる。

$$\max_{c_t \geq 0, H_t \geq 0, D_t \geq 0} \sum_{t=0}^{T} (\beta^t u(c_t, H_t) s_t + B((1+r_t^d) D_t + P_{t+1}(1-\delta) H_t) m_{t+1})$$
$$c_t + D_t + (1+\tau_P) P_t H_t \leq w_t + (1+r_t^D) D_{t-1} + P_t(1-\delta) H_{t-1}$$
$$D_t \geq 0$$

ここで，$B(\cdot)$ は遺産の効用関数で，$B'(\cdot) > 0$，$B''(\cdot) < 0$ を仮定する。
ラグランジュ関数を以下のように定義する。

$$\mathcal{L} = \sum_{t=0}^{\infty} \{\beta^t u(c_t, H_t) s_t + B((1+r_t^d) D_t + P_{t+1}(1-\delta) H_t) m_{t+1}$$
$$+ \lambda_t(w_t + r_t^D D_{t-1} - c_t - (D_t - D_{t-1})$$
$$- P_t(H_t - (1-\delta) H_{t-1}) - \tau_P P_t H_t) + \varphi_t^D D_t\}$$

---

5) Hurd のモデルは Yaari（1965）モデルを拡張したものであるため，Yaari-Hurd 型モデルと言われることもある。

6) Hurd は連続型の遺産動機モデルを展開したのに対し，Gan et al.（2004）は Hurd モデルを期間モデルに応用している。

最適化のための必要条件は,

$$c_t: \quad \beta^t u_c(c_t, H_t) s_t - \lambda_t = 0 \tag{1.21}$$

$$H_t: \quad \beta^t u_H(c_t, H_t) s_t + P_{t+1}(1-\delta) B' m_{t+1}$$
$$+ \lambda_{t+1} P_{t+1}(1-\delta) - \lambda_t(1+\tau_p) P_t = 0 \tag{1.22}$$

$$D_t: \quad (1+r_t^D) B' m_{t+1} + \lambda_{t+1}(1+r_{t+1}^D) - \lambda_t + \varphi_t^D = 0 \tag{1.23}$$

である。λ_t は t 期における所得制約のラグランジアン乗数である。以下の議論では $D_t > 0$ を仮定し $\varphi_t^D = 0$ を満たすものとする。

(1.21),（1.22）式より

$$\frac{u_H(c_t, h_t)}{u_c(c_t, h_t)} = (1+\tau_p) P_t - \frac{\lambda_{t+1}}{\lambda_t} P_{t+1}(1-\delta) - \frac{P_{t+1}(1-\delta) B' m_{t+1}}{\lambda_t} \tag{1.24}$$

を得る。また,（1.21),（1.23）式より

$$\frac{\lambda_{t+1}}{\lambda_t} = \frac{1}{1+r_{t+1}^D} \left[1 - \frac{(1+r_t^D) B' m_{t+1}}{u_c(c_t, H_t) s_t} \right] \tag{1.25}$$

という関係を得る。主観的な割引率は預金金利だけではなく，遺産に対する相対的な評価にも依存している。遺産動機が強ければ強いほど，またハザードレートが大きければ大きいほど，主観的な割引率は小さくなる。これらによって，遺産動機がある場合の住宅の使用者費用や家賃‐価格比率はどのように影響を受けるのであろうか。

そこでまず,（1.25）式の関係を（1.24）式に代入すると,

$$\frac{u_h(c_t, h_t)}{u_c(c_t, h_t)} = (1+\tau_p) P_t - \frac{P_{t+1}(1-\delta)}{1+r_t^D} \left(1 + \frac{(r_{t+1}^D - r_t^D) B' m_{t+1}}{u_c(c_t, H_t) s_t} \right)$$

となり，利子率が一定である限り（$r_{t+1}^D = r_t^D$），Yaari-Hurd 型の遺産動機モデルに拡張しても持家費用，また持家の使用者費用には影響を及ぼすことはない。同様に，利子率が一定であれば，住宅価格についても 1.2 節の議論がそのままあてはまり，遺産動機をモデルに取り込んでも住宅価格に影響を及ぼすことはない。

(2) 流動性制約の影響

　次に流動性制約がある場合に，遺産動機が使用者費用と家賃‐価格比率に及ぼす影響について見てみよう。1.3 節のモデルを遺産動機モデルへと拡張すると以下のようになる。

$$
\max_{c_t \geq 0, H_t \geq 0, D_t \geq 0} \sum_{t=0}^{T} (\beta^t u(c_t, H_t) s_t + B((1+r_t^D) D_t + P_{t+1}(1-\delta) H_t
$$
$$
- (1+r_t^M) M_t) m_{t+1})
$$
$$
c_t + D_t - M_t + (1+\tau_P) P_t H_t
$$
$$
\leq w_t + (1+r_t^D) D_{t-1} + (1+r_t^M) M_{t-1} + P_t(1-\delta) H_{t-1}
$$
$$
M_t \leq (1-\theta) P_t H_t
$$
$$
D_t \geq 0
$$
$$
M_t \geq 0
$$

ラグランジュ関数を以下のように定義する。

$$
\mathcal{L} = \sum_{t=0}^{\infty} \{ \beta^t u(c_t, H_t) s_t + B((1+r_t^D) D_t + P_{t+1}(1-\delta) H_t
$$
$$
- (1+r_t^M) M_t) m_{t+1}
$$
$$
+ \lambda_t(w_t + r_t^D D_{t-1} - r_t^M M_{t-1} - c_t - (D_t - D_{t-1}) + (M_t - M_{t-1})
$$
$$
- P_t(H_t - (1-\delta) H_{t-1}) - \tau_P P_t H_t)
$$
$$
+ \mu_t((1-\theta) P_t H_t - M_t) + \varphi_t^D D_t + \varphi_t^M M_t \}
$$

最適化のための必要条件は，

$$
c_t: \quad \beta^t u_c(c_t, H_t) s_t - \lambda_t = 0 \tag{1.26}
$$
$$
H_t: \quad \beta^t u_H(c_t, H_t) s_t + P_{t+1}(1-\delta) B' m_{t+1} + \lambda_{t+1} P_{t+1}(1-\delta)
$$
$$
- \lambda_t(1+\tau_p) P_t + \mu_t(1-\theta) P_t = 0 \tag{1.27}
$$
$$
D_t: \quad (1+r_t^D) B' m_{t+1} + \lambda_{t+1}(1+r_{t+1}^D) - \lambda_t + \varphi_t^D = 0 \tag{1.28}
$$
$$
M_t: \quad -(1+r_t^M) B' m_{t+1} - \lambda_{t+1}(1+r_{t+1}^M) + \lambda_t + \varphi_t^M - \mu_t = 0 \tag{1.29}
$$

である。これまでと同様に，λ_t は t 期における所得制約のラグランジアン乗数である，μ_t は流動性制約のラグランジアン乗数である。φ_t^D と φ_t^M はそれぞれ預金と借入は非負でなければならないという条件を示すラグランジアン乗数である。

(1.26), (1.27) 式より

$$\frac{u_H(c_t, H_t)}{u_c(c_t, H_t)} = (1+\tau_p) P_t - \frac{P_{t+1}(1-\delta)}{\lambda_t/\lambda_{t+1}} - \frac{\mu_t}{\lambda_t}(1-\theta) P_t - \frac{P_{t+1}(1-\delta) B' m_{t+1}}{\lambda_t}$$

となり，簡単な計算を施すことによって

$$\frac{u_H(c_t, H_t)}{u_c(c_t, H_t)} = \frac{[(\lambda_t/\lambda_{t+1})-1]}{\lambda_t/\lambda_{t+1}} P_t + \tau_P P_t + \frac{\delta P_{t+1}}{\lambda_t/\lambda_{t+1}} - \frac{P_{t+1}-P_t}{\lambda_t/\lambda_{t+1}}$$
$$- \frac{\mu_t}{\lambda_t}(1-\theta) P_t - \frac{P_{t+1}(1-\delta) B' m_{t+1}}{\lambda_t} \qquad (1.30)$$

を得る。1.3 節の (1.19) 式と比較すると，右辺の第 6 項が新たに加わっている。これは遺産動機にともなう影響で，(1.22) 式に比して持家費用を低下させるが，遺産による限界効用が大きいほど，またハザードレートが大きいほど，その下げ幅は大きい。

1.3 節と同様に，(1.28) 式と (1.29) 式を足すことにより，以下の関係式を得る。

$$B' m_{t+1}(r_t^D - r_t^M) + \lambda_{t+1}(r_{t+1}^D - r_{t+1}^M) + (\varphi_t^D + \varphi_t^M) - \mu_t = 0 \qquad (1.31)$$

〔ケース I：預金金利と借入金利が等しい場合 $(r_t^D = r_t^M)$〕

補題 1 より，μ_t と φ^M が同時にプラスになることはない。預金金利と借入金利が等しいとき，(1.31) 式より $(\varphi_t^D + \varphi_t^M) - \mu_t = 0$ が成り立つ。したがって，$\varphi_t^D > 0$, $\varphi_t^M > 0$ が同時に成立することはない。つまり，必ず $\varphi_t^M = 0$ でなければならず，借入はプラスである。このとき，$\varphi_t^D = \mu_t$ である。$\varphi_t^D = \mu_t > 0$ のとき，流動性制約いっぱいで借入が行われ，預金はゼロである。また，$\varphi_t^D = \mu_t = 0$ のとき，流動性制約には余裕があり，預金，借入いずれもプラスである。

〔ケース II：借入金利が預金金利を上回る場合 $(r_t^M > r_t^D)$〕

また，借入金利が預金金利を上回るとき，(1.31) 式の第 1 項，第 2 項は負の値をとるので，$(\varphi_t^D + \varphi_t^M) - \mu_t > 0$, すなわち $\varphi_t^D + \varphi_t^M > \mu_t \geq 0$ が成立しなければならない。しかし，借入している家計にとっては $\varphi_t^M = 0$ である

から $\varphi_t^D > \mu_t \geq 0$ でなければならなず，預金はゼロである。借入していない家計は $\varphi_t^M > 0$ で，預金はゼロの場合もあればプラスの場合もありうる。

(a) 流動性制約が拘束力をもたない場合（$\mu_t = 0$ の場合）

預金金利と借入金利が等しければ，（1.28）式もしくは（1.29）式より

$$\frac{\lambda_{t+1}}{\lambda_t} = \frac{1}{1+r_{t+1}^D}\left(1 - \frac{(1+r_t^D)\,B'\,m_{t+1}}{\lambda_t}\right)$$

という関係が得られる。この関係を（1.30）式に代入すると，

$$\begin{aligned}
\frac{u_H(c_t, H_t)}{u_c(c_t, H_t)} &= \frac{r_{t+1}^D P_t}{1+r_{t+1}^D} + \tau_P P_t + \frac{\delta P_{t+1}}{1+r_{t+1}^D} - \frac{P_{t+1}-P_t}{1+r_{t+1}^D} \\
&\quad - \frac{r_{t+1}^D - r_t^D}{1+r_{t+1}^D}\frac{B'\,m_{t+1}}{u_c(c_t,H_t)\,s_t}P_{t+1}(1-\delta) \\
&= P_t\left(\frac{r_{t+1}^D}{1+r_{t+1}^D} + \tau_P + \frac{\delta}{1+r_{t+1}^D}\frac{P_{t+1}}{P_t} - \frac{1}{1+r_{t+1}^D}\frac{P_{t+1}-P_t}{P_t} - \frac{r_{t+1}^D - r_t^D}{1+r_{t+1}^D}\right. \\
&\quad \left. \times \frac{B'\,m_{t+1}}{u_c(c_t,H_t)\,s_t}\frac{P_{t+1}(1-\delta)}{P_t}\right) \tag{1.32}
\end{aligned}$$

となる。

　借入金利の方が預金金利よりも高ければ，流動性制約を受けていない家計の限界代替率は

$$\frac{\lambda_{t+1}}{\lambda_t} = \frac{1}{1+r_t^M}\left(1 - \frac{(1+r_t^M)\,B'\,m_{t+1}}{\lambda_t}\right)$$

となるので，（1.32）式の r_t^D，r_{t+1}^D はそれぞれ r_t^M，r_{t+1}^M に置き換えられる。

　流動性制約が拘束力をもたず利子率が一定である限り，いずれの場合も遺産動機は持家の使用者費用に影響を及ぼすことはない。したがって，遺産動機が住宅価格に影響を及ぼすことはない。

(b) 流動性制約が拘束力をもつ場合（$\mu_t > 0$ の場合）

　借入を受けている家計は $\varphi_t^M = 0$ であり預金はゼロとなるから，家計が直面する利子率は（1.29）式によって決まる。すなわち，

$$\mu_t = \lambda_t - \lambda_{t+1}(1+r_{t+1}^M) - (1+r_t^M)B'm_{t+1}$$

である。これを（1.30）式に代入して整理すると，

$$\frac{u_H(c_t, H_t)}{u_c(c_t, H_t)} = \frac{\theta(\lambda_t/\lambda_{t+1}-1) + (1-\theta)r_{t+1}^M}{\lambda_t/\lambda_{t+1}}P_t + \tau_P P_t + \frac{\delta P_{t+1}}{\lambda_t/\lambda_{t+1}} - \frac{(P_{t+1}-P_t)}{\lambda_t/\lambda_{t+1}}$$

$$- \frac{B'm_{t+1}}{\lambda_t}\left[(1-\delta)P_{t+1} - (1-\theta)(1+r_{t+1}^M)P_t\right]$$

$$= P_t\left\{\frac{\theta(\lambda_t/\lambda_{t+1}-1) + (1-\theta)r_{t+1}^M}{\lambda_t/\lambda_{t+1}} + \tau_P + \frac{\delta}{\lambda_t/\lambda_{t+1}}\frac{P_{t+1}}{P_t}\right.$$

$$\left. - \frac{1}{\lambda_t/\lambda_{t+1}}\frac{P_{t+1}-P_t}{P_t} - \frac{B'm_{t+1}}{\lambda_t}\left[(1-\delta)\frac{P_{t+1}}{P_t} - (1-\theta)(1+r_{t+1}^M)\right]\right\}$$

となる。中括弧の中を uc^B としよう。1.3 節で求めた使用者費用 uc^C に加えて新たな項が加わっている。流動性制約がない場合には遺産動機は使用者費用に影響を及ぼすことはないが，流動性制約がある場合，遺産動機は使用者費用に影響を及ぼす。遺産動機が持家の使用者費用を高くするかどうかは，減価償却を考慮した住宅価格の上昇率と借入利子率に依存する。両者の差は

$$uc^B - uc^C = -\frac{B'm_{t+1}}{\lambda_t}\left[(1-\delta)\frac{P_{t+1}}{P_t} - (1-\theta)(1+r_{t+1}^M)\right]$$

であり，右辺の大括弧が正である限り遺産動機は持家費用を低下させる。Loan-to-Value Ratio の値が大きいほど，言い換えれば θ の値が小さいほど，大小関係が逆転する可能性は高くなる。

また，Loan-to-Value Ratio の値が uc^B に及ぼす影響をみるために，uc^B を θ で微分すると，

$$\frac{\partial uc^B}{\partial \theta} = 1 - \frac{1+r_{t+1}^M}{\lambda_t/\lambda_{t+1}} - \frac{(1+r_{t+1}^M)B'm_{t+1}}{\lambda_t} > 0$$

を得る。符号が正になるのは（1.32）式による。したがって，Loan-to-Value Ratio の値が大きくなればなるほど，言い換えれば θ の値が小さいほど，持家の使用者費用は低くなる。

(3) 相続税の影響

最後に，相続税がある場合の効果について考える。日本の相続税は金融資産よりは実物資産，とりわけ不動産を相続する方が有利だと言われてきた。そのことを，遺産動機を考慮したライフサイクルモデルによって確認してみよう[7]。以下の分析では金融資産と不動産に対する非対称な相続税の効果に焦点を当てるために，借入については考えない。

$$\max_{c_t \geq 0, H_t \geq 0, D_t \geq 0} \sum_{t=0}^{T} (\beta^t u(c_t, H_t) s_t + B((1-\tau_D)(1+r_t) D_t$$
$$+ (1-\tau_H) P_{t+1}(1-\delta) H_t) m_{t+1})$$
$$c_t + D_t + (1+\tau_P) P_t H_t \leq w_t + (1+r_t) D_{t-1} + P_t(1-\delta) H_{t-1}$$

ここで，τ_D：金融資産に対する実効相続税率，τ_H：不動産に対する実効相続税率，とする。

ラグランジュ関数を以下のように定義する。

$$\mathcal{L} = \sum_{t=0}^{\infty} \{\beta^t u(c_t, H_t) s_t + B((1-\tau_D)(1+r_t) D_t$$
$$+ (1-\tau_H) P_{t+1}(1-\delta) H_t) m_{t+1}$$
$$+ \lambda_t(w_t + r_t^D D_{t-1} - c_t - (D_t - D_{t-1})$$
$$- P_t(H_t - (1-\delta) H_{t-1}) - \tau_P P_t H_t) + \varphi_t^D D_t\}$$

最適化のための必要条件は，

$$c_t: \quad \beta^t u_c(c_t, H_t) s_t - \lambda_t = 0 \tag{1.33}$$
$$H_t: \quad \beta^t u_H(c_t, H_t) s_t + (1-\tau_H) P_{t+1}(1-\delta) B' m_{t+1}$$
$$+ \lambda_{t+1} P_{t+1}(1-\delta) - \lambda_t(1+\tau_p) P_t = 0 \tag{1.34}$$
$$D_t: \quad (1-\tau_D)(1+r_t) B' m_{t+1} + \lambda_{t+1}(1+r_{t+1}) - \lambda_t = 0 \tag{1.35}$$

である。これまでと同様に，λ_t は t 期における所得制約のラグランジアン乗数，φ_t^D は預金残高のラグランジュ乗数である。

(1.33)，(1.34) 式より，

---

7) この部分の分析は Nakagami and Pereira（1993）にもとづいている。

$$\frac{u_h(c_t, h_t)}{u_c(c_t, h_t)} = (1+\tau_p)\,P_t - \frac{\lambda_{t+1}}{\lambda_t}P_{t+1}(1-\delta) - \frac{(1-\tau_H)\,P_{t+1}(1-\delta)\,B'\,m_{t+1}}{u_c(c_t, H_t)\,s_t} \tag{1.36}$$

また，（1.35）式より

$$\frac{\lambda_{t+1}}{\lambda_t} = \frac{1}{1+r_{t+1}^D}\left[1 - \frac{(1-\tau_D)\,(1+r_t^D)\,B'\,m_{t+1}}{u_c(c_t, H_t)\,s_t}\right]$$

を得る。これを（1.36）式に代入することにより

$$\begin{aligned}
\frac{u_h(c_t, h_t)}{u_c(c_t, h_t)} &= (1+\tau_p)\,P_t - \frac{P_{t+1}(1-\delta)}{1+r_{t+1}^D} - \frac{(1-\tau_H)\,B'\,m_{t+1}}{u_c(c_t, H_t)\,s_t}P_{t+1}(1-\delta) \\
&\quad + \frac{(1+r_t)}{1+r_{t+1}}\frac{(1-\tau_D)\,B'\,m_{t+1}}{u_c(c_t, H_t)\,s_t}P_{t+1}(1-\delta)
\end{aligned}$$

を得る。したがって，持家の住宅費用に対して金融資産は遺産動機を通してマイナスの影響があるが，不動産は逆にプラスの影響がある。しかし，金融資産に対する相続税の方が不動産に対する相続税よりも負担が大きく，利子率が一定（$r_t = r_{t+1}$）であれば，

$$\begin{aligned}
\frac{u_h(c_t, h_t)}{u_c(c_t, h_t)} &= \frac{r_{t+1}P_t}{1+r_{t+1}} + \tau_P P_t + \frac{\delta P_{t+1}}{1+r_{t+1}} - \frac{P_{t+1}-P_t}{1+r_{t+1}} \\
&\quad - \frac{(\tau_D - \tau_H)\,P_{t+1}(1-\delta)\,B'\,m_{t+1}}{u_c(c_t, H_t)\,s_t} \\
&= P_t\left\{\frac{r_{t+1}}{1+r_{t+1}} + \tau_P + \frac{1}{1+r_{t+1}}\frac{\delta P_{t+1}}{P_t} - \frac{1}{1+r_{t+1}}\frac{P_{t+1}-P_t}{P_t}\right. \\
&\quad \left. - \frac{(\tau_D - \tau_H)\,(1-\delta)\,B'\,m_{t+1}}{u_c(c_t, H_t)\,s_t}\frac{P_{t+1}}{P_t}\right\}
\end{aligned}$$

となる。つまり，金融資産よりも実物資産に優遇措置がある場合，優遇措置がないときと比べて使用者費用は低くなる。この使用者費用は，ハザードレートが高ければ高いほど，あるいは遺産動機が大きければ大きいほど，優遇措置がないときと比べて低くなる。その結果，住宅の需要価格を上昇させることが予想される。

1.5 おわりに

　不動産価格が大きく変動するとき，それがバブルであるかどうかの判断をするのは困難である。しばしばバブルを分析するのに使用者費用と家賃‐価格比率を用いることがある。しかし，使用者費用を用いて分析すべきか，それとも家賃‐価格比率を用いた分析を行うべきか悩むことがある。そこで本章では，住宅を含んだ資産価格モデルから住宅の使用者費用と家賃‐価格比率を導出することによって両者の関係を明らかにするとともに，自己消費による客観的評価の欠如，流動性制約の縛り，遺産動機が使用者費用と家賃‐価格比率に及ぼす影響について考察し，両者の比較検討を行った。以下のような結論を得た。

① 住宅が自己消費のみに利用されている場合には，持家費用（使用者費用）を引き下げて，住宅価格を押し上げ，価格‐家賃比率を上昇させる。
② 借入を行っているとき，流動性制約が拘束力をもつかもたないかで持家費用は高くなることもあれば，低くなることもありうる。しかし，流動性制約が拘束力をもつとき，Loan-to-Value Ratio の値が大きくなるにつれて住宅の需要価格は上昇し，その結果，価格‐家賃比率も上昇する。
③ 流動性制約が拘束力をもたない場合，利子率が一定である限り，遺産動機による持家費用への影響はなく，住宅の需要価格にも影響を及ぼすことはない。
④ 流動性制約が拘束力をもつ場合，遺産動機は持家費用を高めることも減じることもある。しかし，Loan-to-Value Ratio の値が大きくなるにつれて持家費用は低下する。
⑤ 金融資産よりも実物資産に相続税の優遇措置がある場合，持家費用を引き下げ，住宅の需要価格を上昇させる。

　使用者費用，家賃‐価格比率はいずれも住宅市場において重要な指標であり，分析の目的に応じて使い分けることが肝要である。

参考文献

〔邦語〕

井上智夫・井出多加子・中神康博（2002）「日本の不動産価格：現在価値関係（PVR）で説明可能か」西村清彦（編）『不動産市場の経済分析：情報・税制・都市計画と地価』日本経済新聞社，第3章，pp.67-98。

井上智夫・清水千弘・中神康博（2010）「資産税制と『バブル』」井堀利宏（編）『財政政策と社会保障』慶応義塾大学出版会，第10章，pp.329-371。

中神康博（2012）「使用者費用と価格‐家賃比率について」Discussion Paper Series No.121, Faculty of Economics, Seikei University。

〔英語〕

Abraham, J. M. and P. H. Hendershott (1994) "Bubbles in Metropolitan Housing Markets," NBER Working Paper No.4774.

Case, K. E. and R. J. Shiller (1988) "The Behavior of Home Buyers in Boom and Post-Boom Markets," *New England Economic Review*, November/December, pp.29-46.

Case, K. E. and R. J. Shiller (1989) "The Efficiency of the Market for Single-Family Homes," *American Economic Review*, 79(1), pp.125-137.

Case, K. E. and R. J. Shiller (2003) "Is There a Bubble in the Housing Market," *Brookings Papers on Economic Activity*, 2, pp.299-362.

Díaz, A. and M. J. Luengo-Prado (2008) "On the User Cost and Homeownership," *Review of Economic Dynamics*, 11(3), pp.584-613.

Díaz, A. and M. J. Luengo-Prado (2010) "Homeownership: Economic Benefits," in *International Encyclopedia of Housing and Home*, S. J. Smith,. M. Elsinga, L. Fox-O'Mahony, O. S. Eng, and S. Wachter (eds.), Elsevier, pp.439-445.

Díaz, A. and M. J. Luengo-Prado (2011) "The User Cost, Home Ownership and Housing Prices: Theory and Evidence from the US," prepared for *The International Encyclopedia of Housing and Home* by Elsevier, Section: Economics/Finance.

Gan, L., G. Gong, M. Hurd, and D. McFadden (2004) "Subjective Mortality Risk and Bequests," NBER Working Paper No.10789.

Himmelberg, C., C. Mayer, and T. Sinai (2005) "Assessing High House Prices: Bubbles, Fundamentals and Misperceptions," NBER Working Paper No.11643.

Hurd, M. D. (1989) "Mortality Risk and Bequests," *Econometrica*, 57(4), pp.779-813.

Martin, R. F. (2005) "The Baby Boom: Predictability in House Prices and Interest Rates," Board of Governors of the Federal Reserve System International Finance Discussion Papers No.847.

Martin, R. F. (2008) "Housing Market Risks in the United Kingdom," Board of Governors of the Federal Reserve System International Finance Discussion Papers No.954.

Mayer, C. (2011) "Housing Bubbles: A Survey," *Annual Review of Economics*, 3 (1), pp.559-577.

Meese, R. and N. Wallace (1994) "Testing the Present Value Relation for Housing Prices: Should I Leave My House in San Francisco?" *Journal of Urban Economics*, 35(3), pp.245-266.

Nakagami, Y. and A. Pereira (1993) "Housing Costs and Bequest Motives," *Journal of Urban Economics*, 33(1), pp.68-75.

Stiglitz, J. E. (1990) "Symposium on Bubbles," *Journal of Economic Perspective*, 4 (2), pp.13-18.

Yaari, M. E. (1965) "Uncertain Lifetime, Life Insurance, and the Theory of the Consumer," *Review of Economic Studies*, 32(2), pp.137-150.

家賃－価格比率の役割

2.0　はじめに[1]

　図2.1, 図2.2は，首都圏におけるマンションと戸建ての1㎡あたりの住宅価格の推移をそれぞれ示したものである[2]。1980年代から1990年代初頭にかけて"バブル"が生成され，その後崩壊していく過程においていくつかの事実が観察できる。第1に，住宅価格はランダムウォークするのではなく，短期的には正の相関をもち，その一方で長期的には平均回帰する。第2に，不動産価格はゆっくりとした上昇局面とゆっくりとした下降局面が見られ，しかもオーバーシューティングの様相を呈している。第3に，首都圏でも場所によって，とくに都心と郊外において，価格の動きに違いが見られる[3]。

　他方，図2.3, 図2.4に，首都圏におけるマンションと戸建ての家賃－価格比率の推移がそれぞれ描かれている。時間の経過とともに家賃－価格比率は大きく変化しており，住宅タイプによっても違いが見受けられる。家賃－価格比率は，住宅の使用者費用とともに住宅市場を分析するうえで重要な指標と考えられているが，その意義とその限界についてこれまで正面切って論じられたことはあまりない。

---

1) 本章は，中神（2016, 2017）にもとづいてる。
2) 図2.1, 図2.2および後掲の図2.3, 図2.4を描くにあたって現一橋大学の清水千弘教授の協力を得ている。
3) 井上・清水・中神（2010）を参照。

図 2.1 首都圏住宅価格の推移（マンション）

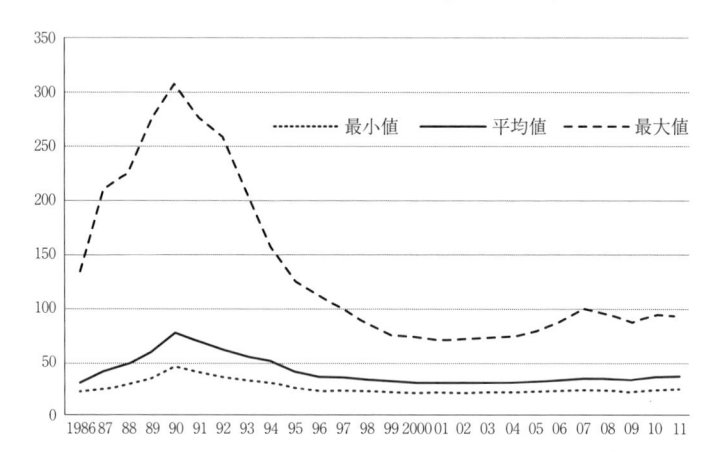

（注）1986年から2011年までのリクルートのデータを使い，1都3県の市区町村（279地域）ごとに代表的な物件の仮想点を与えて，同じ品質の住宅が存在すると仮定したときの平米あたり住宅価格を計算したものである。立地属性（東京駅までの時間距離）以外は，市町村ごとに同じ特性を与えている（専有面積55平米，件築後年数10年，最寄駅からの距離7分）。最小値，平均値，最大値の実線は各年のそれぞれの代表値を結んだものである。

図 2.2 首都圏住宅価格の推移（戸建て）

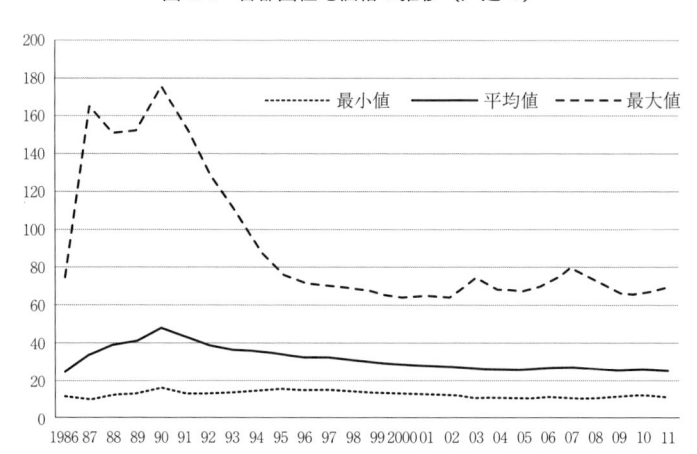

（注）図2.1と同じ。

図2.3　家賃 - 価格比率の推移（マンション）

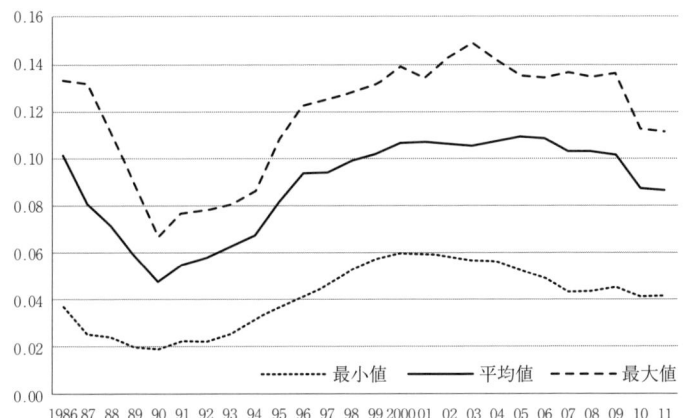

（注）1986年から2011年までのリクルートのデータを使い，1都3県の市区町村（279地域）ごとに代表的な物件の仮想点を与えて，同じ品質の住宅が存在すると仮定したときの家賃 - 価格比率を計算したものである。立地属性（東京駅までの時間距離）以外は，市町村ごとに同じ特性を与えている（専有面積55平米，件築後年数10年，最寄駅からの距離7分）。最小値，平均値，最大値の実線は各年のそれぞれの代表値を結んだものである。

　本章の目的は，家賃 - 価格比率は住宅市場の動向をどこまで映し出すことができるのか，とくに住宅の収益率や家賃変化率は家賃 - 価格比率にどう反映されるのか，もし反映することが難しいとすれば，どのような点が考慮されるべきか，そしてどのような住宅市場モデルの構築が必要となってくるのか，こうした点について，住宅市場分析に関する先行研究のサーベイをもとに考察することである[4]。

　そもそも家賃 - 価格比率は，株式市場における配当 - 株価比率あるいは株価収益率の逆数に相当する概念であるが，不動産市場と株式市場では決定的な違いがある。それは不動産の場合，投資財としての性質だけでなく，消費財としての性質もあわせもつという点である。不動産を所有しているだけで

---

[4] 本章は住宅価格のファンダメンタルズ分析に的を絞っており，バブルの分析を目的としているわけではない。また，バブルを含む住宅価格の動きを説明するのに情報はきわめて重要な要素であるが，本章では扱わない。

図 2.4 家賃 - 価格比率の推移（戸建て）

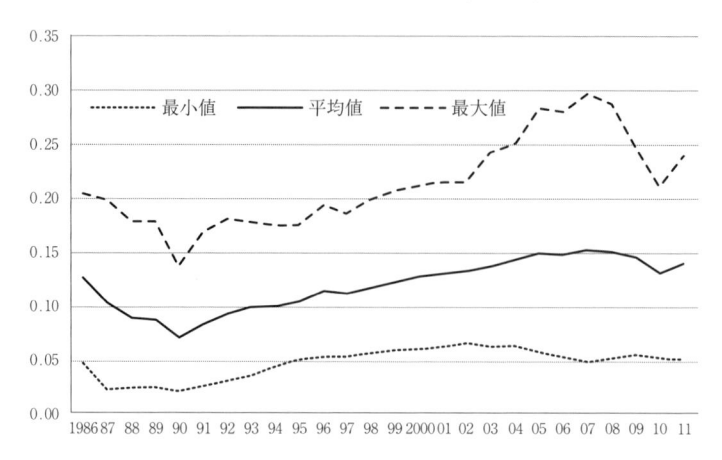

（注）図 2.3 と同じ。

は所得を生み出すことはない（もちろん不動産価格が変動することによって
キャピタルゲイン，あるいはロスが発生することはある）。不動産を利用し
て初めて収益が生まれるのである。

　本章の構成は以下のとおりである。まず 2.1 節では，住宅の収益率と家賃
- 価格比率の関係についてまとめる。また，Campbell and Shiller（1988）
をもとに，家賃 - 価格比率の対数線形近似について述べ，それにもとづく家
賃 - 価格比率の分散分解を試みた Campbell et al.（2009）の手法を説明する。
2.2 節では，Plazzi, Torous, and Valkanov（2010）にもとづき，家賃 - 価格
比率の住宅の収益率と家賃変化率に対する予測可能性について，誘導型モデ
ルと構造型モデルの関係に注目しながら，その分析手法を概観する。2.3 節
では，Han（2013）にもとづき，まず消費者のライフサイクルモデルにもと
づき家賃 - 価格比率を導出し，家賃 - 価格比率には住宅市場における消費者
のどのような情報が集約されているかを分析する。さらに，確率的割引ファ
クターの概念と住宅リスクとの関係に言及し，家賃 - 価格比率における住宅
リスクの意味について考察する。そして最後に 2.4 節でまとめを行う。

2.1 家賃－価格比率と分散分解：
Campbell, Lo, and MacKinlay(1997)を参考に

(1) 家賃－価格比率と収益率[5]

　t 期におけるある住宅の家賃と住宅価格をそれぞれ Q_t, P_t とする[6]。家賃はこの住宅が供給する住宅サービスに対する価格であり，持家の場合には帰属家賃とする。t 期の家賃は期末（$t+1$ 期の期首でもある）に支払われ，t 期の住宅価格は期首には既知であるものとする。t 期から $t+1$ 期にかけて 1 年間住宅を所有したときの予想収益率を R_{t+1} と定義すると，

$$R_{t+1} \equiv \frac{P_{t+1}+Q_{t+1}}{P_t}-1 \qquad (2.1)$$

となる。t 期の 1 年間に住宅を所有するときの収益率を計算するためには，t 期の期末（$t+1$ 期の期首）に実現する家賃と住宅価格がわからなければならない。

　t 期から $t+1$ 期にかけて住宅を所有したときの予想収益率を一定，すなわち，

$$E_t[R_{t+1}] = R \qquad (2.2)$$

を仮定する。ここで $E_t[\cdot]$ は t 期期首に既知である情報をもとに数学的な期待値をとることを意味する。(2.2) 式に (2.1) 式を代入すると，

$$P_t = E_t\left[\frac{P_{t+1}+Q_{t+1}}{1+R}\right] \qquad (2.3)$$

となる。これは住宅価格に関する差分方程式となっている。住宅価格について解くと，以下のような結果を得る。

---

5) この部分の多くは Campbell, Lo, and MacKinlay （1997） に拠っているが，Cochrane （2005） も参考にした。
6) 本章では 2.3 節で扱う Han （2013） に倣い，家賃を Q をとしている。

$$P_t = E_t \left[\sum_{i=1}^{\infty} \left(\frac{1}{1+R} \right)^i Q_{t+i} \right] \qquad (2.4)$$

t 期の住宅価格 P_t は，将来にわたる家賃を R で割り引いたときの現在価値の総和として定義できる。これは住宅価格を収益還元法によって定義したものに等しい。

他の資産との裁定を考えることによって，同様の議論が可能である。t 期に安全資産に投資したときに得られる利子率を R_{t+1}^f，住宅に対するリスクプレミアムを Π_{t+1} とすると，住宅資産と安全資産とのあいだで裁定が行われるとすれば $R_{t+1} = R_{t+1}^f + \Pi_{t+1}$ なる関係が成り立つ。これは資産市場における均衡条件であるが，この均衡条件が将来にわたって続くという仮定のもとで，住宅価格は将来にわたる家賃の流列を割引率 $R^f + \Pi$ で割引いたときの現在価値の総和，すなわち

$$P_t = \sum_{j=0}^{\infty} \frac{Q_{t+j+1}}{\prod_{k=0}^{j}(1+R_{t+k+1}^f + \Pi_{t+k+1})}$$

で表すことができる。

株価と同じように，住宅価格は時間を通じて変動する確率変数であり，わたしたちが実際に観察している住宅価格は，住宅価格という確率変数列から生まれた1つの実現値でしかない。この確率変数列は確率過程もしくはデータ生成過程と呼ばれるが，1つしか観察されないデータから住宅価格の性質を推量することは不可能である。

そこで，この確率過程に何らかの仮定を設ける必要がある。その1つが定常性という仮定である。これは確率過程の期待値と自己共分散が時間を通じて一定であるというものである。もちろん，住宅価格そのものが定常性を満たす必要はなく，住宅価格が定常性を満たすように変換することができるという点が重要である。確率過程に定常性という仮定がなければ，どのような時系列分析も意味がない。ただし，確率過程が定常性を満たす場合でも，条件付き期待値や条件付き分散が時間を通じて一定である必要はない。

もう1つの仮定として，マーチンゲール過程がある。住宅価格で言えば，来期の住宅価格を予想することはできず，来期の住宅価格の期待値は今期の住宅価格に等しい，すなわち，

$$E_t[P_{t+1}] = P_t$$

というものである。つまり，住宅価格は上昇することもあれば下落すること
もあり，得をする人もいれば損をする人もいるというわけで，いわばフェア
ゲームとなっている。このマーチンゲール過程は，ファイナンス分野でいう
市場の効率性という概念に欠かせないものである。（2.2）式の t 期から
$t+1$ 期にかけて 1 年間に住宅を所有したときの予想収益率が一定であると
いう条件は，実はマーチンゲールの仮定であると言えるが，この仮定から住
宅価格がマーチンゲールになるという保証はない。なるほど，（2.3）式より

$$E_t[P_{t+1}] = (1+R)P_t - E_t[Q_{t+1}]$$

なる関係が導かれ，マーチンゲールが期待する $E_t[P_{t+1}] = P_t$ という関係を
必ずしも満たされないのである。

　しかし，住宅価格がマーチンゲール過程でなかったとしても，単位根をも
つことは可能である。単位根過程とは，もとの確率過程が非定常で，その差
分をとった確率過程が定常であることをいう。（2.4）式が示すとおり，住宅
価格は将来にわたる家賃の流列の現在価値の総和であるから，もし家賃が単
位根過程であるとすれば，住宅価格もまた単位根過程となる。さらに単位根
をもつ 2 つの確率過程が存在すれば，定常性を満たすように確率過程を変換
することができる。（2.4）式で言えば，

$$P_t - \frac{Q_t}{R} = \left(\frac{1}{R}\right)E_t\left[\sum_{i=0}^{\infty}\left(\frac{1}{1+R}\right)^i \Delta Q_{t+1+i}\right] \tag{2.5}$$

と書き直すことができる。右辺の家賃が単位根過程であればその差分は定常
となり，左辺も定常となる。このように，家賃と住宅価格が単位根過程で非
定常であったとしても，家賃と住宅価格の線形関係が定常となるような関係
は共和分と呼ばれており，時系列分析においては重要な概念の 1 つになって
いる。

　（2.5）式は，住宅価格と家賃を予想収益率で除した値の差が定常であるこ
とを意味するが，この関係を導くのに（2.2）式が重要な役割を果たしてい
る。（2.2）式の仮定をとり外して予想収益率が時間とともに変動することを
許せば，住宅価格と家賃とのあいだの関係を線形で表現することはできなく

なり，時系列分析に支障をきたすことになる。

（2）　対数線形近似

　株の収益率と同じように，住宅所有の予想収益率は時間とともに変動するというのがより現実的である。しかし，その場合，住宅価格と家賃のあいだの関係は非線形となってしまい，時系列分析を行うには不適切である。株式市場の分析するうえで同じ問題に直面した Campbell and Shiller（1988）は，予想収益率を対数線形近似することによりそれを克服した。

　まず，（2.1）式において対数グロス収益率を $r_{t+1} \equiv \log(1+R_{t+1})$ と定義すると，

$$r_{t+1} \equiv \log(P_{t+1}+Q_{t+1}) - \log P_t \tag{2.6}$$

となる。これは次のように書き換えることができる。

$$r_{t+1} = \log P_{t+1} - \log P_t + \log\left(\frac{P_{t+1}+Q_{t+1}}{P_{t+1}}\right)$$
$$= p_{t+1} - p_t + \log(1+\exp(q_{t+1}-p_{t+1}))$$

ここで，対数で表示された変数はすべて小文字としている。なお，右辺第3項では

$$\frac{Q_{t+1}}{P_{t+1}} = \exp\left(\log\left(\frac{Q_{t+1}}{P_{t+1}}\right)\right) = \exp(q_{t+1}-p_{t+1})$$

であることを利用している。さらに，$\log(1+\exp(q_{t+1}-p_{t+1}))$ について，1次のテイラー展開をすると，

$$\log(1+\exp(q_{t+1}-p_{t+1}))$$
$$= \log(1+\exp(\overline{cap})) + \frac{\exp(\overline{cap})}{1+\exp(\overline{cap})}(q_{t+1}-p_{t+1}-\overline{cap})$$

となる。なお，$\overline{cap}$ は家賃 - 価格比率の対数の平均値である。これを用いると，（2.6）式は次のように近似することができる[7]。

$$r_{t+1} = k + \rho p_{t+1} + (1-\rho) q_{t+1} - p_t \tag{2.7}$$

ここで

$$k = \log(1+\exp(\overline{cap})) - \frac{\exp(\overline{cap})}{1+\exp(\overline{cap})}\,\overline{cap}$$

$$\rho \equiv \frac{1}{1+\exp(\overline{cap})}$$

である。(2.7) 式は対数で表された住宅価格の差分方程式となっており，住宅価格は発散しないという条件，すなわち，

$$\lim_{j\to\infty} \rho^j p_{t+j} = 0$$

のもとで，次のように解くことができる。

$$
\begin{aligned}
p_t &= k + \rho p_{t+1} + (1-\rho) q_{t+1} - r_{t+1}\\
&= k + \rho (k + \rho p_{t+2} + (1-\rho) q_{t+2} - r_{t+2}) + (1-\rho) q_{t+1} - r_{t+1}\\
&= k + \rho k + \rho^2 p_{t+2} + (1-\rho) q_{t+1} + \rho (1-\rho) q_{t+2} - r_{t+1} - \rho r_{t+2}\\
&= \sum_{j=0}^{\infty} \rho^j k + \rho^\infty p_\infty + \sum_{j=0}^{\infty} \rho^j (1-\rho) q_{t+1+j} - \sum_{j=0}^{\infty} \rho^j r_{t+1+j}\\
&= \frac{k}{1-\rho} + \sum_{j=0}^{\infty} \rho^j ((1-\rho) q_{t+1+j} - r_{t+1+j})
\end{aligned}
$$

両辺を t 期における情報を所与として数学的期待値をとると，

$$p_t = \frac{k}{1-\rho} + E_t \sum_{j=0}^{\infty} \rho^j ((1-\rho) q_{t+1+j} - r_{t+1+j}) \tag{2.8}$$

となる。(2.8) 式は，(2.6) 式の定義式から導かれたものであることに留意すべきである。(2.8) 式は，住宅価格は将来の予想される家賃と収益率の線形結合として表現することができることを示している。住宅価格が高いとすれば，それは将来の家賃が高くなるか，もしくは将来の住宅の収益率が低くなると投資家が予想しているからである。

　さらに，(2.7) 式は次のように書き直すことができる。

---

7) 詳細については，Campbell and Shiller (1988)，Campbell et al. (2009) 等を参照されたい。

$$q_t - p_t = -k + \rho\,(q_{t+1} - p_{t+1}) - \Delta q_{t+1} + r_{t+1} \tag{2.9}$$

家賃・価格比率の差分方程式になっており，$\rho^\infty (q-p)_\infty = 0$ の条件のもとで，次のように解くことができる。

$$q_t - p_t = -\frac{k}{1-\rho} - E_t \sum_{j=0}^{\infty} \rho^j (\Delta q_{t+1+j} - r_{t+1+j}) \tag{2.10}$$

家賃・価格比率が高くなる，言い換えれば家賃の方が住宅価格に比べて相対的に高くなるのは，住宅の収益率が高く，家賃変化率が低い場合である。ところで，(2.10) 式は家賃変化率と収益率の双方が定常であれば，家賃・価格比率の対数は共和分過程となることを示しており，実証分析にたいへん有用である。

さらに，(2.9) 式は

$$r_{t+1} = k - \rho\,(q_{t+1} - p_{t+1}) + (q_t - p_t) + \Delta q_{t+1} \tag{2.11}$$

と書き直すことができるので，(2.11) 式の両辺に $E_{t+1} - E_t$ を施して

$$(E_{t+1} - E_t)\,r_{t+1} = -\rho\,(E_{t+1} - E_t)\,(q_{t+1} - p_{t+1}) + (E_{t+1} - E_t)\,\Delta q_{t+1} \tag{2.12}$$

を得る。(2.10) 式より，

$$q_{t+1} - p_{t+1} = -\frac{k}{1-\rho} + E_{t+1} \sum_{j=1}^{\infty} \rho^{j-1} (-\Delta q_{t+1+j} + r_{t+1+j})$$

であるから，これを (2.12) 式の右辺第 1 項の $(q_{t+1} - p_{t+1})$ に代入すると，

$$(E_{t+1} - E_t)\,r_{t+1} = (E_{t+1} - E_t)\left(-E_{t+1} \sum_{j=1}^{\infty} \rho^j (-\Delta q_{t+1+j} + r_{t+1+j}) \right)$$
$$+ (E_{t+1} - E_t)\,\Delta q_{t+1}$$

となり，整理すると，

$$r_{t+1} - E_t r_{t+1} = (E_{t+1} - E_t)\left(\sum_{j=0}^{\infty} \rho^j \Delta q_{t+1+j} \right)$$
$$- (E_{t+1} - E_t)\left(\sum_{j=1}^{\infty} \rho^j r_{t+1+j} \right) \tag{2.13}$$

となる。(2.13) 式によれば，予想されない収益率は，将来家賃の期待の変化と将来収益率の期待の変化に依存しており，将来家賃の期待が上昇すれば直近のキャピタルゲインをもたらし，逆に将来収益率の期待の上昇は直近のキャピタルロスをもたらす。Campbell（1991）は，（2.13）式を用いて株価収益率の分散分解を展開している。

(3) 家賃 - 価格比率の分散分解

Campbell and Shiller（1988）の対数線形近似を用いた計量分析は数多く存在する。しかし，株式市場などと異なり，住宅市場の分析に欠かせない家賃データを入手することは困難をともなうため，住宅市場への応用はそれほど多く存在するわけではない。例えば，日本のデータを用いた分析としては井上・井出・中神（2002）があり，彼らは Campbell and Shiller（1988）の手法を用いて，バブルの生成から崩壊にかけての家賃 - 価格比率の変動について分析を行っている。ここでは，家賃 - 価格比率の分散分解を試みた Campbell et al.（2009）の分析手法について概観する[8]。

Campbell et al.（2009）は，（2.10）式にもとづき，家賃 - 価格比率の分散分解を試みた。まず，r^f をグロスの利子率の対数値，すなわち，$r^f \equiv \log(1+R^f)$，また，それぞれグロスの住宅収益率が利子率の対数値を上回る部分を住宅プレミアム π，つまり $\pi = r - r^f$ と定義すれば，家賃 - 価格比率は次のように書き換えることができる。

$$q_t - p_t = -\frac{k}{1-\rho} + E_t \sum_{j=0}^{\infty} \rho^j r^f_{t+1+j} + E_t \sum_{j=0}^{\infty} \rho^j \pi_{t+1+j} - E_t \sum_{j=0}^{\infty} \rho^j \Delta q_{t+1+j}$$

あるいは，

$$q_t - p_t = \text{const} + I_t^f + \Pi_t - G_t \tag{2.14}$$

である。ここで，I_t^f，Π_t，G_t をそれぞれ実質利子率，住宅プレミアム，家賃変化率の現在価値の期待値，つまり $I_t^f = E_t \sum_{j=0}^{\infty} \rho^j r^f_{t+1+j}$，

---

8) Engsted and Pedersen（2013）も，Campbell（1991）にもとづき，不動産市場の分析を行っている。

$\Pi_t = E_t\sum_{j=0}^{\infty}\rho^j\pi_{t+1+j},\ G_t = E_t\sum_{j=0}^{\infty}\rho^j\Delta q_{t+1+j}$ とする。

　(2.14) 式についてコメントしておこう。しばしば住宅市場の均衡では家賃・価格比率が使用者費用に等しくなると言われる[9]。使用者費用とは，第 1 章で見たように，住宅をある一定期間所有して利用したときの費用と定義することができる。しかし，(2.9) 式とは大きく考え方が異なる。第 1 は，時間とともに変動する住宅リスクが含まれている点である。第 2 は，Campbell et al.（2009）が指摘しているように，家賃・価格比率は住宅収益率と家賃変化率それぞれの将来予測によって説明されているのに対し，使用者費用の概念にはキャピタルゲイン率 1 つに集約されている。使用者費用の概念の導出には持家か借家かというテニュア選択がポイントになっているのに対して，(2.14) 式の導出には住宅の収益性に焦点を当て，住宅に投資するかそれとも安全資産に投資するかという資産選択がポイントになっている。

　Campbell et al.（2009）は Campbell（1991）に倣い[10]，VAR の手法を用いて (2.14) 式のそれぞれの変数の現在価値の期待値を計算している。まず，次のような変数 z_t を定義する。

$$z_t = (r_t^f, \pi_t, \Delta r_t, x_t')'$$

ここで x_t は r_t^f，π_t，Δr_t の 3 つの変数を予測するのに有用な情報を含むベクトルである。z_t は 1 次の VAR に従うと仮定する。すなわち，

$$z_{t+1} = Az_t + \varepsilon_{t+1}$$

ここで A は VAR のパラメータ行列で，ε_{t+1} は撹乱項ベクトルである。この VAR を推定することにより A の推定値 $\hat{A}$ が得られるので，それを用いて I_t^f，Π_t，G_t の推定値 $\hat{I}_t^f$，$\hat{\Pi}_t$，$\hat{G}_t$ を求める。t 期の情報を所与としたときの将来の z の期待値は $E_t z_{t+1+j} = A^{j+1}z_t$ であるから，例えば，将来の利子率の現在価値の期待値 $\hat{I}_t^f$ は $e1'$ を第 1 要素を 1，他の要素をゼロとするベクトルとして，

---

9) 使用者費用については Himmelberg, Mayer, and Sinai（2005）を参照せよ。
10) Campbell（1991）は株価収益率を分散分解するのに，これと同じ VAR による手法を用いている。

$$\tilde{I}_t^f = E_t \sum_{j=0}^{\infty} \rho^j e1' \widehat{A}^{j+1} z_t = e1' \widehat{A} \sum_{j=0}^{\infty} \rho^j \widehat{A}^j z_t = e1' \widehat{A} (I - \rho \widehat{A})^{-1} z_t$$

となる。$\widehat{\Pi}_t$, $\widehat{G}_t$ についても，同様にして求めることができる。

$\tilde{I}_t^f$, $\widehat{\Pi}_t$, $\widehat{G}_t$ が得られれば，家賃 - 価格比率の予測値は $\widehat{q_t - p_t} = k + \tilde{I}_t^f + \widehat{\Pi}_t - \widehat{G}_t$ となる。予測値と実際の家賃 - 価格比率のギャップを e_t，すなわち

$$\widehat{q_t - p_t} = q_t - p_t + e_t$$

とすると，$\widehat{G}_t + e_t$ を新たに E_t と定義し将来にわたる家賃変化率の現在価値とみなせば，家賃 - 価格比率は次のように書き直すことができる。

$$q_t - p_t = k + \tilde{I}_t^f + \widehat{\Pi}_t - E_t$$

したがって，家賃 - 価格比率の分散は，

$$\begin{aligned}
\mathrm{Var}[q_t - p_t] = {} & \mathrm{Var}[\tilde{I}_t^f] + \mathrm{Var}[\widehat{\Pi}_t] + \mathrm{Var}[E_t] \\
& + 2\mathrm{Cov}[\tilde{I}_t^f, \widehat{\Pi}_t] - 2\mathrm{Cov}[\tilde{I}_t^f, E_t] - 2\mathrm{Cov}[\widehat{\Pi}_t, E_t]
\end{aligned}$$

となる。Campbell et al.（2009）はこの関係式をもとに，家賃 - 価格比率の分散分解を行っている。

2.2 家賃 - 価格比率と予測：
Plazzi, Torous, and Valkanov（2010）

2.1（2）で求めた（2.10）式を住宅市場に適用するとすれば，家賃 - 価格比率は将来の住宅収益率と家賃変化率それぞれの予測を反映しているということになる。本節では，Lettau and Van Nieuwerburgh（2008）の考え方を住宅市場に応用，発展させた Plazzi, Torous, and Valkanov（2010）にもとづいて家賃 - 価格比率の予測可能性について概観する[11]。

---

11) Gallin（2008），Engsted and Pedersen（2012）も家賃 - 価格比率の予測可能性について論じている。

(1)　誘導型モデル

　ストック市場の予測可能性に関する分析は，一般に以下のような回帰モデルにもとづいて行われる（例えば，Campbell and Shiller 1988，Cochrane 2008 など）。

$$r_{t+1} = \alpha_r + \beta_r(cap_t) + \varepsilon^r_{t+1} \tag{2.15}$$

$$\Delta q_{t+1} = \alpha_q + \beta_{\Delta q}(cap_t) + \varepsilon^{\Delta q}_{t+1} \tag{2.16}$$

$$cap_{t+1} - \overline{cap} = \phi(cap_t - \overline{cap}) + \varepsilon^c_{t+1} \tag{2.17}$$

(2.15)，(2.16) 式はそれぞれ家賃 - 価格比率の将来の収益率と家賃変化率に対する予測回帰式である。また，(2.17) 式は家賃 - 価格比率の動学を示したもので，AR(1) モデルになっている。ε^r_{t+1}，$\varepsilon^{\Delta q}_{t+1}$，$\varepsilon^c_{t+1}$ はそれぞれの回帰式の撹乱項で，この 3 つの式をシステムと捉え，$\varepsilon_{t+1} = [\varepsilon^r_{t+1}, \varepsilon^{\Delta q}_{t+1}, \varepsilon^c_{t+1}]$ とする。このシステムはデータ生成過程が特定化されておらず，いわゆる誘導型モデルであるため，ε_{t+1} は経済的な意味はもたせることはできない。

　また，家賃 - 価格比率自体ゆっくり変動する予想因子であるため，1 期先の予測に加えて k 期先の予測も行っている。そこでは，$r_{t+1 \to t+k} \equiv \sum_{i=0}^{k} \rho^i r_{t+1+i}$，$\Delta q_{t+1 \to t+k} \equiv \sum_{i=0}^{k} \rho^i \Delta q_{t+1+i}$ と定義し，次のような予想回帰モデルを考える。

$$r_{i, t+1 \to t+k} = \alpha_{r,k} + \beta_{r,k}(cap_t) + \varepsilon^r_{t+1 \to t+k}$$

$$\Delta q_{i, t+1 \to t+k} = \alpha_{\Delta q,k} + \beta_{\Delta q,k}(cap_t) + \varepsilon^{\Delta q}_{t+1 \to t+k}$$

このとき，1 期先と k 期先の予想回帰モデルの回帰係数との関係は以下のようになっている。

$$\beta_{r,k} = \beta_r\left(\frac{1 - (\rho\phi)^k}{1 - \rho\phi}\right), \quad \beta_{\Delta q, k} = \beta_{\Delta q}\left(\frac{1 - (\rho\phi)^k}{1 - \rho\phi}\right) \tag{2.18}$$

この関係はどのように導かれるのか確認しておこう。(2.15) 式より，

$$\text{Cov}\left[cap_t, \sum_{i=0}^{k} \rho^i r_{t+1+i}\right]$$
$$= \text{Cov}[cap_t, r_{t+1}] + \text{Cov}[cap_t, \rho r_{t+2}] + \cdots + \text{Cov}[cap_t, \rho^k r_{t+1+k}]$$
$$= \text{Cov}[cap_t, r_{t+1}] + \text{Cov}[cap_t, (\rho\phi) r_{t+1}] + \cdots + \text{Cov}[cap_t, (\rho\phi)^k r_{t+1}]$$

であるから，

$$\frac{\mathrm{Cov}\left[cap_t, \sum_{i=0}^{k} \rho^i r_{t+1+i}\right]}{\mathrm{Var}\left[cap_t\right]} = \sum_{i=0}^{k} (\rho\phi)^i \frac{\mathrm{Cov}\left[cap_t, r_{t+1}\right]}{\mathrm{Var}\left[cap_t\right]} = \left(\frac{1-(\rho\phi)^k}{1-\rho\phi}\right)\beta_r$$

となる。これは $\sum_{i=0}^{k} \rho^i r_{t+1+i}$ を cap_t に回帰したときの長期回帰係数，つまり $\beta_{r,k}$ である。

同様に，（2.16）式より，

$$\begin{aligned}\frac{\mathrm{Cov}\left[cap_t, \sum_{i=0}^{k} \rho^i \Delta q_{t+1+i}\right]}{\mathrm{Var}\left[cap_t\right]} &= \sum_{i=0}^{k} (\rho\phi)^i \frac{\mathrm{Cov}\left[cap_t, \Delta q_{t+1}\right]}{\mathrm{Var}\left[cap_t\right]}\\ &= \left(\frac{1-(\rho\phi)^k}{1-\rho\phi}\right)\beta_{\Delta q}\end{aligned}$$

となるから，$\beta_{\Delta q,k}$ は $\sum_{j=0}^{\infty} \rho^j \Delta q_{t+1+j}$ を cap_t に回帰したときの長期回帰係数である。このように，いずれも cap_t が k 期先の収益率と家賃変化率の変動を予測しうるかどうかを測る重要な情報を与える。

さらに，予想回帰によって求められる回帰係数に関して重要な関係を導くことができる。それは，誘導型モデルと先に求めた対数線形近似による恒等式（2.11）式とのあいだに，回帰係数と誤差項を通じてある一定の関係が存在するというものである。(2.15)，(2.16)，(2.17) 式を (2.11) 式に代入し，平均を無視すると，回帰係数のあいだに以下のような恒等式が成り立つ。

$$\beta_r - \beta_{\Delta q} = 1 - \rho\phi \tag{2.19}$$

また，誤差項 ε_{t+1} についても

$$\varepsilon_{t+1}^r - \varepsilon_{t+1}^{\Delta q} + \rho\varepsilon_{t+1}^c = 0 \tag{2.20}$$

を満たす。この2つの式は誘導型モデルと構造型モデルの識別を考えるうえで，きわめて重要な意味をもつ。

また，（2.19）式については，1期先の収益率と家賃変化率の予測回帰係数を $1-\rho\phi$ で除すると，

$$\frac{\beta_r}{1-\rho\phi} - \frac{\beta_{\Delta q}}{1-\rho\phi} = 1$$

という関係が得られる。左辺の第1項，第2項は，（2.18）式でそれぞれ k を無限大にしたときの値，すなわち無限先の収益率と家賃変化率の予測回帰係数 $\beta_{r,\infty}$，$\beta_{\Delta q,\infty}$ であり，$\beta_{r,\infty}-\beta_{\Delta q,\infty}=1$ ということがわかる。

(2)　構造型モデル

予想回帰モデルは誘導型モデルであって，モデル全体の構造が描かれているわけではない。そこで，Plazzi, Torous, and Valkanov（2010）は収益率と家賃変化率について次のような構造型モデルを想定する。

$$r_{t+1}-r = x_t+\xi_{t+1}^r \tag{2.21}$$

$$\Delta q_{t+1}-g = \tau x_t+y_t+\xi_{t+1}^{\Delta q} \tag{2.22}$$

ここで x_t と y_t は期間 t 内における期待収益率と期待家賃変化率それぞれの変動を示している。家賃変化率の回帰式の中に x_t が含まれており，期待収益率の変動が家賃変化率に及ぼす影響を排除していない。言い換えれば，τ は予想収益率と家賃変化率が同じ方向に動く度合いを示すパラメータである。この値がゼロであれば期待収益率の変動は家賃の変化に影響を及ぼすことはなく，逆にこの値が1であれば期待収益率の変動と家賃の変化は1対1の関係で動いていることになる。また ξ_{t+1}^r，$\xi_{t+1}^{\Delta q}$ は，収益率と家賃変化率それぞれに対して予想されないショックであり，$E_t[\xi_{t+1}^r]=E_t[\xi_{t+1}^{\Delta q}]=0$ を仮定する。

さらに，期間 t 内における期待収益率と期待家賃変化率のそれぞれの変動については，次のような仮定を設ける。

$$x_{t+1} = \varphi x_t+\xi_{t+1}^x \tag{2.23}$$

$$y_{t+1} = \psi y_t+\xi_{t+1}^y \tag{2.24}$$

である。ここで，撹乱項の $\xi^{\Delta q}$，ξ^x，ξ^y について，

$$\mathrm{Cov}[\xi_{t+1}^y, \xi_{t+j}^x] = 0, \quad \forall j$$
$$\mathrm{Cov}[\xi_{t+1}^{\Delta q}, \xi_{t+j}^x] = 0, \quad \forall j$$
$$\mathrm{Cov}[\xi_{t+1}^{\Delta q}, \xi_{t+j}^y] = 0, \quad \forall j \neq 1$$

また，$\mathrm{Cov}[\xi_{t+1}^{\Delta q}, \xi_{t+1}^y]=\vartheta$ を仮定する。φ と ψ は持続性を示すパラメータで $-1<\varphi,\psi<1$ であるが，一般にいずれも1に近い値を想定しており，仮に

$\varphi = 1$, $\psi = 1$ である場合には x_{t+1} と y_{t+1} いずれもランダムウォークを示す。以下，彼らが仮定しているように，$\varphi = \psi$ とし，その値を ϕ として議論を進める。ξ^x_{t+1}，ξ^y_{t+1} は期待収益率の変動と期待家賃変化率の変動それぞれのショックである。この4本の回帰モデルの撹乱項ベクトルを ξ として，$\xi = [\xi^r_{t+1}, \xi^{\Delta q}_{t+1}, \xi^x_{t+1}, \xi^y_{t+1}]$ と定義する。

さて，(2.21)，(2.23) 式より $E_t[r_{t+1+j}] = r + \phi^j x_t$，$E_{t+1}[r_{t+1+j}] = r + \phi^j x_t + \phi^{j-1}\xi^x_{t+1}$ であるから，

$$(E_{t+1} - E_t)\left[\sum_{j=1}^{\infty} \rho^j r_{t+1+j}\right] = \rho \sum_{j=1}^{\infty} (\rho\phi)^{j-1} \xi^x_{t+1} = \frac{\rho \xi^x_{t+1}}{1 - \rho\phi} \qquad (2.25)$$

となる。同様に，(2.22)，(2.24) 式より $E_t[\Delta q_{t+1+j}] = g + \tau\phi^j x_t + \phi^j y_t$，$E_{t+1}[\Delta q_{t+1+j}] = g + \tau\phi^j x_t + \phi^j y_t + \tau\phi^{j-1}\xi^x_{t+1} + \phi^{j-1}\xi^y_{t+1}$ であるから，

$$(E_{t+1} - E_t)\left[\sum_{j=1}^{\infty} \rho^j \Delta q_{t+1+j}\right] = \frac{\rho \xi^y_{t+1}}{1 - \rho\phi} + \frac{\tau\rho \xi^x_{t+1}}{1 - \rho\phi} \qquad (2.26)$$

となる。また $(E_{t+1} - E_t)r_{t+1} = \xi^r_{t+1}$，$(E_{t+1} - E_t)\Delta q_{t+1} = \xi^{\Delta q}_{t+1}$ であることに注意して，(2.25)，(2.26) 式を (2.13) 式に代入すると，構造型モデルの4つの撹乱項のあいだに，

$$\xi^r_{t+1} = \frac{\rho}{1 - \rho\phi}\xi^y_{t+1} - \frac{(1-\tau)\rho}{1 - \rho\phi}\xi^x_{t+1} + \xi^{\Delta q}_{t+1} \qquad (2.27)$$

なる関係が成立することがわかる。期待収益率の変動ショックは，現時点における予想されない収益率に対してマイナスに影響を及ぼす一方，期待家賃変化率の変動ショックは逆にプラスに影響する。また，現時点における予想されない家賃変化率も収益率に対してプラスに影響を及ぼす。

(2.21)，(2.22) 式より，

$$E_t \sum_{j=0}^{\infty} \rho^j (r_{t+1+j} - r) = \sum_{j=0}^{\infty} \rho^j E_t(r_{t+1+j} - r) = \sum_{j=0}^{\infty} \rho^j \phi^j x_t = \frac{x_t}{1 - \rho\phi}$$

$$E_t \sum_{j=0}^{\infty} \rho^j (\Delta q_{t+1+j} - g) = \sum_{j=0}^{\infty} \rho^j E_t(\Delta q_{t+1+j} - g) = \sum_{j=0}^{\infty} \rho^j \phi^j (\tau x_t + y_t)$$

$$= \frac{\tau x_t + y_t}{1 - \rho\phi}$$

であるから，(2.10) 式の第1項を無視してこれらを代入すると，

$$cap_t = -\left(\frac{\tau x_t + y_t}{1-\rho\phi} + \frac{g}{1-\rho}\right) + \left(\frac{x_t}{1-\rho\phi} + \frac{r}{1-\rho}\right)$$
$$= \frac{r-g}{1-\rho} + \frac{(1-\tau)x_t}{1-\rho\phi} - \frac{y_t}{1-\rho\phi} \tag{2.28}$$

を得る。

(2.28) 式は期待収益率と期待家賃変化率の変動が家賃‐価格比率に及ぼす影響を示している。右辺第2項，第3項が示すように，収益率の予想変化は家賃‐価格比率を上昇させ，逆に家賃変化率の予想変化は低下させる。また，$\tau = 0$ であれば，収益率と家賃変化率の予想変化は互いに打ち消しあって，家賃‐価格比率の変動を弱めることになる。他方，$\tau = 1$ であれば，収益率の予想変化の家賃‐価格比率に及ぼす影響はゼロとなり，家賃変化率の予想変化のみ家賃‐価格比率に影響を及ぼすことになる。このように，τ の値は家賃‐価格比率の動きを説明するうえで重要な要因となっている。

(3)　誘導型モデルと構造型モデルの関係

(2.15)，(2.16)，(2.17) 式から構成される誘導型モデルのパラメータを推計することによって，構造型モデルのパラメータを求めることができるのであろうか。そこで誘導型モデルと構造型モデルの関係を見てみよう。

誘導型モデルでは，期待収益率と期待家賃変化率はいずれも AR(1) を仮定しているので，cap_t もまた AR(1) 構造になっている。ただし，これが言えるためには構造型モデルにおいて $\varphi = \psi = \phi$ が仮定されていなければならない。そのことを確認するために，(2.28) 式から1期先の家賃‐価格比率を考える。(2.28) 式に (2.23)，(2.24) 式を代入して整理すると

$$(cap_{t+1} - \overline{cap}) = \phi\,(cap_t - \overline{cap}) + \frac{(1-\tau)\xi^x_{t+1} - \xi^y_{t+1}}{1-\rho\phi} \tag{2.29}$$

となり，家賃‐価格比率が AR(1) モデルになっている。ただし，(2.29) 式の撹乱項は期待収益率と期待家賃変化率それぞれの自己回帰モデルの撹乱項から構成されていることに注意しなければならない。

$\varphi = \psi = \phi$ のもとで，予想回帰モデルの回帰係数と構造型モデルのパラメータの関係を見るために，収益率と家賃変化率の予想回帰モデルの回帰係数

を求める。(2.28) 式から，

$$\mathrm{Var}[cap_t] = \frac{(1-\tau)^2\sigma_{\xi x}^2 + \sigma_{\xi y}^2}{(1-\rho\phi)^2}\frac{1}{1-\phi^2} \equiv V$$

である。一方，

$$\begin{aligned}
\mathrm{Cov}[r_{t+1}, cap_t] &= \mathrm{Cov}[x_t + \xi_{t+1}^r, cap_t]\\
&= \mathrm{Cov}\left[\frac{(1-\rho\phi)\,cap_t + y_t}{1-\tau} + \xi_{t+1}^r, \frac{(1-\tau)\,x_t - y_t}{1-\rho\varphi}\right]
\end{aligned}$$

であるから，

$$\mathrm{Cov}[r_{t+1}, cap_t] = \frac{(1-\rho\phi)}{1-\tau}V - \frac{1}{(1-\rho\phi)(1-\tau)}\frac{\sigma_{\xi y}^2}{1-\phi^2}$$

となる。よって，収益率の予想回帰モデルの回帰係数 β_r は

$$\beta_r = \frac{\mathrm{Cov}[r_{t+1}, cap_t]}{\mathrm{Var}[cap_t]} = \frac{(1-\rho\phi)(1-\tau)}{(1-\tau)^2 + v} > 0$$

で，正の符号をもつ。ここで，$v = \sigma_{\xi y}^2/\sigma_{\xi x}^2$ は，家賃変化率と収益率それぞれの予想ショックの相対的な強度を示している。

他方，家賃変化率の予想回帰モデルの係数 $\beta_{\Delta q}$ は，

$$\begin{aligned}
\mathrm{Cov}[\Delta q_{t+1}, cap_t] &= \mathrm{Cov}\left[\tau x_t + y_t + \xi_{t+1}^{\Delta q}, \frac{(1-\tau)\,x_t - y_t}{1-\rho\varphi}\right]\\
&= \frac{\tau(1-\tau)}{1-\rho\phi}\frac{\sigma_{\xi x}^2}{1-\phi^2} - \frac{1}{1-\rho\phi}\frac{\sigma_{\xi y}^2}{1-\phi^2}
\end{aligned}$$

であるから，

$$\beta_{\Delta q} = \frac{\mathrm{Cov}[\Delta q_{t+1}, cap_t]}{\mathrm{Var}[cap_t]} = -\frac{(1-\rho\phi)[\tau(\tau-1)+v]}{(1-\tau)^2 + v} < 0$$

で，負の符号をもつ。

τ は予想収益率と家賃変化率が同じ方向に動く度合いを示すパラメータである。Plazzi, Torous, and Valkanov（2010）によれば，τ が誘導型モデルの

回帰係数 β_r, $\beta_{\Delta q}$ に及ぼす影響は，それぞれ以下のとおりである。

$$\frac{\partial \beta_r}{\partial \tau} = \frac{\partial \beta_{\Delta q}}{\partial \tau} = \frac{(1-\rho\phi)\left[(1-\tau)^2 - v\right]}{\left[(1-\tau)+v\right]^2}$$

両者が等しくなるのは，β_r, $\beta_{\Delta q}$ とのあいだに（2.18）式の関係があることから自明である。τ の変化が回帰係数 β_r, $\beta_{\Delta q}$ に及ぼす影響は，いずれも $\left[(1-\tau)^2 - v\right]$ の符号に依存しており，v が一定のとき，回帰係数 β_r, $\beta_{\Delta q}$ は τ が $\tau = 1 - \sqrt{v}$ までは上昇し，$\tau = 1 - \sqrt{v}$ を超えると低下する。

　他方，家賃変化率と収益率それぞれの予想ショックの相対的な強度を示す v が誘導型モデルの回帰係数 β_r, $\beta_{\Delta q}$ に及ぼす影響は，それぞれ以下のとおりである。

$$\frac{\partial \beta_r}{\partial v} = \frac{\partial \beta_{\Delta q}}{\partial v} = \frac{-(1-\rho\phi)(1-\tau)}{\left[(1-\tau)+v\right]^2} < 0$$

ここでも両者が等しくなるのは，β_r, $\beta_{\Delta q}$ とのあいだに（2.19）式の関係があることから自明である。回帰係数 β_r, $\beta_{\Delta q}$ は，v の変化によっていずれも低下する。つまり，v の値が大きくなるほど期待収益率による予想は弱くなり（β_r の値は小さくなる），期待家賃変化率による予想は強くなる（$\beta_{\Delta q}$ の絶対値が大きくなる）。

　Plazzi, Torous, and Valkanov（2010）は，誘導型モデルと構造型モデルのパラメータの関係についてコメントしている。誘導型モデルの収益率の誤差項 ε^r_{t+1} は，（2.15）式より

$$\varepsilon^r_{t+1} = (r_{t+1} - r) - \beta_r (cap_t - \overline{cap})$$

であるから，（2.21），（2.28）式を代入して，

$$\varepsilon^r_{t+1} = x_t + \xi^r_{t+1} - \frac{\beta_r [x_t(1-\tau) - y_t]}{1-\rho\phi}$$

となる。さらに，（2.27）式を代入して（2.19）式を考慮すると，

$$\varepsilon^r_{t+1} = \xi^{\Delta q}_{t+1} + x_t \left(\frac{\tau\beta_r - \beta_{\Delta q}}{1-\rho\phi}\right) + y_t \left(\frac{\beta_r}{1-\rho\phi}\right) + \rho \frac{(\tau-1)\xi^x_{t+1} + \xi^y_{t+1}}{1-\rho\phi} \quad (2.30)$$

を得る。

家賃収益率の誤差項 $\varepsilon_{t+1}^{\Delta q}$ については，(2.16) 式に (2.22)，(2.28) 式を代入して (2.19) 式を考慮することにより

$$\varepsilon_{t+1}^{\Delta q} = \xi_{t+1}^{\Delta q} + x_t \left(\frac{\tau \beta_r - \beta_{\Delta q}}{1 - \rho \phi} \right) + y_t \left(\frac{\beta_r}{1 - \rho \phi} \right) \tag{2.31}$$

を得る。

(2.30)，(2.31) 式によって ε_{t+1}^r と $\varepsilon_{t+1}^{\Delta q}$ が求まれば，これらの分散，共分散を求めることができる。なお，家賃 - 価格比率の誤差項については，誘導型モデルの誤差項に関する制約 (2.20) 式より

$$\varepsilon_{t+1}^c = \frac{(1-\tau)\xi_{t+1}^x - \xi_{t+1}^y}{1 - \rho \phi}$$

となる。

構造型モデルのパラメータは ϕ，τ，$\sigma_{\xi x}$，$\sigma_{\xi y}$，$\sigma_{\xi \Delta q}$，ϑ の 6 つであるのに対し，誘導型モデルのパラメータは ϕ，β_r，$\beta_{\Delta q}$，$\sum_\varepsilon$ の 9 つである。しかし，撹乱項については (2.20) 式の制約があるので，$\sum_\varepsilon$ の 6 つの要素のうち 3 つは制約がかかっている。また，誘導型モデルのパラメータのあいだに (2.19) 式の制約があるので，誘導型パラメータとして β_r，β_q，$\sigma_{\varepsilon r}$，$\sigma_{\varepsilon \Delta q}$，$\sigma_{\varepsilon r, \varepsilon \Delta q}$ の 5 つを考えることができる。ここで $\sigma_{\varepsilon r}$，$\sigma_{\varepsilon \Delta q}$ は撹乱項の標準偏差，$\sigma_{\varepsilon r, \varepsilon \Delta q}$ は共分散であるが，(2.30)，(2.31) 式から構造型パラメータとの関係を求めることができる。構造型モデルのパラメータは 6 つであるのに対し，誘導型パラメータは 5 つであるから，さらにもう 1 つの制約を課すことにより，誘導型モデルのパラメータの推計から構造型モデルのパラメータを求めることが可能となる[12]。

2.3 家賃 - 価格比率とリスク：Han(2013)

前節では，住宅市場にファイナンス理論を持ち込み，とくに家賃 - 価格比

---

[12] 識別性に関するより詳細な説明は，Lettau and Van Nieuwerburgh (2008), Plazzi, Torous, and Valkanov (2010) を参照のこと。

率の予測可能性について見た。本節は視点を変えて，将来の住宅リスクが家賃・価格比率にどう反映されるかという点について考えてみたい。住宅の価格リスクが予想されるとき，もし将来住宅消費を増やそうと考えているのであれば，住宅費用の上昇をヘッジするために住宅需要を増やそうとする。一方で，住宅への投資を増やしてしまうと，住宅は流動性が低いので，投資のリスクを分散することが困難になる。その結果，住宅需要を減らそうとする。こうした動きは家賃・価格比率に大きく影響を受けるはずである。そこで，Han（2013）にもとづき，住宅の消費財と投資財という2つの側面に着目しながら[13]，住宅の価格リスクと家賃・価格比率との関係について考察する。

(1) モデル

Han はいわゆる消費にもとづく資産価格モデルを用いて分析を行っている。市場には N_t の同質な家計がおり，それぞれ永久に生き続ける。家計は，これまでと同様に，住宅サービス h_t と住宅以外の消費財 c_t から効用を得る。2つの資産が存在し，1つは安全な金融資産としての債券 s_t（収益率は r_t^f），もう1つは実物資産としての住宅資本 h_t である。t 期に $t-1$ 期に保有された資本1単位から住宅サービス1単位が生み出される。t 期の住宅資本は P_t で取引され，δ の率で減価償却する。また，住宅資本の総供給量は H_t とする[14]。

異時点間の効用を評価するための割引ファクターを β として，家計の効用関数を次のように定義する[15]。

$$E_0\left[\sum_{t=0}^{\infty}\beta^t u\left(c_t, h_{t-1}\right)\right]$$

家計の t 期における所得制約は

---

13) 住宅市場を分析する際に，消費財と投資財の双方の性質を明示的にモデルに取り込んだものとして Henderson and Ioannides（1983）がある。
14) 住宅の総供給は一定とし，価格の変動はすべて需要サイドによって決まることを意味する。
15) 第2節では割引率を δ としていたが，本節では δ は減価償却率となっていることに注意されたい。

$$c_t + P_t h_t + s_t = y_t + (1 + r_t^f) s_{t-1} + (1 - \delta) P_t h_{t-1}$$

である。後述するように，所得 y_t と住宅価格 P_t は確率的に動くものとする。

家計は所得制約のもとで効用が最大になるように c_t，h_t，s_t を決定し，住宅以外の消費財市場，住宅資本市場，債券市場が均衡するように収益率 r_t^f と住宅価格 P_t が決まる。なお，住宅以外の消費財を基準財としている。

ラグランジュアン関数を以下のように定義すると

$$\mathcal{L} = E_t\left(\sum_{t=0}^{\infty}(\beta^t u(c_t, h_{t-1}) - \lambda_t(c_t + P_t h_t + s_t - y_t - (1 + r_t^f) s_{t-1} - (1 - \delta) P_t h_{t-1}))\right)$$

効用最大化のための必要条件は，

$$\frac{\partial \mathcal{L}}{\partial c_t} = \beta^t u_c(c_t, h_{t-1}) - \lambda_t = 0 \tag{2.32}$$

$$\frac{\partial \mathcal{L}}{\partial s_t} = -\lambda_t + E_t \lambda_{t+1}(1 + r_{t+1}^f) = 0 \tag{2.33}$$

$$\frac{\partial \mathcal{L}}{\partial h_t} = -\lambda_t P_t + E_t[\beta^{t+1} u_h(c_{t+1}, h_t) + \lambda_{t+1}(1 - \delta) P_{t+1}] = 0 \tag{2.34}$$

$$\frac{\partial \mathcal{L}}{\partial \lambda_t} = -(c_t + P_t h_t + s_t - y_t - (1 + r_t^f) s_{t-1} - (1 - \delta) P_t h_{t-1}) = 0 \tag{2.35}$$

となる。(2.32) 式は住宅以外の消費財の最適化条件で，住宅以外の消費財1単位を増加させたときの（限界）便益と，その1単位に必要な（限界）費用が等しくなるというものである。(2.33) 式は金融資産の最適化条件で，今期の金融資産を1単位増やすことにともなう（限界）費用と，その1単位が生み出す（限界）便益の現在価値が等しくなるというものである。(2.34) 式は住宅資本に関する最適化条件で，住宅資本1単位増やすことにともなう（限界）費用と，その1単位が生み出す（限界）便益の現在価値が一致するというものである。(2.35) 式は予算制約である。

最適化のための条件である (2.33)，(2.34) 式は，(2.32) 式を用いて

$$u_c(c_t, h_{t-1}) = \beta E_t u_c(c_{t+1}, h_t)(1 + r_{t+1}^f) \tag{2.36}$$

$$u_c(c_t, h_{t-1}) P_t = \beta E_t[u_c(c_{t+1}, h_t)(1 - \delta) P_{t+1} + u_h(c_{t+1}, h_t)] \tag{2.37}$$

と書くことができる。ここで，

$$M_{t+1} = \frac{\beta u_c(c_{t+1}, h_t)}{u_c(c_t, h_{t-1})} \tag{2.38}$$

と定義する。M_{t+1} は確率的割引ファクターもしくは価格カーネルと呼ばれ，異時点間の限界代替率を示す。言い換えれば，1期先の住宅以外の消費財の現在価値を意味する。この定義を用いれば，(2.36) 式は

$$1 = E_t[(1+r^f_{t+1}) M_{t+1}]$$

と書くことができる。この最適化条件は，均衡においてグロスの利子率と確率的割引ファクターの積の条件付き期待値が，1に等しくなることを示している。言い換えれば，今期に金融資産に1円だけ投資したときに，来期にそれが生み出す収益を確率的割引ファクターで割り引いた値がちょうど1円に等しいことを意味する。

　また，(2.37) 式は

$$P_t = E_t\left[\frac{\beta u_c(c_{t+1}, h_t)(1-\delta)P_{t+1} + \beta u_h(c_{t+1}, h_t)}{u_c(c_t, h_{t-1})}\right]$$
$$= E_t\left[\frac{\beta u_c(c_{t+1}, h_t)}{u_c(c_t, h_{t-1})}\left((1-\delta)P_{t+1} + \frac{u_h(c_{t+1}, h_t)}{u_c(c_{t+1}, h_t)}\right)\right]$$

と書き直すことができる。小括弧の中の第2項は，来期に住宅資本から生み出される住宅サービスからの便益（収益）である。このモデルには賃貸住宅市場は存在しないが，仮に存在したとすれば，これは家賃に相当する。そこで，t 期の家賃を

$$Q_{t+1} = \frac{u_h(c_{t+1}, h_t)}{u_c(c_{t+1}, h_t)}$$

と置けば[16]，

---

16) 本章では基本的に住宅価格は P，家賃は R（もしくは r）としているが，後述するように，本節では収益率に R もしくは r を用いるので，家賃を Q とした。

$$P_t = E_t[M_{t+1}((1-\delta)P_{t+1}+Q_{t+1})]$$

と書くことができる。この最適化条件は，均衡において住宅資本1単位に投資したときの便益（費用）と，それが生み出す便益（収益）と条件付き確率的割引ファクターとの積の条件付き期待値が等しいことを示す。減価償却を考慮した住宅のグロスの収益率 R_{t+1} を

$$R_{t+1} = \frac{P_{t+1}(1-\delta)+Q_{t+1}}{P_t}$$

と定義すると，

$$1 = E_t[M_{t+1}R_{t+1}] \tag{2.39}$$

となる。これは，今期に住宅に1円だけ投資したときに，来期にそれが生み出す収益を確率的割引ファクターで割り引いた値が，ちょうど1円に等しくなることを意味する。

　X, Y を確率変数とするとき $\mathrm{Cov}[X, Y] = E[XY]-E[X]E[Y]$ が成り立つことを用いて，(2.39) 式は次のように書き直すことができる。

$$1 = E_t[M_{t+1}]E_t[R_{t+1}]+\mathrm{Cov}_t[M_{t+1}, R_{t+1}]$$

また，安全資産のグロスの利子率を R^f とすると，安全資産についても $1 = E_t[M_{t+1}]E_t[R^f_{t+1}]$ が成り立つので，住宅資産の超過収益率を π_t として

$$\pi_t = E_t[R_{t+1}-R^f_{t+1}] = -\frac{\mathrm{Cov}[M_{t+1}, R_{t+1}]}{E[M_{t+1}]}$$

となる。

　この式は，住宅の期待収益率と安全資産の利子率との差で定義される住宅リスクが，確率的割引ファクターと住宅の収益率の共分散に依存していることを意味する。両者に負の相関があれば，その相関が強いほど住宅リスクは大きくなる。定義により住宅の収益率は来期の住宅価格と家賃に依存しているので，住宅リスクは来期における確率的割引ファクターと住宅価格，家賃それぞれの共分散に依存している。Han（2013）の着眼点はまさにそこにある。

(2) 2つのリスク

住宅リスクの正体が明らかにされたので，そのリスクが家賃 - 価格比率に及ぼす影響について考えてみたい。Han（2013）は，まず次のような separable な効用関数を仮定する。

$$u(c_t, h_t) = \gamma \frac{c_t^{1-\tau_1}}{1-\tau_1} + (1-\gamma) \frac{h_t^{1-\tau_2}}{1-\tau_2} \tag{2.40}$$

予算制約のもとで効用が最大になるように消費パターンが決まる。また，所得の成長過程を次のように仮定する。

$$\log \frac{y_{t+1}}{y_t} = \frac{\log \beta}{\tau_1} + \frac{r_t^f}{\tau_1} + \frac{1}{2\tau_1} \sigma_{y,t}^2 + \frac{1}{\tau_1} \varepsilon_{y,t+1}, \ \ \varepsilon_{y,t+1} | I_t \ \sim \ N(0, \sigma_{y,t}^2)$$

ここで，$r_t^f = \log(1 + R_t^f)$ である。

このモデルの設定から，最適な住宅と住宅以外の消費は，外生的な変数（世帯数，住宅供給，所得）によって解かれ，$h_t^* = H_t/N_t$，$c_t^* = y_t$ となる。したがって，均斉成長のもとでは $c_{t+1}/c_t = y_{t+1}/y_t$ が成り立つので，(2.38)，(2.40) 式より

$$M_{t+1} = \beta \left(\frac{c_{t+1}}{c_t} \right)^{-\tau_1} = \beta \left(\frac{y_{t+1}}{y_t} \right)^{-\tau_1}$$

を得る。このとき確率的割引ファクターは所得変化率によって変動することになるので，$\sigma_{y,t}^2 = \sigma_{M,t}^2$ として，確率的割引ファクターの確率過程は以下のようになる。

$$M_{t+1} = \exp \left(-r_t^f - \frac{1}{2} \sigma_{M,t}^2 + \varepsilon_{M,t+1} \right), \ \ \varepsilon_{M,t+1} | I_t \ \sim \ N(0, \sigma_{M,t}^2) \tag{2.41}$$

また，住宅価格と家賃変化率，すなわち，$\log(P_{t+1}/P_t) = \Delta p_t \equiv g_{P,t+1}$，$\log(Q_{t+1}/Q_t) = \Delta q_t \equiv g_{Q,t+1}$ について，次のような自己相関をもった確率過程を仮定する。

$$g_{P,t+1} = \alpha_0^P + \alpha_1^P g_{P,t} + \varepsilon_{P,t+1}, \ \ \varepsilon_{P,t+1} | I_t \ \sim \ N(0, \sigma_{P,t}^2) \tag{2.42}$$

$$g_{Q,t+1} = \alpha_0^Q + \alpha_1^Q g_{Q,t} + \varepsilon_{Q,t+1}, \ \ \varepsilon_{Q,t+1} | I_t \ \sim \ N(0, \sigma_{Q,t}^2) \tag{2.43}$$

ここで，I_t は t 期における情報集合で，$\sigma_{P,t}^2$ と $\sigma_{Q,t}^2$ は $g_{P,t}$ と $g_{Q,t}$ それぞれの分散である。

住宅の価格リスクと収益率の関係を見るために，住宅価格 P，家賃 Q，確率的割引ファクター M について次のような仮定を設ける。第 1 の仮定は，住宅価格と確率的割引ファクターには負の相関があるというものである。すなわち，相関係数を θ_{PM} として，

$$\theta_{PM} = \frac{\mathrm{Cov}[\varepsilon_{P,t+1}, \varepsilon_{M,t+1}]}{\sigma_{P,t}^2} < 0$$

である[17]。この仮定が意味するところは，住宅以外の消費財が増えていくのが望ましいとき，住宅価格の上昇率は鈍い（住宅からの収益率は低い）というものである。Davidoff（2006）は，所得と住宅価格は正の相関があることを実証的に示した。つまり，労働所得が増えているとき，住宅価格も上昇するので住宅以外の消費も増え，その結果，異時点間の限界代替率を低下させる。Han（2013）はこれを金融リスク効果と呼んでいる。

第 2 の仮定は，住宅価格と家賃とのあいだに正の相関があるというものである。相関係数を θ_{PQ} をとして，

$$\theta_{PQ} = \frac{\mathrm{Cov}[\varepsilon_{P,t+1}, \varepsilon_{Q,t+1}]}{\sigma_{P,t}^2} > 0$$

である。一般的には住宅価格と家賃が正の相関をもつという仮定は必ずしも明らかではない。しかし，Sinai and Souleles（2013）で述べられているように，ランダムに選ばれた住宅市場間での相関は大きくはないが，同じ住宅市場内であれば住宅価格に将来の家賃が反映されるのはそれほどおかしな仮定ではない。Han（2008）でも議論されているように，この仮定は将来の消費のために住宅の価格リスクをヘッジするインセンティブを与えるもので，Han（2013）は消費ヘッジ効果と呼んでいる。

また，家賃と確率的割引ファクターそれぞれのショックの共分散はゼロ，すなわち，$\mathrm{Cov}[\varepsilon_{Q,t+1}, \varepsilon_{M,t+1}] = 0$ としている。

---

17) 相関係数の定義は共分散を各確率変数の標準偏差で除した値であるが，Han（2013）は Wu（2001）に倣って $\sigma_{P,t} = \sigma_{M,t} = \sigma_{Q,t}$ と置いている。

さて，2.1（2）で見たように，Campbell and Shiller（1988）の対数線形近似より

$$R_{t+1} = \exp[k + (1-\rho)\Delta q_{t+1} + \rho\Delta p_{t+1} + (1-\rho)(q_t - p_t)] \qquad (2.44)$$

である。ここで k と ρ は 2.1（2）で定義されたパラメータで，$\overline{cap}$ は対数による家賃‐価格比率の平均値である。(2.41), (2.44) 式を (2.39) 式に代入して，

$$1 = E_t\exp\left[-r_t^f - \frac{1}{2}\sigma_{M,t}^2 + \varepsilon_{M,t+1} + k + (1-\rho)\Delta q_{t+1} + \rho\Delta p_{t+1} \right. \\ \left. + (1-\rho)(q_t - p_t)\right] \qquad (2.45)$$

を得る。家賃‐価格比率は，安全資産利子率，住宅価格と家賃それぞれの成長率と分散に依存して決まるものとする。具体的には，

$$q_t - p_t = c_0 + c_1 g_{P,t} + c_2\, g_{Q,t} + c_3\sigma_{P,t}^2 + c_4\sigma_{Q,t}^2 \qquad (2.46)$$

である。(2.42), (2.43), (2.46) 式を (2.45) 式に代入して得られる指数関数の変数全体を $A(\cdot)$ とすると，

$$A(\cdot) = -r_t^f - \frac{1}{2}\sigma_{M,t}^2 + \varepsilon_{M,t+1} + k + (1-\rho)(\alpha_0^Q + \alpha_1^Q g_{Q,t} + \varepsilon_{Q,t+1}) \\ + \rho(\alpha_0^P + \alpha_1^P g_{P,t} + \varepsilon_{P,t+1}) \\ + (1-\rho)(c_0 + c_1\, g_{P,t} + c_2\, g_{Q,t} + c_3\sigma_{P,t}^2 + c_4\sigma_{Q,t}^2)$$

となる。ここで，$A(\cdot)$ の平均と分散は，

$$E_t[A(\cdot)] = \mathrm{const} - \frac{1}{2}\sigma_{M,t}^2 + (\rho\alpha_1^P + (1-\rho)c_1)g_{P,t} + (1-\rho)(\alpha_1^Q + c_2)g_{Q,t} \\ + (1-\rho)c_3\sigma_{P,t}^2 + (1-\rho)c_4\sigma_{Q,t}^2 \\ \mathrm{Var}[A(\cdot)] = \sigma_{M,t}^2 + \rho^2\sigma_{P,t}^2 + (1-\rho)^2\sigma_{Q,t}^2 + 2\rho\theta_{PM}\sigma_{P,t}^2 + 2\rho(1-\rho)\theta_{PQ}\sigma_{P,t}^2$$

となる。ここで，

$$\mathrm{const} = -r_t^f + k + (1-\rho)\alpha_0^Q + \rho\alpha_0^P + (1-\rho)c_0$$

である。

さて，$A(\cdot)$ は平均 $E_t[A(\cdot)]$，分散 $\mathrm{Var}[A(\cdot)]$ の正規分布に従うので，$\exp(A(\cdot))$ は対数正規分布に従う[18]。このとき，

$$E_t[\exp(A(\cdot))] = \exp\left(E_t[A(\cdot)] + \frac{1}{2}\mathrm{Var}[A(\cdot)]\right)$$

が言える。したがって，(2.45) 式の両辺で対数をとると，以下のような関係式を導くことができる。

$$E_t[A(\cdot)] + \frac{1}{2}\mathrm{Var}[A(\cdot)] = 0$$

上式の左辺に $A(\cdot)$ を代入して整理すると，

$$
\begin{aligned}
&\mathrm{const} + (\rho\alpha_1^P + (1-\rho)c_1)g_{P,t} + (1-\rho)(\alpha_1^Q + c_2)g_{Q,t}\\
&+ \left((1-\rho)c_3 + \frac{1}{2}\rho^2\right)\sigma_{P,t}^2 + (1-\rho)\left(c_4 + \frac{1}{2}(1-\rho)\right)\sigma_{Q,t}^2 \qquad (2.47)\\
&+ \rho\theta_{PM}\sigma_{P,t}^2 + \rho(1-\rho)\theta_{PQ}\sigma_{P,t}^2 = 0
\end{aligned}
$$

となる。これが確率変数 $g_{P,t}$，$g_{Q,t}$，$\sigma_{P,t}^2$，$\sigma_{Q,t}^2$ について常に成り立たなければならないので，定数項を含むそれぞれの確率変数の係数をゼロと置くことにより，(2.47) 式の各係数について次のような結果を得る。

$$
\begin{aligned}
c_0 &= -(-r_t^f + k + \rho\alpha_0^P + (1-\rho)\alpha_0^Q)/(1-\rho)\\
c_1 &= -\rho\alpha_1^P/(1-\rho)\\
c_2 &= -\alpha_1^Q\\
c_3 &= -\rho(\theta_{PQ} + (\theta_{PM} + \rho/2)/(1-\rho))\\
c_4 &= -(1-\rho)/2
\end{aligned}
$$

この結果から，家賃 - 価格比率について次のことが言える。安全資産の収益率が高くなると，住宅投資の機会費用が高くなり住宅を保有する魅力がなくなる。したがって，住宅価格は下落し，家賃 - 価格比率は上昇する。住宅価格，家賃それぞれの成長率が高くなると，住宅価格は上昇するので，家賃 -

---

18) 平均 μ，分散 σ^2 の正規分布に従う正の値をとる確率変数 Y に対して，$X = \exp(Y)$ が従う分布を対数正規分布と呼び，$E[X] = \exp(\mu + (\sigma^2/2))$ が成り立つ。

価格比率は低下する。また，家賃の分散が大きくなると，住宅価格を押し上げ，家賃 - 価格比率は低下する。

　興味深いのは住宅価格の分散（ボラティリティ）のケースである。c_3 の符号は住宅価格と確率的割引ファクター，住宅価格と家賃という 2 つの相関係数，すなわち，θ_{PM} と θ_{PQ} の大小関係に依存している。

$$c_3 \begin{cases} < 0 & \text{if } \theta_{PQ} > -(\theta_{PM}+\rho/2)/(1-\rho) \\ > 0 & \text{if } \theta_{PQ} < -(\theta_{PM}+\rho/2)/(1-\rho) \end{cases}$$

住宅価格の分散（ボラティリティ）が大きくなると，θ_{PQ} が不等式の右辺の値よりも大きな値をとる場合には家賃 - 価格比率は低下し，逆に小さい値をとる場合には家賃 - 価格比率は上昇する。言い換えれば，消費ヘッジ効果がある程度大きい場合には家賃に比べて住宅価格は上昇するのに対し，金融リスク効果が大きい場合には家賃に比べて住宅価格は低下する。

　このことを収益率という観点からさらに見てみよう。(2.44) 式で対数をとり（$r_{t+1} \equiv \log R_{t+1}$），(2.46) 式を代入すると，

$$\begin{aligned} r_{t+1} &= k+(1-\rho)\,g_{Q,t}+\rho g_{P,t} \\ &\quad +(1-\rho)\,(c_0+c_1 g_{P,t}+c_2 g_{Q,t}+c_3\sigma_{P,t}^2+c_4\sigma_{Q,t}^2) \\ &= k+(1-\rho)\,c_0+(\rho+(1-\rho)\,c_1)\,g_{P,t}+(1-\rho)\,(1+c_2)\,g_{Q,t} \\ &\quad +(1-\rho)\,c_3\sigma_{P,t}^2+(1-\rho)\,c_4\sigma_{Q,t}^2 \end{aligned}$$

となるので，c_0 から c_4 の結果を代入すると，

$$\begin{aligned} r_{t+1} &= k-(-r_t^f+k+\rho\alpha_0^P+(1-\rho)\,\alpha_0^Q) \\ &\quad +\rho g_{P,t}-\rho\alpha_1^P+(1-\rho)\,(1-\alpha_0^Q)\,g_{Q,t} \\ &\quad -\left(\frac{1}{2}\rho^2+\rho\theta_{PM}+\rho\,(1-\rho)\,\theta_{PQ}\right)\sigma_{P,t}^2-\frac{1}{2}\,(1-\rho)^2\sigma_{Q,t}^2 \end{aligned}$$

となり，これを整理して次の結果を得る。

$$\begin{aligned} r_{t+1} &= r_t^f+\rho\varepsilon_{P,t+1}+(1-\rho)\,\varepsilon_{Q,t+1} \\ &\quad -\left(\frac{1}{2}\rho^2+\rho\theta_{PM}+\rho\,(1-\rho)\,\theta_{PQ}\right)\sigma_{P,t}^2-\frac{1}{2}\,(1-\rho)^2\sigma_{Q,t}^2 \end{aligned}$$

収益率は安全資産の利子率，価格と家賃のショック，価格と家賃の分散（ボ

ラティリティ）に依存している。価格と家賃の正のショックは収益率を引き
上げ，家賃の分散（ボラティリティ）は収益率を引き下げる。一方，住宅価
格の分散（ボラティリティ）が収益率に及ぼす影響は，θ_{PM} と θ_{PQ} の大小関
係に依存している。

$$r_{t+1}\begin{cases} <0 & \text{if } \theta_{PQ} > -(\theta_{PM}+\rho/2)/(1-\rho) \\ >0 & \text{if } \theta_{PQ} < -(\theta_{PM}+\rho/2)/(1-\rho) \end{cases}$$

住宅価格の分散（ボラティリティ）が大きくなると，θ_{PQ} が不等式の右辺の
値よりも大きな値をとる場合には収益率は低下し，逆に小さい値をとる場合
には収益率は上昇する。言い換えれば，消費ヘッジ効果がある程度大きい場
合には家賃に比べて住宅価格は上昇して収益率を低下させるのに対し，金融
リスク効果が大きい場合には家賃に比べて住宅価格は低下して収益率を上昇
させる。

　さらに，Han（2013）は収益率の分散（ボラティリティ）が収益率の期待
値にどのような影響を及ぼすかという点に焦点を当てる。まさに，価格リス
ク $\sigma_{P,t}^2$ と収益率 r_{t+1} の関係である。そこで，期待収益率の期待値と分散を求
める。

$$E_t[r_{t+1}] = r_t^f - \left(\frac{1}{2}\rho^2 + \rho\theta_{PM} + \rho(1-\rho)\theta_{PQ}\right)\sigma_{P,t}^2 - \frac{1}{2}(1-\rho)^2\sigma_{Q,t}^2$$

$$\begin{aligned} \text{Var}_t[r_{t+1}] &= \rho^2\sigma_{P,t}^2 + 2\rho(1-\rho)\text{Cov}[P_t, Q_t] + (1-\rho)^2\sigma_{Q,t}^2 \\ &= \rho^2\sigma_{P,t}^2 + 2\rho(1-\rho)\theta_{PQ}\sigma_{P,t}^2 + (1-\rho)^2\sigma_{Q,t}^2 \\ &= [\rho^2 + 2\rho(1-\rho)\theta_{PQ}]\sigma_{P,t}^2 + (1-\rho)^2\sigma_{Q,t}^2 \end{aligned}$$

よって，期待収益率は以下のように書くことができる。

$$\begin{aligned} E_t[r_{t+1}] = r_t^f &- \left(\frac{1}{2}\rho^2 + \rho\theta_{PM} + \rho(1-\rho)\theta_{PQ}\right)\left[\frac{\text{Var}_t[r_{t+1}] - (1-\rho)^2\sigma_{Q,t}^2}{\rho^2 + 2\rho(1-\rho)\theta_{PQ}}\right] \\ &- \frac{1}{2}(1-\rho)^2\sigma_{Q,t}^2 \end{aligned}$$

これを収益率の分散で微分すると，

$$\frac{\partial E_t[r_{t+1}]}{\partial \mathrm{Var}_t[r_{t+1}]} = -\frac{(\rho^2/2 + \rho\theta_{PM} + \rho(1-\rho)\theta_{PQ})}{(\rho^2 + 2\rho(1-\rho)\theta_{PQ})}$$

$$= -\frac{\rho/2 + \theta_{PM} + (1-\rho)\theta_{PQ}}{\rho + 2(1-\rho)\theta_{PQ}}$$

を得る。したがって，次のような結論を得る。

$$\frac{\partial E_t[r_{t+1}]}{\partial \mathrm{Var}_t[r_{t+1}]} \begin{cases} < 0 & \text{if } \theta_{PQ} > -(\theta_{PM} + \rho/2)/(1-\rho) \\ > 0 & \text{if } \theta_{PQ} < -(\theta_{PM} + \rho/2)/(1-\rho) \end{cases}$$

収益率の分散（ボラティリティ）が大きくなり，リスクが高まると，消費ヘッジ効果がある程度大きい場合には，家賃に比べて住宅価格は上昇し収益率の期待値を低下させるのに対し，逆に金融リスク効果が大きい場合には，家賃に比べて住宅価格は低下し収益率の期待値を上昇させる。

2.4 おわりに

　本章は，文献サーベイを通して家賃・価格比率の意義について考えた。住宅は消費財と投資財という2つの性質をあわせもつ財ではあるが，他の資産価格と同じように議論することが可能である。まず，Campbell and Shiller (1988) の論文に端を発する配当・株価比率の対数線形近似にもとづき，家賃・価格比率の分散分解，家賃・価格比率の予測可能性について解説した。

　また，Han (2013) にもとづいて，住宅市場を分析する場合には，他の金融資産とは異なり金融リスクだけではなく消費ヘッジリスクを考慮する必要があることを見た。住宅市場において家賃・価格比率に地域的なばらつきがあるとすれば，この2つのリスクの相対的な大きさを反映しているというHan (2013) の指摘はとても興味深い。

　家賃・価格比率は他の資産と同じように重要な指標であることは間違いない。しかし，他の資産市場とは異なり，住宅市場には固有の性質がある。住宅の取引きには膨大なコストがかかること，それに関連して住宅消費の最適化には時間がかかること，さらに住宅市場は空間的な要素が含まれること，こうした点に留意しながら分析を進めなければならないことは言うまでもない。

参考文献

〔邦語〕

井上智夫・井出多加子・中神康博（2002）「日本の不動産価格：現在価値関係（PVR）で説明可能か」西村清彦（編）『不動産市場の経済分析：情報・税制・都市計画と地価』日本経済新聞社，第3章，pp.67-98。

井上智夫・清水千弘・中神康博（2010）「資産税制と『バブル』」井堀利宏（編）『財政政策と社会保障』慶応義塾大学出版会，第10章，pp.329-371。

中神康博（2016）「家賃 - 価格比率の役割について」Discussion Paper Series No. 135, Faculty of Economics, Seikei University。

中神康博（2017）「価格リスクと住宅需要について」Discussion Paper Series No. 141, Faculty of Economics, Seikei University。

〔英語〕

Campbell, J. Y. (1991) "A Variance Decomposition for Stock Returns," *Economic Journal*, 101(405), pp.157-179.

Campbell, J. Y., A. W. Lo, and A. C. MacKinlay (1997) *The Econometrics of Financial Markets*, Princeton University Press.

Campbell, J. Y. and R. J. Shiller (1988) "The Dividend-Price Ratio and Expectations of Future Dividends and Discount Factors," *Review of Financial Studies*, 1(3), pp.195-228.

Campbell, S. D., M. A. Davis, J. Gallin, and R. F. Martin (2009) "What Moves Housing Markets: A Variance Decomposition of the Rent-Price Ratio," *Journal of Urban Economics*, 66(2), pp.90-102.

Cochrane, J. H. (2005) *Asset Pricing: Revised Edition*, Princeton University Press.

Cochrane, J. H. (2008) "The Dog That Did Not Bark: A Defense of Return Predictability," *Review of Financial Studies*, 21(4), pp.1533-1575.

Davidoff, T. (2006) "Labor Income, Housing Prices and Homeownership," *Journal of Urban Economics*, 59(2), pp.209-235.

Engsted, T. and T. Q. Pedersen (2012) "Predicting Returns and Rent Growth in the Housing Market Using the Rent-to-Price Ration: Evidence from the OECD Countries," mimeo.

Engsted, T. and T. Q. Pedersen (2013) "Housing Market Volatility in the OECD Area: Evidence from VAR Based Return Decompositions," mimeo, CREATES Research Paper 2013-4.

Gallin, J. (2008) "The Long-Run Relationship between House Prices and Rents," *Real Estate Economics*, 36(4), pp.635-658.

Han, L. (2008) "Hedging House Price Risk in the Presence of Lumpy Transaction Costs," *Journal of Urban Economics*, 64(2), pp.270-287.

Han, L. (2013) "Understanding the Puzzling Risk-Return Relationship for Housing," *Review of Financial Studies*, 26(4), pp.877-928 and online appendices.

Henderson, J. V. and Y. M. Ioannides (1983) "A Model of Housing Tenure Choice," *American Economic Review*, 73(1), pp.98-113.

Himmelberg, C., C. Mayer, and T. Sinai (2005) "Assessing High House Prices: Bubbles, Fundamentals and Misperceptions," NBER Working Paper No.11643.

Lettau, M. and S. Van Nieuwerburgh (2008) "Reconciling the Return Predictability Evidence: The Review of Financial Studies: Reconciling the Return Predictability Evidence," *Review of Financial Studies*, 21(4), pp.1607-1652.

Plazzi, A., W. Torous, and R. Valkanov (2010) "Expected Returns and Expected Growth in Rents of Commercial Real Estate," *Review of Financial Studies*, 23(9), pp.3469-3519.

Sinai, T. and N. S. Souleles (2013) "Can Owning a Home Hedge the Risk of Moving?" *American Economic Journal: Economic Policy*, 5(2), pp.282-312.

Wu, G. (2001) "The Determinants of Asymmetric Volatility," *Review of Financial Studies*, 14(3), pp.837-859.

———第**3**章———————————————————————

流動性制約

3.0　はじめに[1)]

　1980年代後半のバブルの形成，そして1990年代初頭のバブルの崩壊，その後の不動産市場の低迷期には，多くの人が住宅価格の動きに翻弄された。戦後から今日にかけての日本の住宅市場を考えるとき，やはりバブル以前とバブル以後とで分けて考えるのが妥当であろう。バブル以前は高度経済成長の中で土地神話が醸成され，住宅梯子による資産形成が進んだ時代であった。しかし，バブル崩壊後は不動産の不良債権化が社会問題化し，「不動産を所有しているだけではいけない，利用して初めて価値が生まれるのだ」という意識が徐々に芽生え始めた。住宅市場の分析を行うとき，バブル以前と以後ではアプローチの仕方が違ってくるのは当然である。もちろん人口動態や経済構造などマクロ的な環境変化が住宅市場に影響を及ぼすことは言うまでもない。とはいえ，各個人の意思決定が集計されて住宅市場が存在している以上，個人レベルでの住宅意思決定を基本とすべきであることに変わりはない。

　本章はバブル以前の住宅市場を念頭に，ライフサイクルと住宅保有にかかわる4本の論文をサーベイする。いずれの論文も筆者が博士論文やその後の研究を続ける中で常に影響を受けたものばかりである。サーベイを行うにあたり2つの視点を挙げることにした。1つはライフサイクルにおける住宅意

---

1) 本章は，中神（2022）の前半部分にもとづいている。

思決定である。まず，流動性制約を明示的にモデル化し，住宅保有によって消費経路がどのように変わるかを分析した Artle and Varaiya（1978）を取り上げる。次に，流動性制約のほかに頭金制約を加え，将来住宅価格が住宅保有にどう影響するかを分析した Ranney（1981）を取り上げる。いずれも 40 年以上前の論文ではあるが，ライフサイクルにおける住宅意思決定を考えるうえで重要な論文である。

　2 番目の視点はインフレーションである。最初に，流動性制約があるときのインフレが住宅需要に及ぼす影響をミクロ経済学的なアプローチで分析した，Schwab（1982）の分析を取り上げる。インフレと住宅需要を扱った理論分析としてとても興味深いが，Schwab（1982）の論文にはやや曖昧な記述があったため，本稿ではより正確な分析を加えた。また，Schwab（1982）の論文は 2 期間モデルであるが，それを連続時間モデルに拡張して分析を行った Wheaton（1985）を取り上げる。インフレの兆候が見られる今日，この 2 論文はとても刺激的である。

　以下，順を追って各論文を見ていくことにする。

3.1　住宅保有と消費：Artle and Varaiya（1978）

　住宅を購入したり売却したりするタイミングは流動性制約や市場の不完全性に影響され，ライフサイクルにおける貯蓄・消費パターンはその影響を受ける。実証研究によれば，住宅保有とライフサイクルのステージには強い相関があるが，住宅保有と現在所得のあいだにはそれほど強い相関はなく，住宅保有を説明するには純粋なライフサイクル理論が有力とされる。他方，Tobin and Dolde（1971）は流動性制約付きライフサイクル理論を使い，現在所得が住宅購入を予測するうえでより重要なファクターであることを示唆した。Artle and Varaiya（1978）は流動性制約付きライフサイクル理論を住宅がある場合に応用し，住宅購入のタイミングがライフサイクルにおける最適消費経路にどう影響を及ぼすか理論的な分析を行った。Artle and Varaiya（1978）はライルサイクルと住宅保有を考えるうえで欠かせない論文となっている。

(1) 基本モデル

　流動性制約によって最適消費経路がどのような影響を受けるか，簡単なライフサイクルモデルを使って分析している。消費者は 0 から T にかけて効用 $U(c)$ が最大となるように消費経路 $c(t)$ を選択する。

$$U(c) = \int_0^T e^{-\delta t} \log(c(t)) \, dt$$

制約条件は以下である。

$$\dot{a}(t) = ra(t) + I - c(t) \tag{3.1}$$

$$a(0) = A_0, \ a(T) = A_T \tag{3.2}$$

$$a(t) \geq 0, \ 0 \leq t \leq T \tag{3.3}$$

ここで，$a(t)$：住宅を含む資産，$c(t)$：消費，I：所得フロー，r：利子率，δ：時間選好率である。(3.1) 式は利子所得を含む所得と消費の差額が資産の時間変化率に等しいことを意味する。(3.2) 式は資産の初期条件と終期条件である。(3.3) 式は資産は常に非負でなければならないという条件である。この条件が加わることによって最適消費経路がどのように影響を受けるか，そこに大きな関心がある。

　この問題を解くために，$p(t)$ を costate 変数（共役状態変数），$\lambda(t)$ をラグランジュ乗数として以下のようなハミルトニアンを考える。

$$\mathcal{H} = e^{-\delta t} \log c(t) + p(t)(ra(t) + I - c(t)) + \lambda(t) a(t)$$

最適化のための必要条件は，

$$e^{-\delta t} c(t)^{-1} = p(t) \tag{3.4}$$

$$\dot{p}(t) = -rp(t) - \lambda(t) \tag{3.5}$$

$$a(t)\lambda(t) = 0, \ \lambda(t) \geq 0, \ a(t) \geq 0 \quad \text{for all } 0 \leq t \leq T$$

である。$0 \leq t \leq T$ のどの閉区間 $[t_1, t_2]$ をとっても流動性制約は拘束力をもたず $a(t) > 0, \ \lambda(t) = 0$ とする。このとき (3.5) 式より

$$p(t) = p_1 e^{-r(t-t_1)}$$

となる。ここで $p_1 = p(t_1)$ である。これを (3.4) 式に代入してその区間に

おける最適消費経路が導かれる。

$$c(t) = c_1 e^{-(\delta-r)(t-t_1)}$$

ここで，$c_1 = c(t_1)$ である。

一方，$0 \leq t \leq T$ のどの閉区間 $[t_1, t_2]$ をとっても流動性制約は拘束力をもち $a(t) = 0$，$\lambda(t) > 0$ とする。このとき（3.1）式より $c(t) = I$ となり，消費は常に所得に等しく資産はゼロのままである。

最適消費経路がどのような形状をとるかは，時間選好率と利子率の大小関係による。Artle and Varaiya（1978）は時間選好率が利子率よりも高い（$\delta > r$）ケースを扱っており，流動性制約が拘束力をもたなければ，所得以上に消費にまわし同時に資産を減らしながら消費は時間とともに減少する[2]。したがって，初期における資産が正であれば，初め消費は時間とともに減少し，同時に資産も減少して時間 t_1^* でゼロに達する。それ以降，流動性制約は拘束力をもち，しばらく所得はそのまま消費にまわり，資産ゼロの状態が続く。時間 t_2^* に達すると消費を減少させながら資産を増やし始め，そして最終的に資産の目標水準に達する。つまり，最適消費経路は以下のようになる。

$$c^*(t) = \begin{cases} c_0^* e^{-(\delta-r)t} & 0 \leq t \leq t_1^* \\ I & t_1^* \leq t \leq t_2^* \\ I e^{-(\delta-r)(t-t_2^*)} & t_2^* \leq t \leq T \end{cases}$$

ここで，$c_0^* = c^*(0)$ である。ここで重要となるのは，t_1^*，t_2^* 時点において最適消費経路が連続となっていることである。

(2) 賃貸世帯と最適消費経路

賃貸世帯と持家世帯によって最適消費経路にどのような違いが生まれるかを分析するために，テニュアとそれに付随する費用以外はすべて同じとする。単位時間あたりの持家の費用 rP は賃貸住宅の費用 R よりも低いと仮定する。しかし，持家を確保するには住宅ローンを組むための頭金を用意しなければならず，そのあいだ消費を犠牲にしなければならない。

2）より一般的なケースについては Wheaton（1985）で議論されている。

現時点を 0 とし，時間 T までの最適消費経路を考える。時間 t における金融資産を $a(t)$ とし，$a(0) = a_0$ を仮定する。また，時間あたりの賃金率を w とする。時間 t における住宅以外の財の消費を $c(t)$ とする。労働だけではなく，賃貸，持家を問わず住宅サービスは所与としているので効用関数には含まれない。消費者は住宅ローンを借りる以外の目的で金融機関から借入を行うことはできない。これは資産は常に非負でなければならないことを意味する。また，終期における資産 $a(T)$ から遺産動機として効用 $\phi(a(T))$ を得るものとする。

　住宅ローンについて次のような仮定を設ける。住宅ローンを組むために頭金を用意しなければならない。住宅ローンの借入金利は預金金利と同じとする。住宅ローンは元利均等返済するものとし，借入期間を T とする。満期が来る前に住宅を売却しても構わない。その場合，残りの元金を一度に返済し，残りは資産に組み入れる。簡単化のために住宅価格は一定で住宅は減価しないものとする。消費者は賃貸住宅に居住するか，持家にするかを選択しなければならないが，いずれにしても同質の住宅に居住すると仮定する。

　テニュア選択がライフサイクルにわたる消費にどのように影響するかを考える。まず，ライフサイクルを通して賃貸を選択する消費者がどのような最適消費経路をたどるかを分析する。この場合の最適化問題における目的関数は，

$$\max_{c(t)} \int_0^T e^{-\delta t} \log(c(t))\,dt + \phi(a(T))$$

で，制約条件は

$$\dot{a}(t) = ra(t) + w - R - c(t), \ 0 \le t \le T$$
$$a(0) = a_0, \ a(T) \ge 0$$
$$a(t) \ge 0, \ 0 \le t \le T$$

となる。

　目的関数に遺産動機が含まれているので，遺産動機に関する最適化のための必要条件を加える必要があるが，3.1（1）の結果を参考にすることにより，賃貸世帯の最適消費経路 $c^*(t)$ は以下のようになる。

$$c^*(t) = \begin{cases} c_0^* e^{-(\delta-r)t} & 0 \le t \le t_1^* \\ c^*(t_1^*) = w - R & t_1^* \le t \le t_2^* \\ (w-R)e^{-(\delta-r)(t-t_2^*)} & t_2^* \le t \le T \end{cases}$$

ここで，$c_0^* = c^*(0)$ である。

(3) 持家世帯と最適消費経路

　次に持家世帯の最適消費経路について分析しよう。3.1（2）で見たように，賃貸世帯の場合，流動性制約が拘束力をもっていたとしても最適消費経路は連続関数となる。しかし，Artle and Varaiya（1978）は，持家世帯の場合，流動性制約が拘束力をもつ期間の期首と期末において最適消費経路は不連続になるということを証明した。

　持家，賃貸住宅いずれの場合であっても同質の住宅に居住し，同等の住宅サービスを受けると仮定しているので，住宅サービスから得られる効用を所与とすれば，持家世帯は現時点 0 から将来時点 T にかけて得られる住宅以外の効用を最大になるように消費経路を決定する。初期の資産を a_0 とし，しばらく賃貸住宅に居住しながら持家へのタイミングを図る。この時期を第 1 期とする。第 1 期期末に住宅の購入を決め，蓄えた貯蓄から頭金を払って住宅ローンを組む。住宅ローンの借入期間は s で，返済方法は元利均等返済である。終期 T まで住宅を保有することも可能であるが，住宅ローンが満期となる T_1+s よりも早い時期に売却し，売却代金からローン残高を返済した後，賃貸住宅に居住する。住宅ローンを組んでから売却するまで，つまり T_1 から T_1+T_2 の期間を第 2 期とし，売却時点 T_1+T_2 から終期時点 T での期間を第 3 期とする。つまり，第 1 期 $[0, T_1]$，第 2 期 $[T_1, T_1+T_2]$ $(s \ge T_2)$，第 3 期 $[T_1+T_2, T]$ とする。

　住宅を購入するとき，購入額を P として頭金 kP を用意し，残りは金融機関から住宅ローンを組む。住宅ローンは，利子率 r，借入期間 s の元利均等返済で返済するので，固定返済額を ν として

$$(1-k)P = \int_{T_1}^{T_1+s} \nu e^{-r(t-T_1)}dt$$

が成り立つ。この関係から，$\nu = (1-k)rP(1-e^{-rs})^{-1}$ を得る。一方，持家

世帯にとってのエクイティを $\alpha(t)$ とすると，以下の式が成り立つ。

$$\dot{\alpha}(t) = \nu - r(P - \alpha(t)), \ \text{初期条件} \ \alpha(T_1) = kP \qquad (3.6)$$

(3.6) 式は $\alpha(t)$ に関する微分方程式であるから，これを解いて

$$\alpha(t) = \frac{rP - \nu}{r} + Ce^{rt}$$

となるが，初期条件より $C = (kP - (rP - \nu)/r)e^{-rT_1}$ を得る。よって，持家世帯のエクイティは，

$$\alpha(t) = \frac{rP - \nu}{r} + \left(kP - \frac{rP - \nu}{r} \right) e^{r(t - T_1)}$$

である。売却時点における住宅のエクイティは，$\nu = (1 - k) rP (1 - e^{-rs})^{-1}$ であることを考慮すると，$\alpha(T_1 + T_2) = \left[(1 - k) e^{r(T_2 - s)} - e^{-rs} + k \right]$ $(1 - e^{-rs})^{-1} P$ となる。

　以上準備が整ったので，持家世帯の効用最大化問題について以下のようなモデルを考える。

$$\max_{c(t)} \int_0^T e^{-\delta t} \log(c(t)) \, dt + \phi(a(T))$$

制約条件は

$$\begin{cases} \dot{a}(t) = ra(t) + w - R - c(t), \ 0 \le t < T_1 \\ a(0) = a_0, \ a(T_1 -) \equiv a_1 \ge kP \\ a(t) \ge 0, \ 0 \le t < T_1 \end{cases}$$

$$\begin{cases} \dot{a}(t) = ra(t) + w - c(t) - \nu, \ T_1 \le t < T_1 + T_2 \\ a(T_1) = a_1 - kP, \ a(T_1 + T_2 -) \equiv a_2 \ge 0 \\ a(t) \ge 0, \ T_1 \le t < T_1 + T_2 \end{cases}$$

$$\begin{cases} \dot{a}(t) = ra(t) + w - c(t) - R, \ T_1 + T_2 \le t \le T \\ a(T_1 + T_2) = a_2 + \alpha(T_1 + T_2), \ a(T) \equiv a_3 \ge 0 \\ a(t) \ge 0, \ T_1 + T_2 \le t < T \end{cases}$$

で，$\alpha(T_1 + T_2) = \left[(1 - k) e^{r(T_2 - s)} - e^{-rs} + k \right] (1 - e^{-rs})^{-1} P$ である。

Artle and Varaiya（1978）は，引き続き $\delta > r$ を想定している。この場合，3.1（1）で見たように，各期間における消費経路は時間とともに減少していく形をとる。問題は最適消費経路が T_1- と T_1 で，また T_1+T_2- と T_1+T_2 でそれぞれ連続関数となっているか否かという点である（ここでマイナスの符号は，その時間に入る直前を表す）。結論を先に述べておくと，Artle and Varaiya（1978）は以下のようにまとめている。なお，c^* は最適消費経路である。

① $c^*(T_1-) \leq c^*(T_1)$，また $c^*(T_1+T_2-) \leq c^*(T_1+T_2)$ である。

② $a_1 > kP$ であれば，$c^*(T_1-) = c^*(T_1)$ である。また，もし $a_2 > 0$ であれば，$c^*(T_1+T_2-) = c^*(T_1+T_2)$ である。

③ $T_1+T_2 < T$ であれば，$c^*(T_1+T_2-) < c^*(T_1+T_2)$ である。

④ $\pi > \xi$ を仮定し，$T_1 > 0$ とすると，$a^*(T_1-) = kP$ となり，その結果 $a^*(T_1) = 0$ となる。

⑤ $\pi > \xi$ を仮定し，$T_1 > 0$ とすると，$c^*(T_1-) < c^*(T_1)$ となる。

Artle and Varaiya（1978）は，これらの証明をするために積分の1次近似を使っている。以下，Artle and Varaiya（1978）に倣い，①から⑤について確認しよう。

①：第1期の T_1 の直前の ϵ にわたって消費を引き下げ，直後の ϵ にわたって消費を引き上げることは可能である。つまり，十分小さな $\sigma > 0$ と $\epsilon > 0$ に対して，以下のように消費経路を変更したとする。

$$c^\sigma(t) = \begin{cases} c^*(t) & t \leq T_1-\epsilon, \ t \geq T_1+\epsilon \\ c^*(t)-\sigma & T_1-\epsilon \leq t < T_1 \\ c^*(t)+\sigma & T_1 \leq t < T_1+\epsilon \end{cases}$$

しかし，$c^*(t)$ は最適消費経路であるから，この変更によって効用を少なくとも上昇させることはできない。変更後の消費経路と最適消費経路の差をとると，

$$\int_0^T e^{-\delta t}[\log c^\sigma(t) - \log c^*(t)]dt$$
$$= \int_{T_1-\epsilon}^{T_1} e^{-\delta t}[\log (c^*(t)-\sigma) - \log c^*(t)]dt$$

$$+ \int_{T_1}^{T_1+\epsilon} e^{-\delta t}[\log\,(c^*(t)+\sigma)-\log c^*(t)]dt$$

$$= e^{-\delta T_1}[\log\,(c^*(T_1)-\sigma)-\log c^*(T_1-)]\epsilon$$

$$\quad + e^{-\delta T_1}[\log\,(c^*(T_1)+\sigma)-\log c^*(T_1)]\epsilon+o(\epsilon)$$

$$= \epsilon e^{-\delta T_1}[\log\,(c^*(T_1)-\sigma)-\log c^*(T_1-)+\log\,(c^*(T_1)+\sigma)-\log c^*(T_1)]$$

$$\quad + o(\epsilon) \leq 0$$

となる。もし $c^*(T_1-) \leq c^*(T_1)$ であれば，十分小さな σ と ϵ に対して，上式の不等式が成り立ちうる。$c^*(T_1+T_2-) \leq c^*(T_1+T_2)$ についても同様に議論を進めることができる。

②：$a_1 > kP$ であれば，第 1 期 T_1 の直前の ϵ にわたって消費を引き上げ，直後の ϵ にわたって消費を引き下げることは可能である。つまり，十分小さな $\sigma > 0$ と $\epsilon > 0$ に対して以下のように消費経路を変更したとする。

$$c^\sigma(t) = \begin{cases} c^*(t) & t \leq T_1-\epsilon,\ t \geq T_1+\epsilon \\ c^*(t)+\sigma & T_1-\epsilon \leq t < T_1 \\ c^*(t)-\sigma & T_1 \leq t < T_1+\epsilon \end{cases}$$

この変更によって効用を少なくとも上昇させることはできない。変更後の消費経路と最適消費経路の差をとると，

$$\int_0^T e^{-\delta t}[\log c^\sigma(t)-\log c^*(t)]dt$$

$$= \int_{T_1-\epsilon}^{T_1} e^{-\delta t}[\log\,(c^*(t)+\sigma)-\log c^*(t)]dt$$

$$\quad + \int_{T_1}^{T_1+\epsilon} e^{-\delta t}[\log\,(c^*(t)-\sigma)-\log c^*(t)]dt$$

$$= e^{-\delta T_1}[\log\,(c^*(T_1)+\sigma)-\log c^*(T_1-)]\epsilon$$

$$\quad + e^{-\delta T_1}[\log\,(c^*(T_1)-\sigma)-\log c^*(T_1)]\epsilon+o(\epsilon)$$

$$= \epsilon e^{-\delta T_1}[\log\,(c^*(T_1)+\sigma)-\log c^*(T_1-)+\log\,(c^*(T_1)-\sigma)-\log c^*(T_1)]$$

$$\quad + o(\epsilon) \leq 0$$

となる。σ に対して上の不等式が成り立つためには，$c^*(T_1-) \geq c^*(T_1)$ でなければならない。したがって，①の結果とあわせて，$c^*(T_1-) = c^*(T_1)$ でなければならない。$c^*(T_1+T_2-) = c^*(T_1+T_2)$ についても同様に議論を進めることができる。

③：T_1+T_2 において消費経路の不連続性が生ずるのは，住宅保有者は住宅のエクイティを担保にして金融機関から借入することができず，住宅を保有している間は否応なしに貯蓄しなければならないからである。この不連続性を証明するために $c^*(T_1+T_2-) = c^*(T_1+T_2)$ としたときに矛盾が生ずることを示す。そこで最適消費経路である $c^*(t)$ と第 2 期の長さを ϵ だけ延ばしたときの $[0, T_1+T_2+\epsilon)$ で定義された消費経路 c^ϵ を比較する。

$$c^\epsilon = \begin{cases} c^*(t) & 0 \le t \le T_1+T_2 \\ c^*(T_1+T_2) & T_1+T_2 \le t < T_1+T_2+\epsilon \end{cases}$$

まず，c^ϵ が存在可能かどうか調べる。ϵ だけ延ばした期間，仮定より $a^\epsilon(t)$ は非負でなければならない。$a_2 = a^*(T_1+T_2-) > 0$ なら問題にはならず，$a_2 = 0$ なら $c^*(T_1+T_2) = w-\nu$ であるから $c^\epsilon(T_1+T_2) = w-\nu$ となるので，次の ϵ のあいだ $a^\epsilon = 0$ であり続ける。つまり，上で示された c^ϵ を定義することは可能である。

消費経路 c^ϵ では，$[T_1+T_2, T_1+T_2+\epsilon)$ のあいだ，単位時間あたり rP で住宅を保有し続けるのに対し，最適消費経路 c^* では単位時間あたり R で賃貸する。そこで，$T_1+T_2+\epsilon$ における資産を比較する。ここでも積分の 1 次近似を使う。

$$a^\epsilon(T_1+T_2+\epsilon) = a_2 + [w+ra_2-c^*(T_1+T_2)-\nu]\epsilon+o(\epsilon) \\ +\alpha(T_1+T_2+\epsilon)$$

で，$\alpha(T_1+T_2+\epsilon)$ についても積分の 1 次近似を使って次のように書ける。

$$\alpha(T_1+T_2+\epsilon) = \alpha(T_1+T_2)+[\nu-r(P-\alpha(T_1+T_2))]\epsilon+o(\epsilon)$$

また，最適消費経路のもとでは，積分の 1 次近似を使って

$$a^*(T_1+T_2+\epsilon) = a_2+\alpha(T_1+T_2) \\ +[w+r(a_2+\alpha(T_1+T_2))-c^*(T_1+T_2)-R]\epsilon+o(\epsilon)$$

と書ける。したがって，$a^\epsilon(T_1+T_2+\epsilon)$ と $a^*(T_1+T_2+\epsilon)$ の差をとると

$$a^\epsilon(T_1+T_2+\epsilon)-a^*(T_1+T_2+\epsilon) = (R-rP)\epsilon+o(\epsilon)$$

となり，仮定より正であるから，消費経路 c^ϵ は可能であることがわかる。

そこで，今度は $T_1+T_2+\epsilon$ から次の ϵ にわたって以下のような消費経路を考える。

$$c^\epsilon(t) = \begin{cases} c^*(t) + R - rP + o(\epsilon) & T_1+T_2+\epsilon \le t < T_1+T_2+2\epsilon \\ c^*(t) & T_1+T_2+2\epsilon \le t \end{cases}$$

ここで，$o(\epsilon)$ は $a^\epsilon(T_1+T_2+2\epsilon) = a^*(T_1+T_2+2\epsilon)$ となるように定義する。この2つの消費経路による効用の差をとると，

$$\int_0^T e^{-\delta t}(\log c^\epsilon(t) - \log c^*(t))\,dt = \int_{T_1+T_2}^{T_1+T_2+\epsilon} e^{-\delta t}(\log c^\epsilon(t) - \log c^*(t))\,dt$$
$$= e^{-\delta(T_1+T_2)}[\log(c^*(T_1+T_2) + R - rP) - \log c^*(T_1+T_2)]\epsilon + o(\epsilon) > 0$$

となる。十分に小さな ϵ に対して成り立ち，これが意味することは c^* が最適消費経路ではないということである。したがって，①の結果とあわせて $c^*(T_1+T_2-) < c^*(T_1+T_2)$ でなければならない。

④：次に，R が十分に大きいなら住宅を購入する時点 T_1 においても消費経路の不連続が生まれることを示す。そこで，π を住宅を保有することによる超過収益率とすると，$R = (r+\pi)P$ である。ところで，$\nu = (1-k)rP(1-e^{-rs})^{-1} = (1-k)rP + (1-k)rP(e^{rs}-1)^{-1}$ であるから，$\xi = (1-k)r(e^{rs}-1)^{-1}$ と置くと，$\nu = (1-k)rP + \xi P$ となる。よって，

$$R - \nu - rkP = (r+\pi)P - (1-k)rP - \xi P - rkP = (\pi - \xi)P$$

を得る。

仮に $a^*(T_1-) > kP$ とすると，もっと早い時期に住宅を購入することができる。そこで T_1 よりも少しだけだけ購入時期を早めて $T_1-\epsilon$ にしたとしよう。ただし，消費経路 $c^*(t)$ については変わらないとする。このとき資産経路は異なり，

$$a^*(T_1) = a^*(T_1-\epsilon) + (w + ra^*(T_1-\epsilon) - R)\epsilon + o(\epsilon)$$
$$\qquad - \int_{T_1-\epsilon}^{T_1} c^*(t)\,dt - kP$$
$$a^\epsilon(T_1) = a^*(T_1-\epsilon) - kP + [w + r(a^*(T_1-\epsilon) - kP) - \nu]\epsilon + o(\epsilon)$$
$$\qquad - \int_{T_1-\epsilon}^{T_1} c^*(t)\,dt$$

であるから，

$$a^{\epsilon}(T_1) - a^*(T_1) = (R-\nu)\epsilon - rkP\epsilon + o(\epsilon) = (\pi - \xi)P\epsilon + o(\epsilon) > 0$$

となる。したがって，$a^{\epsilon}(T_1) > a^*(T_1)$ となり，T_1 以降に消費を増やすことは可能である。これは c^* が最適経路であるということに矛盾する。よって，$a^*(T_1-) = kP$ でなければならない。$\pi > \xi$ の仮定は，家賃が住宅ローン返済額と頭金の機会費用の合計を上回ることを意味する。十分な貯蓄を貯めて頭金をカバーできればすぐに住宅を購入した方がよいのである。

⑤：$c^*(T_1-) \geq c^*(T_1)$ とすることにより矛盾を導く。T_1 よりも少しだけ購入時期を早めて $T_1-\epsilon$ にしたとしよう。それを可能ならしめるためには消費を減らして貯蓄を増やさなければならない。$T_1-\epsilon$ に住宅を保有するためにどれだけ資産を増やす必要があるだろうか。その額を a と置くと，

$$\begin{aligned}
a &= a^*(T_1-) - a^*(T_1-\epsilon) = \int_{T_1-\epsilon}^{T_1} (ra^*(t) + w - c^*(t) - R)\,dt \\
&= (ra^*(T_1-) + w - c^*(T_1) - R)\epsilon + o(\epsilon) \\
&= (rkP + w - c^*(T_1) - R)\epsilon + o(\epsilon)
\end{aligned} \tag{3.7}$$

となる。これに相当する額を，消費を減らすことによって実現しなければならない。消費を減らす期間を $T_1-\epsilon-\beta\epsilon$ から $T_1-\epsilon$ までとする。つまり，次のような消費経路を考える。

$$c^{\epsilon}(t) = \begin{cases} c^*(t) & 0 \leq t < T_1-\epsilon-\beta\epsilon \\ c^*(t)-\alpha & T_1-\epsilon-\beta\epsilon \leq t \leq T_1-\epsilon \end{cases}$$

$T_1-\epsilon-\beta\epsilon$ から $T_1-\epsilon$ までの消費の減額分は $\alpha\beta\epsilon$ で，この額は $T_1-\epsilon$ に住宅を保有するために必要な a に等しくなければならず，

$$\alpha\beta\epsilon = a + o(\epsilon) \tag{3.8}$$

が成り立つ。

消費が減ったことによる効用の低下を u とすると，

$$u = \int_{T_1-\epsilon-\beta\epsilon}^{T_1-\epsilon} e^{-\delta t}(\log c^*(t) - \log c^\epsilon(t))\,dt = \int_{T_1-\epsilon-\beta\epsilon}^{T_1-\epsilon} e^{-\delta t} \log \frac{c^*(t)}{c^*(t)-\alpha}\,dt$$

$$= e^{-\delta T_1}\left[\log \frac{c^*(T_1)}{c^*(T_1)-\alpha}\right]\beta\epsilon + o(\epsilon) \tag{3.9}$$

である。

次に $T_1-\epsilon$ に住宅保有を購入し，$T_1-\epsilon$ から T_1 まで消費を最適経路で維持する。T_1 における最適経路における資産額を $a^*(T_1)$，また $T_1-\epsilon$ に住宅を購入したときの T_1 における資産額を $a^\epsilon(T_1)$ として，両者を比較する。

$$a^*(T_1) = 0$$
$$a^\epsilon(T_1) = (w-c^*-\nu)\epsilon + o(\epsilon)$$
$$a^\epsilon(T_1) - a^*(T_1) = [(w-c^*-R)+(R-\nu)]\epsilon + o(\epsilon) > 0$$

よって $c^\epsilon(t)$ は可能であることから，そのときの効用の増加を計算すると，積分の 1 次近似を用いて

$$v = \int_{T_1}^{T_1+\beta\epsilon} e^{-\delta t}(\log c^\epsilon(t) - \log c^*(t))\,dt$$

$$= e^{-\delta T_1}\left\{\log\left(\frac{c^*(T_1) + \beta^{-1}[(w-c^*-R)+(R-\nu)]}{c^*(T_1)}\right)\right\}\beta\epsilon + o(\epsilon) \tag{3.10}$$

と書くことができる。

純便益を評価するために効用の差をとると，(3.9)，(3.10) 式より

$$(v-u)e^{\delta T_1} = \beta\epsilon\left\{\log\left(\frac{c^*(T_1)+\beta^{-1}[(w-c^*-R)+(R-\nu)]}{c^*(T_1)}\frac{c^*(T_1)-\alpha}{c^*(T_1)}\right)\right\}$$

となり，対数の中の変数を $(\cdot)$ と置くと，(3.7)，(3.8) 式より

$$(\cdot) = \frac{c^*(T_1)+\beta^{-1}[(w-c^*-R)+(R-\nu)]}{c^*(T_1)}$$

$$\times \frac{c^*(T_1)-\beta^{-1}[w-c^*(T_1)-R+rkP]}{c^*(T_1)} \tag{3.11}$$

となる。$[(w-c^*-R)+(R-\nu)] = \Gamma$，$[w-c^*(T_1)-R+rkP] = Y$ と置くと，(3.11) 式は

$$(\cdot) = \left(1 + \frac{\beta^{-1}\Gamma}{c^*(T_1)}\right)\left(1 - \frac{\beta^{-1}Y}{c^*(T_1)}\right) = \frac{(\beta c^*(T_1) + \Gamma)(\beta c^*(T_1) - Y)}{(\beta c^*(T_1))^2}$$

$$= 1 + \frac{\beta c^*(T_1)(\Gamma - Y) - \Gamma Y}{(\beta c^*(T_1))^2}$$

と書ける。$(\cdot) > 1$ が言えれば，$v - u > 0$ を証明することができる。$\Gamma - Y = R - \nu - rkP = (\pi - \xi)P > 0$ であるから，$\beta c^*(T_1)(\Gamma - Y) - \Gamma Y > 0$，すなわち，

$$\beta > \frac{\Gamma Y}{c^*(T_1)(\Gamma - Y)}$$

を満たすように β を適当に決めれば $(\cdot) > 1$ とすることが可能である。したがって，$v - u > 0$ が証明できた。よって c^* が最適であるということに矛盾する。つまり，$c^*(T_1 -) < c^*(T_1)$ でなければならないのである。

3.2 将来価格と住宅保有：Ranney(1981)

Ranney（1981）はウィスコンシン大学に提出された博士論文にもとづいており，Artle and Varaiya（1978）の影響を受けたものと思われる。Artle and Varaiya モデルは住宅購入の意思決定を問題にしているが，住宅規模そのものは外生的に与えられており，彼らの関心は流動性制約が住宅購入のタイミングと住宅以外の消費パターンにどう影響するかという点にある。それに対して Ranney モデルは，住宅購入時期はすでに決まっている中で，流動性制約や頭金制約が住宅規模と住宅以外の消費にどう影響するかを分析している。

(1) モデル

消費者は住宅購入のためにこれまでに S の貯蓄をしており，その一部または全部を頭金にしてローンを組み住宅を購入する。住宅購入価格に対するローン割合を b とし，その割合は β を超えてはならないという制約がある。ローンが満期となる時期とこの消費者が退職する時期は一致し，T とする。意思決定を行う現時点 0 から退職時期 T にかけて，住宅サービス A_t と住宅

以外の消費 B_t（価格を P_t とする）から効用が得られ，住宅サービスは住宅規模 H に比例（比率を γ としている）する。また，その期間，貯蓄残高は常に非負でなければならない。退職時期の資産 W は貯蓄による金融資産と住宅資産である。退職時期における住宅価格は P_{HT} で外生的に与えられる。Ranney（1981）の関心は，まさにこの P_{HT} の上昇が現時点 0 における消費者の意思決定にどう影響するかという点にある。

　消費者の効用最大化問題は以下のとおりである。

$$\max_{H, B_t} \int_0^T U(A_t, B_t)\, dt + F(W)$$

制約条件は

① $S^+ = S - (1-b) P_H H, \quad S^+ \geq 0$

② $0 \leq b \leq \beta$

③ $A_t = \gamma H$

④ $\dot{S}_t = I_t + r S_t - b \hat{r}_m P_H H - P_t B_t$

⑤ $S_t \geq 0 \quad \text{for all } t$

⑥ $W = S_T + P_{HT} H$

である。住宅ローンは元利均等返済され，住宅ローン利子率を r_m，返済額を MP とすると，

$$b P_H H = \int_0^T MP e^{-r_m t}\, dt$$

が成り立ち，よって

$$MP = \frac{r_m}{1 - e^{-r_m T}} b P_H H = \hat{r}_m b P_H H$$

を得る。また①，④より

$$S_T e^{-rT} = S^+ + \int_0^T (I_t - P_t B_t - \hat{r}_m b P_H H) e^{-rt}\, dt$$

であるから，$Y = \int_0^T I_t e^{-rt} dt, \ k = \int_0^T \hat{r}_m e^{-rt} dt$ と置くと，

$$S_T\, e^{-rT} = S^+ + Y - kbP_H H - \int_0^T P_t B_t e^{-rt} dt$$

となる。また，①，⑥より $S^+ = S - (1-b)P_H H$，$S_T = W - P_{HT}H$ であるから，上式に代入すると，

$$(W - P_{HT}H)\,e^{-rT} = S - (1-b)P_H H + Y - kbP_H H - \int_0^T P_t B_t e^{-rt} dt$$

となる。さらに，退職時期の資産はすべて住宅保有以外の消費に充てられ，$Q = We^{-rT} + \int_0^T P_t B_t e^{-rt} dt$ と置くと，上式は

$$S + Y + PH = (1-b)P_H H + kbP_H H + Q$$

と書くことができる。

　先述した効用最大化問題では，異時点間の効用関数が最大になるように住宅規模と住宅以外の消費パターンを決定する。Ranney モデルのユニークな点は，この効用最大化問題を 2 段階に分けて考えたことである。まず第 1 段階において，住宅保有規模 H と現時点から退職時期までの住宅以外の消費と退職後の消費（賃貸による住宅サービスを含む）の合計 Q を所与として，異時点間の効用が最大になるように現時点から退職時期までの住宅以外の消費パターン B_t と退職後の消費 W を決定することにより，H と Q を変数とする効用関数を求める。つまり，

$$\max_{B_t, W} \int_0^T U(\gamma H, B_t)\,dt + F(W)$$

である。ここで

$$Q = \int_0^T P_t B_t e^{-rt} dt + We^{-rt}$$

と置く。ラグランジアン関数を以下のように定義する。

$$\mathcal{L}(B_t, W, \phi) = \int_0^T U(\gamma H, B_t)\,dt + F(W) + \phi\left(Q - \int_0^T P_t B_t e^{-rt} dt - We^{-rt}\right)$$

最適化のための必要条件は，

$$B_t : \quad \frac{\partial U(\gamma H, B_t)}{\partial B_t} - \phi P_t e^{-rt} = 0$$

$$W : \quad F'(W) - \phi e^{-rt} = 0$$

$$\phi : \quad Q - \int_0^T P_t B_t e^{-rt} dt - W e^{-rt} = 0$$

である。最適な B_t^* と W^* は H，Q の関数として求められる。これらを目的関数に代入したものを $V(H, Q)$ と定義する。つまり，

$$V(H, Q) = \int_0^T U(\gamma H, B_t(H, Q)) dt + F(W(H, Q))$$
$$+ \phi(H, Q) \left(Q - \int_0^T P_t B_t e^{-rt} dt - W e^{-rt} \right)$$

とする。これは H，Q を変数とする効用関数と解釈することができ，いずれも正常財とする。それぞれの変数で微分することにより限界効用を計算すると，

$$\frac{\partial V(H, Q)}{\partial H} = \int_0^T \gamma \frac{\partial U(\gamma H, B_t(H, Q))}{\partial A_t} dt$$

$$\frac{\partial V(H, Q)}{\partial Q} = \phi = \frac{\partial U(\gamma H, B_t)}{\partial B_t} / P_t e^{-rt}$$

となり，比をとることにより H と Q の限界代替率を計算することができる。

$$\frac{\partial V(H, Q)}{\partial H} \bigg/ \frac{\partial V(H, Q)}{\partial Q} = \int_0^T \gamma \left(\frac{\partial U(\gamma H, B_t(H, Q))}{\partial A_t} \bigg/ \frac{\partial U(\gamma H, B_t)}{\partial B_t} \right) P_t e^{-rt} dt$$

$$(3.12)$$

(3.12) 式の右辺の括弧の中は住宅サービスと住宅以外の消費財の限界代替率で，住宅サービスが賃貸住宅市場で購入可能であれば，それは家賃に等しい。この点は後でまた触れる。

　さて，第2段階において，予算制約のもとで $V(H, Q)$ が最大となるように H と Q を決定する。

$$\max_{H, Q} V(H, Q)$$

制約条件は,

$$S+Y+PH \geq (1-b+bk)P_H H+Q \qquad (3.13)$$

$$S-(1-b)P_H H \geq 0 \qquad (3.14)$$

$$0 \leq b \leq \beta \qquad (3.15)$$

である。ここで $P = P_{HT}\,e^{-rT}$ である。(3.13) 式は生涯所得制約, (3.14) 式は住宅購入後の貯蓄残高は非負でなければならないという制約, (3.15) 式は頭金制約である。ここでは明示していないが, 消費者は b も決めなければならない。

(2)　3つの制約と住宅規模

Ranney モデルが興味深いのは, (3.13), (3.14), (3.15) 式の制約条件を以下のように再解釈した点である。

① 住宅ローンを組まずに貯蓄だけで住宅を購入するときの予算制約は以下のようになる。

$$Y+S+PH \geq P_H H+Q, \ \text{つまり}, \ Y+S-(P_H-P)H-Q \geq 0$$

② 頭金として住宅購入価格 $P_H H$ の $1-b$ を用意し, 残りの $bP_H H$ は住宅ローンを組んで返済する。住宅ローン1円あたり返済額の現在価値を k とする。予算制約は

$$Y+PH+S \geq k(P_H H-(1-b)P_H H)+(1-b)P_H H+Q$$

となる。左辺は生涯所得の現在価値で, 右辺は住宅ローン返済額の現在価値, 住宅ローンの頭金, 住宅以外の消費の現在価値の合計, つまり生涯支出の現在価値である。これを整理して,

$$Y+kS-(kP_H-P)H-Q \geq -(1-k)(S-(1-b)P_H H)$$

を得る。頭金は貯蓄を超えることはできず, k は1よりも大きいはずであるから, 不等式の右辺は非負である。よって, 以下の不等式が成り立つ。

$$Y+kS-(kP_H-P)H-Q \geq 0$$

③ 住宅ローンの頭金制約により，頭金を用意するために借入することはできず，頭金は貯蓄残高を超えてはならない。

$$S-(1-\beta)P_HH \geq 0$$

これら3つの制約のもとで効用が最大になるように住宅規模を決定する。住宅価格によって住宅規模にどのような影響が及ぶか見てみよう。

(a) $P_H > P$ の場合

この場合の3つの制約が図3.1に描かれている。消費者の選好によって4つのケースに分けることができる。それぞれについて説明する。

〔ケースⅠ〕

②，③の制約を受けている。最適な点において，

$$\frac{V_H}{V_Q} > kP_H-P, \ \ b = \beta$$

が成り立っており，住宅規模は $S/(1-\beta)P_HH$ となる。

〔ケースⅡ〕

②の制約を受けている。最適な点において，

$$\frac{V_H}{V_Q} = kP_H-P, \ \ 0 < b < \beta$$

が成り立っており，住宅規模は限界代替率が流動性制約の傾き kP_H-P に等しくなるように住宅規模が決まる。

〔ケースⅢ〕

①，②の制約を受けている。最適な点において，

$$P_H-P < \frac{V_H}{V_Q} < kP_H-P, \ \ 0 < b < \beta$$

が成り立っており，限界代替率が P_H-P よりも大きく kP_H-P よりも小さければ，流動性制約①，②の交点である S/P_H となる。

〔ケースⅣ〕

①の制約を受けている。最適な点において，

図 3.1　予算制約と最適消費（$P_H > P$ の場合）

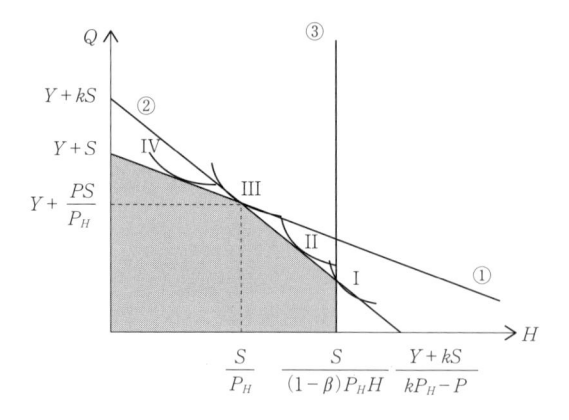

$$\frac{V_H}{V_Q} = P_H - P, \; 0 < b < \beta$$

が成り立っており，住宅規模は限界代替率が流動性制約の傾き $P_H - P$ に等しくなるように住宅規模が決まる。

（b）$P_H < P$ の場合

流動性制約①の傾きは正となる。最適化の可能性として図 3.2 の 3 つのケースが考えられる。ケース I，II については先と同様であるが，ケース III では最適な点において

$$\frac{V_H}{V_Q} < kP_H - P, \; 0 < b < \beta$$

が成り立っており，限界代替率が流動性制約②の傾きである $kP_H - P$ よりも小さければ，住宅規模は流動性制約①，②の交点である S/P_H となる。

（c）$P_H < P < kP_H$ の場合

流動性制約①，②いずれの傾きも正となり，図 3.3 にあるように住宅規模は $S/(1-\beta)P_H H$ となる。

図 3.2　予算制約と最適消費（$P_H < P$ の場合）

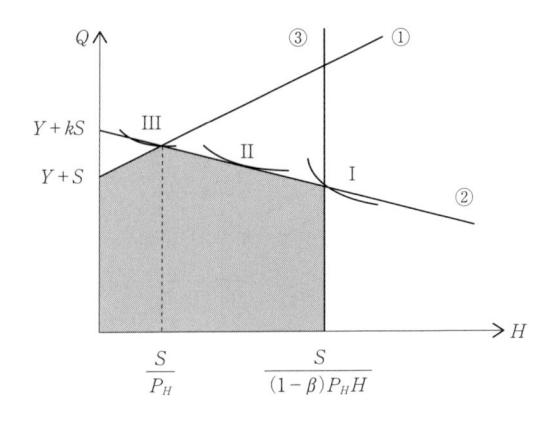

図 3.3　予算制約と最適消費（$P_H < P < kP_H$ の場合）

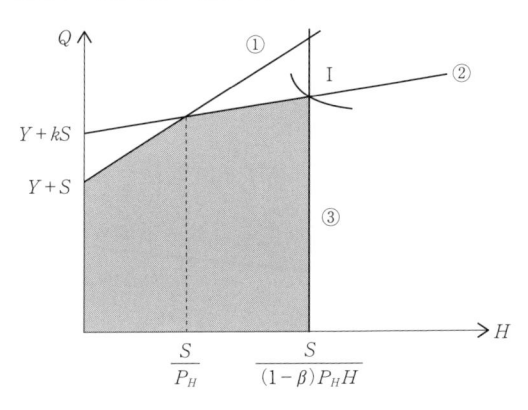

(3)　将来住宅価格の変化と住宅規模

　Ranney（1981）の次の関心は，論文のタイトルにもあるように，将来の住宅価格が住宅需要にどのような影響が及ぼすかという点にある。まず，$P_H > P$ の場合について考えてみよう。図 3.4 にあるように，将来の住宅価格が上昇すると，消費者の予算制約は拡大する。4 つのケースそれぞれについて将来住宅価格が及ぼす影響について考える。ただし，住宅供給量は変化しないものとする。

　〔ケース I 〕

　住宅規模は

図 3.4 将来住宅価格が住宅需要に及ぼす影響

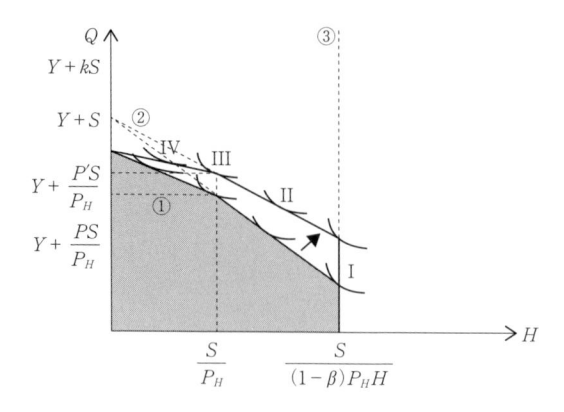

$$P_H H = \frac{S}{1-\beta}$$

で決まるので，将来住宅価格の上昇は影響を受けない。住宅以外の消費は

$$Q = Y + PH - k\beta P_H H$$

となるから，将来住宅価格の上昇は住宅以外の消費を HdP だけ増加させる。

　また，市場の消費者がケースⅠタイプばかりのとき，将来住宅価格の上昇は現在の住宅価格に何ら影響を及ぼすことはない。

〔ケースⅡ〕

　限界代替率が流動性制約②と接するように最適な点が選ばれるので

$$P_H = \frac{P}{k} + \frac{1}{k}\frac{V_H}{V_Q} \tag{3.16}$$
$$Y + kS = (kP_H - P)H + Q$$

が成り立つ。将来住宅価格の上昇は住宅サービス価格の低下をもたらし，住宅が正常財である限り住宅規模を増加させるが，住宅以外の消費への影響はわからない。

　ところで（3.12）式より，（3.16）式は

$$P_H = \frac{P_{HT}e^{-rT}}{k} + \frac{1}{k}\int_0^T \gamma \frac{U_{At}}{U_{Bt}} P_t e^{-rt}dt \qquad (3.17)$$

と書くことができる。先述したように，もし賃貸住宅市場で住宅サービスを購入しようとすれば，

$$\frac{U_{At}}{U_{Bt}} = \frac{R_t}{P_t}$$

が成り立つ。ここで R_t は住宅サービス 1 単位あたりの価格である。このようにして決まる均衡価格を R_t^* と定義し，これを（3.17）式に代入すると，

$$P_H = \frac{P_{HT}e^{-rT}}{k} + \frac{1}{k}\int_0^T \gamma R_t^* e^{-rt}dt$$

となる。これは 0 時点における住宅価格が，将来時点の住宅価格の現在価値にその間の住宅サービスの限界便益の現在価値の合計に等しくなるように住宅規模が決まることを意味する。ただし，住宅ローンを組んで住宅を購入するので 1 単位あたり k の費用をともなうことから，k で割り引いている。

住宅ストックが一定でケース II の消費者ばかりであれば，均衡において住宅サービスの価格は変化しないので，将来住宅価格の上昇は住宅価格を $dP_H = dP/k$ だけ上昇させる。将来価格の上昇が現在価格の等しい上昇をもたらさないのは，消費者が住宅ローンを組んで住宅を購入するためである。

〔ケース III〕

消費者は住宅ローンを組まず，住宅の購入にすべての貯金を充てる。そのため，購入後の貯蓄残高はゼロとなる。つまり，$S = P_H H$ であるから，将来価格の上昇は現在住宅価格に何ら影響を与えることはない。$Y + PH = Q$ であるから，将来住宅価格の上昇は HdP だけ消費を増加させる。ケース III の消費者だけの市場の場合，将来住宅価格の上昇は現在の住宅価格には何ら影響を及ぼすことはない。

〔ケース IV〕

最適化の条件は，

$$P_H = P + \frac{V_H}{V_Q}$$

$$Y + S - (P_H - P)H - Q = 0$$

である。ケースⅡと同じ理由で，

$$P_H = P_{HT}\, e^{-rT} + \int_0^T \gamma R_t^* e^{-rt} dt$$

が成り立つ。現在住宅価格は住宅サービスの価格の低下をもたらすので，住宅が正常財である限り住宅規模は増大する。しかし，住宅以外の消費財の影響についてはわからない。

住宅ストックが一定でケースⅡの消費者ばかりであれば，均衡において住宅サービスの価格は変化しないので，将来住宅価格の上昇は住宅価格が $dP_H = dP$ となるように調整される。

3.3 インフレと住宅需要

本節では，インフレーションと住宅需要というテーマを扱う。バブルが崩壊して以来，長いデフレの時代が続く日本であるが，ここにきてインフレの兆候見られ始めた。久しく論じられることのなかったテーマであるが，決して忘れてはならない重要なテーマある。まず，2期間モデルを使ってインフレーションが住宅需要に及ぼす影響を分析した Schwab（1982）を見た後，それを連続時間モデルに発展させた Wheaton（1985）を見ていくことにする。

3.3.1 2期間モデル：Schwab（1982）

(1) モデル

2期間生きていくために住宅を購入しようとする消費者行動を考える。消費者は住宅サービスと住宅サービス以外の財の消費から効用を得る。消費者は住宅ストックを Z 単位購入し，2期間にわたって減価することなく1対1の割合で住宅サービスの供給を受ける。C_1，C_2 をそれぞれ第1期，第2期の住宅以外の財の消費量，δ を時間選好率として，以下のような効用関数を仮定する。

$$U(C_1, Z) + \frac{1}{1+\delta} U(C_2, Z)$$

なお，効用関数の性質として一般的なものを仮定する。消費者は各期の期首に実質所得 Y_1，Y_2 を受け取り，バルーンペイメントにより住宅を購入する。バルーンペイメントとは，借入期間が満期になったときに残額すべてを返済する方法のことをいう。バルーンペイメントの利点は満期になるまで借入額に対する利子だけを払い，満期になったときに借り入れた額を一度に返済するので，借入制約を考慮する必要がない。消費と利払いは各期の期末に行われ，第2期の期末に住宅を売却し，そこから元金を返済し，残りはエクイティとして手元に残る。住宅ローン1単位あたりの各期の実質コストをそれぞれ R_1，R_2，また外生的に与えられた期末の資産を W，実質利子率を ρ とすると，消費者の予算制約式は以下のようになる。

$$Y_1 + \frac{Y_2}{1+\rho} - C_1 - \frac{C_2}{1+\rho} - \left(R_1 + \frac{R_2}{1+\rho}\right)PZ = \frac{W}{(1+\rho)^2}$$

各期の住宅ローン1単位あたりの実質コストを求める。住宅の購入額 PZ はすべてローンによって支払われる。第1期の名目利払いは $PZ((1+\rho)(1+\pi)-1)$ であるから，第1期期首における実質で測ったローン1単位あたりの返済額 R_1 は $(1+\rho)(1+\pi)$ で割り引くことにより

$$R_1 = \frac{(1+\rho)(1+\pi)-1}{(1+\rho)(1+\pi)} = \frac{\rho+\pi+\rho\pi}{(1+\rho)(1+\pi)}$$

である。また，第2期期首における実質で測った返済額は，利払いと住宅ローン元金の返済の合計から住宅売却額を差し引いて求められる。すなわち，

$$\frac{((1+\rho)(1+\pi)-1)PZ}{(1+\rho)(1+\pi)^2} + \frac{PZ}{(1+\rho)(1+\pi)^2} - \frac{(1+\pi)^2 PZ}{(1+\rho)(1+\pi)^2}$$

である。分母が $(1+\rho)(1+\pi)^2$ であるのは，分子がいずれも名目であることから第1期期首の実質額を求めるためにいったん $[(1+\rho)(1+\pi)]^2$ で除し，第2期期首の実質額を求めるのに $1+\rho$ をかけたと解釈すればよい。よって，第2期期首における実質で測ったローン1単位あたりの返済額 R_2 は，

$$R_2 = \frac{((1+\rho)(1+\pi)-1)}{(1+\rho)(1+\pi)^2} + \frac{1-(1+\pi)^2}{(1+\rho)(1+\pi)^2}$$

$$= \frac{(1+\rho)(1+\pi)-(1+\pi)^2}{(1+\rho)(1+\pi)^2} = \frac{(\rho-\pi)}{(1+\rho)(1+\pi)}$$

となる。

ところで，ローン1単位あたりの現在価値は

$$R_1 + \frac{R_2}{1+\rho} = \frac{\rho}{1+\rho} + \frac{\rho}{(1+\rho)^2}$$

であり，インフレ期待 π の影響を受けない。しかし，R_1 と R_2 を π で微分すると，

$$\frac{\partial R_1}{\partial \pi} = \frac{1}{[(1+\rho)(1+\pi)]^2} > 0$$

$$\frac{\partial R_2}{\partial \pi} = -\frac{1}{(1+\pi)^2} < 0$$

となり，インフレ期待の影響は第1期と第2期で異なる。これらの議論から

$$\frac{\partial R_1}{\partial \pi} + \frac{1}{1+\rho}\frac{\partial R_2}{\partial \pi} = 0$$

なる性質があることは明らかである。

いわゆるミクロ経済学の一般的な消費者行動モデルでは，インフレによって価格，所得いずれも同じ比率で変化すれば，インフレによって所得制約は影響を受けず財に対する需要はインフレからは中立的である。それに対してSchwab（1982）のモデルは，インフレによって所得制約は影響を受けないものの，住宅コストはインフレによって第1期は上昇するのに対し，第2期は低下するので相対価格に変化が生ずる。そのためインフレによって住宅需要がどのような影響を受けるか明らかではない。そこで一般的な消費者行動モデルにおけるスルツキー分解を念頭に置きながら，インフレが住宅需要に及ぼす影響を考えてみたい。

消費者の効用最大化問題は以下のように書くことができる。

$$\max U(C_1, Z) + \frac{1}{1+\delta} U(C_2, Z)$$

制約条件は,

$$Y_1 - C_1 - R_1 PZ \geq 0 \tag{3.18}$$

$$Y_1 + \frac{Y_2}{1+\rho} - C_1 - \frac{C_2}{1+\rho} - \left(R_1 + \frac{R_2}{1+\rho}\right) PZ = \frac{W}{(1+\rho)^2} \tag{3.19}$$

である。(3.18) 式は借入制約で，住宅以外には借入できないという制約である。(3.18)，(3.19) 式それぞれの制約条件に対するラグランジアン乗数を γ_1, γ_2 として，以下のようなラグランジアン関数を定義する。

$$\mathcal{L} = U(C_1, Z) + \frac{1}{1+\delta} U(C_2, Z) + \gamma_1 (Y_1 - C_1 - R_1 PZ)$$

$$+ \gamma_2 \left(Y_1 + \frac{Y_2}{1+\rho} - C_1 - \frac{C_2}{1+\rho} - \left(R_1 + \frac{R_2}{1+\rho}\right) PZ - \frac{W}{(1+\rho)^2}\right)$$

最適化のための必要条件は,

$$C_1: \quad U_c^1 - \gamma_1 - \gamma_2 = 0$$

$$C_2: \quad \frac{U_c^2}{1+\delta} - \frac{\gamma_2}{1+\rho} = 0$$

$$Z: \quad U_z^1 + \frac{U_z^2}{1+\rho} - \gamma_1 R_1 P - \gamma_2 \left(R_1 + \frac{R_2}{1+\rho}\right) P = 0 \tag{3.20}$$

$$\gamma_1: \quad Y_1 - C_1 - R_1 PZ \geq 0 \quad \text{if} \; > 0, \; \gamma_1 = 0$$

$$\gamma_2: \quad Y_1 + \frac{Y_2}{1+\rho} - C_1 - \frac{C_2}{1+\rho} - \left(R_1 + \frac{R_2}{1+\rho}\right) PZ - \frac{W}{(1+\rho)^2} \geq 0$$

$$\text{if} \; > 0, \; \gamma_2 = 0$$

となる。縁付きヘッセ行列を D とすると

$$D = \begin{bmatrix} U_{CC}^1 & 0 & U_{CZ}^1 & -1 & -1 \\ 0 & U_{CC}^2/(1+\delta) & U_{CZ}^2/(1+\delta) & 0 & -1/(1+\rho) \\ U_{CZ}^1 & U_{CZ}^2/(1+\delta) & U_{ZZ}^1 + U_{ZZ}^2/(1+\delta) & -R_1 P & -(R_1 + R_2/(1+\rho))P \\ -1 & 0 & -R_1 P & 0 & 0 \\ -1 & -1/(1+\rho) & -(R_1 + R_2/(1+\rho))P & 0 & 0 \end{bmatrix}$$

となるので，効用が最大となる最適解を求めるための2階の十分条件は，5つの変数と2個の制約条件があるので，行列式 $|D|$ は負，つまり $|D|<0$ でなければならない。この条件のもとで，住宅，第1期と第2期それぞれの住宅以外の消費財の需要関数を，パラメータの関数として求めることができる。

　次に，上述した効用最大化問題と密接に関連する支出最小化問題を考える。一定の効用水準を達成するために必要な支出を最小にするような住宅と，第1期，第2期それぞれの住宅以外の消費財を求めるのである。

$$\min C_1 + \frac{C_2}{1+\rho} + \left(R_1 + \frac{R_2}{1+\rho}\right)PZ$$

制約条件は，

$$Y_1 - C_1 - R_1 PZ \geq 0 \tag{3.21}$$

$$U(C_1, Z) + \frac{1}{1+\delta}U(C_2, Z) = \bar{U} \tag{3.22}$$

である。(3.21)，(3.22) 式それぞれの制約条件に対するラグランジアン乗数を λ_1, λ_2 として，以下のようなラグランジアン関数を定義する。

$$\mathcal{L} = C_1 + \frac{C_2}{1+\rho} + \left(R_1 + \frac{R_2}{1+\rho}\right)PZ + \lambda_1(Y_1 - C_1 - R_1 PZ)$$
$$+ \lambda_2\left(\bar{U} - U(C_1, Z) - \frac{1}{1+\delta}U(C_2, Z)\right)$$

最適化のための必要条件は

$$C_1: \quad 1 - \lambda_1 - \lambda_2 U_C^1 = 0$$

$$C_2: \quad \frac{1}{1+\rho} - \frac{\lambda_2 U_C^2}{1+\delta} = 0$$

$$Z: \quad \left(R_1 + \frac{R_2}{1+\rho}\right)P - \lambda_1 R_1 P - \lambda_2 \left(U_z^1 + \frac{U_z^2}{1+\delta}\right) = 0 \qquad (3.23)$$

$$\lambda_1: \quad Y_1 - C_1 - R_1 P Z = 0$$

$$\lambda_2: \quad \bar{U} - U(C_1, Z) - \frac{1}{1+\delta} U(C_2, Z) = 0$$

となる。縁付きヘッセ行列を Δ とすると，

$$\Delta = \begin{bmatrix} -\lambda_2 U_{CC}^1 & 0 & -\lambda_2 U_{Cz}^1 & -1 & -U_C^1 \\ 0 & -\lambda_2 U_{CC}^2/(1+\delta) & -\lambda_2 U_{Cz}^2/(1+\delta) & 0 & -U_C^2/(1+\delta) \\ -\lambda_2 U_{Cz}^1 & -\lambda_2 U_{Cz}^2/(1+\delta) & -\lambda_2(U_{zz}^1 + U_{zz}^2/(1+\delta)) & -R_1 P & -(U_z^1 + U_z^2/(1+\delta)) \\ -1 & 0 & -R_1 P & 0 & 0 \\ -U_C^1 & -U_C^2/(1+\delta) & -(U_z^1 + U_z^2/(1+\delta)) & 0 & 0 \end{bmatrix}$$

となるので，支出が最小となるための2階の十分条件は，5つの変数と2個の制約条件があるので，行列式 $|\Delta|$ は正，つまり $|\Delta| > 0$ でなければならない。この条件のもとで，住宅と第1期，第2期の住宅以外の消費財の需要関数を，それぞれパラメータの関数として求めることができる。ここで自明ではあるが，縁付きヘッセ行列の行列式 $|D|$ と $|\Delta|$ とのあいだには，

$$|\Delta| = -\lambda_2 |D| \qquad (3.24)$$

なる関係が存在することに注意しよう。

(2) 比較静学

インフレが住宅需要に及ぼす影響を比較静学によって求めよう。まず，(3.20) 式を解くことによって得られた住宅，住宅以外のその他の財に対する需要関数を (3.20) 式に代入すると，パラメータに関する恒等式になる。その恒等式をそれぞれのパラメータで偏微分することによって，以下のような比較静学の結果が得られる。

$$\frac{\partial Z}{\partial Y_1}: \quad \frac{\partial Z}{\partial Y_1} = \frac{1}{|D|(1+\rho)^2}(R_1 P U_{CC}^1 - U_{Cz}^1) \qquad (3.25)$$

$$\frac{\partial Z}{\partial Y_2}: \quad \frac{\partial Z}{\partial Y_2} = \frac{1}{|D|(1+\rho)^2(1+\delta)}(R_2 P U_{CC}^2 - U_{Cz}^2) \qquad (3.26)$$

$$\frac{\partial Z}{\partial W}: \quad \frac{\partial Z}{\partial W} = -\frac{1}{|D|(1+\rho)^3(1+\delta)}(R_2 P U_{CC}^2 - U_{CZ}^2)$$

(3.26) 式より，次のように書くこともできる。

$$\frac{\partial Z}{\partial W} = -\frac{1}{1+\rho}\frac{\partial Z}{\partial Y_2}$$

第 2 期の所得の変化が住宅需要に及ぼすプラスの影響は，資産 W の変化が住宅需要に及ぼすネガティブな（割り引いた後の）影響に等しい。

$$\frac{\partial Z}{\partial R_1}: \quad \frac{\partial Z}{\partial R_1} = \frac{1}{|D|(1+\rho)^2}\left[(\gamma_1+\gamma_2)P - PZ(R_1 P U_{CC}^1 - U_{CZ}^1)\right]$$

(3.25) 式より，次のように書くこともできる。

$$\frac{\partial Z}{\partial R_1} = \frac{(\gamma_1+\gamma_2)P}{|D|(1+\rho)^2} - PZ\frac{\partial Z}{\partial Y_1} \tag{3.27}$$

住宅が正常財である限り，第 1 期の実質コストの変化は住宅需要に負の影響を及ぼす。

$$\frac{\partial Z}{\partial R_2}: \quad \frac{\partial Z}{\partial R_2} = \frac{P}{|D|(1+\rho)^2}\left[\frac{\gamma_2}{1+\rho} - \frac{(R_2 P U_{CC}^2 - U_{CZ}^2)Z}{1+\delta}\right]$$

同様に，(3.26) 式より次のように書くことができる。

$$\frac{\partial Z}{\partial R_2} = \frac{\gamma_2 P}{|D|(1+\rho)^3} - PZ\frac{\partial Z}{\partial Y_2} \tag{3.28}$$

次に，インフレが住宅補償需要に及ぼす影響を比較静学によって求めよう。(3.23) 式を解くことによって得られた住宅と住宅以外のその他の財に対する補償需要関数を（3.23）式に代入し，それぞれのパラメータで偏微分することによって，以下のような比較静学の結果を得る。

$$\frac{\partial Z^*}{\partial R_1}: \quad \frac{\partial Z^*}{\partial R_1} = \frac{1}{|\Delta|}\left\{-\frac{1-\lambda_1}{\lambda_2}\frac{P}{(1+\rho)^2\lambda_2}\right.$$
$$\left. -PZ\left(\frac{1-\lambda_1}{\lambda_2}\frac{R_2 P U_{CC}^2 - U_{CZ}^2}{(1+\delta)(1+\rho)} - \frac{R_1 P U_{CC}^1 - U_{CZ}^1}{(1+\rho)^2\lambda_2}\right)\right\}$$

(3.24), (3.25), (3.26) 式を用いて, 次のように書くことができる。

$$\frac{\partial Z^*}{\partial R_1} = \frac{(\gamma_1 + \gamma_2) P}{|D|(1+\rho)^2} - PZ\left(\frac{\partial Z}{\partial Y_1} - \left(\frac{\gamma_1 + \gamma_2}{\gamma_2}\right)(1+\rho)\frac{\partial Z}{\partial Y_2}\right) \quad (3.29)$$

また, (3.27) 式より, 次のように書くこともできる。

$$\frac{\partial Z^*}{\partial R_1} = \frac{\partial Z}{\partial R_1} + PZ\left(\frac{\gamma_1 + \gamma_2}{\gamma_2}\right)(1+\rho)\frac{\partial Z}{\partial Y_2} \quad (3.30)$$

第1期の実質コストの変化が住宅の補償需要に及ぼす影響はプラス, マイナスいずれもありうる。

(3.24) 式の関係を用いて, 以下の結果を得る。

$$\frac{\partial Z^*}{\partial R_2} : \quad \frac{\partial Z^*}{\partial R_2} = -\frac{1}{|\Delta|}\frac{P}{(1+\rho)^3 \lambda_2^2} = \frac{\gamma_2 P}{|D|(1+\rho)^3} \quad (3.31)$$

また, (3.28) 式より, 次のように書くこともできる。

$$\frac{\partial Z^*}{\partial R_2} = \frac{\partial Z}{\partial R_2} + PZ\frac{\partial Z}{\partial Y_2} \quad (3.32)$$

第1期とは異なり, 第2期の実質コストの変化は住宅の補償需要に負の影響を及ぼす。

(3) インフレーションと住宅需要

これらの比較静学の結果をもとに, インフレーションが住宅需要に及ぼす影響について考察する。効用最大化問題によって得られた需要関数は,

$$Z = Z(P, R_1, R_2, Y_1, Y_2, W)$$

であった。住宅需要関数をインフレーション π で微分し,

$$\frac{\partial Z}{\partial \pi} = \frac{\partial Z}{\partial R_1}\frac{\partial R_1}{\partial \pi} + \frac{\partial Z}{\partial R_2}\frac{\partial R_2}{\partial \pi} = \frac{\partial R_1}{\partial \pi}\left\{\frac{\partial Z}{\partial R_1} - (1+\rho)\frac{\partial Z}{\partial R_2}\right\} \quad (3.33)$$

を得る。(3.33) 式に (3.27), (3.28) 式を代入して

$$\frac{\partial Z}{\partial \pi} = \frac{\partial R_1}{\partial \pi}\left\{\left(\frac{(\gamma_1 + \gamma_2)P}{|D|(1+\rho)^2} - PZ\frac{\partial Z}{\partial Y_1}\right) - (1+\rho)\left(\frac{\gamma_2 P}{|D|(1+\rho)^3} - PZ\frac{\partial Z}{\partial Y_2}\right)\right\}$$

$$= \frac{\partial R_1}{\partial \pi}\left\{\frac{\gamma_1 P}{|D|(1+\rho)^2} - PZ\left(\frac{\partial Z}{\partial Y_1} - (1+\rho)\frac{\partial Z}{\partial Y_2}\right)\right\} \qquad (3.34)$$

という結果を得る。(3.34) 式の中括弧の中の第 1 項は負の値をとるが，第 2 項の符号を決めることはできない。第 1 項は代替効果であり，第 2 項は所得効果であるように見える。しかし，この比較静学はあくまでも数学的な結果であり，経済的な意味をもたせるのは難しい。

そこで，(3.33) 式を補償需要関数を用いて表現してみよう。(3.30)，(3.32) 式より

$$\frac{\partial Z}{\partial \pi} = \frac{\partial R_1}{\partial \pi}\left\{\left(\frac{\partial Z^*}{\partial R_1} - PZ\left(\frac{\gamma_1 + \gamma_2}{\gamma_2}\right)(1+\rho)\frac{\partial Z}{\partial Y_2}\right) - (1+\rho)\left(\frac{\partial Z^*}{\partial R_2} - PZ\frac{\partial Z}{\partial Y_2}\right)\right\}$$

となり，整理すると，

$$\frac{\partial Z}{\partial \pi} = \frac{\partial R_1}{\partial \pi}\left\{\left(\frac{\partial Z^*}{\partial R_1} - (1+\rho)\frac{\partial Z^*}{\partial R_2}\right) - PZ\left(\frac{\gamma_1}{\gamma_2}\right)(1+\rho)\frac{\partial Z}{\partial Y_2}\right\} \qquad (3.35)$$

という結果を得る。(3.33) 式と (3.35) 式を比較することにより，

$$\frac{\partial Z}{\partial R_1} - (1+\rho)\frac{\partial Z}{\partial R_2} = \left(\frac{\partial Z^*}{\partial R_1} - (1+\rho)\frac{\partial Z^*}{\partial R_2}\right) - PZ\left(\frac{\gamma_1}{\gamma_2}\right)(1+\rho)\frac{\partial Z}{\partial Y_2}$$

となる。これはスルツキー分解に似た形になっており，右辺第 1 項は合成された代替効果，第 2 項は合成された所得効果となっている。従来のスルツキー分解のような形にならないのは，各期の代替効果が互いに打ち消し合うだけではなく，所得が Y_1，Y_2，W の 3 つに分解されているために，双対性の性質を使ってスルツキー分解することができないことによる。

合成された代替効果の符号を調べてみよう。(3.29)，(3.31) 式より

$$\frac{\partial Z^*}{\partial R_1} - (1+\rho)\frac{\partial Z^*}{\partial R_2} = \frac{\gamma_1 P}{|D|(1+\rho)^2} - PZ\left(\frac{\partial Z}{\partial Y_1} - \left(\frac{\gamma_1 + \gamma_2}{\gamma_2}\right)(1+\rho)\frac{\partial Z}{\partial Y_2}\right)$$

を得る。合成された代替効果は，一般的なスルツキー分解のように，負の影

響を受けるとは言い切れない。右辺第2項がゼロであれば，合成された代替効果は，流動性制約が拘束力をもつ限り必ず負の値をとる。このときインフレーションが住宅需要に及ぼす影響は，(3.35) 式より

$$\frac{\partial Z}{\partial \pi} = \frac{\partial R_1}{\partial \pi}\left\{\frac{\gamma_1 P}{|D|(1+\rho)^2} - PZ\left(\frac{\gamma_1}{\gamma_2}\right)(1+\rho)\frac{\partial Z}{\partial Y_2}\right\} \tag{3.36}$$

となり，住宅が正常財であれば必ず負の値をとる。もし流動性制約がなければ γ_1 はゼロであるから，インフレは住宅需要に影響を及ぼすことはない。これはいわゆる完全資本市場の場合である。

それでは，

$$\frac{\partial Z}{\partial Y_1} - \left(\frac{\gamma_1 + \gamma_2}{\gamma_2}\right)(1+\rho)\frac{\partial Z}{\partial Y_2} \tag{3.37}$$

が非負となるのはどのような場合であろうか。効用最大化の条件が満たされていれば，(3.20) 式より

$$\frac{U_c^2}{(1+\delta)\,U_c^1} = \left(\frac{\gamma_2}{\gamma_1 + \gamma_2}\right)\frac{1}{(1+\rho)}$$

が成り立つので，

$$\frac{U_c^2}{(1+\delta)\,U_c^1} \geq \frac{\partial Z/\partial Y_2}{\partial Z/\partial Y_1}$$

であることが (3.37) 式が非負となる条件となっている。これは，住宅以外の消費財の時間を通じた限界代替率が，各期の所得が住宅需要に及ぼす影響の比率よりも大きいというものである。このとき合成された代替効果は負となり，インフレは住宅需要にネガティブに作用する。

ところで Schwab (1982) では，スルツキー分解を以下のように定義して議論を行っている。

$$\frac{\partial Z}{\partial \pi} = \left(\frac{\partial Z^*}{\partial R_1}\frac{\partial R_1}{\partial \pi} + \frac{\partial Z^*}{\partial R_2}\frac{\partial R_2}{\partial \pi}\right) - PZ\left(\frac{\partial Z}{\partial Y_1}\frac{\partial R_1}{\partial \pi} + \frac{\partial Z}{\partial Y_2}\frac{\partial R_2}{\partial \pi}\right)$$

これを書き直すと，

$$\frac{\partial Z}{\partial \pi} = \frac{\partial R_1}{\partial \pi} \left\{ \left(\frac{\partial Z^*}{\partial R_1} - (1+\rho) \frac{\partial Z^*}{\partial R_2} \right) - PZ \left(\frac{\partial Z}{\partial Y_1} - (1+\rho) \frac{\partial Z}{\partial Y_2} \right) \right\}$$

となり，(3.35) 式と異なる。しかし，先述した (3.37) 式がゼロという条件を課すと，

$$\frac{\partial Z}{\partial \pi} = \frac{\partial R_1}{\partial \pi} \left\{ \frac{\gamma_1 P}{|D|(1+\rho)^2} - PZ \left(\frac{\gamma_1}{\gamma_2} \right) (1+\rho) \frac{\partial Z}{\partial Y_2} \right\}$$

となり，(3.36) 式と同じ結果を得る。Schwab が論文を書くにあたりどこまで厳密な分析を行っていたのか不明であるが，本章はより厳密な議論を展開しているものと思われる。

3.3.2　動学モデル：Wheaton（1985）

　3.3.1 項において，Schwab（1982）は 2 期間モデルを使ってインフレが住宅需要に及ぼす影響を分析した。その結果，①流動性制約が拘束力をもたなければ完全資本市場と同じ状態になる，②流動性制約が拘束力をもてば，インフレーションが住宅需要に及ぼす影響は正負のどちらであるかを決定することはできず，経済状況やパラメータの値に依存する，と結論付けている。しかし，Wheaton（1985）は連続時間モデルを展開し，Schwab（1982）の 2 期間モデルでは得られなかった結論を引き出している。

　Wheaton（1985）は 2 つの制約を考える。1 つは住宅を含むすべての資産に対する流動性制約である。住宅はすべて住宅ローンを組んで購入するので，純資産はゼロを下回ることはできない。もう 1 つは住宅ローンを超えた借入を行うことはできないというものである（本章では借入制約と呼ぶことにする）。(1)，(2) では流動性制約がある場合についてインフレが住宅需要に及ぼす影響を考察し，(3) では流動性制約ではなく借入制約の場合について考察する。

(1)　住宅が可変の場合

　住宅が可変である場合の Wheaton（1985）のモデルは以下のようなものである。

$$\dot{a}(t) = y - c(t) - h(t)[(1-\phi)r - \phi i] + a(t)[(1-\phi)r - \phi i] \quad (3.38)$$

$$a(0) = a(T) > 0 \quad (3.39)$$

$$a(t) \geq 0 \quad \text{for all} \ t \quad (3.40)$$

ここで，$a(t)$：実質で評価した住宅を含む資産，y：実質所得，$c(t)$：実質で評価した住宅以外の消費，$h(t)$：実質で評価した住宅資産かつ住宅資産から供給される住宅サービス，i, r, ϕ：インフレ率，実質利子率，税率とする。

　簡単化のために，資産が生み出す税引き後の実質金利と住宅ローン返済所得控除後の実質金利は $(1-\phi)r - \phi i$ で等しいと仮定する。$a(t) = h(t)$ であれば，純資産はゼロで資産から生み出される所得はない。(3.40) 式は常に純資産はゼロ以上でなければならないという条件，すなわち流動性制約である。簡単化のために，住宅効用関数 $u(h(t), c(t))$ は望ましい仮定を有し，消費者は主観的時間選好率を m として，制約条件 (3.38) ～ (3.40) 式のもとで効用の現在価値が最大になるように $\{c(t), h(t)\}$ を決定する。

$$\max_{c(t), h(t)} \int_0^T u(h(t), c(t)) e^{-mt} dt$$

Artle and Varaiya (1978) とは異なり，住宅からも効用を得る。

　この最適化問題を解くために $\rho(t)$ を共役状態変数（costate variable），$\lambda(t)$ をラグランジアン乗数とするハミルトニアン関数を考える。

$$\mathscr{H} = u(h(t), c(t)) e^{-mt} + \rho(t)[y - c(t) + ((1-\phi)r - \phi i)(a(t) - h(t))] + \lambda(t) a(t)$$

　最適化のための必要条件は，

$$\frac{\partial u}{\partial c} e^{-mt} = \rho(t) \quad (3.41)$$

$$\frac{\partial u}{\partial h} e^{-mt} = \rho(t)[(1-\phi)r - \phi i] \quad (3.42)$$

$$\dot{\rho}(t) = -[\rho(t)((1-\phi)r - \phi i) + \lambda(t)] \quad (3.43)$$

$$\lambda(t) a(t) = 0, \ \lambda(t) \geq 0, \ a(t) \geq 0 \quad \text{for all} \ 0 \leq t \leq T$$

$$\rho(T) = 0 = a(T)$$

である。流動制約が拘束力をもたない場合ともつ場合それぞれについて，最

適化のための必要条件を見ていこう。

(a) 流動性制約が拘束力をもたないとき：$a(t) > 0,\ \lambda(t) = 0$

$\lambda(t) = 0$ であるから，(3.43) 式より $\dot{\rho}(t) = -\rho(t)((1-\phi)r - \phi i)$ となり，微分方程式を解くことにより

$$\rho(t) = \rho_0\, e^{-[(1-\phi)r - \phi i]t} \tag{3.44}$$

を得る。ここで $\rho_0 = \rho(0)$ である。これを (3.41)，(3.42) 式を代入することにより，以下の 2 つの式を得る。

$$\frac{\partial u}{\partial c} = \rho_0\, e^{[m - (1-\phi)r + \phi i]t} \tag{3.45}$$

$$\frac{\partial u}{\partial h} = [(1-\phi)r - \phi i]\rho_0\, e^{[m - (1-\phi)r + \phi i]t} \tag{3.46}$$

両者の比率をとると，

$$\frac{\partial u}{\partial h}\bigg/\frac{\partial u}{\partial c} = (1-\phi)r - \phi i \tag{3.47}$$

となる。(3.44)〜(3.46) 式より最適解 $\{c(t), h(t), \rho(t)\}$ を求めることができる。住宅と住宅以外の消費財は，時間選好率と住宅の資本コストの大小関係によって時間とともに同じような変化をする。また，最適解における住宅と住宅以外の消費財の限界代替率は，住宅の資本コストに等しい。

(b) 流動性制約が拘束力をもつとき：$a(t) = 0,\ \lambda(t) > 0$

流動性制約が拘束力をもつ場合，その間 $\dot{a}(t) = a(t) = 0$ であるから，すべての所得は住宅と住宅以外の消費財に支出される。すなわち，

$$c = y - h[(1-\phi)r - \phi i] \tag{3.48}$$

である。ただし，最適解における住宅と住宅以外の消費財の限界代替率は，住宅の資本コストに等しいという条件は変わらない。

$$\frac{\partial u}{\partial h}\bigg/\frac{\partial u}{\partial c} = (1-\phi)r - \phi i \tag{3.49}$$

(3.48)，（3.49）式を解くことにより，住宅と住宅以外の消費財を導出することができ，いずれも変化することはなく一定である。

Artle and Varaiya（1978）では時間選好率は利子率（ここでは住宅の資本コストと呼んでいるもの）よりも大きいということを前提として議論を展開していた。Wheaton（1985）は Artle and Varaiya（1978）の議論をさらに発展させ，より一般的な命題として以下のようにまとめている。

命題 もし $m < (1-\phi)r-\phi i$ であるならば，最適消費経路はすべての $0 \leq t \leq T$ について $\lambda(t) = 0,\ a(t) > 0$ を必要とし，流動性制約は拘束力をもたない。

Wheaton（1985）に沿って，このことを確認しておこう。まず，（3.41）式を時間で微分すると，

$$\frac{\partial^2 u}{\partial c^2}\dot{c}e^{-mt} - m\frac{\partial u}{\partial c}e^{-mt} - \dot{\rho}(t) = 0$$

となり，これに（3.41），（3.43）式を代入して整理すると

$$\frac{\partial^2 u}{\partial c^2}\dot{c}e^{-mt} = \frac{\partial u}{\partial c}e^{-mt}[m - ((1-\phi)r-\phi i)] - \lambda(t)$$

となる。証明は矛盾を引き出すことにより行う。$m < (1-\phi)r-\phi i$ のとき，0 から T のあいだのどこかで流動性制約が拘束力をもち $a(t) = 0,\ \lambda(t) > 0$，$c = y - h[(1-\phi)r-\phi i]$（一定）となったとしよう。ところが，上式を見ると，効用関数の仮定より $\partial u/\partial c > 0,\ \partial^2 u/\partial c^2 < 0$ で，また仮定により $m < (1-\phi)r-\phi i$ であるから，上式が成り立つためには $\dot{c}$ は正でなければならない。これは明らかに矛盾する。

引き続き Wheaton（1985）は，時間選好率が住宅の資本コストよりも大きい場合（等しい場合を含む）についても次の命題としてまとめている。

命題 もし $m \geq (1-\phi)r-\phi i$ であるならば，最適消費経路はすべての $0 \leq t \leq T$ について $\lambda(t) > 0,\ a(t) = 0$ を必要とし，流動性制約は拘束力をもつ。

Wheaton（1985）によれば，この命題も矛盾を引き出すことで証明でき
る。$m \geq (1-\phi)r - \phi i$ のとき，0 から T のあいだの閉空間 $[t_1, t_2]$ に流動性
制約が緩んで $a(t) > 0$，$\lambda(t) = 0$ となったとする。t_1 までは $a(t) = 0$,
$\lambda(t) > 0$ であったはずだから $a(t_1) = 0$ である。t_1 以降資産は増えなければ
ならないので，$\dot{a}(t_1) > 0$ でなければならない。さらにそれ以降，$a(t) > 0$
となることを示す。（3.45），（3.47）式を時間で微分すると

$$\frac{\partial^2 u}{\partial c^2}\dot{c} = [m - (1-\phi)r + \phi i]e^{[m-(1-\phi)+\phi i]t}$$

$$\frac{(\partial^2 u/\partial h^2)\,\dot{h}\,(\partial u/\partial c) - (\partial u/\partial h)\,(\partial^2 u/\partial c^2)\,\dot{c}}{(\partial u/\partial c)^2} = 0$$

となるので $\dot{c} < 0$，$\dot{h} < 0$ でなければならず，また（3.38）式を時間で微分
すると

$$\ddot{a}(t) = -\dot{c}(t) - \dot{h}(t)[(1-\phi)r - \phi i] + \dot{a}(t)[(1-\phi)r - \phi i]$$

であるから，閉空間 $[t_1, t_2]$ において $\ddot{a}(t) > 0$ でなければならない。したが
って，資産は増え続けることになり，モデルの前提とした $a(T) = 0$ を満た
すことはできない。

Artle and Varaiya（1978）は初期資産と期末資産を正にしていたのに対
し，Wheaton（1985）はいずれもゼロとしている。しかし，この2つの命
題は Artle and Varaiya（1978）の議論を補完するもので有益である。

住宅と住宅以外の消費パターンについて見ておこう。流動性制約が拘束力
をもつとき，住宅と住宅以外の消費はいずれも一定である。しかし，（3.47），
（3.49）式で示されるように，流動性制約が拘束力をもつ，もたないにかか
わらず，相対的な重要度は住宅の資本コストに依存する。利子率が低下した
りインフレ率が高くなったりして資本コストが低くなると，住宅以外の消費
に比べて相対的に住宅需要が増える。他方，流動性制約が拘束力をもたない
場合，（3.45），（3.46）式が示すように，住宅と住宅以外の消費は住宅の資
本コストと時間選好率の大小関係に依存する。したがって，最適消費経路は
住宅の資本コストだけではなく，住宅の資本コストと時間選好率の大小関係
にも依存するので，効用関数を特定化する必要がある。

(c) シミュレーション分析

Wheaton (1985) は Table 1 で，利子率，時間選好率，インフレ率，税率の異なる 6 つのケースについてシミュレーション分析を試みている。図 3.5 に Wheaton (1985) の Table 1 のシミュレーション 1，3 で住宅が可変である場合を再現した結果が描かれている。図 3.5 の上図は $r = 4\%$，$m = 4\%$ が仮定されており，流動性制約が拘束力をもつ場合に相当する。この場合，住宅と住宅以外の消費パターンはいずれも時間を通じて一定である。

それに対して，図 3.5 の下図は，$r = 4\%$，$m = 2\%$ が仮定されており，流動性制約が拘束力をもたない場合に相当する。時間選好率が利子率よりも低い場合は，最初のうちに消費を手控え貯蓄することにより，住宅と住宅以外の消費の最適経路はいずれも時間を通じて増えることがわかる。

(2) 住宅が不変の場合

3.3.2 (1) では消費だけではなく住宅についても，時間とともに自由に変更できると仮定した。住宅は住宅ローンを組んで購入され，住宅ローンを超える借入も可能であった。しかし，いったん住宅を購入するとその水準は変更しないというのがより現実的かもしれない。そこで，3.3.2 (1) と同じ枠組みを使って，時間ゼロで選択された住宅規模はそのまま変化しないという仮定のもとで分析を行っている。

$$\dot{a}(t) = y - c(t) - h[(1-\phi)r - \phi i] + a(t)[(1-\phi)r - \phi i]$$
$$a(0) = a(T) > 0$$
$$a(t) \geq 0 \quad \text{for all } t$$

この場合の効用最大化問題は

$$\max_{c(t),h} \int_0^T \{u(h, c(t))e^{-mt} + \rho(t)(y - c(t) + [(1-\phi)r - \phi i](a(t) - h)) + \lambda(t)a(t)\}dt$$

となり，最適化のための必要条件は

$$\frac{\partial u}{\partial c}e^{-mt} = \rho(t) \tag{3.50}$$

$$\int_0^T \frac{\partial u}{\partial h}e^{-mt}dt = \int_0^T \rho(t)[(1-\phi)r - \phi i]dt \tag{3.51}$$

図 3.5　住宅が可変の場合の最適消費経路

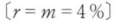

〔$r = m = 4\%$〕

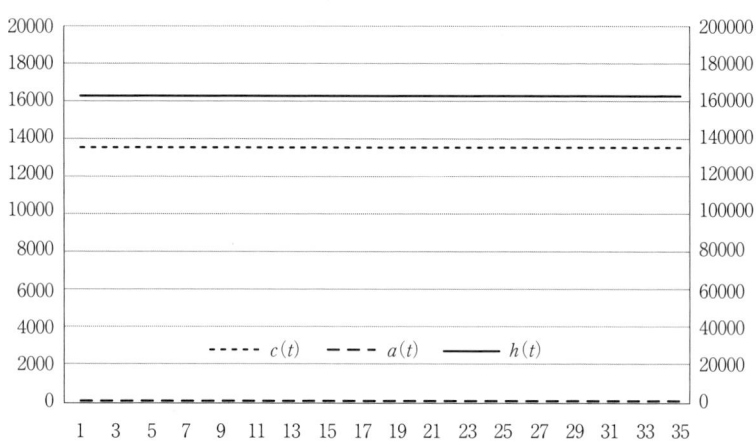

〔$r = 4\%$,　$m = 2\%$〕

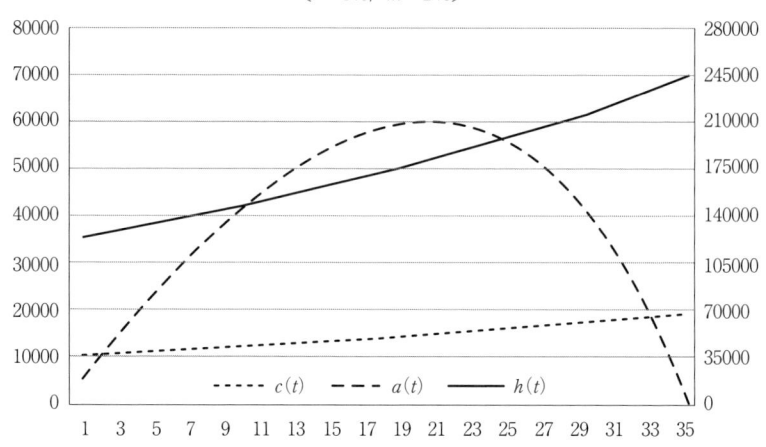

(注)　効用関数は $u = \alpha\log h + \beta\log c$, $\alpha = 0.33$, $\beta = 0.67$ である。また，所得 y を 20000,
生きる期間 T を 35 とし，それぞれのケースの最適化問題を Excel のソルバーを使って
計算している。このシミュレーション結果は，Wheaton（1985）の Table 1 のシミュレ
ーション結果 1, 3 で住宅が可変の場合に相当するものである。手法の違いもあり一致し
た結果は得られなかったが，最適経路の傾向は同じである。なお，$h(t)$ の値は右軸によ
る。以下，同様。

$$\dot{\rho}(t) = -[\rho(t)((1-\phi)r - \phi i) + \lambda(t)] \tag{3.52}$$
$$\lambda(t)a(t) = 0, \ \lambda(t) \geq 0, \ a(t) \geq 0 \quad \text{for all } 0 \leq t \leq T$$
$$\rho(T) = 0 = a(T)$$

である。

(a) 流動性制約が拘束力をもたないとき：$\lambda(t) = 0, \ a(t) > 0$

(3.50)，(3.52) 式より,

$$\rho(t) = \rho_0 \, e^{-[(1-\phi)r - \phi i]t} \tag{3.53}$$

$$\frac{\partial u}{\partial c} = \rho_0 \, e^{[m - (1-\phi)r + \phi i]t} \tag{3.54}$$

となる。また，(3.53) 式を (3.51) 式に代入して

$$\int_0^T \frac{\partial u}{\partial h} e^{-mt} dt = \int_0^T \rho_0 \, e^{-[(1-\phi)r - \phi i]t} [(1-\phi)r - \phi i] dt \tag{3.55}$$
$$= \rho_0 (1 - e^{-T((1-\phi)r - \phi i)})$$

を得る。効用関数が住宅と住宅以外の消費財に分離されていれば,

$$\int_0^T \frac{\partial u}{\partial h} e^{-mt} dt = \frac{\partial u}{\partial h} \frac{1 - e^{-mT}}{m}$$

であるから,

$$\frac{\partial u}{\partial h} = \frac{m}{1 - e^{-mT}} \rho_0 \, (1 - e^{-T((1-\phi)r - \phi i)})$$

である。また，(3.54) 式より $t = 0$ のとき $\partial u / \partial c = \rho_0$ であるから,

$$\frac{\partial u / \partial h}{\partial u / \partial c \, (0)} = m \frac{1 - e^{((1-\phi)r - \phi i)T}}{1 - e^{-mT}} \tag{3.56}$$

となる。(3.53)〜(3.55) 式より最適解 $\{c(t), h, \rho(t)\}$ を求めることができ，(3.56) 式で住宅と住宅以外の消費財の相対的な関係を知ることができる。

(b) 流動性制約が拘束力をもつとき：$\lambda(t) > 0$, $a(t) = 0$

この場合は（1）の（3.48），（3.49）式と同じ条件となり，

$$c = y - h[(1-\phi)r - \phi i]$$

$$\frac{\partial u}{\partial h} \Big/ \frac{\partial u}{\partial c} = (1-\phi)r - \phi i$$

を解くことによって最適な解を求めることができ，住宅と住宅以外の消費も時間を通じて一定である。

(c) シミュレーション分析

図 3.6 に Wheaton（1985）の Table 1 のシミュレーション 1，3 で住宅が不変である場合を再現したシミュレーション結果が描かれている。図 3.6 の上図は $r = 4\%$, $m = 4\%$ が仮定されており，流動性制約が拘束力をもつ場合に相当する。住宅が可変である場合と同じ結果となっている。

それに対して図 3.6 の下図は $r = 4\%$, $m = 2\%$ が仮定されており，流動性制約が拘束力をもたない場合に相当する。住宅は時間を通じて固定されているが，住宅が可変である場合と同様，最初のうちに資産を増やしそれを切り崩しながら，住宅以外の消費の最適経路は時間とともに増えることがわかる。

(3) 借入制約と需要

3.3.1 (1)，(2) では負債としての住宅を含むすべての資産に対する流動性を前提に議論を行った。しかし，ここでは住宅ローンを組んで住宅を購入することを前提としており，住宅ローンを上回る借入を行うことはできない。つまり，住宅以外の資産 $a(t)$ だけが流動性をもつということを前提に議論を進める。この場合の効用最大化問題は

$$\max_{c(t),h(t)} \int_0^T u(h(t), c(t)) e^{-mt} dt$$

制約条件は

$$\dot{a}(t) = y - c(t) - h(i+r)(1-\phi)e^{-it} + a(t)[(1-\phi)r - \phi i]$$

図 3.6　住宅が不変の場合の最適経路

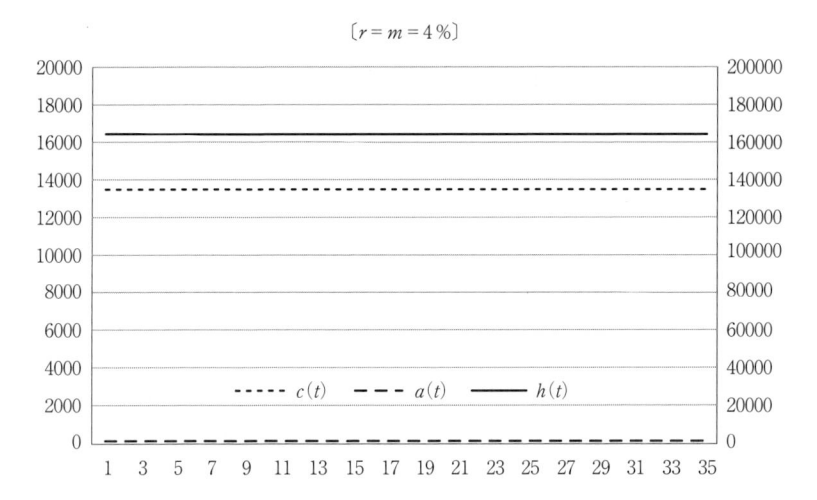

〔$r = m = 4\,\%$〕

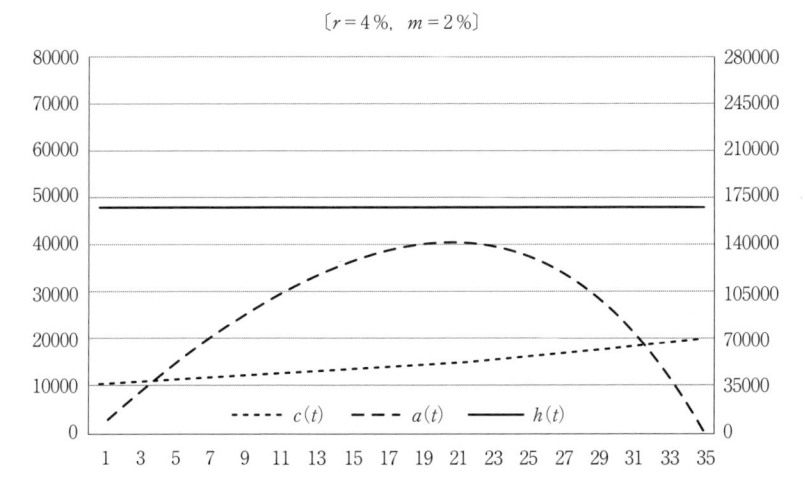

〔$r = 4\,\%,\ \ m = 2\,\%$〕

（注）図 3.5 と同じ。

$$a(0) = a(T) > 0$$
$$a(t) \geq 0 \quad \text{for all}\ \ t$$

である。消費者にとっての効用最大化問題は

$$\max_{c(t),h} \int_0^T \{ u(h, c(t)) e^{-mt} + \rho(t) (y - c(t) - h(i+r)(1-\phi) e^{-it} + a(t) [(1-\phi) r - \phi i]) \} dt \tag{3.57}$$

となる。

(a) 借入制約が拘束力をもつとき

(3.57) 式を h で微分すると,

$$\int_0^T \frac{\partial u}{\partial h} e^{-mt} dt - \int_0^T \rho(t) (1-\phi)(i+r) e^{-it} dt = 0 \tag{3.58}$$

となる。他方, 借入制約が拘束力をもつので $\dot{a} = a = 0$ であるから,

$$c(t) = y - h(i+r)(1-\phi) e^{-it} \tag{3.59}$$

となる。(3.58), (3.59) 式を解くことによって h と $c(t)$ を求めることができる。

インフレーションが住宅需要に及ぼす影響を見るために, 最適解 $\{ c(t), h \}$ を (3.58) 式に代入すると, インフレーションに関する恒等式を得る。

$$\int_0^T \left\{ \frac{\partial u(c(t), h)}{\partial h} e^{-mt} - (1-\phi)(i+r) \frac{\partial u(c(t), h)}{\partial c} e^{-(i+m)t} \right\} dt = 0$$

これをインフレーションで微分すると,

$$\frac{\partial h}{\partial i} \int_0^T \frac{\partial^2 u}{\partial h^2} e^{-mt} dt$$
$$= \int_0^T \left\{ (1-\phi)(i+r) \frac{\partial^2 u}{\partial c^2} \frac{\partial c}{\partial i} e^{-(i+m)t} + (1-\phi) \frac{\partial u}{\partial c} e^{-(i+m)t} \right.$$
$$\left. - (1-\phi)(i+r) t \frac{\partial u}{\partial c} e^{-(i+m)t} \right\} dt$$
$$= \int_0^T \left\{ (i+r) \frac{\partial^2 u}{\partial c^2} \frac{\partial c}{\partial i} + [1 - (i+r) t] \frac{\partial u}{\partial c} \right\} (1-\phi) e^{-(i+m)t} dt$$

$$= \int_0^T \left\{ (i+r) \frac{\partial^2 u}{\partial c^2} \left[-1 + (i+r)\, t \right] h\,(1-\phi)\, e^{-it} \right.$$

$$\left. - \left[-1 + (i+r)\, t \right] \frac{\partial u}{\partial c} \right\} (1-\phi)\, e^{-(i+m)t} dt$$

$$= -\int_0^T \left[-1 + (i+r)\, t \right] e^{-(i+m)t} \left\{ \frac{\partial u}{\partial c} - (i+r) \frac{\partial^2 u}{\partial c^2} h\,(1-\phi)\, e^{-it} \right\}$$

$$\times (1-\phi)\, dt$$

となる。ここで,

$$Z_1(t) = \left[-1 + (i+r)\, t \right] e^{-(i+m)t}$$

$$Z_2(t) = \left\{ \frac{\partial u}{\partial c} - (i+r) \frac{\partial^2 u}{\partial c^2} h\,(1-\phi)\, e^{-it} \right\} (1-\phi)$$

と置けば,

$$\frac{\partial h}{\partial i} = -\frac{\displaystyle\int_0^T Z_1(t)\, Z_2(t)\, dt}{\displaystyle\int_0^T (\partial^2 u / \partial h^2)\, e^{-mt} dt}$$

となる。

　$Z_2(t)$ を t で微分すると,

$$\frac{dZ_2(t)}{dt} = \left\{ \frac{\partial^2 u}{\partial c^2} \dot{c} - (i+r) \frac{\partial^3 u}{\partial c^3} \dot{c} h\,(1-\phi)\, e^{-it} \right.$$

$$\left. + i(i+r) \frac{\partial^2 u}{\partial c^2} h\,(1-\phi)\, e^{-it} \right\} (1-\phi)$$

となる。(3.59) 式より $\dot{c}$ は正で,効用関数は凸性を仮定しているので,$Z_2(t)$ は時間とともに単調に減少することがわかる。そこで,$Z_1(t)$ が 0 となる時間を t^* とすると,

$$Z_1(t^*) < Z_1(t) \quad t < t^*$$

$$Z_1(t^*) > Z_1(t) \quad t > t^*$$

が成り立つ。ここで,$t^* = 1/(i+r)$ である。

$$\int_0^T Z_1(t) Z_2(t) \, dt = \int_0^{t^*} Z_1(t) Z_2(t) \, dt + \int_{t^*}^T Z_1(t) Z_2(t) \, dt$$

$$\leq \int_0^{t^*} Z_1(t) Z_2(t^*) \, dt + \int_{t^*}^T Z_1(t) Z_2(t^*) \, dt = Z_2(t^*) \int_0^T Z_1(t) \, dt$$

であるから，もし $\int_0^T Z_1(t) \, dt < 0$ であれば，$\int_0^T Z_1(t) Z_2(t) \, dt < 0$ が言え，

$$\frac{dZ}{di} < 0$$

を証明したことになる。

ところで，

$$\int_0^T Z_1(t) \, dt = \int_0^T -e^{-(i+m)t} dt + \int_0^T t(i+r) e^{-(i+m)} dt$$

$$= -\left(\frac{1-e^{-(i+m)T}}{i+m}\right) - \frac{i+r}{i+m} T e^{-(i+m)T} + \frac{i+r}{i+m}\left(\frac{1-e^{-(i+m)T}}{i+m}\right)$$

$$= \left(\frac{1-e}{i+m}\right)^{-(i+m)T}\left(\frac{r-m}{i+m}\right) - \frac{i+r}{i+m} T e^{-(i+m)T}$$

つまり，

$$\int_0^T Z_1(t) \, dt \begin{cases} < 0 & \text{if } m \geq r \\ \lesseqgtr 0 & \text{if } m < r \end{cases}$$

であり，よって，インフレーションが住宅需要に及ぼす影響を見ると，

$$\frac{\partial h}{\partial i} = \frac{-\int_0^T [-1+(i+r)t] e^{-(i+m)t} \{(\partial u/\partial c) - (i+r)(\partial^2 u/\partial c^2) h(1-\phi) e^{-it}\} (1-\phi) \, dt}{\int_0^T (\partial^2 u/\partial h^2) e^{-mt} dt}$$

となる。また，インフレーションが住宅以外の消費に及ぼす影響については

$$\frac{\partial c}{\partial i} = -h(1-\phi) e^{-it} + h(1-\phi)(i+r) t e^{-it}$$

$$= [-1+(i+r)t] h(1-\phi) e^{-it}$$

となって，t^* より前では消費は減少し，t^* より後では増加する。

命題 借入制約があってそれが拘束力をもつとき，時間選好率が利子率よりも大きければインフレ率が大きいほど住宅需要は減る。逆に時間選好率の方が小さければインフレ率の住宅需要への影響は確定できない。

(b) 借入制約が拘束力をもたないとき

借入制約が拘束力をもたないときの効用最大化問題の最適化の条件は，(3.57) 式より

$$\frac{\partial u}{\partial c}e^{-mt}-\rho(t)=0 \tag{3.60}$$

$$\int_0^T \frac{\partial u}{\partial h}e^{-mt}dt = \int_0^T \rho(t)(1-\phi)(i+r)e^{-it}dt \tag{3.61}$$

$$\dot{\rho}(t) = -\rho(t)[(1-\phi)r-\phi i] \tag{3.62}$$

である。(3.61) 式は借入制約が拘束力をもつ場合と同じである。(3.62) 式より $\rho(t)=\rho_0 e^{-[(1-\phi)r-\phi i]t}$ であるから，(3.60)，(3.61) 式を代入して最適解 $\{c(t),h\}$ は以下の2つの式から解くことができる。

$$\frac{\partial u}{\partial c} = \rho_0 e^{[m-((1-\phi)r-\phi i)]t} \tag{3.63}$$

$$\int_0^T \frac{\partial u}{\partial h}e^{-mt}dt = \rho_0[1-e^{-(1-\phi)(r+i)T}] \tag{3.64}$$

仮に効用関数が住宅と住宅以外の消費財が分離されていれば，(3.63)，(3.64) 式より

$$\frac{\partial u/\partial h}{\partial u/\partial c(0)} = m\frac{1-e^{-(1-\phi)(i+r)T}}{1-e^{-mT}} \tag{3.65}$$

が成り立つ。これは (3.56) 式と同じ形をしているが，指数関数のべき指数が実質利子率ではなく名目利子率になっているところが異なる。(3.65) 式よりインフレが高まると住宅と住宅以外の消費財の相対価格は高くなり，相対的に住宅は減少する。しかし，$t=0$ における住宅以外の消費は (3.63) 式によって決まるが，インフレの上昇によって住宅以外の消費も減少する。したがって，インフレの上昇によって住宅が増えるか減るかは確定できない。

（c）シミュレーション分析

Wheaton（1985）に倣ってシミュレーション分析を一部試みた。その結果が図 3.7（$r = 4\%$, $m = 8\%$ の場合）と図 3.8（$r = 8\%$, $m = 4\%$ の場合）に示されている。利子率が時間選好率よりも低い場合は，借入制約が拘束力をもち，住宅は時間を通じて一定であるが，インフレ率が高まるにつれて住宅以外の消費は増える経路をたどる。

利子率が時間選好率よりも高い場合，シミュレーション結果によれば，①インフレが低い状態では借入制約は拘束力をもたず，後の消費のために貯蓄が行われる，②インフレが次第に高まるにつれ住宅ローン返済の負担が高まり借入制約が拘束力をもち始め，負担が小さくなるにつれて貯蓄がはじまり後半の消費に充てられるようになる，③インフレによる住宅需要への影響は，理論モデルが示すとおり，確定的なものではない，といった結果を得た。

3.4　おわりに

第 1 章ではライフサイクルモデルを使って，流動性制約が持家の使用者費用に及ぼす影響を見た。本章はライフサイクルモデルの中で，流動性制約が最適消費経路や住宅需要に及ぼす影響と，流動性制約があるときにインフレーションが住宅需要に及ぼす影響の 2 点に絞り，重要と思われる 4 本の論文を見てきた。流動性制約といってもどのような仮定を設けるかによって意味合いが異なってくるので注意が必要である。その意味では Ranney（1981）のモデルはすべての流動性制約を含む形になっているので，住宅市場における流動性制約を考えるうえで参考になる。

本章は中神（2022）にもとづいているが，そのタイトルどおり，本来の意図はライフサイクルにおける流動性制約が住宅需要に及ぼす影響を分析するうえで重要となる論文をサーベイすることであった。しかし，紙数が増えたこともあり，住宅需要を考えるときに無視できないテニュア選択をカバーすることができなかった。そこで次章では，ライフサイクルにおけるテニュア選択の問題を取り上げる。

図 3.7　インフレの影響（$r = 4\%$, $m = 8\%$）

〔インフレ率 0 ％〕

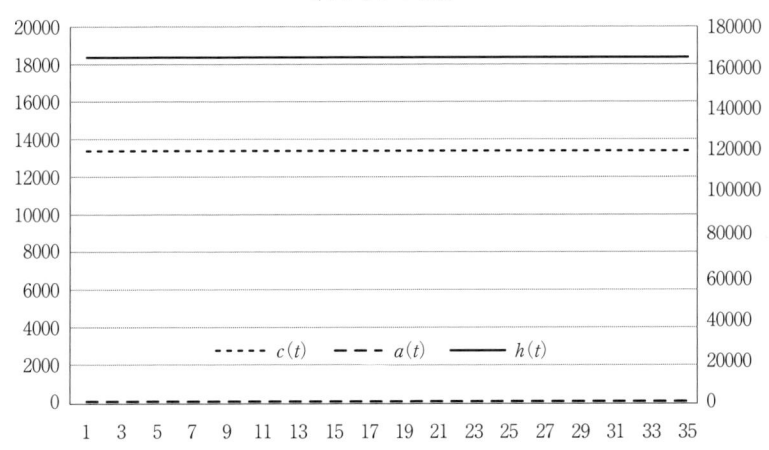

〔インフレ率 4 ％〕

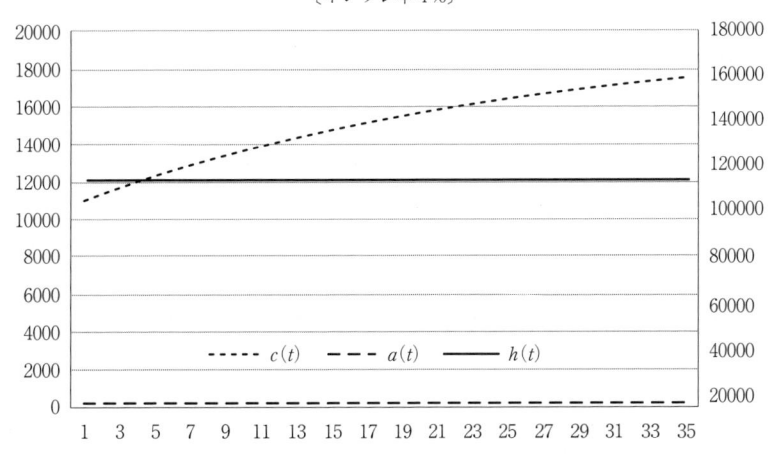

図 3.7　インフレの影響（$r = 4\%$, $m = 8\%$）（続き）

〔インフレ率8%〕

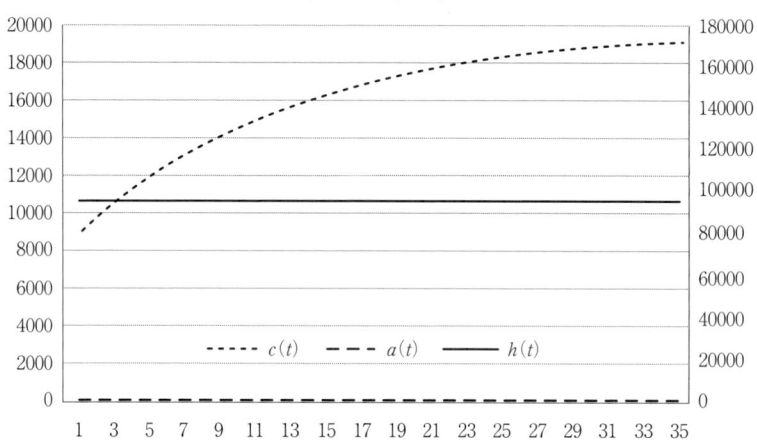

〔インフレ率16%〕

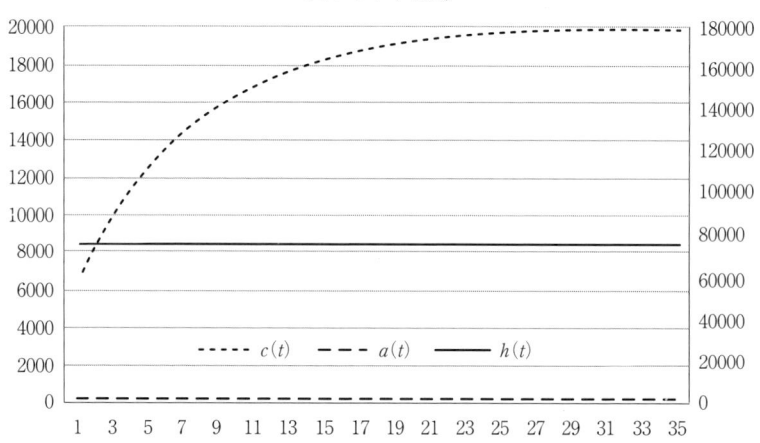

（注）効用関数は $u = \alpha \log h + \beta \log c$, $\alpha = 0.33$, $\beta = 0.67$ である。また，所得 y を 20000，生きる期間 T を 35，実質利子率 r を 4%，時間選好率 m を 8% とし，それぞれのインフレ率の場合の最適化問題を Excel のソルバーを使って計算している。このシミュレーション結果は Wheaton（1985）の Table 2 のシミュレーション結果 2 に相当するもので，手法の違いもあり一致した結果が得られたわけではない。

図 3.8　インフレの影響（$r = 8\%$, $m = 4\%$）

〔インフレ率 0％〕

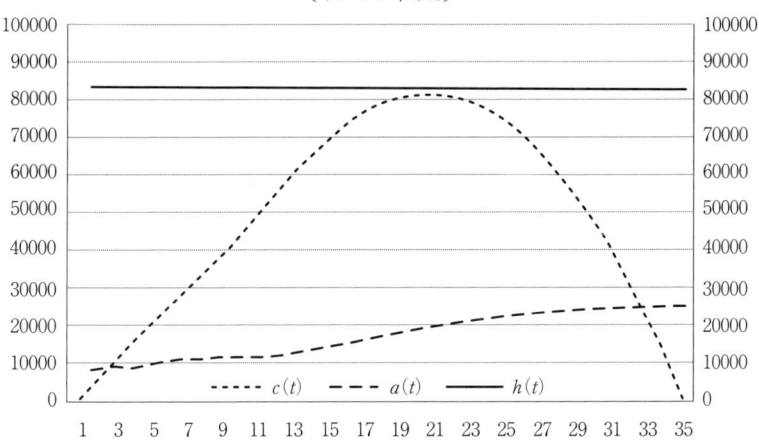

〔インフレ率 4％〕

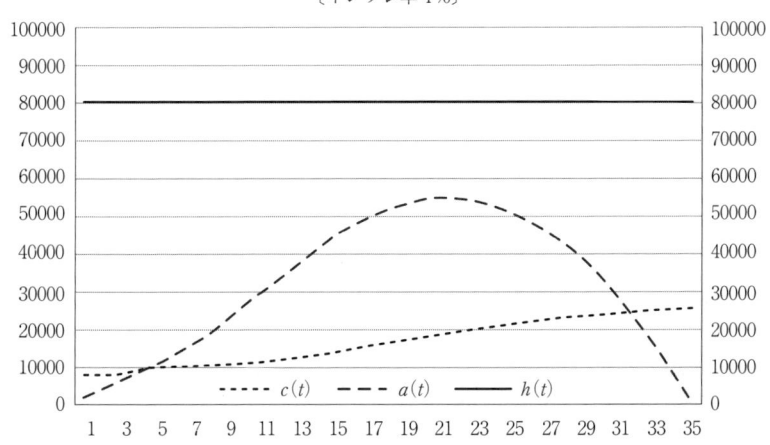

図3.8 インフレの影響（$r = 8\%$，$m = 4\%$）（続き）

〔インフレ率8%〕

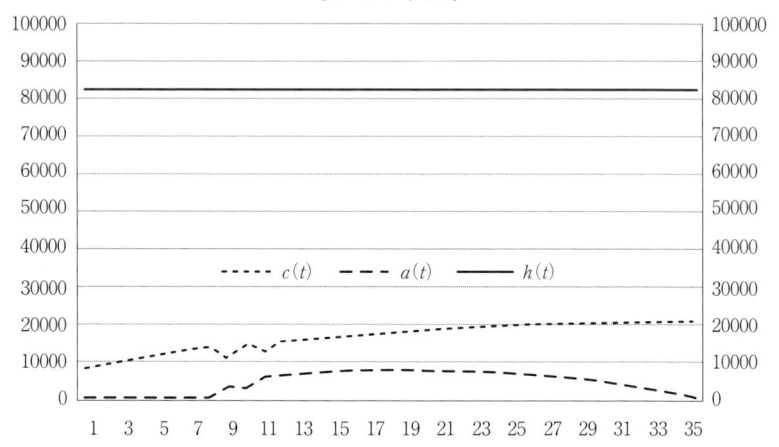

〔インフレ率16%〕

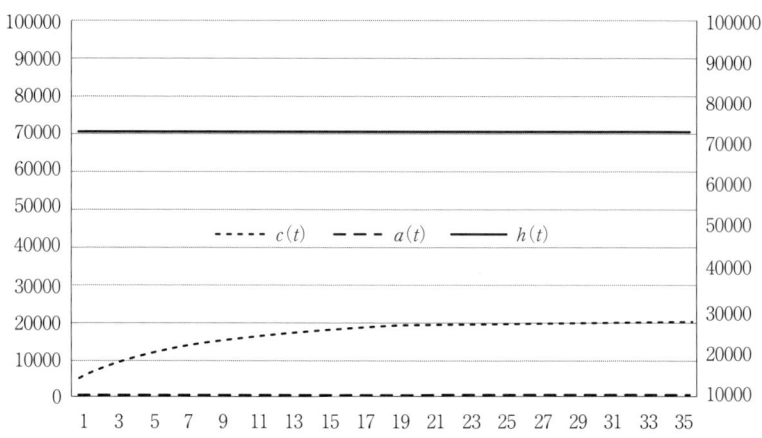

（注）シミュレーションの効用関数は $u = \alpha \log h + \beta \log c$，$\alpha = 0.33$，$\beta = 0.67$ である。また，所得 y を20000，生きる期間 T を35，実質利子率 r を8%，時間選好率 m を4%とし，それぞれのインフレ率の場合の最適化問題を Excel のソルバーを使って計算している。このシミュレーション結果は Wheaton（1985）の Table 2 のシミュレーション結果7に相当するもので，手法の違いもあり一致した結果が得られたわけではない。とくに，インフレ率が16%のケースは，Wheaton（1985）では途中から拘束力をもつとされているが，ここではすべての期間にわたって拘束力をもつ結果となった。

参考文献

〔邦語〕

中神康博（2022）「ライフサイクルと住宅保有について」Discussion Paper Series No.167, Faculty of Economics, Seikei University。

〔英語〕

Artle, R. and P. Varaiya（1978）"Life Cycle Consumption and Homeownership," *Journal of Economic Theory*, 18, pp.38-58.

Ranney, S. I.（1981）"The Future Price of Houses, Mortgage Market Conditions, and the Returns to Homeownership," *American Economic Review*, 71(3), pp. 323-333.

Schwab, R. M.（1982）"Inflation Expectations and the Demand for Housing," *American Economic Review*, 72(1), pp.143-153.

Tobin, J. and W. Dolde（1971）"Wealth, Liquidity, and Consumption," *Consumer Spending and Monetary Policy*, Conference Series No.5, , pp.99-146

Wheaton, W. C.（1985）"Life-Cycle Theory, Inflation, and the Demand for Housing," *Journal of Urban Economics*, 18(2), pp.161-179.

第4章

テニュア選択

4.0　はじめに[1]

　持家か借家かという選択は，欧米の文献ではテニュア・チョイスと呼ばれている。テニュアという語句には不動産保有，あるいは保有権という意味があるが，テニュア・チョイスに相当する日本語を探すのは難しい。持家か借家かということであれば居住選択ということになろうが，保有という意味合いは消えてしまう。そこで本章では，欧米の文献に倣いテニュア選択という語句を用いることにした。

　戦後の日本は，高度経済成長にともない持続的な地価の上昇が続き，「土地神話」といった言葉まで生まれた。住宅政策は持家世帯を増やすことが大きな柱とされ，住宅による資産形成が進み，いわゆる「住宅梯子」と言われるような現象が見られた。しかし，バブル崩壊以降，不動産は利用して初めて価値が生まれるのだということをまざまざと知らされ，若い世代を中心に持家ではなく借家に興味をもつものも多くなった。他方，アメリカの住宅市場では，テニュア選択という言葉があるように，持家か借家かという選択は双方向で日本よりはるかに自由に行われている。

　本章は，テニュア選択に関する3本の論文を取り上げる。最初の論文は，

---

1) 本章は，4.1節以外は中神（2022）の後半部分にもとづいているが，紙幅の関係上，一部は割愛せざるを得なかった。

税制がテニュア選択に及ぼす影響について簡単な均衡分析を行った Weiss（1978）である。Weiss（1978）は，世帯を持家世帯と借家世帯に分け，持家の場合は家庭内生産関数によって住宅サービスが供給されるという仮定を設けることによってとても興味深い均衡分析を展開している。

　次に，ライフサイクルにおいて税制がもたらすテニュア選択の分析を行った Brueckner（1986）を取り上げる。2 期間モデルで，シンプルではあるが応用範囲も広く，示唆に富む。まさに Brueckner の巧みな論文技術の面目躍如といったところである。

　さらに，住宅が消費財と投資財双方の性質をあわせもつ財であることに着目した，この分野の嚆矢とされる Henderson and Ioannides（1983）を取り上げる。その後 Fu（1991）によって一部誤謬が指摘されたが，ライフサイクルにおけるポートフォリオとテニュア選択を考えるうえで欠かせない論文となっている。この 2 つの論文は，前章で取り上げた Schwab（1982）の 2 期間モデルと同様，高度な数学に頼らずともテーマさえはっきりしていれば 2 期間モデルで充分に説明可能であることを示している。

　以下，順を追って説明していく。

4.1　均衡モデル：Weiss（1978）

(1)　モデル

　住宅ストックは世帯あたり H 保有されている。また，各世帯はその他の財と住宅サービスから効用を得ている。住宅サービスは賃貸住宅市場から購入することもできるが，保有する住宅ストックから住宅サービスを自己生産することもできる。また，実質所得，利子率，期待キャピタルゲイン率はすべて所与とする。自己生産するときの住宅ストックを H_o とすると，消費する住宅サービス z は次のように定義される。

$$z = h + \mu H_o \tag{4.1}$$

ここで，h は賃貸住宅市場から購入する住宅サービスである。住宅サービスを住宅ストック H_o から自己生産する場合，住宅ストック 1 単位は μ 単位の住宅サービスを生み出す（$\mu \leq 1$ とする）。μ は世帯によって異なる値をとるので，各世帯が直面する住宅サービス 1 単位あたりの費用 c は，次のよう

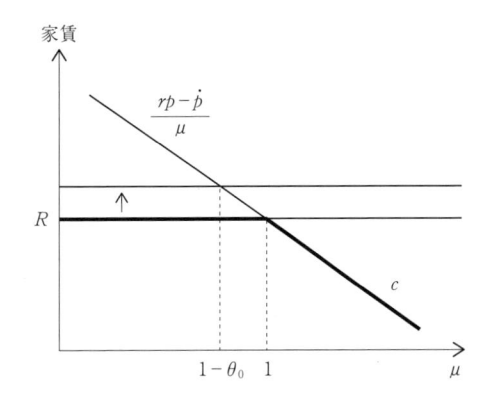

図 4.1　費用と μ の関係

に定義される。

$$c = \min\left[\frac{rp - \dot{p}}{\mu}, R\right] \qquad (4.2)$$

$rp - \dot{p}$ は住宅ストックを保有する費用で，機会費用としての利子費用からキャピタルゲイン率を引いた値である。住宅を保有して住宅サービスを自己生産するときの 1 単位あたりの費用は $(rp - \dot{p})/\mu$ である。つまり，μ が小さな値ほど自己生産による費用は上昇する。他方，賃貸市場から住宅サービスを購入する場合，その費用は住宅サービス 1 単位あたり R である。したがって，R が $(rp - \dot{p})/\mu$ を上回れば保有する住宅ストックから住宅サービスを自己生産し，逆に下回れば住宅サービスを賃貸市場に供給する（図 4.1 に (4.2) 式の関係が描かれている）。その際，持家で利用する場合とは異なり，住宅ストック 1 単位から住宅サービス 1 単位が賃貸市場に供給される。このような状況のもとで，c は住宅サービスの価格として機能する。(4.1) 式より，住宅サービスの生産関数は線形の形をしており，賃貸と自己生産の両方から住宅サービスを需要することはないと考えてよい。

　Weiss（1978）は，p.47 脚注 3 において，各世帯の効用最大化問題を次のように展開している。

$$\max_{(x,z)} \int_0^T e^{-\delta t}(\log x + \beta \log z)\,d\tau$$

で，制約条件は

$$\int_0^T e^{-r\tau}(x+cz)\,d\tau = \int_0^T e^{-r\tau}v\,d\tau \tag{4.3}$$

である。ここで，T：時間，δ：主観的割引率，β：住宅サービスの主観的な相対的評価，v：賃金率，r：利子率であり，ラグランジアン関数を以下のように定義する。

$$\mathcal{L} = \int_0^T \{e^{-\delta\tau}(\log x + \beta\log z) + \lambda e^{-r\tau}(v - x - cz)\}\,d\tau$$

最適化のための必要条件は，

$$x : \quad \frac{e^{-\delta\tau}}{x} - \lambda e^{-r\tau} = 0 \tag{4.4}$$

$$z : \quad \frac{\beta e^{-\delta\tau}}{z} - \lambda c e^{-r\tau} = 0 \tag{4.5}$$

$$\lambda : \quad \int_0^T e^{-r\tau}(v - x - cz)\,d\tau = 0$$

となる。ここで，$w_0 = \int_0^T e^{-r\tau}v\,d\tau$ と定義し，(4.4)，(4.5) 式を (4.3) 式に代入すると

$$w_0 = \int_0^T e^{-r\tau}\left(\frac{e^{(r-\delta)\tau}}{\lambda} + \frac{\beta e^{(r-\delta)\tau}}{\lambda}\right)d\tau$$

を満たす。これを λ について解くと

$$\lambda = \frac{1+\beta}{w_0}\int_0^T e^{-\delta\tau}d\tau$$

を得る。したがって，最適解は $y(\tau) = w_0 e^{(r-\delta)\tau}/\int_0^T e^{-\delta\tau}d\tau$ として

$$x^* = \frac{1}{1+\beta}\frac{w_0 e^{(r-\delta)\tau}}{\int_0^T e^{-\delta\tau}d\tau}, \quad \text{すなわち } x^* = \frac{1}{1+\beta}y(\tau)$$

$$z^* = \frac{\beta}{1+\beta}\frac{w_0 e^{(r-\delta)\tau}}{c\int_0^T e^{-\delta\tau}d\tau}, \quad \text{すなわち } z^* = \frac{\beta}{1+\beta}\frac{y(\tau)}{c}$$

となる。$\Omega = \beta/(1+\beta)$ とすると，住宅サービスに対する需要関数 $z = h(c, y)$[2]は，次のように書くことができる。

$$h(c, y) = \frac{\Omega y}{c}$$

ところで，μ が $R > (rp - \dot{p})/\mu$ を満たす世帯は自己生産によって住宅サービスを得ようとする。そのときの住宅サービスに対する需要量は，$(rp - \dot{p})/R \equiv q$ として，

$$h((rp - \dot{p})/\mu, y) = \frac{\Omega y}{(rp - \dot{p})/\mu} = \frac{\Omega y}{q} \frac{\mu}{R}$$

である。このとき，μ の値にかかわらず住宅ストックに対する需要量は $\Omega y/Rq$ であるから，所得 y に対する住宅ストック需要量の割合は Ω/Rq となり，住宅サービスを自己生産する世帯のあいだで等しくなる。

　μ と y は独立であると仮定し，同時確率密度関数を $f(\mu)g(y)$ とすると，住宅サービスの自己生産に用いられる世帯あたりの住宅ストック H_o^d は，

$$H_o^d = \int_q^\infty \int_0^\infty f(\mu)g(y) \frac{\Omega y}{Rq} dy d\mu = \frac{\Omega Y(1 - F(q))}{Rq} \tag{4.6}$$

となる。ここで Y は富の平均，$F(\mu)$ は μ の累積分布関数である。

　他方，賃貸による住宅サービスの供給量は世帯あたり $H - H_o^d$ である。また，賃貸による住宅サービスの世帯あたり需要関数は

$$\int_0^q \int_0^\infty f(\mu)g(y) \frac{\Omega y}{R} dy d\mu = \frac{\Omega Y F(q)}{R} \tag{4.7}$$

であるから，賃貸住宅サービス市場均衡は

$$H - H_o^d = \frac{\Omega Y F(q)}{R}$$

---

2) Weiss (1978) では $z = f(c, y)$ としているが，後出の μ の累積分布関数 $F(\mu)$ と区別するため，ここでは $z = h(c, y)$ とした。

図4.2 住宅ストック市場

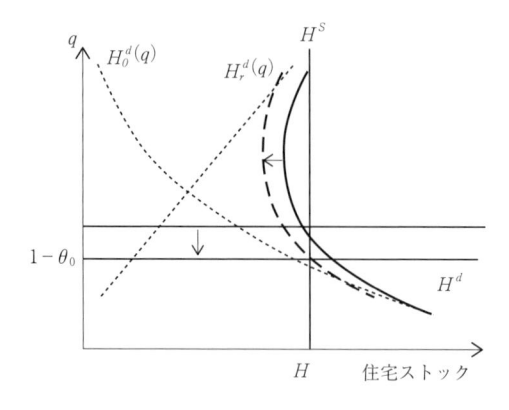

となる。

　住宅ストックに対する需要関数を H^d とすると, H^d は (4.6), (4.7) 式の合計であるから, 住宅市場均衡は $H = H^d$, すなわち

$$H = \frac{\Omega Y}{R}\left[F(q) + \frac{1-F(q)}{q}\right] \tag{4.8}$$

となる。

　住宅ストックに対する需要関数の傾きを見るために, (4.8) 式の右辺 H^d を q について微分すると以下のようになる。

$$\frac{\partial H^d}{\partial q} = \frac{\Omega Y}{R}\left[F'(q)\left(1-\frac{1}{q}\right) - \frac{1-F(q)}{q^2}\right]$$

2つの影響が見てとれる。1つは q の上昇（相対的に家賃が安くなる）によるテニュア選択への影響（括弧の中の第1項）, もう1つは q の上昇によって住宅サービスに対する需要量が減少し, それにともなって自己生産に必要な住宅ストックに対する需要量が減少する影響（括弧の中の第2項）である。変化前に $q \leq 1$ であれば, q の上昇は H^d に必ず負の影響がある。しかし, $q > 1$ の場合は符号を決めることはできない（図4.2に住宅ストックに対する需要曲線（太線）が描かれているが, 縦軸に q, 横軸に H をとっていることに注意を要する）。

　持家と賃貸が無差別になるときの相対価格 q は, 資産市場均衡から求め

ることができる。税制の影響を受けない場合，資産市場均衡の条件は

$$\frac{R}{p} + \frac{\dot{p}}{p} = r \tag{4.9}$$

である。左辺は住宅を保有したときの収益率で，右辺は金融資産の収益率である。q の定義より，

$$q = \frac{rp - \dot{p}}{R} = \frac{p}{R}\left[r - \frac{\dot{p}}{p}\right]$$

であるから，資産市場の均衡条件である（4.9）式を代入すると $q = 1$ となる。この場合，$\mu = 1$ の世帯にとっては賃貸住宅市場から住宅サービスを購入するのも，自己生産によって住宅サービスを消費するのも無差別になっている。

Weiss（1978）のモデルは，基本的に住宅市場均衡（4.8）式と資産市場均衡（4.9）式から，q を介して R と p が決定される。資産市場均衡によって q の値が決まり，家賃の変化によって住宅ストックに対する需要曲線が左右にシフトし，住宅ストック市場の需給がバランスして q の値が実現するように家賃が調整される。

(2) 税の影響

このモデルを応用して，税制が家賃，住宅価格，賃貸か自己生産かの世帯分布に及ぼす影響を分析することができる。そこで Weiss（1978）に倣いながら，税制の影響を考える。

(a) 所得に対して税がかかる場合

Weiss（1978）は，まず所得（帰属家賃とキャピタルゲインは含まれない）に対して θ_0 の税がかかる場合について分析している。このとき，相対価格としての q は，

$$q = \frac{r(1 - \theta_0)p - \dot{p}}{R}$$

となる。他方，資産市場均衡の条件は，家賃収入と利子所得に課税されるの

で，

$$\frac{R(1-\theta_0)}{p} + \frac{\dot{p}}{p} = r(1-\theta_0)$$

である。よって，均衡において

$$q = \frac{p}{R}\left[r(1-\theta_0) - \frac{\dot{p}}{p}\right] = 1-\theta_0$$

が成り立つ。税を課すことによって q は 1 から $1-\theta_0$ に下がる。あるいは，すでに課税されている状態から税率が上がると q は小さな値をとる。いずれにしても $q \leq 1$ であれば，q の減少は賃貸から持家へのシフトを促し，超過需要をもたらすので，家賃が上昇し住宅ストックに対する需要曲線を左方にシフトさせる（図 4.2 の太い破線）。均衡では図 4.1 と図 4.2 が整合的となるように家賃が調整される。資産市場均衡より，家賃は上昇するので，住宅価格も上昇する。

(b) キャピタルゲインにも税がかかる場合

次に，(a) の状態に加えて，住宅サービスを自己生産する住宅ストックに対するキャピタルゲインに θ_1，賃貸市場に供給する住宅ストックに対するキャピタルゲインに θ_2 の税がかかる場合について分析している。相対価格としての q は，

$$q = \frac{r(1-\theta_0)\,p - \dot{p}(1-\theta_1)}{R}$$

となる。他方，資産市場均衡の条件は

$$\frac{R(1-\theta_0)}{p} + \frac{\dot{p}(1-\theta_2)}{p} = r(1-\theta_0)$$

であるから，

$$q = (1-\theta_0)\frac{p}{R}\left[r - \frac{1-\theta_1}{1-\theta_0}\frac{\dot{p}}{p}\right] = (1-\theta_0)\left[\frac{r - (\dot{p}/p)\,(1-\theta_1)/(1-\theta_0)}{r - (\dot{p}/p)\,(1-\theta_2)/(1-\theta_0)}\right]$$

となる。持家保有に対するキャピタルゲイン税の税率が借家所有に対するそれよりも低いとき，つまり $\theta_1 < \theta_2$ のとき，q は 1 よりも小さくなるので持家によって自己生産する方が税法上魅力的となり，均衡家賃は上昇し，住宅価格も上昇する。もちろん，キャピキャピタルゲインに違いがなければ，（a）のケースと同じである。

（c）持家所有者が住宅ローン利子を所得税から控除できない場合

さらに Weiss（1978）は，賃貸者は住宅ローン利子を所得税から控除できるが，持家所有者は控除できない場合について言及している。この場合，

$$q = \frac{rp - \dot{p}}{R}$$

であるが，資産市場均衡の条件は

$$\frac{R(1-\theta_0)}{p} + \frac{\dot{p}}{p} = r(1-\theta_0)$$

となるので，均衡において

$$q = \frac{r - \dot{p}/p}{r - \dot{p}/p[1/1-\theta_0]} > 1$$

が成り立つ。つまり，$q \leq 1$ のとき，q の上昇は持家から借家へのシフトを促し，家賃は下落して住宅価格も下落する。

4.2 ライフサイクルとテニュア選択：Brueckner（1986）

（1） モデル

2期間モデルである。持家であっても賃貸であっても同等の住宅サービスを受けると仮定するので，住宅サービスから得られる効用は所与として扱う。したがって，消費者は住宅以外の消費財から得られる効用を最大にするように消費パターンを決定する。

(a) 借家の場合

まず賃貸の場合である。効用は第1期と第2期の住宅以外の消費から得られ，効用関数は強凹関数で2階微分可能とする。賃貸世帯の効用最大化問題は以下のようになる。

$$u\left(x_0^R\right) + \theta u\left(x_1^R\right)$$

制約条件は，

$$x_0^R = (1-\tau_0)\,y_0 - s^R - Q \tag{4.10}$$

$$x_1^R = (1-\tau_1)\,y_1 + (1+(1-\tau_1)\,r)\,s^R - Q \tag{4.11}$$

$$s^R \geq 0 \tag{4.12}$$

である。ここで，y_0, y_1：第1期と第2期の所得，x_0^R, x_1^R：第1期と第2期の住宅以外の消費，s^R：貯蓄，Q：家賃，r：利子率，τ_0, τ_1：第1期と第2期の所得税率，θ：時間選好率である。

（4.11）式に（4.10）式を代入して整理すると

$$(1+(1-\tau_1)\,r)\,x_0^R + x_1^R$$
$$= (1-\tau_0)\,(1+(1-\tau_1)\,r)\,y_0 + (1-\tau_1)\,y_1 - (2+(1-\tau_1)\,r)\,Q$$

が得られる。しかし，（4.12）式より将来の所得を見越して借入することはできない。

$$s^R = (1-\tau_0)\,y_0 - x_0^R - Q \geq 0 \tag{4.13}$$

λ をラグランジュ乗数として，ラグランジアン関数を次のように定義する。

$$\mathscr{L} = u\left(x_0^R\right) + \theta u\left(x_1^R\right) + \lambda\left(M - (2+(1-\tau_1)\,r)\,Q - (1+(1-\tau_1)\,r)\,x_0^R - x_1^R\right)$$

ここで，$M = (1-\tau_0)\,(1+(1-\tau_1)\,r)\,y_0 + (1-\tau_1)\,y_1$ である。効用を最大化するための必要条件は，

$$x_0^R: \quad u'\left(x_0^R\right) - \lambda\left(1+(1-\tau_1)\,r\right) = 0 \tag{4.14}$$

$$x_1^R: \quad \theta u'\left(x_1^R\right) - \lambda = 0 \tag{4.15}$$

$$\lambda: \quad M - (2+(1-\tau_1)\,r)\,Q - (1+(1-\tau_1)\,r)\,x_0^R - x_1^R = 0 \tag{4.16}$$

であり，縁付きヘッセ行列は

$$D = \begin{pmatrix} u_0^{R''} & 0 & -(1+(1-\tau_1)\,r) \\ 0 & \theta u_1^{R''} & -1 \\ -(1+(1-\tau_1)\,r) & -1 & 0 \end{pmatrix}$$

で，最適化のための2階の十分条件は $|D| > 0$ である。なるほど，

$$|D| = -(1+(1-\tau_1)\,r)^2 \theta u_1^{R''} - u_0^{R''} > 0$$

が成り立つ。

（4.14）〜（4.16）式を満たす内点解を x_0^{R*}, x_1^{R*}, λ^* とする。これらを（4.14）〜（4.16）式に代入して θ, y_0, y_1 で微分すると以下のようになる。

$$\begin{pmatrix} u_0^{R''} & 0 & -(1+(1-\tau_1)\,r) \\ 0 & \theta u_1^{R''} & -1 \\ -(1+(1-\tau_1)\,r) & -1 & 0 \end{pmatrix} \begin{pmatrix} \partial x_0^{R*}/\partial\theta \\ \partial x_1^{R*}/\partial\theta \\ \partial\lambda^*/\partial\theta \end{pmatrix} = \begin{pmatrix} 0 \\ -u_1^{R'} \\ 0 \end{pmatrix}$$

$$\begin{pmatrix} u_0^{R''} & 0 & -(1+(1-\tau_1)\,r) \\ 0 & \theta u_1^{R''} & -1 \\ -(1+(1-\tau_1)\,r) & -1 & 0 \end{pmatrix} \begin{pmatrix} \partial x_0^{R*}/\partial y_0 \\ \partial x_1^{R*}/\partial y_0 \\ \partial\lambda^*/\partial y_0 \end{pmatrix}$$

$$= \begin{pmatrix} 0 \\ 0 \\ -(1-\tau_0)\,(1+(1-\tau_1)\,r) \end{pmatrix}$$

$$\begin{pmatrix} u_0^{R''} & 0 & -(1+(1-\tau_1)\,r) \\ 0 & \theta u_1^{R''} & -1 \\ -(1+(1-\tau_1)\,r) & -1 & 0 \end{pmatrix} \begin{pmatrix} \partial x_0^{R*}/\partial y_1 \\ \partial x_1^{R*}/\partial y_1 \\ \partial\lambda^*/\partial y_1 \end{pmatrix}$$

$$= \begin{pmatrix} 0 \\ -u_1^{R'} \\ -(1-\tau_1) \end{pmatrix}$$

θ, y_0, y_1 が x_0^{R*} に及ぼす影響について解くと

$$\frac{\partial x_0^{R*}}{\partial\theta} = \frac{1}{|D|} \begin{vmatrix} 0 & 0 & -(1+(1-\tau_1)\,r) \\ -u_1^{R'} & \theta u_1^{R''} & -1 \\ 0 & -1 & 0 \end{vmatrix}$$

$$= -\frac{((1+(1-\tau_1)\,r))\,u_1^{R'}}{|D|} < 0$$

$$\frac{\partial x_0^{R*}}{\partial y_0} = \frac{1}{|D|} \begin{vmatrix} 0 & 0 & -(1+(1-\tau_1)r) \\ 0 & \theta u_1^{R''} & -1 \\ -(1-\tau_0)(1+(1-\tau_1)r) & -1 & 0 \end{vmatrix}$$

$$= -\frac{(1-\tau_0)(1+(1-\tau_1)r)^2 \theta u_1^{R''}}{|D|} > 0$$

$$\frac{\partial x_0^{R*}}{\partial y_1} = \frac{1}{|D|} \begin{vmatrix} 0 & 0 & -(1+(1-\tau_1)r) \\ -u_1^{R'} & -u_1^{R'} & -1 \\ -(1-\tau_1) & 0 & 0 \end{vmatrix}$$

$$= \frac{(1-\tau_1)(1+(1-\tau_1)r) u_1^{R'}}{|D|} > 0$$

となる。ところで，最適化されているときの貯蓄 s^{R*} は，（4.13）式より

$$s^{R*} = (1-\tau_0) y_0 - x_0^{R*} - Q$$

であるから，

$$\frac{\partial s^{R*}}{\partial \theta} = -\frac{\partial x_0^{R*}}{\partial \theta} > 0$$

$$\frac{\partial s^{R*}}{\partial y_0} = (1-\tau_0) - \frac{\partial x_0^{R*}}{\partial y_0} = (1-\tau_0) + \frac{(1-\tau_0)(1+(1-\tau_1)r)^2 \theta u_1^{R''}}{|D|}$$

$$= -\frac{(1-\tau_0) u_0^{R''}}{|D|} > 0$$

$$\frac{\partial s^{R*}}{\partial y_1} = -\frac{\partial x_0^{R*}}{\partial y_1} < 0$$

となる。θ と y_0 は大きい値ほど，また y_1 は小さい値ほど，預金は増大する。

（b）持家の場合

次に，持家世帯の効用最大化問題は以下のようになる。

$$u(x_0^H) + \theta u(x_1^H)$$

制約条件は

$$x_0^H = (1-\tau_0) y_0 - s^H - Q \tag{4.17}$$

$$x_1^H = (1-\tau_1) y_1 + (1+(1-\tau_1)r) s^H - (1-\tau_1) Q \tag{4.18}$$

$$s^H \geq \alpha P \qquad (4.19)$$

である。(4.17), (4.18) 式について補足しておく。所得は各期の期首に受け取り, 住宅以外の消費, 家賃また頭金の支払いも期首に行われる。しかし, 住宅ローン利子返済や住宅ローン元金の返済は期末に行われる。第1期は賃貸住宅に居住し, 第2期の住宅購入に向けて頭金 αP 以上の貯蓄を行う。預金については利子所得が発生するが, 預金金利とローン金利は同じとする。簡単化のために第2期期首に頭金 αP を払って住宅ローン $(1-\alpha)P$ を組み, 期末に利子に加えて住宅ローン元金を返済する。住宅の価格は変化しないものとする。よって第2期の住宅以外の消費は

$$
\begin{aligned}
x_1^H &= (1-\tau_1)\left(y_1 + r\left[(s^H - \alpha P) - (1-\alpha)P\right]\right) + (s^H - \alpha P) + \alpha P \\
&= (1-\tau_1)\,y_1 + (1 + (1-\tau_1)\,r)\,s^H - (1-\tau_1)\,Q
\end{aligned}
$$

となる。

ところで住宅価格を P とすると, 家賃と住宅価格のあいだには $Q = rP$ となることを確認しておく。

$$
\begin{aligned}
\alpha P = {}& \frac{(1-t)\,(Q - r\,(1-\alpha)\,P)}{1 + (1-t)\,r} + \frac{(1-t)\,(Q - r\,(1-\alpha)\,P)}{(1 + (1-t)\,r)^2} \\
&+ \frac{P - (1-\alpha)\,P}{(1 + (1-t)\,r)^2}
\end{aligned}
$$

左辺は頭金で投資額である。右辺は住宅からの収益である。左辺第1項, 第2項は家賃から住宅ローン金利を引いた純収益の現在価値である。第3項は売却時における住宅ローン元金返済後の純収益の現在価値である。なお, 所得に対しては所得税の対象となり, t を所得税率とする。辺々に $(1 + (1-t)\,r)^2$ をかけると,

$$
\begin{aligned}
\alpha P\,(1 + (1-t)\,r)^2 = {}& (1-t)\,(Q - r\,(1-\alpha)\,P)\,(1 + (1-t)\,r) \\
&+ (1-t)\,(Q - r\,(1-\alpha)\,P) + \alpha P
\end{aligned}
$$

となり, これを整理すると,

$$
\begin{aligned}
\alpha P\,(1 + (1-t)\,r)^2 &= (1-t)\,(Q - r\,(1-\alpha)\,P)\,(2 + (1-t)\,r) + \alpha P \\
r\alpha P\,(2 + (1-t)\,r) &= (Q - r\,(1-\alpha)\,P)\,(2 + (1-t)\,r)
\end{aligned}
$$

$$raP = Q - r(1-\alpha)P$$
$$Q = rP$$

となる。

(2)　テニュア選択

　住宅を保有する場合の予算制約と流動性制約は，(4.17)，(4.18)，(4.19)式より，

$$(1+(1-\tau_1)r)x_0^H + x_1^H$$
$$= (1-\tau_0)(1+(1-\tau_1)r)y_0 + (1-\tau_1)y_1 - (2+(1-\tau_1)r-\tau_1)Q$$
$$(1-\tau_0)y_0 - x_0^H - Q \geq \alpha P \tag{4.20}$$

また住宅を賃貸する場合は，(4.10)，(4.11)，(4.12) 式より，

$$(1+(1-\tau_1)r)x_0^R + x_1^R$$
$$= (1-\tau_0)(1+(1-\tau_1)r)y_0 + (1-\tau_1)y_1 - (2+(1-\tau_1)r)Q$$
$$(1-\tau_0)y_0 - x_0^R - Q \geq 0 \tag{4.21}$$

であることを見た。(4.20)，(4.21) 式より，持家世帯と賃貸世帯の予算制約を図示すると図 4.3 のようになる。いずれの予算制約線の傾きも $1+(1-\tau_1)r$ で，賃貸世帯の予算制約線は持家世帯の予算制約線を下方に $\tau_1 Q$ だけシフトさせたものである。

(a) $s^{R*} \geq \alpha P$ のとき

　この場合，図 4.3 から明らかなように，持家を選択する。すでに見たように，θ と y_0 は大きい値ほど，また y_1 は小さい値ほど預金は増大する。

(b) $s^{R*} < \alpha P$ のとき

　賃貸を選択する場合でも流動性制約が拘束力をもたないことを前提に話を進める。言い換えれば，$x^{0*} < (1-\tau_0)y_0 - Q$ を仮定する。図 4.4 に示されているように，2 つのケースがあり得る。1 つは無差別曲線が実線のようなケースで，この場合は賃貸住宅が選択される。もう 1 つは無差別曲線が破線のようなケースで，この場合は持家が選択される。賃貸を選択する場合は

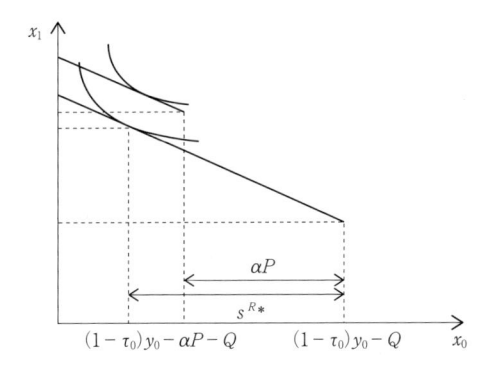

図 4.3　持家の選択

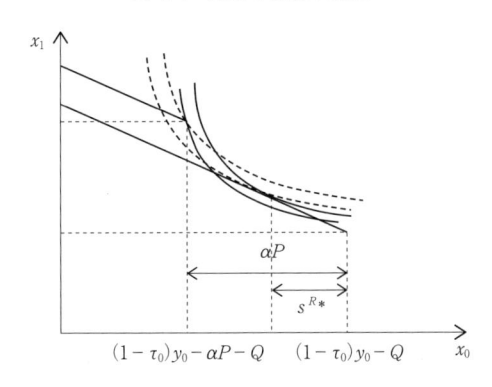

図 4.4　持家と借家の選択

x_0^{R*} と x_1^{R*} は無差別曲線と予算制約線が互いに接するところで決まる。

　消費者の属性パラメータ $\{\theta, y_0, y_1\}$ と政策パラメータ $\{\alpha, \tau_0, \tau_1\}$ の変化によって，持家と賃貸のどちらに有利に働くか分析するために，持家を選択したときの効用と賃貸を選択したときの効用の差 Ω を，属性パラメータと政策パラメータの関数として

$$\Omega(\theta, y_0, y_1, \alpha, \tau_0, \tau_1) = u(x_0^{H*}) + \theta u(x_1^{H*}) - u(x_0^{R*}) - \theta u(x_1^{R*}) \quad (4.22)$$

とする。ここで，持家を選択する場合は流動性制約が拘束力をもつので，

$$x_0^{H*} = (1-\tau_0)\, y_0 - \alpha P - Q$$
$$x_1^{H*} = (1-\tau_1)\, y_1 + (1+(1-\tau_1)\, r)\, \alpha P - (1-\tau_1)\, Q$$

であり，また $x_1^{H*} > x_1^{R*}$，$x_0^{H*} < x_0^{R*}$ である。また，賃貸の場合の間接効用関数をラグランジアン関数を用いて書くと，（4.22）式は

$$\Omega(\theta, y_0, y_1, \alpha, \tau_0, \tau_1) = u(x_0^{H*}) + \theta u(x_1^{H*}) - \{u(x_0^{R*}) + \theta u(x_1^{R*})$$
$$+ \lambda(M - (2+(1-\tau_1)\, r)\, Q - (1+(1-\tau_1)\, r)\, x_0^{R*} - x_1^{R*})\}$$

となる。ここで，$M = (1-\tau_0)\,(1+(1-\tau_1)\, r)\, y_0 + (1-\tau_1)\, y_1$ である。

まず，消費者の属性パラメータで $\Omega(\theta, y_0, y_1, \alpha, \tau_0, \tau_1)$ を微分すると，賃貸の場合の最適化のための必要条件を使って，

$$\frac{\partial \Omega}{\partial \theta} = u(x_1^{H*}) - u(x_1^{R*}) > 0 \tag{4.23}$$

$$\frac{\partial \Omega}{\partial y_0} = (1-\tau_0)\, u'(x_0^{H*}) - \lambda^*(1-\tau_0)\,(1+(1-\tau_1)\, r)$$
$$= (1-\tau_0)\, u'(x_0^{H*}) - (1-\tau_0)\, u'(x_0^{R*})$$
$$= (1-\tau_0)\, [u'(x_0^{H*}) - u'(x_0^{R*})] > 0 \tag{4.24}$$

$$\frac{\partial \Omega}{\partial y_1} = \theta(1-\tau_1)\, u'(x_1^{H*}) - \lambda^*(1-\tau_1)$$
$$= \theta(1-\tau_1)\, u'(x_1^{H*}) - \theta u'(x_1^{R*})\,(1-\tau_1)$$
$$= \theta(1-\tau_1)\, [u'(x_1^{H*}) - u'(x_1^{R*})] < 0 \tag{4.25}$$

となる。（4.23）式の意味するところは，y_0 と y_1 を所与としたとき，θ の値が大きいほど持家が有利になる。同じように，（4.24），（4.25）式より，y_0 の値が大きいほど，また y_1 の値が小さいほど，持家が有利となる。

さらに政策パラメータで Ω を微分すると，

$$\frac{\partial \Omega}{\partial \alpha} = P[-u'(x_0^{H*}) + (1+(1-\tau_1)\, r)\, u'(x_1^{H*})] < 0 \tag{4.26}$$

$$\frac{\partial \Omega}{\partial \tau_0} = -y_0 u'(x_0^{H*}) - \lambda\{-(1+(1-\tau_1)\, r)\, y_0\}$$
$$= -(u'(x_0^{H*}) - u'(x_0^{R*}))\, y_0 < 0 \tag{4.27}$$

$$\frac{\partial \Omega}{\partial \tau_1} = -\theta(y_1 + r\alpha P - Q)\, u'(x_1^{H*}) - \lambda\{-((1-\tau_0)\, y_0 - Q - x_0^{R*})\, r - y_1\}$$

$$\begin{aligned}
&= -\theta\left(y_1 + rs^H - Q\right) u'\left(x_1^{H*}\right) \\
&\quad + \theta u'\left(x_1^{R*}\right)\left\{\left((1-\tau_0)\,y_0 - Q - x_0^{R*}\right) r + y_1\right\} \\
&= -\theta\left[\left(y_1 + rs^H - Q\right) u'\left(x_1^{H*}\right) - \left(y_1 + rs^R\right) u'\left(x_1^{R*}\right)\right] > 0 \quad\quad (4.28)
\end{aligned}$$

となる。なお，Brueckner（1986）で述べられているように，最後の不等式が成立するのは，持家世帯は頭金制約があるので，$rs^H - Q = r\alpha P - Q = \alpha Q - Q < 0$ で，他方，賃貸世帯は $rs^R \geq 0$ であるから，$u'\left(x_1^{H*}\right)$ の係数の方が $u'\left(x_1^{R*}\right)$ の係数よりも小さい。$x_1^{H*} > x_1^{R*}$ であることを考慮すると不等式が成り立つ。

　図 4.5 は持家と借家がちょうど無差別となるような状況が描かれている。このときの消費を $\bar{x}_0^H,\ \bar{x}_1^H,\ \bar{x}_0^R,\ \bar{x}_1^R$ とする。すると，

$$\Omega = u\left(\bar{x}_0^H\right) + \theta u\left(\bar{x}_1^H\right) - u\left(\bar{x}_0^R\right) - \theta u\left(\bar{x}_1^R\right) = 0 \quad\quad (4.29)$$

が成立している。ここで，先と同様に，

$$\begin{aligned}
\bar{x}_0^H &= (1-\tau_0)\,y_0 - \alpha P - Q \\
\bar{x}_1^H &= (1-\tau_1)\,y_1 + (1 + (1-\tau_1)\,r)\,\alpha P - (1-\tau_1)\,Q
\end{aligned}$$

である。$\Omega = 0$ となるような属性パラメータ $\{\bar{\theta}, \bar{y}_0, \bar{y}_1\}$ は政策パラメータ $\{\alpha, \tau_0, \tau_1\}$ の関数となっており，それぞれ $\bar{\theta}(\alpha, \tau_0, \tau_1),\ \bar{y}_0(\alpha, \tau_0, \tau_1),$ $\bar{y}_1(\alpha, \tau_0, \tau_1)$ とする。これを（4.29）式に代入すると

$$\Omega\left(\bar{\theta}(\alpha, \tau_0, \tau_1), \bar{y}_0(\alpha, \tau_0, \tau_1), \bar{y}_1(\alpha, \tau_0, \tau_1); \alpha, \tau_0, \tau_1\right) \equiv 0 \quad\quad (4.30)$$

となる。（4.30）式を政策パラメータ α で微分すると，

$$\frac{\partial \Omega}{\partial \theta}\frac{\partial \bar{\theta}}{\partial \alpha} + \frac{\partial \Omega}{\partial \alpha} = 0$$

となり，よって，（4.23），（4.26）式より，

$$\frac{\partial \bar{\theta}}{\partial \alpha} = -\frac{\partial \Omega / \partial \alpha}{\partial \Omega / \partial \theta} > 0$$

を得る。同様に，

図 4.5 持家と借家が無差別の状態

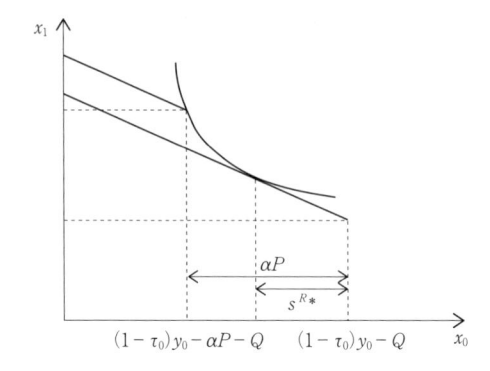

$$\frac{\partial \tilde{y}_0}{\partial \alpha} = -\frac{\partial \Omega/\partial \alpha}{\partial \Omega/\partial y_0} > 0, \ \ \frac{\partial \tilde{y}_1}{\partial \alpha} = -\frac{\partial \Omega/\partial \alpha}{\partial \Omega/\partial y_1} < 0$$

を得る。α の上昇は持家に不利に働く。

　次に τ_0 の影響を見よう。(4.30) 式を政策パラメータ τ_0 で微分して整理すると，(4.23)，(4.27) 式より，

$$\frac{\partial \hat{\theta}}{\partial \tau_0} = -\frac{\partial \Omega/\partial \tau_0}{\partial \Omega/\partial \theta} > 0$$

となり，同様にして以下の結果が得られ，τ_0 の上昇も持家に不利に働くことがわかる。

$$\frac{\partial \tilde{y}_0}{\partial \tau_0} = -\frac{\partial \Omega/\partial \tau_0}{\partial \Omega/\partial y_0} > 0, \ \ \frac{\partial \tilde{y}_1}{\partial \tau_0} = -\frac{\partial \Omega/\partial \tau_0}{\partial \Omega/\partial y_1} < 0$$

　最後に τ_1 の影響を見よう。(4.30) 式を政策パラメータ τ_1 で微分して整理すると，(4.23)，(4.28) 式より，

$$\frac{\partial \hat{\theta}}{\partial \tau_1} = -\frac{\partial \Omega/\partial \tau_1}{\partial \Omega/\partial \theta} < 0$$

となり，同様にして以下の結果が得られ，τ_1 の上昇は持家に有利に働く。

$$\frac{\partial \bar{y}_0}{\partial \tau_1} = -\frac{\partial \Omega / \partial \tau_1}{\partial \Omega / \partial y_0} < 0, \quad \frac{\partial \bar{y}_1}{\partial \tau_1} = -\frac{\partial \Omega / \partial \tau_1}{\partial \Omega / \partial y_1} > 0$$

4.3　住宅投資とテニュア選択：Henderson and Ioannides（1983）

　賃貸住宅は外部性をもたらすと言われる。どういうことだろうか。一般に外部性とは，ある経済主体のとった行動が市場を通さずに他の経済主体の福祉に影響を及ぼすことを言う。これに即して言えば，賃貸住宅がもたらす外部性とは次のように説明することができる。持家の場合，多くの所有者は自ら住宅サービスを得るだけではなく資産として保有している。したがって，資産価値が下がらないように住宅ストックの利用に見合った費用をカバーするだろう。それに対して賃貸住宅の場合，住宅サービスを得るだけで資産として保有しているわけではないので，賃借人がカバーする費用は住宅ストック保有者が必要とする費用よりも少なくなる。

　Henderson and Ioannides（1983）は，その前半で，こうした賃貸住宅がもたらす外部性の問題を見事にモデル化している。住宅市場均衡により導かれた住宅価格を所与とするとき，持家と賃貸住宅どちらが魅力的であるかを考える。住宅サービスが住宅ストックから供給されるのはこれまでのモデルと同じである。

4.3.1　賃貸住宅がもたらす外部性：
　　　　Henderson and Ioannides（1983）前半部分

(1)　モデル

　住宅ストック量を h_c，その利用率を u として，住宅ストックから得られる住宅サービスを

$$h = h_c f(u)$$

と定義する。ここで，$f' > 0$, $f'' < 0$ を仮定する（$f(u)$ の凹性を意味する）。住宅ストック１単位に対して利用率を高めるほど住宅サービス量は増加する一方，その増加幅は減少することを意味する。

他方，住宅ストックの利用率を高めていくほど，住宅ストックを利用することにともなう費用は増加する。その住宅ストック1単位あたりの費用を$T(u)$とすると，総費用は$h_c T(u)$である。ここで，$T' > 0$，$T'' > 0$を仮定する（$T(u)$の凸性を意味する）。利用率が高いほど費用は増加するが，その増え方は逓増する。しかし，その住宅ストックを資産保有者ではなく賃貸にした場合，同じストック量に対して回収できる費用は持家の場合よりも過少になってしまう。そのときの住宅ストック1単位あたりの費用を$\tau(u)$とすると，総費用は$h_c \tau(u)$となる。ここで$\tau' > 0$，$\tau'' > 0$を仮定する（$\tau(u)$の凸性を意味する）。利用率が高いほど費用は増加するが，その増え方は逓増するという仮定は持家の場合と同じである。ただし，

$$\tau(u) < T(u),\ \tau'(u) < T'(u)$$

を仮定する。つまり住宅ストックを利用すると，住宅ストック1単位の利用をカバーする費用は賃貸住宅の方が持家に比べて少なく，利用率を上げたときの限界費用も持家の方が大きい。

（a）持家の場合

　持家世帯は，基準財としての住宅以外の消費財と住宅ストックから得られる住宅サービスから効用を得，さらに次の期の総資産から効用を得る。いずれの効用関数も望ましい仮定を有するものとする。

$$U(x, f(u) h_c) + V(w) \tag{4.31}$$

制約条件は，

$$y_1 = x + Ph_c + S \tag{4.32}$$
$$w = y_2 + S(1+r) + Ph_c - T(u) h_c \tag{4.33}$$

である。ここで，y_1：第1期期首に発生する所得，y_2：第2期期首に発生する所得，x：第1期の住宅以外の消費財（基準財），h_c：購入された住宅ストック，S：貯金，r：市場実質利子率，P：住宅ストック1単位あたり市場価格（期間内は一定とする），w：第2期期首の総資産である。

　（4.32)，(4.33）式を（4.31）式に代入すると，

$$U(x, f(u) h_c) + V(y_2 + (y_1 - x - Ph_c)(1+r) + Ph_c - T(u) h_c)$$

となり，持家世帯はこの効用が最大になるように $\{x^*, h_c^*, S^*, u^*\}$ を決める。最適化の条件は以下のとおりである。

$$x: \quad U_1 - (1+r) V' = 0 \tag{4.34}$$

$$h_c: \quad f(u) U_2 - (rP + T(u)) V' = 0 \tag{4.35}$$

$$u: \quad f'(u) U_2 - T'(u) V' = 0 \tag{4.36}$$

(4.34)，(4.35) 式より，

$$\frac{f(u^*) U_2(x^*, f(u^*) h_c)}{U_1(x^*, f(u^*) h_c)} = \frac{rP + T(u^*)}{1+r} \tag{4.37}$$

となり，(4.35)，(4.36) 式より，

$$\frac{f'(u^*) (rP + T(u^*))}{f(u^*)} = T'(u^*) \tag{4.38}$$

を得る。持家の利用率 u は，x，h_c，S とは独立に (4.38) 式だけで求まる。(4.37) 式は住宅ストック 1 単位を購入して利用するときの限界便益が，住宅ストック 1 単位を購入する限界費用，つまり機会費用としての利子費用と利用にともなう費用（いずれも現在価値で評価）の総和に等しいことを意味する。

(b) 賃貸住宅の場合

次に，賃貸住宅の場合である。賃貸の場合の最適化問題は，

$$U(x, f(u) h_c) + V(w) \tag{4.39}$$

で，制約条件は，

$$y_1 = x + Rh_c + S \tag{4.40}$$

$$w = y_2 + S(1+r) - \tau(u) h_c \tag{4.41}$$

である。ここで，R は住宅サービスの 1 単位あたり家賃で，(4.40)，(4.41) 式を (4.39) 式に代入すると

$$U(x, f(u)h_c) + V(wy_2 + (y_1 - x - Rh_c)(1+r) - \tau(u)h_c)$$

となり，賃貸世帯は効用が最大となるように $\{\tilde{x}, \tilde{h}_c, \tilde{S}, \tilde{u}\}$ を選択する。最適化のための条件は以下のとおりである。

$$x: \quad U_1 - (1+r)V' = 0 \tag{4.42}$$

$$h_c: \quad f(u)U_2 - (R(1+r) + \tau(u))V' = 0 \tag{4.43}$$

$$u: \quad f'(u)U_2 - \tau'(u)V' = 0 \tag{4.44}$$

(4.42)，(4.43) 式より，

$$\frac{f(\tilde{u})U_2(\tilde{x}, f(\tilde{u})\tilde{h}_c)}{U_1(\tilde{x}, f(\tilde{u})\tilde{h}_c)} = \frac{R(1+r) + \tau(\tilde{u})}{1+r} \tag{4.45}$$

となり，(4.43)，(4.44) 式より，

$$\frac{f'(\tilde{u})}{f(\tilde{u})}(R(1+r) + \tau(\tilde{u})) = \tau'(\tilde{u}) \tag{4.46}$$

を得る。賃貸住宅の利用率 u も，x, h_c, S とは独立に (4.46) 式だけで求まる。(4.45) 式は住宅ストック 1 単位を賃貸して利用するときの限界便益が，住宅ストック 1 単位を賃貸する限界費用，つまり家賃と利用にともなう費用（いずれも現在価値で評価）の総和に等しいことを意味する。

　市場均衡において賃貸住宅を保有する人が存在するためには，住宅を保有することによる機会費用としての利子費用が，住宅保有による収益に等しくなければならない。持家と賃貸住宅とのあいだで無差別となるように賃借人によって $\bar{u}$ が決定されるとすれば，(4.37)，(4.45) 式より，

$$\frac{rP + T(\bar{u})}{1+r} = \frac{R(1+r) + \tau(\bar{u})}{1+r} \tag{4.47}$$

が成立し，この関係を書き直すと次のようになる。

$$\frac{rP}{1+r} = R - \frac{T(\bar{u}) - \tau(\bar{u})}{1+r}$$

左辺は住宅保有にともなう機会費用としての利子費用で，右辺は住宅保有か

図 4.6　外部性による影響

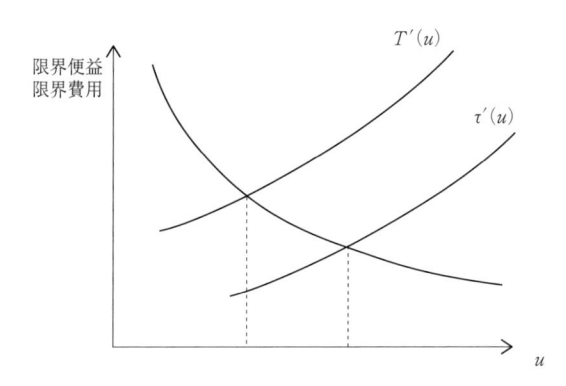

らの収益で家賃から外部費用を除いたものである。賃借人は真のコストを払おうとしない分，それを埋め合わせるために高い契約家賃を払う。

　市場均衡において（4.47）式が成り立っていれば，（4.37），（4.45）式より，持家も賃貸住宅も左辺は共通の限界便益となり，図 4.6 にあるように利用率に対して右下がりの曲線として描かれる。一方，持家の限界費用は $T'(u)$，また賃貸の限界費用は $\tau'(u)$ であるから，いずれも利用率に対して右上がりの曲線で，仮定より $T'(u)$ の方が上方に位置する。したがって，明らかに賃貸住宅の利用率の方が持家よりも高くなる。賃貸住宅の利用率が持家よりも高くなるのは，賃貸住宅の場合，賃借人はその利用に見合った費用をカバーしないという外部性の結果なのである。

(2)　効用の比較

　次に Henderson and Ioannides（1983）は，テイラー展開を使って持家世帯の方が賃貸世帯よりも効用が高くなることを示している。賃貸世帯の間接効用関数は，

$$\tilde{v} = U(\tilde{x}, f(\tilde{u})\,\tilde{h}_c) + V(y_2 + (y_1 - \tilde{x} - R\tilde{h}_c)(1+r) - \tau(\tilde{u})\,\tilde{h}_c)$$

である。持家の場合の間接効用関数を v^* とすると，v^* のまわりのテイラー展開により，

$$\tilde{v} - v^* = U_1^*(\tilde{x} - x^*) + U_2^*(\tilde{h}_c f(\tilde{u}) - h_c^* f(u^*)) + V^{*\prime}(\tilde{w} - w^*) + G$$

を得る。なお，間接効用関数の強準凹性から G は負である。両辺を U_1^* で除して整理すると，

$$\frac{\tilde{v}-v^*}{U_1^*}-(\tilde{x}-x^*)-\frac{U_2^*}{U_1^*}(\tilde{h}_c f(\tilde{u})-h_c^* f(u^*))-\frac{V^{*\prime}}{U_1^*}(\tilde{w}-w^*)$$
$$=\frac{G}{U_1^*}<0 \tag{4.48}$$

となる。(4.34) 式より

$$\frac{V^{*\prime}}{U_1^*}=\frac{1}{1+r}$$

であり，(4.37) 式より

$$\frac{U_2^*}{U_1^*}=\frac{rP+T(u^*)}{(1+r)f(u^*)}$$

であるから，これらを (4.48) 式に代入して

$$\frac{\tilde{v}-v^*}{U_1^*}-(\tilde{x}-x^*)-\frac{rP+T(u^*)}{(1+r)f(u^*)}(\tilde{h}_c f(\tilde{u})-h_c^* f(u^*))$$
$$-\frac{1}{1+r}(\tilde{w}-w^*)=\frac{G}{U_1^*}<0 \tag{4.49}$$

を得る。ところで，(4.33)，(4.41) 式より，以下の関係を満たしているので，

$$w^*-y_2-(y_1-x^*-Ph_c^*)(1+r)-Ph_c^*+T(u^*)h_c^*=0$$
$$\tilde{w}-y_2-(y_1-\tilde{x}-R\tilde{h}_c)(1+r)+\tau(\tilde{u})\tilde{h}_c=0$$

辺々を引くことにより

$$(\tilde{w}-w^*)+(1+r)(\tilde{x}-x^*)+((1+r)R\tilde{h}_c-rPh_c^*)$$
$$+(\tau(\tilde{u})\tilde{h}_c-T(u^*)h_c^*)=0$$

となり，両辺を $1+r$ で除して

$$\frac{\tilde{w}-w^*}{1+r}+(\tilde{x}-x^*)+\left(R\tilde{h}_c-\frac{rPh_c^*}{1+r}\right)+\frac{\tau(\tilde{u})\,\tilde{h}_c-T(u^*)\,h_c^*}{1+r}=0$$

を得るが，これを整理して

$$\frac{\tilde{w}-w^*}{1+r}+(\tilde{x}-x^*)+\left(R+\frac{\tau(\tilde{u})}{1+r}\right)\tilde{h}_c-\frac{rP+T(u^*)}{1+r}h_c^*=0$$

となる。この関係を用いると（4.49）式は次のように書くことができる。

$$\frac{\tilde{v}-v^*}{U_1^*}-\frac{rP+T(u^*)}{(1+r)f(u^*)}\left(\tilde{h}_cf(\tilde{u})-h_c^*f(u^*)\right)+\left(R+\frac{\tau(\tilde{u})}{1+r}\right)\tilde{h}_c$$
$$-\frac{rP+T(u^*)}{1+r}h_c^*=\frac{G}{U_1^*}<0$$

さらに整理し続けると，

$$\frac{\tilde{v}-v^*}{U_1^*}-\frac{rP+T(u^*)}{(1+r)f(u^*)}\tilde{h}_cf(\tilde{u})+\left(R+\frac{\tau(\tilde{u})}{1+r}\right)\tilde{h}_c=\frac{G}{U_1^*}<0$$

$$\frac{\tilde{v}-v^*}{U_1^*}-\left\{\left(\frac{rPf(\tilde{u})}{(1+r)f(u^*)}-R\right)+\left(\frac{T(u^*)f(\tilde{u})}{(1+r)f(u^*)}-\frac{\tau(\tilde{u})}{1+r}\right)\right\}\tilde{h}_c=\frac{G}{U_1^*}<0$$

$$\frac{\tilde{v}-v^*}{U_1^*}-\left\{\left(\frac{rP}{(1+r)}+\frac{T(u^*)}{(1+r)}\right)\frac{f(\tilde{u})}{f(u^*)}-\left(R+\frac{\tau(\tilde{u})}{1+r}\right)\right\}\tilde{h}_c=\frac{G}{U_1^*}<0$$

$$\frac{\tilde{v}-v^*}{U_1^*}-\left\{(rP+T(u^*))\frac{f(\tilde{u})}{f(u^*)}-(rP+T(\tilde{u}))\right\}\frac{\tilde{h}_c}{1+r}=\frac{G}{U_1^*}<0 \quad (4.50)$$

となる。ここで，$f(\tilde{u})$，$T(\tilde{u})$ をテイラー展開して

$$f(\tilde{u})-f(u^*)=f'(u^*)(\tilde{u}-u^*)+\delta \quad (f\text{ の強凹性の仮定により }\delta<0)$$
$$T(\tilde{u})-T(u^*)=T'(u^*)(\tilde{u}-u^*)+d \quad (T\text{ の強凸性の仮定により }d>0)$$

を得るが，これらを（4.50）式に代入すると

$$\frac{\tilde{v}-v^*}{U_1^*}-\left\{(rP+T(u^*))\frac{f(u^*)+f'(u^*)(\tilde{u}-u^*)+\delta}{f(u^*)}\right.$$
$$\left.-(rP+T(u^*)+T'(u^*)(\tilde{u}-u^*)+d)\right\}\frac{\tilde{h}_c}{1+r}=\frac{G}{U_1^*}<0$$

$$\frac{\tilde{v}-v^*}{U_1^*}-\left\{\frac{\delta}{f(u^*)}(rP+T(u^*))-d\right\}\frac{\tilde{h}_c}{1+r}$$

$$= \left\{ \frac{(rP + T(u^*))f'(u^*)}{f(u^*)} - T'(u^*) \right\} (\tilde{u} - u^*)\frac{\tilde{h}_c}{1+r} + \frac{G}{U_1^*} < 0$$

となる。右辺第1項は（4.38）式よりゼロであるから，次の関係式が成り立つ。

$$\frac{\tilde{v} - v^*}{U_1^*} = \left\{ \frac{\delta}{f(u^*)}(rP + T(u^*)) - d \right\} \frac{\tilde{h}_c}{1+r} + \frac{G}{U_1^*} < 0$$

よって，$\tilde{v} < v^*$，すなわち持家の方が賃貸よりも効用が高くなる。賃貸を好む世帯がいることを説明するためには別の動機が必要である。そこで Henderson and Ioannides（1983）は，住宅の投資財としての性質を考慮したモデルを展開する。

4.3.2　住宅消費と住宅投資：
Henderson and Ioannides（1983）後半部分

(1)　モデル

　住宅は消費財だけではなく投資財としての性質もあわせもつ。それをどのようにモデル化するかはそう簡単ではない。Henderson and Ioannides（1983）は，まず住宅消費と住宅投資を分け，以下のようなモデルを展開した。

$$U(y_1 - S - (P - L - R)h_1 - Rh_c, h_c f(u))$$
$$+ E[V(y_2 + S(1+r) + \{P(1+\theta) - L(1+r) - (T(\bar{u}) - \tau(\bar{u}))\}h_1$$
$$- \tau(u)h_c)] \tag{4.51}$$

制約条件は，

$$P(1+\theta) - L(1+r) - (T(\bar{u}) - \tau(\bar{u})) > 0, \quad \forall \theta, \bar{u} \tag{4.52}$$

である。ここで，h_c：消費財としての住宅ストック，h_1：投資財としての住宅ストック，L：住宅投資1単位あたり住宅ローン，θ：住宅投資リターンである。

　消費者は（4.52）式の制約のもとで（4.51）式の効用が最大になるように

$\{\tilde{h}_c, \tilde{h}_I, \tilde{S}, \tilde{u}\}$ を選択する。最適化のための必要条件は,

$$h_c: \quad -U_1R+U_2f(\tilde{u})-E[V']\tau(\tilde{u})=0 \tag{4.53}$$

$$h_c: \quad -(P-R-L)U_1$$
$$+E[V'\{P(1+\theta)-L(1+r)-(T(\bar{u})-\tau(\bar{u}))\}]=0 \tag{4.54}$$

$$S: \quad -U_1+E[V'](1+r)=0 \tag{4.55}$$

$$u: \quad U_2f'(\tilde{u})-E[V']\tau'(\tilde{u})=0 \tag{4.56}$$

である。(4.53),(4.54),(4.55) 式より,

$$\frac{f'(\tilde{u})}{f(\tilde{u})}(R(1+r)+\tau(\tilde{u}))=\tau'(\tilde{u})$$

という関係が得られ,ここでも $\tilde{u}$ は $\tilde{h}_c$,$\tilde{h}_I$,$\tilde{S}$ から独立して決まる。また,

$$\frac{U_2}{U_1}f(\tilde{u})=R+\frac{\tau(\tilde{u})}{1+r}$$

$$\frac{rP}{1+r}=R+\frac{E[V'\{P\theta-(T(\bar{u})-\tau(\bar{u}))\}]}{E[V'](1+r)}$$

という関係から,それぞれ $\tilde{h}_c$,$\tilde{h}_I$ が決まる。

このモデルは住宅消費と住宅投資を別ものとして取り扱っている。その意味では賃貸住宅を選択する消費者の行動をモデルにしたと考えることができる。しかし実際には,自分が保有している住宅からサービスを得,消費する以上に住宅を保有している場合は残りを賃貸住宅として運用していると考えることができる。例えば住宅消費需要が住宅投資需要を上回っている場合,つまり $\tilde{h}_c > \tilde{h}_I$ であれば賃貸住宅を選択し,逆に $\tilde{h}_c \leq \tilde{h}_I$ であれば持家を選ぶと考えるのである。

しかし,そう簡単ではない。持家を選択する場合,住宅消費需要を超えない範囲で住宅投資を考えるという見方もできる。その場合,$\tilde{h}_c \geq \tilde{h}_I$ となる。住宅投資需要が住宅消費需要を上回る度合いが大きいほど,持家を選択するコストが大きくなり,賃貸を選択する傾向が強まる。Fu (1995) は $\tilde{h}_c \geq \tilde{h}_I$ を投資制約と読んで住宅消費需要と住宅投資需要に関する興味深いモデルを展開している。

以下では Henderson and Ioannides (1983),そして Fu (1991) もそうで

あるが，所得の変化によって住宅消費需要と住宅投資需要にどのような影響が及ぶか，その点に着目する。富を形成する所得は第1期の所得 y_1 と第2期の所得 y_2 である。富の変化は $dy_1+dy_2/(1+r)$ で，富の偏りは $dy_1-dy_2/(1+r)$ で表すことができる。また，$dy_1-dy_2/(1+r) > 0$ なら第1期に所得の偏りがあり，$dy_1-dy_2/(1+r) < 0$ なら第2期に所得の偏りがあると言える。住宅消費は正常財とする。Henderson and Ioannides（1983）の分析結果には間違いがあることが Fu（1991）によって指摘された。

以下，Fu（1991）にならって比較静学を試みる。Henderson and Ioannides（1983）と表記が異なるので注意を要する。Henderson and Ioannides（1983）では

$$\beta = P-L(1+r)$$
$$\gamma = P\theta-(T(\bar{u})-\tau(\bar{u}))$$
$$\alpha = y_2-\tau(\bar{u})h_c+S(1+r)$$
$$\xi = (P-L-R)(1+r)$$

としているが，Fu（1991）は

$$P_1 = P-L-R$$
$$P_2 = P(1+\theta)-L(1+r)-(T(\bar{u})-\tau(\bar{u}))$$

としている。簡単な計算から，Henderson and Ioannides（1983）と Fu（1991）の標記との対応関係は以下のとおりである。

$$\beta+\gamma = P_2$$
$$\beta+\gamma-\xi = P_2-P_1(1+r)$$

参考までに，$\beta+\gamma-\xi$ あるいは同じことであるが $P_2-P_1(1+r)$ を計算しておくと，(4.47) 式より $\beta+\gamma-\xi \equiv P_2-P_1(1+r) = P\theta$ となる。

これらの定義のもとで，最適化のための必要条件 (4.53) ～ (4.56) 式は以下のように書き換えることができる。

$$h_c: \quad -U_1R+U_2f(u)-E[V']\tau(u) = 0 \qquad (4.53)'$$
$$h_I: \quad -U_1P_1+E[V'P_2] = 0 \qquad (4.54)'$$
$$S: \quad -U_1+E[V'](1+r) = 0 \qquad (4.55)'$$

$$u: \quad U_2 f'(u) - E[V']\tau'(u) = 0 \qquad (4.56)'$$

u は $(4.53)'$, $(4.54)'$, $(4.56)'$ 式より h_c, h_I, S から独立して決まり，$(4.53)'$, $(4.54)'$, $(4.55)'$ 式から $\{h_c^*, h_I^*, S^*\}$ が求まる。

(2) 比較静学

最適解 $\{h_c^*, h_I^*, S^*\}$ を $(4.53)'$, $(4.54)'$, $(4.55)'$ 式に代入し，所得のパラメータで微分することにより比較静学を行う。

$$\begin{pmatrix} U_{11}R^2 + U_{22}f^2 + E[V'']\tau^2 & U_{11}RP_1 - E[V''P_2]\tau & U_{11}R - E[V'']\tau(1+r) \\ U_{11}RP_1 - E[V''P_2]\tau & U_{11}P_1^2 + E[V''P_2^2] & U_{11}P_1 + E[V''P_2](1+r) \\ U_{11}R - E[V'']\tau(1+r) & U_{11}P_1 + E[V''P_2](1+r) & U_{11} + E[V''](1+r)^2 \end{pmatrix}$$

$$\times \begin{pmatrix} dh_c^* \\ dh_I^* \\ dS^* \end{pmatrix} = \begin{pmatrix} U_{11}R\,dy_1 + E[V'']\tau\,dy_2 \\ U_{11}P_1\,dy_1 - E[V''P_2]\,dy_2 \\ U_{11}\,dy_1 - E[V''](1+r)\,dy_2 \end{pmatrix}$$

ここでヘッセ行列を D し，その行列式を $|D|$ とすると，

$$\begin{aligned} |D| = {} & U_{11}U_{22}f^2 E[V''(P_2 - (1+r)P_1)^2] + \{U_{11}[R(1+r) + \tau]^2 \\ & + (1+r)^2 U_{22}f^2\}\{E[V'']E[V''(P_2 - (1+r)P_1)^2] \\ & - (E[V''(P_2 - (1+r)P_1)])^2\} \end{aligned} \qquad (4.57)$$

となる。右辺最後の項 $\{\cdot\}$ が正であれば，効用最大化が実現するための必要条件 $|D| < 0$ が満たされる。$\{\cdot\}$ が正になるための条件については後述する。

また，Fu (1991) に倣い，ヘッセ行列の 2 行 2 列を削除した行列を D^{-1} とし，その行列式を $|D^{-1}|$ とすると，

$$|D^{-1}| = U_{11}U_{22}f^2 + U_{11}E[V'']\{R(1+r) + \tau\}^2 + (1+r)^2 U_{22}E[V'']f^2$$

となる。$|D|$ と $|D^{-1}|$ とのあいだには次のような関係がある。

$$\begin{aligned} & |D^{-1}|[V''(P_2 - (1+r)P_1)^2] \\ & = |D| + (|D^{-1}| - U_{11}U_{22}f^2)(E[V''(P_2 - (1+r)P_1)])^2 \end{aligned} \qquad (4.58)$$

また，Fu (1991) が指摘するように，右辺は次のように分解することがで

きる。

$$\begin{pmatrix} U_{11}Rdy_1+E[V'']\tau dy_2 \\ U_{11}P_1dy_1-E[V''P_2]dy_2 \\ U_{11}dy_1-E[V''](1+r)dy_2 \end{pmatrix}$$
$$=\frac{1}{2}\begin{pmatrix} U_{11}R-E[V'']\tau(1+r) \\ U_{11}P_1+E[V''P_2](1+r) \\ U_{11}+E[V''](1+r)^2 \end{pmatrix}\left(dy_1-\frac{dy_2}{1+r}\right)$$
$$+\frac{1}{2}\begin{pmatrix} U_{11}R+E[V'']\tau(1+r) \\ U_{11}P_1-E[V''P_2](1+r) \\ U_{11}-E[V''](1+r)^2 \end{pmatrix}\left(dy_1+\frac{dy_2}{1+r}\right) \qquad (4.59)$$

既述したように，右辺第1項は所得の偏りの変化を，また第2項は所得全体の上昇を意味する。これらの関係式を用いて比較静学を行うと以下のような結果を得る。

(a) h_c^*

まず，所得が住宅消費需要に及ぼす影響を見よう。クラメールの公式より，

$$dh_c^*=\frac{1}{|D|}\begin{vmatrix} U_{11}Rdy_1+E[V'']\tau dy_2 & U_{11}RP_1-E[V''P_2]\tau & U_{11}R-E[V'']\tau(1+r) \\ U_{11}P_1dy_1-E[V''P_2]dy_2 & U_{11}P_1^2+E[V''P_2^2] & U_{11}P_1+E[V''P_2](1+r) \\ U_{11}dy_1-E[V''](1+r)dy_2 & U_{11}P_1+E[V''P_2](1+r) & U_{11}+E[V''](1+r)^2 \end{vmatrix}$$

を得る。(4.59) 式の関係を用いれば，所得の偏りの変化に影響を受けず，所得全体の変化に影響を受ける。

$$\frac{dh_c^*}{(dy_1+dy_2/(1+r))}$$
$$=\frac{U_{11}\{E[V'']E[V''P_2^2]-\{E[V''P_2]\}^2\}(1+r)(R(1+r)+\tau)}{|D|}$$
$$\qquad\qquad (4.60)$$

(b) h_I^*

$$dh_I^* = \frac{1}{|D|} \begin{vmatrix} U_{11}R^2 + U_{22}f^2 + E[V''] \tau^2 & U_{11}Rdy_1 + E[V'']\tau dy_2 & U_{11}R - E[V'']\tau(1+r) \\ U_{11}RP_1 - E[V''P_2]\tau & U_{11}P_1 dy_1 - E[V''P_2]dy_2 & U_{11}P_1 + E[V''P_2](1+r) \\ U_{11}R - E[V'']\tau(1+r) & U_{11}dy_1 - E[V''](1+r)dy_2 & U_{11} + E[V''](1+r)^2 \end{vmatrix}$$

　同様にして，(4.59) 式の関係を用いれば，所得の偏りの変化に影響を受けず，所得全体の変化に影響を受ける。

$$\frac{dh_I^*}{(dy_1 + dy_2/(1+r))} = -\frac{U_{11}U_{22}f^2 E[V''(P_2 - P_1(1+r))](1+r)}{|D|} \quad (4.61)$$

(c) S^*

　所得が住宅投資需要に及ぼす影響は，クラメールの公式より，

$$dS = \frac{1}{|D|} \begin{vmatrix} U_{11}R^2 + U_{22}f^2 + E[V'']\tau^2 & U_{11}RP_1 - E[V''P_2]\tau & U_{11}Rdy_1 + E[V'']\tau dy_2 \\ U_{11}RP_1 - E[V''P_2]\tau & U_{11}P_1^2 + E[V''P_2^2] & U_{11}P_1 dy_1 - E[V''P_2]dy_2 \\ U_{11}R - E[V'']\tau(1+r) & U_{11}P_1 + E[V''P_2](1+r) & U_{11}dy_1 - E[V''](1+r)dy_2 \end{vmatrix}$$

である。所得の偏りの変化に対して貯蓄は半分だけ影響を受けるが，所得全体の変化に対する影響は複雑な計算を施すことによって以下のような結論を導くことができる[3]。その際に，(4.58) 式の関係が重要となる。

$$dS = \frac{1}{2}\left(dy_1 - \frac{dy_2}{1+r}\right)$$

$$+ \frac{1}{2|D^{-1}|}\left\{ U_{11}U_{22}f^2 - U_{11}E[V'']\left\{R^2(1+r)^2 - \tau^2\right\} - (1+r)^2 U_{22}E[V'']f^2 \right\}$$

$$\times \left(dy_1 + \frac{dy_2}{1+r}\right) - P_1 dh_I$$

$$- \frac{(U_{11}\{R(1+r) + \tau\}R + U_{22}f^2(1+r))E[V''(P_2 - (1+r)P_1)]}{|D^{-1}|} dh_I$$

(3) 評価

　Fu は 1991 年の AER 論文で，Henderson and Ioannides (1983) の比較静

学の結果の誤謬を指摘した。Henderson and Ioannides（1983）は，① 所得変動のない所得の増加は住宅投資需要に影響を与えない，② 絶対的危険回避度（A とする）が所得の増加とともに小さくなる場合（$dA/dw < 0$），所得の変動でも現在に偏りがある（$dy_1 - dy_2/(1+r) > 0$）と住宅投資需要は増えるが，逆に将来に偏りがある（$dy_1 - dy_2/(1+r) < 0$）と住宅投資需要は減少する，③ 住宅消費需要は所得の変動には影響しない，④ 所得の増加とともに絶対的危険回避度が小さく，相対的危険回避度が大きくなるようであれば，所得の増加は住宅消費需要を増大させる，とした。

　本章は Fu（1991）に沿って比較静学を試み，Fu（1991）の結果を確認することができた。Fu（1991）が指摘するように，Henderson and Ioannides（1983）の結果とは異なり，① 住宅消費需要と住宅投資需要は所得一定のもとでの所得の変動については影響を受けない，② 住宅消費需要と住宅投資需要は所得の増加によって影響を受けるが，符号については確定できない。

　所得の増加が住宅消費需要と住宅投資需要に及ぼす影響は（4.60），（4.61）式の

$$E[V''] E[V'' P_2^2] - \{E[V'' P_2]\}^2, \quad E[V''(P_2 - P_1(1+r))]$$

---

3)（4.59）式を使って分子を計算する際，以下のような分解を利用すると比較的容易に導出することができる。なお，比較静学の詳細については中神にリクエストされたい。

$$
\begin{vmatrix}
U_{11}R^2 + U_{22}f^2 + E[V'']\tau^2 & U_{11}RP_1 - E[V'' P_2]\tau & U_{11}R + E[V'']\tau(1+r) \\
U_{11}RP_1 - E[V'' P_2]\tau & U_{11}P_1^2 + E[V'' P_2^2] & U_{11}P_1 - E[V'' P_2](1+r) \\
U_{11}R - E[V'']\tau(1+r) & U_{11}P_1 + E[V'' P_2](1+r) & U_{11} - E[V''](1+r)^2
\end{vmatrix}
$$

$$
=
\begin{vmatrix}
U_{11}R^2 + U_{22}f^2 + E[V'']\tau^2 & U_{11}RP_1 - E[V'' P_2]\tau & U_{11}R \\
U_{11}RP_1 - E[V'' P_2]\tau & U_{11}P_1^2 + E[V'' P_2^2] & U_{11}P_1 \\
U_{11}R - E[V'']\tau(1+r) & U_{11}P_1 + E[V'' P_2](1+r) & U_{11}
\end{vmatrix}
$$

$$
+
\begin{vmatrix}
U_{11}R^2 + U_{22}f^2 + E[V'']\tau^2 & U_{11}RP_1 & E[V'']\tau(1+r) \\
U_{11}RP_1 - E[V'' P_2]\tau & U_{11}P_1^2 & -E[V'' P_2](1+r) \\
U_{11}R - E[V'']\tau(1+r) & U_{11}P_1 & -E[V''](1+r)^2
\end{vmatrix}
$$

$$
+
\begin{vmatrix}
U_{11}R^2 & -E[V'' P_2]\tau & E[V'']\tau(1+r) \\
U_{11}RP_1 & E[V'' P_2^2] & -E[V'' P_2](1+r) \\
U_{11}R & E[V'' P_2](1+r) & -E[V''](1+r)^2
\end{vmatrix}
$$

$$
+
\begin{vmatrix}
U_{22}f^2 + E[V'']\tau^2 & -E[V'' P_2]\tau & E[V'']\tau(1+r) \\
-E[V'' P_2]\tau & E[V'' P_2^2] & -E[V'' P_2](1+r) \\
-E[V'']\tau(1+r) & E[V'' P_2](1+r) & -E[V''](1+r)^2
\end{vmatrix}
$$

のそれぞれの符号に依存する。ここで前者については Fu（1991）と Henderson and Ioannides（1983）とで表記が異なり，彼らは

$$E[V'']E[V''(P_2-(1+r)P_1)^2]-(E[V''(P_2-(1+r)P_1)])^2$$

としているが，両者が同じであることを確認しておく。

$$\begin{aligned}
&E[V'']E[V''(P_2-(1+r)P_1)^2]-(E[V''(P_2-(1+r)P_1)])^2 \\
&= E[V'']E[V''(P_2^2-2(1+r)P_1P_2+(1+r)^2P_1^2)] \\
&\quad -(E[V''P_2]-(1+r)P_1E[V''])^2 \\
&= E[V''](E[V''P_2^2]-2(1+r)P_1E[V''P_2]+(1+r)^2P_1^2E[V'']) \\
&\quad -(E[V''P_2])^2+2(1+r)P_1E[V'']E[V''P_2]-((1+r)P_1E[V''])^2 \\
&= E[V'']E[V''P_2^2]-(E[V''P_2])^2
\end{aligned}$$

そ こ で Henderson and Ioannides（1983）の Appendix に 倣 い，$E[V'']E[V''P_2^2]-\{E[V''P_2]\}^2$ と $E[V''(P_2-P_1(1+r))]$ が正になる条件を考える。前者から見ると，

$$\begin{aligned}
&E[V'']E[V''P_2^2]-\{E[V''P_2]\}^2 \\
&= E[V'']E[V''P_2^2]-\{E[V''P_2]\}^2-E[V'']E[V''P_2(P_2-P_1(1+r))] \\
&\quad +E[V'']E[V''P_2(P_2-P_1(1+r))] \\
&= E[V'']E[V''P_2P_1(1+r)]+E[V'']E[V''P_2(P_2-P_1(1+r))] \\
&\quad -\{E[V''P_2]\}^2 \\
&= E[V''P_2](E[V''P_1(1+r)]-E[V''P_2]) \\
&\quad +E[V'']E[V''P_2(P_2-P_1(1+r))] \\
&= E[V'']E[V''P_2(P_2-P_1(1+r))] \\
&\quad -E[V''P_2]E[V''(P_2-P_1(1+r))] \tag{4.62}
\end{aligned}$$

であるから，$E[V''P_2(P_2-P_1(1+r))]$ と $E[V''(P_{2_1}(1+r))]$ の符号を決める必要がある。

まず（4.62）式の $E[V''P_2(P_2-P_1(1+r))]$ の符号を考える。ところで，

$$w = y_2+S(1+r)+[P(1+\theta)-L(1+r)-(T(\bar{u})-\tau(\bar{u}))]h_I-\tau(\bar{u})h_c$$

で定義されていたので，$\alpha = y_2-\tau(\bar{u})h_c+S(1+r)$ と置くと $w = P_2h_I+\alpha$ である。ここで，w と P_2 は正の関係にあることが重要である。h_I を乗じた

$E[V''P_2h_1(P_2-P_1(1+r))]$ の符号を考える。

$$
\begin{aligned}
&E[V''P_2h_1(P_2-P_1(1+r))] \\
&\quad = E[V''P_2h_1(P_2-P_1(1+r))] \\
&\qquad + E[(P_2-P_1(1+r))V'']\alpha - E[(P_2-P_1(1+r))V'']\alpha \\
&\quad = E[(P_2-P_1(1+r))V''(P_2h_1+\alpha)] - E[(P_2-P_1(1+r))V'']\alpha \\
&\quad = E[(P_2-P_1(1+r))V''w] - E[(P_2-P_1(1+r))V'']\alpha
\end{aligned}
$$

ここで，絶対的危険回避度と相対的回避度をそれぞれ $F=-V''w/V'$，$A=-V''/V'$ とすると，

$$
\begin{aligned}
&E[V''h_1P_2(P_2-P_1(1+r))] \\
&\quad = -E[(P_2-P_1(1+r))V'F] + E[(P_2-P_1(1+r))V'A]\alpha
\end{aligned}
$$

と書くことができる。

(4.54)$'$，(4.55)$'$ 式より $E[(P_2-P_1(1+r))V'] = 0$ が成り立っているので，$P_2-P_1(1+r) = P\theta = 0$ となるときの F と A の値を $\bar{F}$ と $\bar{A}$ とすると，

$$
\begin{aligned}
&E[V''h_1P_2(P_2-P_1(1+r))] \\
&\quad = E[(\bar{F}-F)(P_2-P_1(1+r))V'] - \alpha E[(\bar{A}-A)(P_2-P_1(1+r))V']
\end{aligned}
$$

と書き直すことができる。それぞれの項について符号を考えてみよう。

$E[(\bar{F}-F)(P_2-P_1(1+r))V']$ は，F が w の増加とともに減ることがなければ，$P_2-P_1(1+r)>0$ のところで $\bar{F}-F$ は負の値をとり，$P_2-P_1(1+r)<0$ のところで $\bar{F}-F$ は正の値をとる。したがって，$E[(\bar{F}-F)(P_2-P_1(1+r))V']<0$ である。

同様のことは，$E[(\bar{A}-A)(P_2-P_1(1+r))V']$ についても言える。A が w の増加とともに減少するなら，$P_2-P_1(1+r)>0$ のところで $\bar{A}-A$ は正の値をとり，$P_2-P_1(1+r)<0$ のところで $\bar{A}-A$ は負の値をとる。したがって，$E[(\bar{A}-A)(P_2-P_1(1+r))V']>0$ である。

その結果，F が w とともに減ることはなく，A が w とともに減少するならば，$E[V''P_2h_1(P_2-P_1(1+r))]<0$ である。したがって，F が w の増加とともに減ることはなく，A が w の増加とともに減少するならば，(4.62) 式の第1項は負の値をとる。

（4.62）式の第2項は，いま見たように，A が w の増加とともに減少するならば

$$E[V''(P_2-P_1(1+r))] = -E[(P_2-P_1(1+r))\,V'A]$$
$$= E[(\bar{A}-A)(P_2-P_1(1+r))\,V'] > 0$$

である。したがって，F が w とともに減ることはなく，A が w とともに減少するならば，（4.62）式は全体として正の値をとる。もしそうであるならば，（4.57）式で $|D| < 0$ となり，効用最大化のための必要十分条件も満たされる。

これらの議論にもとづき，比較静学について結論付けることができる。まず，所得の増加が住宅消費需要に及ぼす影響である。（4.60）式より，絶対的危険回避度 A が所得の増加とともに小さくなり，相対的危険回避度 F が所得の増加とともに減ることがなければ，所得の増加は住宅消費需要を増大させる。

$$\frac{\partial h_c^*}{\partial (dy_1+dy_2/(1+r))} > 0$$

これは Henderson and Ioannides（1983）と同じ結論である。

また，（4.61）式より，絶対的危険回避度が所得の増加とともに小さくなるようであれば，所得の増加は住宅投資需要を増大させる。

$$\frac{\partial h_I^*}{\partial (dy_1+dy_2/(1+r))} > 0$$

Henderson and Ioannides（1983）による，所得変動のない所得の増加は住宅投資需要に影響を及ぼすことはないという結果は，もし間違いでなければ興味深いものではあるが，ここで導かれた Fu（1991）による結果の方が直感的には正しいように思われる。

4.4　おわりに

本章はテニュア選択の基本文献とされる3本の論文を取り上げた。とはいえ，ライフサイクルにおける住宅需要を扱ううえで需要なポイントをすべて

カバーすることはできなかった。筆者がこれまで行ってきた研究の中に，賃貸から持家のタイミングを分析した Plaut（1987）に触発されて持家から持家の，いわゆる trading-up を扱ったものがある（Nakagami and Pereira 1991, 1993）。また，高齢化が進む中，リバース・モーゲージに代表されるように，住宅梯子を登るのではなく住宅の梯子をどうやって降りるかという問題も今後ますます重要となるだろう。さらに，ライフサイクルと住宅保有を考えるうえで，税制や補助金が与える影響も見逃すことはできない（Rosen 1985）。しかし，ここで取り上げた 3 本の論文は，私たちにこれからも多くの刺激を与えてくれる基本文献であることに間違いない。

データの蓄積とデータ解析技術の向上があいまって，昨今は実証分析やシミュレーション分析が重要な位置を占めるようになった。住宅市場だけではなくあらゆる市場が複雑になり，物事の本質が見えにくい時代である。そういう時代だからこそ，過去の論文に立ち返り先人の教えに学び，ますます複雑化していくだろう時代に備えなければならないと考えるようになった。前章と本章で紹介した 7 本の理論モデルを再評価することによって新しいアイデアが生まれるきっかけになれば幸いである。

参考文献

〔邦語〕

中神康博（2022）「ライフサイクルと住宅保有について」Discussion Paper Series No.167, Faculty of Economics, Seikei University。

〔英語〕

Brueckner, J. K. (1986) "The Downpayment Constraint and Housing Tenure," *Reginal Science and Urban Economics*, 16(4), pp.519-525.

Fu, Y. (1991) "A Model of Housing Tenure Choice: Comment," *American Economic Review*, 81(1), pp.381-383.

Fu, Y. (1995) "Uncertainty, Liquidity, and Housing Choices," *Reginal Science and Urban Economics*, 25(2), pp. 223-236.

Henderson, J. V. and Y. M. Ioannides (1983) "A Model of Housing Tenure Choice," *American Economic Review*, 73(1), pp.98-113.

Nakagami, Y. and A. Pereira (1991) "Housing Appreciation, Mortgage Interest Rates, and Homeowner Mobility," *Journal of Urban Economics*, 30(3), pp. 271-292.

Nakagami, Y. and A. Pereira (1993) "Uptrading and the Macroeconomic Environment," *Journal of Urban Economics*, 34(1), pp.1-23.

Plaut, T. (1987) "The Timing of Housing Tenure Transition," *Journal of Urban Economics*, 21(3), pp.312-322.

Rosen, H. S. (1985) "Housing Subsidies: Effects on Housing Decisions, Efficiency and Equity," in A. J. Auerbach and M. Feldstein (eds.), *Handbook of Public Economics*, Vol.1, North Holland, Ch.7, pp.375-420.

Schwab, R. M. (1982) "Inflation Expectations and the Demand for Housing," *American Economic Review*, 72(1), pp.143-153.

Weiss, Y. (1978) "Capital Gains, Discriminatory Taxes, and the Choice between Renting and Owning a House," *Journal of Public Economics*, 10(1), pp.45-55.

---第**5**章----------

リスクヘッジと住宅需要

5.0　はじめに[1]

　本章の目的は，リスクヘッジの住宅需要に及ぼす影響を考えるうえで重要
となる論文をサーベイすることにより，日本の住宅市場を分析するためのヒ
ントを探ることにある[2]。家賃や住宅価格の変動リスクや住宅の価格と所得
の相関など，住宅に関するリスクをヘッジするために，住宅需要やテニュア
選択に影響を与える。また，リスクヘッジは持家から持家へのいわゆる
trading-up にも影響を及ぼす。こうした問題について先行研究を参考にして
概観する。

　本章では，住宅の価格リスクが住宅需要に及ぼす影響を分析する際に重要
となる3つの側面に焦点を当てる。第1に，Ortalo-Magné and Rady
(2002) と Davidoff (2006) に代表されるように，所得リスクと住宅の価格
リスクとのあいだに相関があるとき，それがテニュア選択や住宅需要に及ぼ
す影響である。Ortalo-Magné and Rady (2002) は2期間モデルを用いて，
所得と住宅価格との共分散が弱まれば弱まるほど，住宅保有の可能性が増す
ことを示した。Davidoff (2006) もまた，所得と住宅価格の相関が強いほど，

1) 本章は，中神 (2017) にもとづいている。
2) 本章では，住宅価格は資産価格（ストック）として，家賃は住宅サービス（フロー）
の価格として用いる。したがって，価格リスクというとき，住宅価格と家賃のリスクを含
む。

家計は借家を選択し住宅需要は減少するということを理論的に示した。その理由は，所得と住宅価格の相関が強い状況に置かれている家計は，住宅への投資が所得リスクをヘッジすることができず，ポートフォリオを住宅から金融資産へシフトさせるからである。

　第2の側面は家賃リスクが住宅保有に及ぼす影響で，Sinai and Souleles（2005）を取り上げる。賃貸の場合には家賃のリスクに直面する。一方，持家の場合は購入や売却の際に住宅価格リスクに晒されてはいるが，家賃リスクを避けることができる。Sinai and Souleles（2005）は，住宅の価格リスクは借家よりも持家のインセンティブを高め，住宅価格を押し上げるとした。さらに，長く居住し続けるほど住宅価格リスクは小さくなるので，持家に対する需要を増加させるとした。

　第3に，価格リスクが持家の trading-up を通して住宅需要にどのような影響を及ぼすかという側面である。Nordvik（2001）は2期間モデルを用いて，住宅を保有することで将来の住宅価格リスクをヘッジすることが可能となり，価格変動が大きくなるほど住宅需要が増加することを示した。Han（2008）は，trading-up によって将来の住宅費用リスクをヘッジすることができることを示した。ファイナンス理論に倣えば，住宅からのリターンを期待する場合には，住宅価格リスクが高まれば住宅需要を減らして他の資産への投資にシフトする。しかし，いま居住する地域の住宅価格と将来移り住む地域の住宅価格が正の相関をもっている場合には，将来の住宅費用リスクをヘッジするために住宅需要を増やすことを示した。

　以上，3つの側面を軸にサーベイを行う。なお，本章の構成は以下のとおりである。5.1節では，住宅の価格リスクと所得との相関がテニュア選択と住宅需要に及ぼす影響について考える。5.2節では家賃リスクがテニュア選択と住宅需要に及ぼす影響について考える。5.3節では価格リスクが持家の trading-up に及ぼす影響について考察する。そして5.4節でまとめを行う。

5.1 所得と価格の相関

5.1.1 期待効用仮説：Ortalo-Magné and Rady（2002）

(1) モデル

Ortalo-Magné and Rady（2002）は，所得，住宅価格，家賃が不確実な状況においてきわめてシンプルな2期間モデルを構築し，示唆に富むテニュア選択の分析を展開している。このモデルには3つの財サービスがある。1つは基準財としての消費財で，もう2つはタイプ0とタイプ1の住宅である。なお，タイプには関係なくそれぞれ持家（B）と借家（R）が存在する。

家計は，各期の期末に住宅が生み出す住宅サービスを消費し，住宅以外の消費財については2期目の期末にのみ消費を行い，これらの消費から効用を得るものとする。住宅についてはタイプ1の方がタイプ0より望ましく，タイプ1の住宅サービスを消費したときの効用は持家，借家に関係なく，μ のプレミアムを得る。

2期目に景気が良くなる（状態 H）確率を π，悪くなる（状態 L）確率を $1-\pi$ とする。1期目のタイプ1の家賃を R_1，また2期目に景気が良いときの家賃を R_H，景気が悪いときの家賃を R_L とする。ここで

$$R_H > R_1, \ R_L < R_1$$

を仮定する。つまり，1期目に比べ，景気が良いときには家賃は上昇し，景気が悪いときには家賃が下落する。タイプ0については，2期目に景気が良いときの家賃を R_H^0，景気が悪いときの家賃を R_L^0 とし，

$$R_H^0 < R_H, \ R_L^0 < R_L$$

を仮定する。つまり，2期目においてタイプ0の家賃はタイプ1の家賃に比べて必ず低いことを仮定する。ただし，R_H^0 と R_L^0 の大小関係が逆転する可能性を否定するものではない。

また，2期目において，景気が良いときの家計の所得を W_H，景気が悪いときの家計の所得を W_L とし，$\Delta = W_H - W_L$ と定義する。Ortalo-Magné and Rady（2002）で重要となる2期目の所得 $\tilde{W}$ と家賃 $\tilde{R}_2$ の共分散

$\mathrm{Cov}[\widetilde{W}, \widetilde{R}_2]$ は，平均をそれぞれ $\overline{W}$, $\overline{R}_2$ として，

$$
\begin{aligned}
\mathrm{Cov}[\widetilde{W}, \widetilde{R}_2] &= E[\widetilde{W}\widetilde{R}_2] - \overline{W}\overline{R}_2 \\
&= \pi W_H R_H + (1-\pi) W_L R_L - (\pi W_H + (1-\pi) W_L)(\pi R_H + (1-\pi) R_L) \\
&= \pi(1-\pi) W_H R_H + \pi(1-\pi) W_L R_L - \pi(1-\pi) W_H R_L - \pi(1-\pi) W_L R_H \\
&= \pi(1-\pi)(R_H \Delta - R_L \Delta) \\
&= \pi(1-\pi)(R_H - R_L)\Delta \tag{5.1}
\end{aligned}
$$

となる。つまり，2期目の所得と家賃の共分散は，景気が良いときと悪いときの家賃ギャップと所得ギャップの双方に依存している。

　1期目におけるタイプ1の住宅価格 P_1 は，収益還元の考え方にもとづき，各期の家賃の割引現在価値の総和，すなわち，

$$
P_1 = R_1 + \frac{\overline{R}_2}{1+r}
$$

である。ここで，$\overline{R}_2$ は2期目の平均家賃，すなわち $\overline{R}_2 = \pi R_H + (1-\pi) R_L$ であり，r は利子率である。1期目に持家を購入するということは2つの意味がある。1つは，2期目もそのまま同じ住宅に住み続けた場合，家賃リスクに対するリスクをヘッジすることができる。もう1つは，2期目に住宅を手放して借家にする場合，価格リスクに直面する。1期目に持家にするか，それとも借家にするかによって2期目の住宅にかかる支出がリスクをともなうかどうかは，結局のところ2期目における望ましいとされる住宅サービス消費の大きさに依存する。

　各世帯は，1期目にその期の住宅タイプを決め，同時にテニュア選択を行う。2期目には住宅タイプと住宅を除く消費を決定する。モデルの作り方から，2期目は持家でも借家でも住宅に対する支出に違いは生じない。各世帯の住宅タイプの選択の組み合わせを (h_1, h_H, h_L) として表す。最初の h_1 は1期目の住宅タイプ，h_H と h_L はそれぞれ景気が良いときと悪いときの住宅タイプを表し，それぞれタイプ1であれば1の値を，タイプ0であれば0の値をとるものとする。また，1期目にタイプ1の持家を選ぶとすれば $h_1 = 1_B$，またタイプ1の借家を選ぶとすれば $h_1 = 1_R$ とする。住宅タイプの組み合わせとしては8通り考えられる。しかし，

$$R_H^0 = R_L^0 = R^0 < R_L$$

を仮定すれば，1期目にタイプ0の住宅に住みたいと思っている家計にとっては，持家だろうが借家だろうがどちらでも構わない。この条件のもとでは4つのパターン，すなわち $(1,1,1)$，$(1,1,0)$，$(1,0,1)$，$(1,0,0)$ を考えれば十分である。

1期目における住宅タイプとテニュアが選択されれば，自ずと2期目における住宅を除く消費水準が決まる。以下，それを確認しておこう。

(a) 持家の場合：$(1_B, h_H, h_L)$

1期目にはタイプ1の住宅を購入するが，2期目では住宅タイプだけを選び，持家，借家どちらでも構わない。持家の場合にはいったん売却した後に2期目の家賃を払うだけのことである。まず状態 H のときの住宅を除いた消費を求めよう。

状態 H かつタイプ1のとき，$c_H^B = W_H - (1+r)R_1 - \bar{R}_2 + R_H - R_H$
状態 H かつタイプ0のとき，$c_H^B = W_H - (1+r)R_1 - \bar{R}_2 + R_H - R^0$

これをまとめて以下のように表記することができる。

$$c_H^B = W_H - (1+r)R_1 - \bar{R}_2 + (1-h_H)(R_H - R^0)$$

次に，状態 L のときの住宅を除いた消費を求めよう。

状態 L かつタイプ1のとき，$c_L^B = W_L - (1+r)R_1 - \bar{R}_2 + R_L - R_L$
状態 L かつタイプ0のとき，$c_L^B = W_L - (1+r)R_1 - \bar{R}_2 + R_L - R^0$

同様に，

$$c_L^B = W_L - (1+r)R_1 - \bar{R}_2 + (1-h_L)(R_L - R^0)$$

と書くことができる。

したがって，1期目にタイプ1住宅を購入したときの2期目の期待消費量は，

$$\pi c_H^B + (1-\pi)\, c_L^B$$
$$= \pi\left(W_H - (1+r)\, R_1 - \bar{R}_2 + (1-h_H)\,(R_H - R^0)\right)$$
$$+ (1-\pi)\left(W_L - (1+r)\, R_1 - \bar{R}_2 + (1-h_L)\,(R_L - R^0)\right)$$
$$= \pi W_H + (1-\pi)\, W_L - (1+r)\, R_1 - \bar{R}_2$$
$$+ \pi(1-h_H)\,(R_H - R^0) + (1-\pi)\,(1-h_L)\,(R_L - R^0)$$

となる。

(b) 借家の場合：$(1_R,\, h_H,\, h_L)$

1期目に借家としてタイプ1住宅を選択し，2期目では住宅タイプだけを選び，テニュアについてはどちらでも構わない。まず状態 H のときの住宅を除いた消費量を求めよう。

$$\text{状態 } H \text{ かつタイプ1のとき,} \quad c_H^R = W_H - (1+r)\, R_1 - R_H$$
$$\text{状態 } H \text{ かつタイプ0のとき,} \quad c_H^R = W_H - (1+r)\, R_1 - R^0$$

つまり，

$$c_H^R = W_H - (1+r)\, R_1 - h_H R_H - (1-h_H)\, R^0$$

と書くことができる。

次に状態 L のときの住宅を除いた消費量は，

$$\text{状態 } L \text{ かつタイプ1のとき,} \quad c_L^R = W_L - (1+r)\, R_1 - R_L$$
$$\text{状態 } L \text{ かつタイプ0のとき,} \quad c_L^R = W_L - (1+r)\, R_1 - R^0$$

である。同様に，

$$c_L^R = W_L - (1+r)\, R_1 - h_L R_L - (1-h_L)\, R^0$$

となる。

したがって，1期目にタイプ1住宅を賃貸したときの2期目の期待消費量は

$$\pi c_H^R + (1-\pi) c_L^R$$
$$= \pi (W_H - (1+r) R_1 - h_H R_H - (1-h_H) R^0)$$
$$+ (1-\pi) (W_L - (1+r) R_1 - h_L R_L - (1-h_L) R^0)$$
$$= \pi W_H + (1-\pi) W_L - (1+r) R_1 - \bar{R}_2$$
$$+ \pi (1-h_H) (R_H - R^0) + (1-\pi) (1-h_L) (R_L - R^0)$$

である。以上により，持家，借家にかかわらず2期目の住宅以外の期待消費量は等しくなり，1期目のテニュア選択とは無関係に決まる。つまり，家計にとっては2期目の住宅以外の消費からの期待効用を最大にするためにだけ，1期目のテニュア選択が意味をもつ[3]。

(c) 効用の比較

そこで，1期目のテニュアにもとづく2期目の住宅以外の消費からの期待効用を比較しよう。持家のときの期待効用が借家のときの期待効用を上回るための条件は，

$$\pi [U(c_H^B) + (1+h_H)\mu] + (1-\pi) [U(c_L^B) + (1+h_L)\mu]$$
$$> \pi [U(c_H^R) + (1+h_H)\mu] + (1-\pi) [U(c_L^R) + (1+h_L)\mu]$$

である。左辺は1期目に持家を選択したときの期待効用，右辺は1期目に借家を選択したときの期待効用である。これを整理すると，

$$\pi [U(c_H^B) - U(c_H^R)] > (1-\pi) [U(c_L^R) - U(c_L^B)]$$

となる。先の関係を代入すると

$$\pi [U(W_H - (1+r) R_1 - \bar{R}_2 + (1-h_H) (R_H - R^0))$$
$$- U(W_H - (1+r) R_1 - h_H R_H - (1-h_H) R^0)]$$
$$> (1-\pi) [U(W_L - (1+r) R_1 - h_L R_L - (1-h_L) R^0)$$
$$- U(W_L - (1+r) R_1 - \bar{R}_2 + (1-h_L) (R_L - R^0))]$$

これを整理すると，

---

3) 家計の効用は住宅以外の消費のみから得られ，住宅消費から得られる消費はテニュア選択とは無関係である。

$$\pi \left[U\left(W_H - (1+r)R_1 - h_H R_H - (1-h_H)R^0 + (R_H - \bar{R}_2) \right) \right.$$
$$\left. - U\left(W_H - (1+r)R_1 - h_H R_H - (1-h_H)R^0 \right) \right]$$
$$> (1-\pi)\left[U\left(W_L - (1+r)R_1 - h_L R_L - (1-h_L)R^0 \right) \right.$$
$$\left. - U\left(W_L - (1+r)R_1 - h_L R_L - (1-h_L)R^0 - (\bar{R}_2 - R_L) \right) \right] \tag{5.2}$$

となる。

(2) テニュア選択

そこで, 4つのケースについて分析を行う。最適なテニュア選択は, (5.1) 式より Δ の大きさに依存するので, (5.2) 式を使って持家にするか借家にするか, それぞれのケースについてその境界値 Δ を求めよう。

(a) $(\mathbf{1, 1, 1})$ の場合

1期目, 2期目いずれもタイプ1を選択するので, (5.2) 式より持家の場合の効用が借家のそれを上回る条件は以下のようになる。

$$\pi \left[U\left(W_H - (1+r)R_1 - \bar{R}_2 \right) - U\left(W_H - (1+r)R_1 - R_H \right) \right]$$
$$> (1-\pi)\left[U\left(W_L - (1+r)R_1 - R_L \right) - U\left(W_L - (1+r)R_1 - \bar{R}_2 \right) \right] \tag{5.3}$$

持家と借家が無差別となるようなプラスの境界値 Δ^{111} が存在することを見よう。$\Delta = W_H - W_L = 0$ となる家計を考えよう。この家計は持家を選択する。なるほど,

$$c_H^B = W_H - (1+r)R_1 - \bar{R}_2$$
$$c_L^B = W_L - (1+r)R_1 - \bar{R}_2$$

となって両者一致するので, (5.3) 式は

$$U\left(W_H - (1+r)R_1 - \bar{R}_2 \right)$$
$$> \pi U\left(W_H - (1+r)R_1 - R_H \right) + (1-\pi)U\left(W_H - (1+r)R_1 - R_L \right)$$

となり, $R_L < \bar{R}_2 < R_H$ であるから, 不等式は満たされる。

次に, $\Delta = W_H - W_L = (R_H - R_L)$ となる家計を考える。このとき (5.1) 式より $\mathrm{Cov}[\widetilde{W}, \tilde{R}_2] = \pi(1-\pi)\Delta^2$ となり, 期待所得と期待家賃はプラスの相関をもつことに注意しよう。さて, この家計は借家を選択する。なるほど,

$$c_H^R = W_H - (1+r)R_1 - R_H$$
$$c_L^R = W_L - (1+r)R_1 - R_L$$

となって両者一致するので，借家を選択する条件は

$$\pi U(W_H - (1+r)R_1 - \bar{R}_2) + (1-\pi)U(W_H - (1+r)R_1 - \bar{R}_2 - (R_H - R_L))$$
$$< U(W_H - (1+r)R_1 - R_H)$$

となり，$\bar{R}_2 < R_H < \bar{R}_2 + (R_H - R_L)$ であるから，不等号は満たされる。

　以上の結果から，持家と借家が無差別となる境界値 Δ^{111} は，次の条件を満たす。

$$0 < \Delta^{111} < R_H - R_L$$

つまり，期待所得と期待家賃の共分散が小さいほど持家を選択し，大きいほど借家を選択する。

(b) $(1, 1, 0)$ の場合

　1期目はタイプ1を選び，2期目は景気が良いときはタイプ1を，景気が悪いときはタイプ0を選択するので，(5.2) 式より持家の場合の効用が借家のそれを上回る条件は以下のようになる。

$$\pi[U(W_H - (1+r)R_1 - \bar{R}_2) - U(W_H - (1+r)R_1 - R_H)]$$
$$> (1-\pi)[U(W_L - (1+r)R_1 - R^0) - U(W_L - (1+r)R_1 - R^0 - (\bar{R}_2 - R_L))] \tag{5.4}$$

持家と借家が無差別となるような境界値 Δ^{110} を求めよう。そこで，$\Delta = W_H - W_L = R_L - R^0$ となる家計を考える。この家計は持家を選択する。なるほど，

$$c_H^B = W_H - (1+r)R_1 - \bar{R}_2$$
$$c_L^B = W_L - (1+r)R_1 - \bar{R}_2 + (R_L - R^0)$$

となり，持家のときの効用水準が一致する。このとき，(5.4) 式は

$$U(W_H - (1+r)R_1 - \bar{R}_2)$$
$$> \pi U(W_H - (1+r)R_1 - R_H) + (1-\pi)U(W_H - (1+r)R_1 - R_L)$$

となり，$R_L < \bar{R}_2 < R_H$ であるから，不等号は満たされる。

次に，$\Delta = W_H - W_L = R_H - R^0$ となる家計を考える。この家計は借家を選択する。なるほど，

$$c_H^R = W_H - (1+r)R_1 - R_H$$
$$c_L^R = W_L - (1+r)R_1 - R^0$$

となり，借家のときの効用水準が一致する。このとき，借家を選択する条件は

$$\pi U(W_H - (1+r)R_1 - \bar{R}_2) + (1-\pi)U(W_H - (1+r)R_1 - \bar{R}_2 - (R_H - R_L))$$
$$< U(W_H - (1+r)R_1 - R_H)$$

となり，$\bar{R}_2 < R_H < \bar{R}_2 + (R_H - R_L)$ であるから，不等号は満たされる。

以上の結果から，持家と借家が無差別となる境界値 Δ^{110} をもつ家計は，次の条件を満たす。

$$R_L - R^0 < \Delta^{110} < R_H - R^0$$

(c) $(1, 0, 1)$ の場合

1期目はタイプ1を選び，2期目は景気が良いときはタイプ0を，景気が悪いときはタイプ1を選択するので，(5.2) 式より持家の場合の効用が借家のそれを上回る条件は以下のようになる。

$$\pi[U(W_H - (1+r)R_1 - R^0 + (R_H - \bar{R}_2)) - U(W_H - (1+r)R_1 - R^0)] \quad (5.5)$$
$$> (1-\pi)[U(W_L - (1+r)R_1 - R_L) - U(W_L - (1+r)R_1 - \bar{R}_2)]$$

持家と借家が無差別となるような境界値 Δ^{101} を求める。そこで，$\Delta = W_H - W_L = -(R_H - R^0)$ となる家計を考える。この家計は持家を選択する。なるほど，

$$c_H^B = W_H - (1+r)R_1 - \bar{R}_2 + (R_H - R^0)$$
$$c_L^B = W_L - (1+r)R_1 - \bar{R}_2$$

となり，持家のときの効用水準が一致する。このとき，(5.5) 式は

$$U(W_H-(1+r)R_1-R^0+R_H-\bar{R}_2)$$
$$> \pi U(W_H-(1+r)R_1-R^0)+(1-\pi)U(W_H-(1+r)R_1-R^0+R_H-R_L)$$

で，$0 < R_H-\bar{R}_2 < R_H-R_L$ であるから，不等号は満たされる。

次に，$\Delta = W_H-W_L = -(R_L-R^0)$ となる家計を考える。この家計は借家を選択する。

$$c_H^R = W_H-(1+r)R_1-R^0$$
$$c_L^R = W_L-(1+r)R_1-R_L$$

となり，借家のときの効用水準が一致する。このとき，借家を選択する条件は

$$\pi U(W_H-(1+r)R_1-R^0+(R_H-\bar{R}_2))$$
$$+(1-\pi)U(W_H-(1+r)R_1-R^0-(\bar{R}_2-R_L))$$
$$< U(W_H-(1+r)R_1-R^0)$$

となり，$R_L-\bar{R}_2 < 0 < R_H-\bar{R}_2$ であるから，不等号は満たされる。

以上の結果から，持家と借家が無差別となる境界値 Δ^{101} をもつ家計は，次の条件を満たす。

$$-(R_H-R^0) < \Delta^{101} < -(R_L-R^0)$$

(d) $(1,0,0)$ の場合

1期目はタイプ 1 を選び，2期目は景気の良し悪しにかかわらず，タイプ 0 を選択する。(5.2) 式より，持家の場合の効用が借家のそれを上回る条件は以下のようになる。

$$\pi[U(W_H-(1+r)R_1-R^0+(R_H-\bar{R}_2))-U(W_H-(1+r)R_1-R^0)]$$
$$> (1-\pi)[U(W_L-(1+r)R_1-R^0)-U(W_L-(1+r)R_1-R^0-(\bar{R}_2-R_L))]$$
$$(5.6)$$

持家と借家が無差別となるような境界値 Δ^{100} を求める。そこで，$\Delta = W_H-W_L = -(R_H-R_L)$ となる家計を考える。この家計は持家を選択

する。なるほど，

$$c_H^B = W_H - (1+r)R_1 - \bar{R}_2 + (R_H - R^0)$$
$$c_L^B = W_L - (1+r)R_1 - \bar{R}_2 + (R_L - R^0)$$

となり，持家のときの効用水準が一致する。このとき，(5.6) 式は

$$U(W_H - (1+r)R_1 - R^0 + (R_H - \bar{R}_2))$$
$$> \pi U(W_H - (1+r)R_1 - R^0) + (1-\pi)U(W_H - (1+r)R_1 - R^0 + (R_H - R_L))$$

となり，$0 < R_H - \bar{R}_2 < R_H - R_L$ であるから，不等号は満たされる。

　次に，$\Delta = W_H - W_L = 0$ となる家計を考える。この家計は借家を選択する。なるほど，

$$c_H^R = W_H - (1+r)R_1 - R^0$$
$$c_L^R = W_L - (1+r)R_1 - R^0$$

となり，借家のときの効用水準が一致する。このとき，借家を選択する条件は

$$\pi U(W_H - (1+r)R_1 - R^0 + (R_H - \bar{R}_2))$$
$$+ (1-\pi)U(W_H - (1+r)R_1 - R^0 - (\bar{R}_2 - R_L))$$
$$< U(W_H - (1+r)R_1 - R^0)$$

となり，$R_L - \bar{R}_2 < 0 < R_H - \bar{R}_2$ であるから，不等号は満たされる。

　以上の結果から，持家と借家が無差別となる境界値 Δ^{100} をもつ家計は，次の条件を満たす。

$$-(R_H - R_L) < \Delta^{100} < 0$$

　以上をまとめると，持家と借家が無差別になる境界値 Δ は次のようになる。

$(1,1,1)$ の場合，$0 < \Delta^{111} < R_H - R_L$

$(1,1,0)$ の場合，$R_L - R^0 < \Delta^{110} < R_H - R^0$

$(1,0,1)$ の場合，$-(R_H - R^0) < \Delta^{101} < -(R_L - R^0)$

$(1,0,0)$ の場合，$-(R_H - R_L) < \Delta^{100} < 0$

例えば，景気の良し悪しに左右されない $\Delta = 0$ の家計を考える。この家計は $(1, 1, 1)$，$(1, 1, 0)$ を望むなら必ず持家を選択し，$(1, 0, 1)$，$(1, 0, 0)$ を望むなら借家を選択する。$(1, 1, 1)$ と $(1, 0, 0)$ の場合は明らかであるが，$(1, 1, 0)$ と $(1, 0, 1)$ の場合はその理由は必ずしも明らかではない。$(1, 1, 0)$ の場合，状態 H であれば持家を選択した方がよい。もし 1 期目に借家にすると $c_H^R - c_L^R = -R_H$，持家にすると $c_H^B - c_L^B = -R_L$ となり，持家の場合の方がリスクは少なくてすむ。なぜなら持家は借家と違ってキャピタルゲインを得ることができるからである。$(1, 0, 1)$ の場合は，その逆で，もし 1 期目に借家にすると $c_H^R - c_L^R = R_L$，持家にすると $c_H^B - c_L^B = R_H$ となり，借家の方がリスクは少なくてすむ。

このように Ortalo-Magné and Rady（2002）は，簡単な 2 期間モデルを使って，景気が良いとき悪いときの家計の所得の期待値が一定であれば，$\Delta = W_H - W_L$ が小さくなるにつれて，言い換えれば $\mathrm{Cov}[\widetilde{W}, \widetilde{R}_2]$ が小さな値をとるにつれて，借家に比して持家の相対的な有利さは高まることを示した[4]。

5. 1. 2　2 期間モデル：Davidoff（2006）

所得と住宅価格との間には強い正の相関関係があると言われる。それでは，ライフサイクルの中で所得と住宅価格との間に正の相関があるとき，住宅需要にどのような影響を及ぼすのだろうか。本節では，この問題に取り組んだ論文として Davidoff（2006）を取り上げる。

各世帯は 2 期間を生きる。1 期目のテニュア選択を含む消費パターンがライフタイムの効用水準に影響を及ぼす。ライフタイムの期待効用は，2 つの財サービス，すなわち住宅と基準財としての消費財から得られるものとする。住宅は消費財であると同時に投資財でもあり，住宅ストック 1 単位に対して住宅サービス 1 単位が対応するものとする。各期の住宅価格を P_1，P_2 とし，

---

[4] Ortalo-Magné and Rady（2002）は，ほかにも次のような点を指摘している。いま居住する住宅に長い期間にわたって住み続けようとする家計は持家を選択し，長くは居住しないと考えている家計は借家を選択する。また，いま居住する住宅の費用とこれから移り住もうと考えている住宅の費用との共分散が大きいほど，いま居住する住宅として持家を選択する。

2期目の住宅価格 P_2 は確率変数である。また各期の住宅サービス価格（家賃）を R_1, R_2 とする。各期における労働供給は固定されており，各期の労働所得をそれぞれ y_1, y_2 とする。ここで，y_2 は確率変数である。各世帯は，1期目に労働所得 y_1 を得て，住宅消費 H_1，消費財 c_1，借入 M（貯蓄する場合には負の値をとる）を決定する。すなわち，1期目の消費財は

$$c_1 = \begin{cases} y_1 - P_1 H_1 + M & \text{（持家の場合）} \\ y_1 - R_1 H_1 + M & \text{（借家の場合）} \end{cases}$$

となる。2期目には労働所得 y_2 を得る一方，借入の場合には利子とともに元金を返済し，貯蓄の場合には元金とともに利子所得を得る。簡単化のために借入，貯蓄にかかわらず，利子率 r は等しくリスクフリーとする。また，持家の場合には2期目に住宅を売却して $P_2 H_1$ を得る。こうして得られる2期目の流動資産は，住宅消費と消費財に振り向けられる。

（1）　持家の場合

まず，持家の場合について考えよう。1期目の効用は住宅と消費財から得られるが，2期目の効用は1期目の消費パターンの結果もたらされる富に依存すると仮定する。つまり，1期目に持家を選択した家計は2期目にも引き続き同じ住宅に居住することになるが，そこから得られる効用はゼロと仮定する。すなわち，ライフタイムの効用関数は，

$$U(H_1, M \mid \Theta, Z) = u(c_1, H_1; Z) + Ev(W_2 \mid \Theta, Z)$$

である。ここで Θ は確率変数 y_2，P_2 の同時分布を示すパラメータ，また Z は各家計の属性を示すパラメータである。この家計の予算制約より

$$c_1 = y_1 - P_1 H_1 + M$$
$$W_{2|own} = y_2 + P_2 H_1 - (1+r) M \tag{5.7}$$

となる。

Davidoff（2006）は Berkovec and Fullerton（1992）に倣って，2期目の間接効用関数を次のように仮定した。

$$Ev = a(\mathrm{E} W_{2|own}) + b(\mathrm{Var}[W_{2|own}]), \quad a' > 0, \quad b' < 0$$

2 期目における期待効用は，2 期目の富の平均が大きいほど高い効用が得られ，その富の分散が大きいほど効用は低下する。ところで，（5.7）式より

$$EW_{2|own} = \bar{y}_2 + \bar{P}_2 H_1 - (1+r) M$$
$$\mathrm{Var}[W_{2|own}] = \mathrm{Var}[y_2] + 2H_1 \mathrm{Cov}[P_2, y_2] + H_1^2 \mathrm{Var}[P_2]$$

であるから，2 期目の住宅価格と所得の平均値が大きくなるほど期待効用を上昇させるのに対し，住宅価格と所得のそれぞれの分散および共分散の値が大きいほど富の分散を高め，その結果として 2 期目の期待効用を低下させる。

　持家を選択したときのライフタイムの効用関数は，次のように定義することができる。

$$U(H_1, M \,|\, \Theta, Z) = u(y_1 - P_1 H_1 + M, H_1; \Theta, Z) + a(\bar{y}_2 + \bar{P}_2 H_1 - (1+r) M)$$
$$+ b(\mathrm{Var}[y_2] + 2H_1 \mathrm{Cov}[P_2, y_2] + H_1^2 \mathrm{Var}[P_2])$$

各家計は期待効用が最大になるように H_1, M を決定する。効用関数をそれぞれの変数で偏微分することにより効用最大化のための必要条件を得る。

$$U_H = -P_1 u_1 + u_2 + \bar{P}_2 a' + 2\mathrm{Cov}[P_2, y_2] b' + 2H_1 \mathrm{Var}[P_2] b' = 0$$
$$U_M = u_1 - (1+r) a' = 0$$

効用最大化のための十分条件である $U_{HH} U_{MM} - U_{HM}^2 > 0$ が満たされ，そのもとで内点解 H^o, M^o が存在するとする。この解に対して $\mathrm{Cov}[P_2, y_2]$ による比較静学を行う。それぞれの解を必要条件に代入して $\mathrm{Cov}[P_2, y_2]$ で微分すると，

$$\begin{pmatrix} U_{HH} & U_{HM} \\ U_{HM} & U_{MM} \end{pmatrix} \begin{pmatrix} \partial H_1^o / \partial \mathrm{Cov}[P_2, y_2] \\ \partial M^o / \partial \mathrm{Cov}[P_2, y_2] \end{pmatrix} = \begin{pmatrix} -2b' \\ 0 \end{pmatrix}$$

を得る。よって，$\mathrm{Cov}[P_2, y_2]$ の持家住宅需要への影響は

$$\frac{\partial H^o}{\partial \mathrm{Cov}[P_2, y_2]} = \frac{-2 U_{MM} b'}{U_{HH} U_{MM} - U_{HM}^2} < 0$$

となる。つまり，住宅価格と所得の相関が強まるにつれ，持家の住宅需要は減少する。

　また，効用が最大化されているときの効用水準を U^o と置くと，包絡線定

理より

$$\frac{\partial U^o}{\partial \text{Cov}[P_2, y_2]} = 2H_1 b' < 0$$

を得る。すなわち，住宅価格と所得の相関が強まると，効用水準は低下する。

(2) 借家の場合

　次に借家の場合について考える。各期における住宅価格に対する家賃の比率をそれぞれ g_1, g_2 とし，いずれも一定の値をとるものとする。1期目に借家を選択した家計は，2期目においても借家を選択するものとする。この場合の期待効用は，

$$EU = u(y_1 - g_1 P_1 H_1, H_1; Z) + Ev(y_2, P_2; \Theta, Z)$$

である。この家計の予算制約式は

$$c_1 = y_1 - g_{1_1} H_1 + M$$
$$W_{2|rent} = y_2 - g_2 P_2 H_2 - (1+r) M$$

である。先と同様に，2期目の富の平均と分散を計算する。

$$EW_2 = \bar{y}_2 - g_2 \bar{P}_2 \bar{H}_2 - (1+r) M$$
$$\text{Var}[W_2] = \text{Var}[y_2] - 2g_2 \bar{H}_2 \text{Cov}[P_2, y_2] + g_2^2 \bar{H}_2^2 \text{Var}[P_2]$$

Davidoff (2006) は議論を簡単にするために，2期目における住宅消費を $\bar{H}_2$ に設定している。これはかなり強い仮定であるが，Davidoff (2006) によれば，持家に比べて借家の方がライフタイムの住宅需要量の変動幅は小さいとしている。

　借家を選択したときのライフタイムの効用関数は次のようになる。

$$U(H_1, M | \Theta, Z) = u(y_1 - P_1 H_1 + M, H_1; Z) + a(\bar{y}_2 - g_2 \bar{P}_2 \bar{H}_2 - (1+r) M, \bar{H}_2)$$
$$+ b(\text{Var}[y_2] - 2g_2 \bar{H}_2 \text{Cov}[P_2, y_2] + \bar{H}_2^2 g_2^2 \text{Var}[P_2])$$

各家計は効用が最大になるように H_1, M を決定する。効用関数をそれぞれの変数で偏微分することにより効用最大化のための必要条件を得る。

図 5.1　$\mathrm{Cov}[P_2, y_2]$ が住宅購入に及ぼす影響

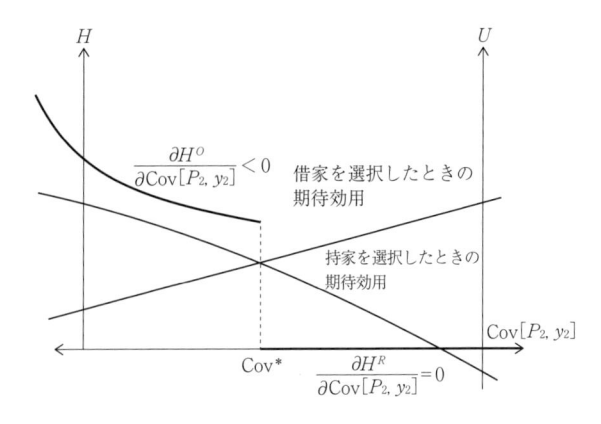

$$U_H = -P_1 u_1 + u_2 = 0$$
$$U_M = u_1 - (1+r)a' = 0$$

効用最大化のための十分条件である $U_{HH}U_{MM} - U_{HM}{}^2 > 0$ が満たされ，その
もとで内点解 H^R，M^R が存在する。しかし，この解は $\mathrm{Cov}[P_2, y_2]$ には依存
せず，$\mathrm{Cov}[P_2, y_2]$ の 借 家 の 住 宅 需 要 へ の 影 響 は ゼ ロ，す な わ ち
$\partial H^R/\partial \mathrm{Cov}[P_2, y_2] = 0$ である。つまり，持家の場合とは異なり，借家の住
宅需要は住宅価格と所得の相関には依存しない。

　また，借家を選択したときの効用水準を U^R と置くと，$\partial U^R/\partial \mathrm{Cov}[P_2, y_2]$
$= -2g_2 \bar{H}_2 b' > 0$ を得る。すなわち，住宅価格と所得の相関が強まると，借
家の効用水準は上昇する。

　以上の分析から，持家を選択するとき，住宅価格と所得の相関が強くなれ
ばなるほど住宅需要量は減少する。その理由は，家計は住宅価格と所得の相
関が強くなると，資金を住宅からよりリスクの大きな金融資産へシフトする
からである。また，住宅価格と所得の相関が強くなるほど，持家の場合の期
待効用は低下し，他方，借家の場合の期待効用は上昇する。したがって，期
待効用が一致するときの共分散の値を Cov^* とすると，$\mathrm{Cov}[P_2, y_2]$ がその
値よりも小さければ持家を選択し，その値よりも大きくなると借家を選択す
る（図 5.1 を参照）。

5.2 家賃リスク：Sinai and Souleles（2005）を中心に

　前節では価格リスクと所得リスクが，テニュア選択とそれを通じて住宅需要に及ぼす影響を中心に2本の論文について見た。本節では，家賃リスクがテニュア選択と住宅需要に及ぼす影響について，Sinai and Souleles（2003,2005, 2013）を参考にまとめる。

(1)　将来の転居がないとき

　各家計は N 期間にわたってあるコミュニティに居住する。その間，持家もしくは借家のいずれかを選ばなければならない。議論を簡潔にするために，住宅サービスのサイズは持家，借家にかかわらず一定とし，居住期間についても N で外生的に与えられたものとする。このコミュニティにおける住宅供給は一定である。N 期間を経て，コミュニティから世帯が流出した場合には当該コミュニティ以外からその世帯数に見合った流入が起こり，常に住宅の需給はバランスしている。t 期における家賃は AR(1) に従い，以下のような仮定を設ける。

$$r_t = \mu + \varphi r_{t-1} + \eta_t \tag{5.8}$$

ここで，μ：家賃の期待成長率を示すパラメータ，φ：家賃の持続性を示すパラメータ，η_t：t 期における家賃のショックを示すパラメータで，$\eta_t \sim$ i.i.d.$(0, \sigma^2)$（σ^2 は η_t の分散）である。
　(5.8) 式から

$$r_t = \varphi^t r_0 + \mu \sum_{i=1}^{t} \varphi^{i-1} + \sum_{i=1}^{t} \varphi^{t-i} \eta_i$$

を得る。これは，t 期における家賃が3つの部分から構成されていることを示す。第1項は現時点の家賃 r_0 の影響，第2項は家賃成長率の影響，そして第3項は t 期までの家賃のショックの影響である。いずれも家賃の持続性を示す φ に依存している。将来にわたる家賃の期待現在価値 $PV(r_0)$ は，現時点の家賃 r_0 の線形関数として表すことができる。

$$PV(r_0) \equiv E_0 \left(r_0 + \sum_{t=1}^{\infty} \delta^t \tilde{r}_t \right)$$

$$= r_0 + \sum_{t=1}^{\infty} \delta^t \left(\varphi^t r_0 + \mu \sum_{i=1}^{t} \varphi^{i-1} \right)$$

$$= r_0 \sum_{t=0}^{\infty} (\delta\varphi)^t + \mu \sum_{t=1}^{\infty} \delta^t \left(\sum_{i=1}^{t} \varphi^{i-1} \right)$$

$$= r_0 (1 + (\delta\varphi) + (\delta\varphi)^2 + \cdots) + \mu (\delta + \delta^2 (1+\varphi) + \delta^3 (1+\varphi+\varphi^2) + \cdots)$$

$$= r_0 \frac{1}{1-\delta\varphi} + \mu \frac{\delta}{(1-\delta\varphi)(1-\delta)}$$

$$= \frac{1}{1-\delta\varphi} \left(r_0 + \mu \frac{\delta}{1-\delta} \right)$$

ここで，δ は割引ファクターである。r_0 は現時点において観察可能な家賃であるが，その後の家賃 $\tilde{r}_t$ については確率変数であることを強調するために ～ を付している。

　各世帯は外生的に与えられた生涯富 W から住宅費用を差し引いたネットの富の期待効用が最大になるように，持家か借家か（いわゆるテニュア）を決める。そこでまず，N 期間にわたって借家に居住したときの住宅費用を考える。借家の住宅費用 C_R と置くと，

$$C_R = r_0 + \sum_{t=1}^{N-1} \delta^t \tilde{r}_t$$

となる。

　一方，N 期間にわたって持家に居住したときの住宅費用 C_O と置くと，

$$C_O = P_0 - \delta^N \tilde{P}_N$$

となる。先と同様に，現時点における住宅価格 P_0 は観察可能であるが，N 期後の住宅価格についても ～ を付して確率変数であることを強調している。

　住宅の供給量は一定であるため，持家に対する需要が価格を決める。各世帯は現時点において，住宅費用を除いた純生涯富が最大になるようにテニュアを決定する。世帯にとって持家と借家が無差別になるのは，それぞれのテニュアを選択したときの純生涯富の期待効用が一致するとき，すなわち，

$$E_0 U (W - C_R) = E_0 U (W - C_0)$$

が成立するときである。この条件が満たされるように P_0 が決定されるというのが，Sinai and Souleles のアイデアである。

(a) 借家のリスクプレミアム

まず，借家を選んだときの住宅費用を差し引いた生涯富の効用の平均と，生涯富からその費用の平均を差し引いた生涯富の効用が一致するような住宅費用の確実性等価を求める。具体的には借家のリスクプレミアムを π_R として，以下の式が成り立つような π_R を求める。

$$E_0 U (W - C_R) = U (W - E_0 C_R - \pi_R)$$

この借家のリスクプレミアムは，効用関数の絶対的危険回避度と確率変数の分散を用いて

$$\pi_R \approx - \frac{U'' (W - E_0 C_R)}{U' (W - E_0 C_R)} \frac{\mathrm{Var} [C_R]}{2}$$

として近似できる。そこで，$\mathrm{Var}[C_R]$ を求めよう。借家の住宅費用の平均は，

$$E_0 C_R = E_0 \left[r_0 + \sum_{t=1}^{N-1} \delta^t \tilde{r}_t \right]$$

であるから，借家の住宅費用の平均からの乖離は，

$$
\begin{aligned}
C_R - E_0 C_R &= \sum_{t=1}^{N-1} \delta^t (\tilde{r}_t - \bar{r}_t) = \sum_{t=1}^{N-1} \delta^t \left(\sum_{i=1}^{t} \varphi^{t-i} \eta_i \right) \\
&= \sum_{t=1}^{N-1} \delta^t (\varphi^{t-1} \eta_1 + \varphi^{t-2} \eta_2 + \cdots + \varphi \eta_{t-1} + \eta_t) \\
&= \delta \eta_1 + \delta^2 (\varphi \eta_1 + \eta_2) + \delta^3 (\varphi^2 \eta_1 + \varphi \eta_2 + \eta_3) \\
&\quad + \cdots + \delta^{N-1} (\varphi^{N-2} \eta_1 + \cdots + \eta_{N-1})
\end{aligned}
$$

となる。よって，

$$\text{Var}[C_R] = \sigma^2 \{ (\delta + \delta^2\varphi + \delta^3\varphi^2 + \cdots + \delta^{N-2}\varphi^{N-3} + \delta^{N-1}\varphi^{N-2})^2$$
$$+ (\delta^2 + \delta^3\varphi + \delta^4\varphi^2 + \cdots + \delta^{N-2}\varphi^{N-4} + \delta^{N-1}\varphi^{N-3})^2$$
$$+ (\delta^3 + \delta^4\varphi + \delta^5\varphi^2 + \cdots + \delta^{N-2}\varphi^{N-5} + \delta^{N-1}\varphi^{N-4})^2$$
$$+ \cdots + (\delta^{N-2} + \delta^{N-1}\varphi)^2 + (\delta^{N-1})^2 \}$$

となる。これは，次のように書くことができる。

$$\text{Var}[C_R] = \sigma^2 \sum_{t=1}^{N-1} \left(\delta^t + \sum_{i=t+1}^{N-1} \delta^i \varphi^{i-t} \right)^2$$

したがって，α を当該世帯の危険回避度を測るパラメータとすると，借家のリスクプレミアム $\pi_R(\sigma^2, N)$ は以下のように表すことができる。

$$\pi_R(\sigma^2, N) \approx \frac{\alpha}{2}\sigma^2 \sum_{t=1}^{N-1} \left(\delta^t + \sum_{i=t+1}^{N-1} \delta^i \varphi^{i-t} \right)^2$$

(b) 持家のリスクプレミアム

　次に，持家を選んだときの住宅費用を差し引いた生涯富の効用の平均と，生涯富からその費用の平均を差し引いた生涯富の効用が一致するような住宅費用の確実性等価を求める。持家のリスクプレミアムを π_O として，以下の式が成り立つような π_O を求める。

$$E_0 U(W - C_O) = U(W - E_0 C_O - \pi_O)$$

そこで，持家の住宅費用とその平均を求めよう。持家の住宅費用は $P_0 - \delta^N \tilde{P}_N$ である。N 期における住宅価格 $\tilde{P}_N$ は，N 期以降の家賃ショックの影響を反映し，

$$PV(\tilde{r}_N) = E_N \left(\tilde{r}_N + \sum_{t=1}^{\infty} \delta^t \tilde{r}_{N+t} \right) = \tilde{r}_N + \sum_{t=1}^{\infty} \delta^t \left(\varphi^t \tilde{r}_N + \mu \sum_{i=1}^{t} \varphi^{i-1} \right)$$
$$= \frac{1}{1 - \delta\varphi} \left(\tilde{r}_N + \mu \frac{\delta}{1 - \delta} \right)$$

となる。持家の住宅費用の平均は $P_0 - \delta^N \bar{P}_N$ であるから，持家の住宅費用の平均からの乖離は

$$C_0 - E_0[C_0] = -\frac{\delta^N}{1-\delta\varphi}(\tilde{r}_N - \bar{r}_N) = -\frac{\delta^N}{1-\delta\varphi}\sum_{t=1}^{N}\varphi^{N-t}\eta_t$$

となる。よって,

$$\mathrm{Var}[C_0] = \sigma^2\left(\frac{\delta^N}{1-\delta\varphi}\right)^2(\varphi^{2(N-1)}+\varphi^{2(N-2)}+\cdots+\varphi^2+1)$$
$$= \sigma^2\left(\frac{\delta^N}{1-\delta\varphi}\right)^2\sum_{t=0}^{N-1}\varphi^{2t}$$

である。先と同じように α を当該世帯の危険回避度を測るパラメータとすると,持家のリスクプレミアム $\pi_0(\sigma^2, N)$ は以下のように表すことができる。

$$\pi_0(\sigma^2, N) \approx \frac{\alpha}{2}\sigma^2\left(\frac{\delta^N}{1-\delta\varphi}\right)^2\sum_{t=0}^{N-1}\varphi^{2t}$$

(c) 住宅価格とリスクプレミアム

そこで,借家と持家のいずれを選択しても無差別になるように,以下の式が成立するような P_0 を求める。

$$U(W-E_0C_R-\pi_R) = U(W-E_0C_0-\pi_0)$$

つまり,

$$E_0C_0-E_0C_R = \pi_R(\sigma^2, N) - \pi_0(\sigma^2, N)$$

が成立している。ところで P_0 には N 期間までの借家と持家のリスクプレミアムが反映されるだけではなく,N 期以降の取引にも同様のリスクプレミアムが含まれていると考えるのが自然である。こうしたリスクプレミアムの総計を RP とし,次のように定義する。

$$RP(\sigma^2, N) = (\pi_R-\pi_0)+\delta^N(\pi_R-\pi_0)+\delta^{2N}(\pi_R-\pi_0)+\cdots = \frac{\pi_R-\pi_0}{1-\delta^N}$$

均衡においては,次の式が成り立つ。

$$\left(P_0 - \delta^N RP(\sigma^2, N) - E_0\left[\sum_{t=N}^{\infty}\delta^t \tilde{r}_t\right]\right) - \left(r_0 + E_0\left[\sum_{t=1}^{N-1}\delta^t \tilde{r}_t\right]\right)$$
$$= \pi_R - \pi_O$$

よって，

$$P_0 = r_0 + E_0\left[\sum_{t=1}^{\infty}\delta^t \tilde{r}_t\right] + RP(\sigma^2, N)$$
$$= r_0 + E_0\left[\sum_{t=1}^{\infty}\delta^t \tilde{r}_t\right] + \frac{\pi_R(\sigma^2, N) - \pi_O(\sigma^2, N)}{1 - \delta^N}$$

となる。

　これまで，家計がリスク回避的であることを前提に，N 期間同一場所に居住する場合の借家と持家のそれぞれについて，平均住宅費用を除くネットの生涯富が一致するように借家と持家それぞれのリスクプレミアムを考えることにより住宅価格を求めた。このようなフレームワークの場合，均衡における住宅価格は借家の家賃リスクと持家の価格リスクの大小関係の大きさに依存する。家賃リスクが価格リスクよりも大きいほど住宅価格は高くなり，逆に価格リスクが家賃リスクに比して大きくなるほど住宅価格は低くなる。

　家賃に持続性がないとき，すなわち $\varphi = 0$ と置く（家賃が i.i.d. である）と，リスクプレミアムは

$$RP(\sigma^2, N) = \frac{\alpha}{2}\sigma^2\left(\sum_{t=1}^{N-1}\delta^{2t} - \delta^{2N}\right)\frac{1}{1 - \delta^N}$$

となる。リスクプレミアム全体に反映されるのは，借家のリスクプレミアムは 1 期目から $N-1$ 期までの家賃ショックを加えたものであるのに対し，持家のリスクプレミアムは住宅を購入する第 N 期間の家賃ショックのみである。したがって，予想される居住期間 N が長くなると，借家のリスクプレミアムは持家のリスクプレミアムを上回る。しかし一方，予想される居住期間 N が長くなるにつれて分母自体も大きくなるので，リスクプレミアム全体が増加するか減少するかは N の大きさ次第である。N の増大とともに分母は 1 に近づいていくので，一般的には全体としてのリスクプレミアムは増加し，住宅保有に対する需要は高まると言える。

また，家賃ショックの分散が大きくなると，リスクプレミアム全体が増大するので，住宅保有に対する需要は高まる。しかも，予想される居住期間 N が長くなるにつれて，先と同じ理由から，一般的にはリスクプレミアム全体も増えることになるので，住宅保有に対する需要は高まる。

(2) 転居があるとき

5.2 (1) では，家賃と価格にリスクがあるとき，リスクヘッジとしての住宅保有に対する需要を考えた。Sinai and Souleles（2005）では，2 つの地域間を転居する場合，家賃リスクと価格リスクが住宅保有に対する需要に及ぼす影響についても分析を行っている。各家計は，$2N$ 期間にわたって N 期間ずつ A，B という 2 つの地域に居住する。$2N$ 期間にわたって持家もしくは借家のいずれかを決めなければならない。しかし，各地域の住宅サービスの大きさ，居住期間である N はいずれも外生的に与えられ，住宅供給は一定である。N 期間後，各地域から世帯が流出した場合には他の地域からその数に見合った流入が起こるものとし，住宅供給は一定である。各地域の家賃は AR(1) の仮定を設け，以下のように推移する。

$$r_t^A = \mu^A + \varphi r_{t-1}^A + k(\eta_t^A + \rho\eta_t^B) \tag{5.9}$$
$$r_t^B = \mu^B + \varphi r_{t-1}^B + k(\rho\eta_t^A + \eta_t^B) \tag{5.10}$$

ここで，μ^A，μ^B：各地域の家賃の期待成長率を示すパラメータ，φ：各地域の家賃の持続性を示すパラメータ，η_t^A，η_t^B：t 期における各地域のショックを示すパラメータで，$\eta_t^A \sim$ i.i.d.$(0, \sigma_A^2)$，$\eta_t^B \sim$ i.i.d.$(0, \sigma_B^2)$，ρ：2 つの地域間における家賃の空間的な相関度を示すパラメータ，k：スケールを示す係数である。

地域 j $(j = A, B)$ の家賃を r_0^j とすれば，(5.9)，(5.10) 式より，t 期間経過後の家賃は

$$r_t^j = \varphi^t r_0^j + \mu^j \sum_{i=1}^t \varphi^{i-1} + \sum_{i=1}^t \varphi^{t-i} k(\eta_t^j + \rho\eta_t^{-j}) \tag{5.11}$$

である。前項と同様に，$PV(r_0^j)$ を地域 j における将来にわたる家賃平均の現在価値の総和として定義すると，

$$PV(r_0^j) \equiv E_0\left[r_0^j + \sum_{t=1}^{\infty}\delta^n \tilde{r}_t^j\right] = \frac{1}{1-\delta\varphi}\left(r_0^j + \mu^j\frac{\delta}{1-\delta}\right)$$

となる。

　各世帯は外生的に与えられた生涯富 W から住宅費用を差し引いたネットの富の期待効用が最大になるように持家か借家か（いわゆるテニュア）を決める。そこでまず，$2N$ 期間にわたって A 地域，B 地域の順に借家に居住したときの住宅費用を考える。借家の住宅費用 C_R とすれば，

$$C_R = r_0^A + \sum_{t=1}^{N-1}\delta^t \tilde{r}_t^A + \sum_{t=N}^{2N-1}\delta^t \tilde{r}_t^B$$

となる。

　他方，$2N$ 期間にわたって A 地域，B 地域の順に持家に居住したときの住宅費用を C_0 とすれば，

$$C_0 = P_0^A + \delta^N(\tilde{P}_N^B - \tilde{P}_N^A) - \delta^{2N}\tilde{P}_{2N}^B$$

となる。先と同様に，現時点において P_0^A は観察可能であるが，将来の売値と買値には ～ を付して確率変数であることを強調している。

　各地域の住宅供給は一定であると仮定されており，持家に対する需要はすべて価格に反映される。各世帯は $2N$ 期間の人生のスタート地点において，住宅費用を除いたネットの生涯富が最大になるようにテニュアを決定するが，ちょうどネットの生涯富の期待値について借家と持家が無差別になるように，すなわち，

$$E_0 U(W - C_R) = E_0 U(W - C_0)$$

が成立するように P_0^A が決定される。5.2 (1) と同様に，このことは借家と持家それぞれのリスクプレミアムを介して，

$$U(W - E_0 C_R - \pi_R) = U(W - E_0 C_0 - \pi_0) \tag{5.12}$$

が成り立つように P_0^A が決定されると解釈することができる。

(a) 借家のリスクプレミアム

そこでまず，借家を選んだときの住宅費用を差し引いた生涯富の効用の平均と，生涯富からその費用の平均を差し引いた生涯富の効用が一致するような住宅費用の確実性等価を求める。地域 A における借家のリスクプレミアム π_R を求める。

借家の住宅費用の平均は

$$E_0 C_R = E_0 \left[r_0^A + \sum_{t=1}^{N-1} \delta^t \bar{r}_t^A + \sum_{t=N}^{2N-1} \delta^t \bar{r}_t^B \right]$$

である。したがって，

$$
\begin{aligned}
C_R - E_0 C_R &= \sum_{t=1}^{N-1} \delta^t (\tilde{r}_t^A - \bar{r}_t^A) + \sum_{t=N}^{2N-1} \delta^t (\tilde{r}_t^B - \bar{r}_t^B) \\
&= \sum_{t=1}^{N-1} \delta^t \sum_{i=1}^{t} \varphi^{t-i} k (\eta_i^A + \rho \eta_i^B) + \sum_{t=N}^{2N-1} \delta^t \sum_{i=1}^{t} \varphi^{t-i} k (\eta_i^B + \rho \eta_i^A)
\end{aligned}
$$

となる。地域 A，B における借家のリスクプレミアムは，

$$
\begin{aligned}
&\pi_R(\eta_1^A, ..., \eta_{2N-1}^A, \eta_1^B, ..., \eta_{2N-1}^B) \\
&\approx \frac{\alpha}{2} \kappa^2 \left\{ \sigma_A^2 \left(\sum_{t=1}^{N-1} \left[\delta^t + \sum_{i=t+1}^{N-1} \delta^i \varphi^{i-t} + \rho \sum_{i=N}^{2N-1} \delta^i \varphi^{i-t} \right]^2 \right. \right. \\
&\qquad \left. + \sum_{t=N}^{2N-1} \rho^2 \left[\delta^t + \sum_{i=t+1}^{2N-1} \delta^i \varphi^{i-t} \right]^2 \right) \\
&\qquad + \sigma_B^2 \left(\sum_{t=1}^{N-1} \left[\rho \left(\delta^t + \sum_{i=t+1}^{N-1} \delta^i \varphi^{i-t} \right) + \sum_{i=N}^{2N-1} \delta^i \varphi^{i-t} \right]^2 \right. \\
&\qquad \left. \left. + \sum_{t=N}^{2N-1} \left[\delta^t + \sum_{i=t+1}^{2N-1} \delta^i \varphi^{i-t} \right]^2 \right) \right\}
\end{aligned} \tag{5.13}
$$

である。

(b) 持家のリスクプレミアム

次に，持家を選んだときの住宅費用を差し引いた生涯富の効用の平均と，生涯富からその費用の平均を差し引いた生涯富の効用が一致するような住宅費用の確実性等価を求める。地域 A における持家のリスクプレミアムを π_O

として，以下の式が成り立つような π_0 を求める。

$$E_0 U(W - C_0) = U(W - E_0 C_0 - \pi_0)$$
$$C_0 = P_0^A + \delta^N (\widetilde{P}_N^B - \widetilde{P}_N^A) - \delta^{2N} \widetilde{P}_{2N}^B$$

持家の住宅費用の平均は

$$E_0 C_0 = P_0^A + \delta^N (\bar{P}_N^B - \bar{P}_N^A) - \delta^{2N} \bar{P}_{2N}^B$$

であるから，（5.11）式より

$$
\begin{aligned}
C_0 - E_0 C_0 &= \delta^N (\widetilde{P}_N^B - \bar{P}_N^B) - \delta^N (\widetilde{P}_N^A - \bar{P}_N^A) - \delta^{2N} (\widetilde{P}_{2N}^B - \bar{P}_{2N}^B) \\
&= -\frac{\delta^N}{1-\delta\varphi} \sum_{t=1}^{N} \varphi^{N-t} k(\eta_t^B + \rho \eta_t^A) + \frac{\delta^N}{1-\delta\varphi} \sum_{t=1}^{N} \varphi^{N-t} k(\eta_t^A + \rho \eta_t^B) \\
&\quad + \frac{\delta^{2N}}{1-\delta\varphi} \sum_{t=1}^{2N} \varphi^{2N-t} k(\eta_t^B + \rho \eta_t^A) \\
&= -\frac{\delta^N}{1-\delta\varphi} \sum_{t=1}^{N} \varphi^{N-t} k(\eta_t^B + \rho \eta_t^A) + \frac{\delta^N}{1-\delta\varphi} \sum_{t=1}^{N} \varphi^{N-t} k(\eta_t^A + \rho \eta_t^B) \\
&\quad + \frac{\delta^{2N}}{1-\delta\varphi} \left\{ \sum_{t=1}^{N} \varphi^{2N-t} k(\eta_t^B + \rho \eta_t^A) + \sum_{t=N+1}^{2N} \varphi^{2N-t} k(\eta_t^B + \rho \eta_t^A) \right\} \\
&= -\frac{k\delta^N}{1-\delta\varphi} \sum_{t=1}^{N} \varphi^{N-t} (\eta_t^B + \rho \eta_t^A) + \frac{k\delta^N}{1-\delta\varphi} \sum_{t=1}^{N} \varphi^{N-t} (\eta_t^A + \rho \eta_t^B) \\
&\quad + \frac{k\delta^N}{1-\delta\varphi} \left\{ \sum_{t=1}^{N} \delta^N \varphi^N \varphi^{N-t} (\eta_t^B + \rho \eta_t^A) + \delta^N \sum_{t=N+1}^{2N} \varphi^{2N-t} (\eta_t^B + \rho \eta_t^A) \right\} \\
&= \frac{k\delta^N}{1-\delta\varphi} \left[\sum_{t=1}^{N} \varphi^{N-t} (1 - \rho(1 - \delta^N \varphi^N)) \eta_t^A + \rho \delta^N \sum_{t=N+1}^{2N} \varphi^{2N-t} \eta_t^A \right. \\
&\quad \left. + \sum_{t=1}^{N} \varphi^{N-t} (1 - \rho(1 - \delta^N \varphi^N)) \eta_t^B + \delta^N \sum_{t=N+1}^{2N} \varphi^{2N-t} \eta_t^B \right]
\end{aligned}
$$

となる。したがって，π_0 は以下のとおりである。

$$
\begin{aligned}
\pi_0(\eta_1^A, &..., \eta_{2N}^A, \eta_1^B, ..., \eta_{2N}^B) \\
&\approx \frac{\alpha}{2} \kappa^2 \left(\frac{\delta^N}{1-\delta\varphi} \right)^2 \left\{ \sigma_A^2 \left([1 - \rho(1 - \delta^N \varphi^N)]^2 \sum_{t=1}^{N} \varphi^{2(N-t)} \right. \right.
\end{aligned}
$$

$$+ (\rho\delta^N)^2 \sum_{t=N+1}^{2N} \varphi^{2(2N-t)} \Bigg)$$

$$+ \sigma_B^2 \Bigg([\rho - (1-\delta^N\varphi^N)]^2 \sum_{t=1}^{N} \varphi^{2(N-t)} + (\delta^N)^2 \sum_{t=N+1}^{2N} \varphi^{2(2N-t)} \Bigg) \Bigg\} \qquad (5.14)$$

さらに，地域 B に居住しようとして借家か持家にするかを決定しようとする家計にとっても同様のことが言える。つまり，借家と持家のそれぞれのリスクプレミアムは

$$\pi_R^B(\eta_1^B, ..., \eta_{2N}^B) \approx \delta^N \frac{\alpha}{2} k^2 (\sigma_B^2 + \rho^2\sigma_A^2) \sum_{t=1}^{N-1} \Bigg(\delta^t + \sum_{i=t+1}^{N-1} \delta^i \varphi^{i-t} \Bigg)^2 \qquad (5.15)$$

$$\pi_O^B(\eta_1^B, ..., \eta_{2N}^B) \approx \delta^N \frac{\alpha}{2} k^2 (\sigma_B^2 + \rho^2\sigma_A^2) \Bigg(\frac{\delta^N}{1-\delta\varphi} \Bigg)^2 \Bigg(1 + \sum_{t=1}^{N-1} \varphi^{2t} \Bigg) \qquad (5.16)$$

となる。

(c) 住宅価格とリスクプレミアム

5.2 (1) と同じように，リスクプレミアム全体を RP と置き，次のように定義する。

$$\begin{aligned}
RP(N, \sigma_A^2, \sigma_B^2, \rho, \varphi, \alpha) &= \{(\pi_R - \pi_O) + \delta^N(\pi_R - \pi_O) + \delta^{2N}(\pi_R - \pi_O) + \cdots\} \\
&\quad - \{\delta^N(\pi_R^B - \pi_O^B) + \delta^{2N}(\pi_R^B - \pi_O^B) + \delta^{3N}(\pi_R^B - \pi_O^B)\} \\
&= \frac{\pi_R - \pi_O}{1-\delta^N} - \frac{\delta^N(\pi_R^B - \pi_O^B)}{1-\delta^N}
\end{aligned}$$

(5.12) 式より，均衡においては，

$$\begin{aligned}
&\Bigg(P_0^A - \delta^N RP(N, \sigma_A^2, \sigma_B^2, \rho, \varphi, \alpha) - E_0 \Bigg[\sum_{t=N}^{\infty} \delta^t \tilde{r}_t \Bigg] \Bigg) - \Bigg(r_0^A + E_0 \Bigg[\sum_{t=1}^{N-1} \delta^t \tilde{r}_t \Bigg] \Bigg) \\
&\quad = (\pi_R - \pi_O) - \delta^N(\pi_R^B - \pi_O^B)
\end{aligned}$$

が成り立つ。つまり，

$$P_0^A = PV(r_0^A, \mu^A) + RP(N, \sigma_A^2, \sigma_B^2, \rho, \varphi, \alpha)$$

$$= PV(r_0^A, \mu^A) + \frac{\pi_R - \pi_O}{1 - \delta^N} - \frac{\delta^N(\pi_R^B - \pi_O^B)}{1 - \delta^N} \tag{5.17}$$

となる。

まず，家賃のリスクプレミアムについて見ておこう。(5.13) 式において $\varphi = 0$, $\rho = 0$ と置くと，

$$\pi_R \cong \frac{\alpha}{2} k^2 \left(\sigma_A^2 \sum_{t=1}^{N-1} \delta^{2t} + \sigma_B^2 \sum_{t=N}^{2N-1} \delta^{2t} \right)$$

となる。前節と同じように，借家のリスクプレミアムは地域 A，地域 B それぞれの家賃ショックの合計である。居住期間 N が長くなるほどリスクプレミアムは大きくなる。$\varphi > 0$, $\rho > 0$ であれば，π_R はより大きな値となる。

次に，持家のリスクプレミアムを見ておこう。(5.14) 式において $\varphi = 0$ と置くと，

$$\pi_O \cong \frac{\alpha}{2} k^2 [\delta^{2N}(1-\rho)^2(\sigma_A^2 + \sigma_B^2) + \delta^{4N}(\rho^2 \sigma_A^2 + \sigma_B^2)] \tag{5.18}$$

となる[5]。これは，N 期後に A 地域の住宅を売却して B 地域の住宅を購入し，さらに N 期後にその住宅を売却するという3度の取引を反映している。$s_A^2 = \mathrm{Var}[r_A], s_B^2 = \mathrm{Var}[r_B]$ とし，また $s_A^2 = k^2(\sigma_A^2 + \rho^2 \sigma_B^2), s_B^2 = k^2(\rho^2 \sigma_A^2 + \sigma_B^2)$ であることから，(5.18) 式は次のように書き換えることができる。

$$\pi_O \cong \frac{\alpha}{2} [\delta^{2N} f(\rho)(s_A^2 + s_B^2) + \delta^{4N} s_B^2] \tag{5.19}$$

ここで，$f(\rho) = (1-\rho)^2/(1+\rho^2)$ である。地域 A，B で価格が完全に相関していなければ，3度の取引で発生する家賃ショックを反映する。逆に完全に相関していれば，N 期後に A 地域の住宅を売却して B 地域の住宅を購入したことにともなう家賃ショックは相殺され，$2N$ 期後に B 地域の住宅を売却するときに被る家賃ショックのみである。

---

5) 一般にゼロのゼロ乗は定義できないとされるが，ここではゼロのゼロ乗は1である。

ところで，$f(-1)=2$，$f(1)=0$ で，また

$$\frac{\partial f(\rho)}{\partial \rho}=-\frac{2(1-\rho)(1+\rho)}{(1+\rho^2)^2}$$

であるから，$-1 \leq \rho \leq 1$ の間で $f(\rho)$ は逓減する。そこで，Sinai and Souleles（2013）の論文では（5.19）式を

$$\pi_O \cong \frac{\alpha}{2}[-\delta^{2N}\mathrm{Cov}[A,B]+\delta^{4N}s_B^2] \tag{5.20}$$

と置いて実証分析を行っている。ここで Cov$[A,B]$ は地域 A，B の家賃あるいは住宅価格の共分散である。

また，（5.17）式の右辺第3項は，地域 B の借家と持家のネットのリスクプレミアムで，（5.15），（5.16）式で $\varphi=0$，$\rho=0$ と置けば，

$$\pi_R^B-\pi_O^B \cong \frac{\alpha}{2}k^2\sigma_B^2\left(\sum_{t=1}^{N-1}\delta^{2t}-\delta^{2N}\right)$$

となる。

このように，地域 A から地域 B への転居を考えている場合，地域 A の住宅価格 P_0^A は地域 A だけではなく地域 B を含んだリスクプレミアムに依存している。とくに（5.20）式が示唆するように，地域 A，B の住宅価格あるいは家賃の共分散が大きくなるにつれて持家のリスクプレミアムは小さくなり，持家の方を有利にさせ，P_0^A を上昇させる。

5.3　転居とリスクヘッジ

5.3.1　2期間モデル：Nordvik（2001）

5.1節，5.2節では価格リスクとテニュア選択の関係を中心に，その分野において重要とされる3本の論文を見てきた。本節では，買い換えがあるときの価格リスクと住宅需要について，2つの論文を紹介する。1つは Nordvik（2001）で，住宅価格の不確実性が使用者費用に及ぼす影響，そしてそれが住宅需要にどのような影響が及ぶかという点について，2期間モデルを

用いた分析を行っている。使用者費用に含められるリスクプレミアムはプラスの値をとるとされるのが一般的であるが，Nordvik（2001）は，将来の住宅消費が増えていくと想定される状況において使用者費用のリスクプレミアムが負の値をとり得ることを示した。

　もう１つは Han（2008）で，ライフサイクルモデルの中で住宅の取引に膨大な費用をともなうとき，住宅価格リスクが住宅需要に及ぼす影響について分析を行っている。Nordvik（2001）と同じように，価格リスクがあるときの使用者費用を求めているが，リスクヘッジについて Nordvik（2001）よりもより厳密な議論を展開している。

　Nordvik（2001）は２期間モデルであり，２期目は不確実性をともなう。家計の効用はその他の財と住宅サービスに依存しており，住宅ストック１単位が住宅サービス１単位を生み出すものとする。２期目に起こりうるすべての状態集合を Ω とすると，効用関数は

$$U = u_1(x_1, H_1) + \frac{1}{1+\rho} \sum_{s \in \Omega} \pi_s u_2(x_2, H_2)$$

である。ここで π_s は状態 s が起こる確率，ρ は割引率を示す。今期の住宅価格は観察可能であるが，来期のそれは事前に知ることはできないので，住宅の使用者費用は不確実性である。このような状況の中で，家計は効用が最大になるように住宅消費パターンを決定する。つまり，今期から来期にかけていまの住宅に住み続けるか，それとも引っ越すかを決めなければならない。本節では，リスクヘッジとしての買い換え需要に関心があるので，２期目に引っ越しすることを前提に議論を進める。

　今期の予算制約は

$$x_1 + P_1 H_1(1 + m_1 + c_1 + \alpha) + S \leq W + y_1$$

とする。ここで m_1 は引っ越しにともなう引っ越し費用，c_1 はオペレーション費用，α は帰属家賃に対する所得税や固定資産税などの税費用である。引っ越し費用には取引税や不動産取引費用が含まれるが，これを明示的にするのは来期に引っ越しをするかしないかの意思決定に大きく影響するからである。来期に転居する場合の来期の予算制約は，

$$x_2 + P_{2s}(1 + m_2 + c_2 + \alpha)H_2 \leq (1 + \rho)S + y_2 + \frac{P_{3s}H_2}{1 + \rho} + P_{2s}H_1$$

となる。ここで若干の説明が必要である。このモデルは 2 期間モデルで意思決定は各期の期首に行われることになっている。しかし，2 期目に購入した住宅は期末に売却され $P_{3s}H_2$ を受け取る。しかし，遺産動機は明示されていないので，その部分も使い切らなければならない。そこで $P_{3s}H_2$ の現在価値に相当する部分を 2 期目の期首に流動化できると仮定する。それが可能であるためには，2 期目の期末における住宅価格は非確率変数でなければならない。

さて，家計は所得制約のもとで効用を最大にするように意思決定を行う。2 期目が不確実ではあっても必ず最適な選択が行われるということを前提に，1 期目の意思決定が行われる。そこで，1 期目の意思決定を反映した 2 期目の所得制約を 2 期目の効用関数に代入することにより，次のような間接効用関数を得る。

$$V(P_{2s}, H_1, S)$$
$$= u_2\left([(1 + \rho)S + y_2 + P_{2s}H_1] - P_{2s}H_2(1 + m_2 + c_2 + \alpha) + \frac{P_{3s}H_2}{1 + \rho}, H_2\right)$$

この間接効用関数の変数である P_{2s} は外生的変数，H_1 と S は 1 期目にすでに決定された変数である。これらの変数が 2 期目の効用に及ぼす影響を見るために，それぞれの変数で微分すると，

$$\frac{\partial V_s}{\partial H_1} = \frac{\partial u_2}{\partial x_{2s}}P_{2s}$$
$$\frac{\partial V_s}{\partial S} = \frac{\partial u_2}{\partial x_{2s}}(1 + \rho) \tag{5.21}$$
$$\frac{\partial V_s}{\partial P_{2s}} = -\frac{\partial u_2}{\partial x_{2s}}\left\{H_2\left[1 + m_2 + c_2 + \alpha - (1 + \rho)^{-1}\frac{\partial P_{3s}}{\partial P_{2s}}\right] - H_1\right\}$$

となる。

いよいよ 1 期目の最適化問題を解く。2 期目の効用関数は間接効用関数である。1 期目の所得制約のもとで以下のラグランジュアン関数を x_1，H_1，S，λ について最適化する。

$$\mathcal{L}(x_1, H_1, S, \lambda) = u_1(x_1, H_1) + \frac{1}{1+\rho}\sum_{s\in\Omega}\pi_s V_s(P_{2s}, H_1, S)$$
$$-\lambda\left\{x_1 + [P_1 H_1(1+m_1+c_1+\alpha)] + S - (W+y_1)\right\}$$

最適化のための必要条件は,

$$x_1: \quad \frac{\partial u_1}{\partial x_1} = \lambda \tag{5.22}$$

$$H_1: \quad \frac{\partial u_1}{\partial H_1} + \frac{1}{1+\rho}\sum_{s\in\Omega}\pi_s\frac{\partial V_s(P_{2s}, h_1, S)}{\partial H_1} = \lambda P_1(1+m_1+c_1+\alpha) \tag{5.23}$$

$$S: \quad \frac{1}{1+\rho}\sum_{s\in\Omega}\pi_s\frac{\partial V_s(P_{2s}, h_1, S)}{\partial S} = \lambda \tag{5.24}$$

$$\lambda: \quad x_1 + [P_1 H_1(1+m_1+c_1+\alpha)] + S = W + y_1$$

となる。間接効用関数の影響を代入すると,(5.23) 式と (5.24) 式はそれぞれ

$$\frac{\partial u_1}{\partial h_1} + \frac{1}{1+\rho}\sum_{s\in\Omega}\pi_s\frac{\partial u_2}{\partial x_{2s}}P_{2s} = \lambda P_1(1+m_1+c_1+\alpha)$$
$$\sum_{s\in\Omega}\pi_s\frac{\partial u_2}{\partial x_{2s}} = \lambda$$

となる。

　使用者費用を求めよう。(5.22), (5.23) 式から

$$\frac{\partial u_1/\partial h_1}{\partial u_1/\partial x_1} = P_1(1+m_1+c_1+\alpha) - \frac{1}{1+\rho}\sum_{s\in\Omega}\pi_s\left(\frac{\partial u_2/\partial x_{2s}}{\partial u_1/\partial x_1}P_{2s}\right) \tag{5.25}$$

を得る。右辺の第2項は2つの変数の平均である。ところで,(5.21), (5.24) 式より

$$\sum_{s\in\Omega}\pi_s\frac{\partial u_2/\partial x_{2s}}{\partial u_1/\partial x_1} = 1$$

であり,また

$$\sum_{s \in \Omega} \pi_s P_{2s} = \bar{P}_2$$

と置くと，(5.25) 式は次のように書くことができる。

$$\frac{\partial u_1/\partial H_1}{\partial u_1/\partial x_1} = P_1(1+m_1+c_1+\alpha) - \frac{1}{1+\rho}\left(\mathrm{Cov}\left[\frac{\partial u_2/\partial x_{2s}}{\partial u_1/\partial x_1}, P_{2s}\right] + \bar{P}_2\right) \quad (5.26)$$

さらに，住宅価格の期待成長率を $g_1 = (\bar{P}_2 - P_1)/P_1$ とすると，(5.26) 式は次のようになる。

$$\frac{\partial u_1/\partial H_1}{\partial u_1/\partial x_1} = E[\varphi_1] - \frac{1}{1+\rho}\mathrm{Cov}\left[\frac{\partial u_2/\partial x_{2s}}{\partial u_1/\partial x_1}, P_{2s}\right] \quad (5.27)$$

ここで，$E[\varphi_1] = P_1((\rho-g_1)/(1+\rho)+m_1+c_1+\alpha)$ である。(5.27) 式の左辺は住宅ストック，それゆえ住宅サービスを 1 単位増やしたときのその他の財で評価した限界便益を示しており，(5.27) 式の右辺はその 1 単位にかかる限界費用で，2 つの要因からなる。第 1 項は通常の使用者費用で，第 2 項は確率的要因と 2 期目の住宅価格の共分散であり，右辺全体はリスク調整後の使用者費用である。

　この共分散が負の値をとれば，使用者費用を上昇させて住宅需要を減少させる。どのような状況において共分散が正の値をとり，使用者費用を低下させて住宅需要が増加するのであろうか。そこで，2 期目の住宅価格が変化したときの限界効用 $\partial u_2/\partial x_{2s}$ の影響を見るために，P_{2s} で偏微分する。

$$\begin{aligned}\frac{\partial^2 u_2}{\partial x_{2s}\partial P_{2s}} &= \frac{\partial^2 u_2}{\partial x_{2s}^2}\left[-H_2\left(1+m_2+c_2+\alpha-\frac{1}{1+\rho}\frac{\partial P_{3s}}{\partial P_{2s}}\right)+H_1\right]\\ &= \frac{\partial^2 u_2}{\partial x_{2s}^2}\left(H_1 - H_2\frac{\partial \varphi_{2s}}{\partial P_{2s}}\right)\end{aligned}$$

ここで $\varphi_{2s} = P_{2s}((\rho-g_{2s})/(1+\rho)+m_2+c_2+\alpha)$ である。P_{2s} が上昇したとき，$\partial u_2/\partial x_{2s}$ が上昇するかどうかは括弧内の 2 つの項の大小関係による。第 1 項は価格の変化により住宅資産価値が上昇する効果で，第 2 項は 2 期目に住宅を購入するときの使用者費用の変化を示している。Nordvik（2001）は前者を富効果，後者を価格効果としている。富効果が価格効果を上回れば，P_{2s}

の上昇によって $\partial u_2/\partial x_{2s}$ が低下し，住宅価格と確率的割引ファクターの共分散の符号は負となる。その結果，使用者費用は上昇し，住宅需要は減少する。それに対して，価格効果が富効果を上回れば，P_{2s} の上昇によって $\partial u_2/\partial x_{2s}$ が上昇し，住宅価格と確率的割引ファクターの共分散の符号は正となるので，使用者費用は低下し，住宅需要は増加する。

5.3.2　確率的動学モデル：Han（2008）

(1)　モデル

　前項で見たように，Nordvik（2001）は2期間モデルを展開しており，2期目に住宅価格や所得の不確実性があるにせよ，必ず引っ越しすることが前提となっていた。もちろん，1期間を例えば数十年単位で考えれば，十分意味のある分析であるが，実際にはいつ引っ越しをするかは事前にわかっているわけではなく，引っ越し自体，不確実な要素を含んでいる。そこで，Han（2008）は，$T+1$ 期間にわたるライフサイクルの中で，住宅価格が不確実性をもって推移し，引っ越しに膨大な取引費用をともなうとき，家計の最適化問題を提示し，しかも実際に分析的に解くことに成功した。Han（2008）と Nordvik（2001）の関心はかなり近いところにあると言えるが，大きく異なる点がある。それは，Han（2008）はいま居住するコミュニティとこれから引っ越しする先のコミュニティを意識的に分け，それぞれのコミュニティに形成されている住宅市場を区別している点である。

　Han（2008）のモデルを簡単に説明しよう[6]。t 期における住宅価格 $\boldsymbol{p}_t$ は J（$J \leq T$）個の住宅市場の価格から構成されており，$\boldsymbol{p}_t = (p_t^1, p_t^2, ..., p_t^J)$ である。$T+1$ 期間にわたる住宅価格 $\boldsymbol{p} \equiv (\boldsymbol{p}_0, ..., \boldsymbol{p}_T)$ は1次のマルコフ過程に従い，条件付き確率密度関数 $\phi(\boldsymbol{p}_t | \boldsymbol{p}_{t-1})$ をもつ。いま，ある家計が居住するコミュニティから別のコミュニティへの引っ越しを考えているとき，その意思決定を行う際に，次期の住宅価格の条件付き期待値 $E_t[p_{t+1}^j]$，その分散 $\mathrm{Var}_t[p_{t+1}^j]$，さらに，いま居住するコミュニティの住宅価格と引っ越した先の住宅価格の共分散 $\mathrm{Cov}_t[p_{t+1}^j, p_{t+1}^{j+1}]$ が重要な情報となる。また，この家計の所得の流れを $(y_1, y_2, ..., y_T)$ とし，そこに不確実性はない。また，この家

---

6) Han（2008）のモデルを理解するのに楠田（2019）が参考になる。

計は住宅に対する趣向を示すパラメータ $(\theta_1, \theta_2, ..., \theta_T)$ をもつ。

　t 期における効用は確定的な部分と確率的な部分から構成されている。前者を $\tilde{u}(H_t, c_t; \theta_t)$ とし，後者については転居する場合 s_t^T（以下，T は転居することを意味する），また転居しない場合 s_t^N（以下，N は転居しないことを意味する）とし，いずれも t 期以前に観察することはできないものとする。t 期の効用関数は

$$u(H_t, c_t; \theta_t, \boldsymbol{s}_t)$$
$$= \begin{cases} \tilde{u}(H_t, c_t; \theta_t) + s_t^T & \text{where } H_t = H_t^j, \quad \text{if } d_t = 1 \text{（転居をするとき）} \\ \tilde{u}(H_t, c_t; \theta_t) + s_t^N & \text{where } H_t = H_{t-1}^{j-1}, \quad \text{if } d_t = 0 \text{（転居しないとき）} \end{cases}$$

とする。$\tilde{u}(H_t, c_t; \theta_t)$ は観察可能な部分で確率的な要素を含まない効用で，s_t^T と s_t^N は効用シフターでそれぞれ転居する場合と転居しない場合の，時間 t における観察できない確率的な効用である。以下，$\boldsymbol{s}_t \equiv (s_t^T, s_t^N)$ とする。また，仮定により，この効用シフターはいずれも i.i.d. でパラメータ $(0, \xi)$ のタイプ I 型極値分布（ガンベル分布）に従う。

　家計の最適化問題は次のようになる。

$$\max_{\{c_t, d_t, H_t^j\}} E_t \sum_{\tau = t}^{T} \beta^{\tau - t} u(c_\tau, H_\tau; \theta_\tau, \boldsymbol{s}_\tau) + \beta^{T+1} \frac{W_{T+1}^{1-\gamma}}{1-\gamma}$$

制約条件は，

$$\begin{cases} W_t = y_t + (1 + r_t) W_{t-1} + d_t((1-\delta) p_t^{j-1} H_{t-1}^{j-1} - p_t^j H_t^j - F) - c_t \\ \quad \text{for } t < T+1 \\ W_{T+1} = (1-\delta) p_{T+1}^j H_t^j + (1 + r_{T+1}) W_T - F \geq 0 \end{cases}$$

である。ここで W_t は t 期における金融資産，F は引っ越しにともなう固定費用である。家計は各期において，次期の住宅価格と効用シフターが観察される前に，その期の住宅以外の消費と転居するかどうかを決める。そして最終期である $T+1$ 期には所有している住宅を流動化し，負債を残してはならない。

　上記のモデルを解くために，W_{t-1} と H_{t-1}^{j-1} を所与として t 期において転居しないときと転居するときのそれぞれの価値関数を考える。

(a) 転居しない場合

価値関数は

$$V_t^N(W_{t-1}, H_{t-1}^{j-1}; s_t^N, \boldsymbol{p}_t)$$
$$= \max_{\{c_t\}} u(H_{t-1}^{j-1}, c_t; \theta_t, s_t^N) + \beta E_t V_{t+1}(W_t^N, H_{t-1}^{j-1}; \boldsymbol{s}_{t+1}, \boldsymbol{p}_{t+1}) \qquad (5.28)$$

で，制約条件は

$$W_t^N = y_t + (1+r_t) W_{t-1} - c_t$$

である。

(b) 転居する場合

価値関数は

$$V_t^T(W_{t-1}, H_{t-1}^{j-1}; s_t^T, \boldsymbol{p}_t)$$
$$= \max_{\{c_t, H_t^j\}} u(H_t^j, c_t; \theta_t, s_t^T) + \beta E_t V_{t+1}(W_t^T, H_t^j; \boldsymbol{s}_{t+1}, \boldsymbol{p}_{t+1}) \qquad (5.29)$$

で，制約条件は

$$W_t^T = y_t + (1+r_t) W_{t-1} + [(1-\delta) p_t^{j-1} H_{t-1}^{j-1} - p_t^j H_t^j - F] - c_t$$

である。

この問題を解くために，ダイナミック・プログラミングの考え方を用い，後ろ向きに解いていく。$T+1$ 期はそのときに所有する住宅を売却することになるが，それ以前については，家計は転居する場合の価値関数と転居しない場合の価値関数を比較して，価値関数が大きくなる方の選択を行う。つまり，

$$V_t(W_{t-1}, H_{t-1}^{j-1}; \boldsymbol{s}_t, \boldsymbol{p}_t)$$
$$= \max_{\{d_t, H_t^j, c_t\}} \{V_t^T(W_{t-1}, H_{t-1}^{j-1}; s_t^T, \boldsymbol{p}_t), V_t^N(W_{t-1}, H_{t-1}^{j-1}; s_t^N, \boldsymbol{p}_{t+1})\}$$

となる。t 期における状態変数の情報は $(W_{t-1}, H_{t-1}^{j-1}, \theta_t, y_t, r_t, \boldsymbol{s}_t, \boldsymbol{p}_t)$ である。住宅価格 $\boldsymbol{p}_{t+1}$ と $\boldsymbol{s}_{t+1}$ の分布が与えられれば，t 期における $t+1$ 期以降の期待効用を次のように定義することができる。

$$E_t V_{t+1}(W_t, H_t; s_{t+1}, \boldsymbol{p}_{t+1})$$

$$= \iint V_{t+1}(W_t, H_t) g(s_{t+1}) ds_{t+1} \phi(\boldsymbol{p}_{t+1} \mid \boldsymbol{p}_t) d(\boldsymbol{p}_{t+1} \mid \boldsymbol{p}_t)$$

これを（5.28），（5.29）式に代入すると，転居するかしないかの判断は，転居するときの効用と転居しないときの効用の比較によって行われる。すなわち，

$$d_t = \begin{cases} 1 & \text{if } (s_t^N - s_t^T) \leq \Gamma(W_{t-1}, H_{t-1}^{j-1}, \boldsymbol{p}_t) \\ 0 & \text{if } (s_t^N - s_t^T) > \Gamma(W_{t-1}, H_{t-1}^{j-1}, \boldsymbol{p}_t) \end{cases}$$

となる。ここで，

$$\Gamma(W_{t-1}, H_{t-1}^{j-1}, \boldsymbol{p}_t) = \{\tilde{u}(H_t^j, c_t) + \beta E_t V_{t+1}(W_t^T, H_t^j; s_{t+1}^T, \boldsymbol{p}_{t+1})\}$$
$$- \{\tilde{u}(H_{t-1}^{j-1}, c_t) + \beta E_t V_{t+1}(W_t^N, H_{t-1}^{j-1}; s_{t+1}^N, \boldsymbol{p}_{t+1})\}$$

である。

(2) 使用者費用の導出

　Han（2008）の貢献はここからである。上記の方法では，効用関数が転居するときと転居しないときとで非連続になってしまうために，分析的に解くことができない。Hotz and Miller（1993）によれば，条件付き確率が条件付き価値関数（価値関数から確率的な部分を除いたもの）の差として表現できる関数 $f:[0,1] \to R$ が存在する。そこで彼女は，t 期に引っ越しをしたという条件のもとで $t+1$ 期に引っ越しをしない確率 $Q_t(W_t, H_t^j; \boldsymbol{p}_{t+1})$ を次のように定義した。

$$1 - Q_t(W_t, H_t^j; \boldsymbol{p}_{t+1}) = \Pr(s_{t+1}^N - s_{t+1}^T \leq \Gamma(W_t, H_t^j, \boldsymbol{p}_{t+1}))$$

ここで，$\Gamma(W_t, H_t^j, \boldsymbol{p}_{t+1}) = V_{t+1}^N(W_t, H_t^j; \boldsymbol{p}_{t+1}) - V_{t+1}^T(W_t, H_t^j; \boldsymbol{p}_{t+1})$ で，$V_{t+1}^N(W_t, H_t^j; \boldsymbol{p}_{t+1})$，$V_{t+1}^T(W_t, H_t^j; \boldsymbol{p}_{t+1})$ には s_{t+1} の情報が含まれていないことが重要である。

　効用シフターである s_{t+1}^N と s_{t+1}^T はいずれも i.i.d. のガンベル分布に従うので，$s_{t+1}^N - s_{t+1}^T = x$ として x はパラメータ $(0, \xi)$ のロジスティック分布に従うことが知られている。その累積分布関数を $g(x)$ とすると

$$1-Q_t(W_t, H_t^j; \boldsymbol{p}_{t+1}) = \int_{-\infty}^{\Gamma(W_t, H_t^j; \boldsymbol{p}_{t+1})} dg(x) = [g(x)]_{-\infty}^{\Gamma(W_t, H_t^j; \boldsymbol{p}_{t+1})}$$
$$= g(V_{t+1}^T(W_t, H_t^j; \boldsymbol{p}_{t+1}) - V_{t+1}^N(W_t, H_t^j; \boldsymbol{p}_{t+1}))$$

が成り立つ。g^{-1} を g の逆関数とすれば[7]，

$$V_{t+1}^T(W_t, H_t^j; \boldsymbol{p}_{t+1}) - V_{t+1}^N(W_t, H_t^j; \boldsymbol{p}_{t+1}) = g^{-1}(1-Q_t(W_t, H_t^j; \boldsymbol{p}_{t+1}))$$
$$= \xi \log \frac{1-Q_t(W_t, H_t^j; \boldsymbol{p}_{t+1})}{Q_t(W_t, H_t^j; \boldsymbol{p}_{t+1})}$$

が成り立ち，同じことであるが，

$$V_{t+1}^N(W_t, H_t^j; \boldsymbol{p}_{t+1}) - V_{t+1}^T(W_t, H_t^j; \boldsymbol{p}_{t+1}) = \xi \log \frac{Q_t(W_t, H_t^j; \boldsymbol{p}_{t+1})}{1-Q_t(W_t, H_t^j; \boldsymbol{p}_{t+1})}$$

となる。したがって，$Q_t(W_t, H_t^j; \boldsymbol{p}_{t+1})$ は条件付き価値関数の差の関数として解くことできるので，$t+1$ 期に引っ越しをしないことによるオプション価値は以下のように定義される。

$$\Pi_{t+1}(W_t, H_t^j; \boldsymbol{p}_{t+1})$$
$$= Q_t(W_t, H_t^j; \boldsymbol{p}_{t+1}) \{V_{t+1}^N(W_t, H_t^j; \boldsymbol{p}_{t+1}) - V_{t+1}^T(W_t, H_t^j; \boldsymbol{p}_{t+1})\}$$

これを（5.29）式に代入すると，

$$E_t V_{t+1}(W_t, H_t^j; \boldsymbol{p}_{t+1})$$
$$= \int \{V_{t+1}^T(W_t, H_t^j; \boldsymbol{p}_{t+1}) + \Pi_{t+1}(W_t, H_t^j; \boldsymbol{p}_{t+1})\} \phi(\boldsymbol{p}_{t+1}|\boldsymbol{p}_t) d(\boldsymbol{p}_{t+1}|\boldsymbol{p}_t)$$

となり，連続的な関数となる。価格の不確実性の影響を見るために，2 次のテイラー展開を行い，最適化のための必要条件と包絡線定理を用いて，次のような結果を得る[8]。

---

7) パラメータ $(0, \theta)$ のロジスティック分布の累積分布関数は $F(x) = 1/(1+\exp(-x/\theta))$ で，$u = F(x)$ と置くとき $x = F^{-1}(u) = \theta \log u/(1-u)$ となる。

8) 導出方法の詳細については Han（2008）を参照されたい。

$$\left(\frac{\partial \tilde{u}_t}{\partial H_t^j} + \beta \frac{\partial \overline{\Pi}_{t+1}}{\partial H_t^j}\right) \Big/ \frac{\partial \tilde{u}_t}{\partial c_t} = (p_t^j - m_{t+1}(1-\delta) E_t p_{t+1}^j)$$
$$+ \gamma_{t+1}\{(1-\delta)^2 H_t^j \mathrm{Var}_t[p_{t+1}^j] - (1-\delta) H_t^{j+1}\mathrm{Cov}_t[p_{t+1}^j, p_{t+1}^{j+1}]\}$$

ここで,

$$m_{t+1} \equiv \frac{\beta \partial \tilde{u}_{t+1}/\partial c_{t+1}}{\partial \tilde{u}_t/\partial c_t}, \quad \gamma_{t+1} = -\frac{\partial^2 \overline{V}_{t+1}^T/\partial W_{t+1}^2 + \partial^2 \overline{\Pi}_{t+1}/\partial W_{t+1}^2}{\partial \overline{V}_{t+1}^T/\partial W_{t+1} + \partial \overline{\Pi}_{t+1}/\partial W_{t+1}}$$

である。前者は確率的割引ファクターで，後者は価値関数の危険回避度を示している。ここで導かれたものはいわゆる使用者費用の考え方を反映したものである[9]。右辺第1項はいわゆる通常の使用者費用である。第2項は新たに加えられた知見である。この中には2つのリスクの影響が含まれる。1つは，住宅価格の分散が大きくなると住宅を資産として所有するリスクが高まり，使用者費用が上昇し，住宅需要（量）は減少する。もう1つはリスクヘッジによる影響である。これは現在居住する住宅の価格と引っ越した先の価格の間のプラスの相関が強まると，将来の住宅価格のリスクをヘッジすることが可能となり，使用者費用を低下させ，住宅需要（量）を増加させる。

　Han（2010）は，Han（2008）にもとづき，住宅価格リスクが住宅需要に及ぼす影響について実証分析を行っている。既述したように，住宅価格リスクには2つの影響が考えられる。1つは住宅資産効果であり，もう1つはリスクヘッジ効果である。価格の不確実性が増大すると，現在保有している住宅収益率リスクが増すので，住宅を保有することは望ましくない。とくに，住宅は取引費用が大きいので，そう簡単にリスクを分散することができない。その結果，住宅需要を減退させる。これが住宅資産リスク効果と言われるものである。他方，住宅は消費財でもあるので，将来の住宅費用をリスクヘッジするために，住宅保有をする。もし，将来引っ越すと見込まれる先の住宅価格が，現在保有している住宅価格とプラスの相関があれば，使用者費用のリスク部分を減らすことになるので，リスクヘッジするための住宅需要を増加させる。これがリスクヘッジ効果と言われるものである。

---

9) 使用者費用の考え方を住宅市場の分析に取り入れ，ストック＝フロー分析を試みた論文として Poterba（1984）がある。

住宅価格リスクが住宅需要に及ぼす影響については，家計のヘッジに対するインセンティブの大きさに依存する。Han（2010）は，実際にその点について実証的な検証を行っている。

5.4　おわりに

　住宅市場におけるリスクヘッジと住宅需要について，3つの側面，すなわち，テニュア選択，trading-up，住宅投資という観点から，それぞれの側面で重要と思われる論文のサーベイを行った。これらの論文は日本の住宅市場を分析するうえで多くのヒントを与えてくれる。日本の住宅市場はバブルの崩壊とともに大きな変化が起こっているように見える。バブルの崩壊の時期と高齢化社会に突入した時期（1994年）が重なったことも皮肉なことである。バブル崩壊の前後で日本の住宅市場にどのような変化が見られたのか。それを支えた行動パターンとはいかなるものであったのか。本章で行ったサーベイを手がかりに，日本の住宅市場におけるリスクヘッジと住宅需要に関する研究が進むことを期待したい。

参考文献

〔邦語〕

楠田康之（2019）『経済分析のための構造推定アルゴリズム』三恵社。

中神康博（2017）「価格リスクと住宅需要について」Discussion Paper Series No. 141, Faculty of Economics, Seikei University。

〔英語〕

Berkovec, J. and D. Fullerton（1992）"A General Equilibrium Model of Housing, Taxes, and Portfolio Choice," *Journal of Political Economy*, 100(2), pp. 390-429.

Davidoff, T.（2006）"Labor Income, Housing Prices and Homeownership," *Journal of Urban Economics*, 59(2), pp.209-235.

Han, L.（2008）"Hedging House Price Risk in the Presence of Lumpy Transaction Costs," *Journal of Urban Economics*, 64(2), pp.270-287.

Han, L.（2010）"The Effects of Price Risk on Housing Demand: Empirical Evidence from U.S. Markets," *Review of Financial Studies*, 23(11), pp.3889-3928.

Hotz, V. J. and R. A. Miller（1993）"Conditional Choice Probabilities and the

Estimation of Dynamic Models," *Review of Economic Studies*, 60(3), pp. 497–529.

Nordvik, V. (2001) "A Housing Career Perspective on Risk," *Journal of Housing Economics*, 10(4), pp.456–471.

Ortalo-Magné, F. and S. Rady (2002) "Tenure Choice and the Riskiness of Non-Housing Consumption," *Journal of Housing Economics*, 11(3), pp.266–279.

Poterba, J. M. (1984) "Tax Subsidies to Owner-Occupied Housing: An Asset-Market Approach," *Quarterly Journal of Economics*, 99(4), pp.729–752.

Sinai, T. and N. S. Souleles (2003) "Owner-Occupied Housing as a Hedge against Rent Risk," NBER Working Paper No.9462.

Sinai, T. and N. S. Souleles (2005) "Owner-Occupied Housing as a Hedge against Rent Risk," *Quarterly Journal of Economics*, 120(2), pp.763–789.

Sinai, T. and N. S. Souleles (2013) "Can Owning a Home Hedge the Risk of Moving?" *American Economic Journal: Economic Policy*, 5(2), pp.282–312.

第6章

住宅とポートフォリオ

6.0 はじめに[1]

日本銀行の「資金循環の日欧米比較」（2022 年）の「家計の金融資産構成」（図表 2）によれば，米国は株式等が 40％近くを占めているのに対し，欧州と日本は現金・預金がトップで，とくに日本の場合半分以上を占める一方，株式，投資信託といったリスクをともなう金融資産の保有割合は 15％足らずで，日本の家計の多くがリスクに対してかなり慎重な態度をとっていることがうかがえる。

家計がリスク資産を保有するのをためらう理由として，経済学は所得の不確実性に対する備え（予備的貯蓄動機）や借入などに対する制約（流動性制約）などによって説明しようとしてきたが，国民性に由来する心理学的あるいは社会学的な現象として理解されることも多く，経済合理性によってどれほど説明できるのか懐疑的に思っている人も少なくない。

しかし，世界に目を向けると，1980 年代に世界的な金融自由化が進む中，投資に対する関心はとくに欧米で高まりを見せ，経済合理性にもとづくファイナンス分野における研究蓄積も急速に進んだ。1990 年代に入って 90 年の Markowitz, Miller, Sharpe, 97 年の Merton, Scholes とファイナンス分野でノーベル経済学賞が立て続けに出たことはそのことを物語っている。

---

1) 本章は，中神（2023）にもとづいている。

それに対して，日本は欧米に比べて金融リテラシーの普及が遅れ，この分野での経済分析が充分に行われてきたとは言えない。しかし，バブル崩壊以降，銀行は不良債権問題を抱え融資に対する慎重な姿勢を見せるようになり，企業もまた過剰債務を抱える中，間接金融から直接金融への転換を図ろうとした。それに呼応するように金融機関も金融リテラシーの普及に力を入れ始め，大学においても投資に関する授業科目や金融機関と連携した講座などが開講されるなど，若い世代を中心に投資に対する関心は確実に高まっているように見える。

　家計におけるポートフォリオを考えるとき，金融資産だけではなく，住宅保有が重要な役割を担っていることは言うまでもない。住宅は単なる金融資産とは異なり，資産として保有されると同時に耐久消費財でもある。それだけに Merton（1969）らによって展開された資産選択理論とは異なる設定を強いられる。住宅はローンを組んで購入するのが一般的であるが，その価値は大きな変動リスクに晒されており，しかも株式，債券，投資信託などと違って流動性に乏しく状況に応じて自由に取引することができない。とくに日本の場合，住宅価格が高いこともあって，住宅の保有動機がポートフォリオを考えるうえで大きな制約となっている。

　そこで本章では，住宅保有が家計のポートフォリオに及ぼす影響について分析した3つの論文，住宅の乏しい流動性が家計のポートフォリオに及ぼす影響を分析した Grossman and Laroque（1990）と Henderson and Ioannides（1983）が展開したモデルをベースに住宅投資制約がもたらす資産選択の非効率性を指摘した Brueckner（1997），家計の住宅を含む資産形成における最適なリスク資産の保有割合に住宅ローン負債と住宅エクイティがどう影響するかを分析した Chetty, Sandor, and Szeidl（2017）を取り上げる。いずれもこの分野を分析するのに欠かせない論文である。順を追って見ていくことにする。

6.1 住宅資産と最適ポートフォリオ：
Grossman and Laroque(1990)[2]

(1) モデル

Grossman and Laroque（1990）（以下 G-L とする）には住宅，安全資産，危険資産の3つの資産がある。住宅を保有することによって住宅消費サービスが生み出され，耐久消費財としての住宅を基準財とする。安全資産の収益率は r_f で，住宅とともにリスクを伴わない資産である。他方，n 種類の危険資産があり，i 番目の危険資産価値を $\hat{b}_{it}$ とし，その動学式を $d\hat{b}_{it} = \hat{b}_{it}(\hat{\mu}_i dt + dw_{it})$ とする。ここで w_{it} はブラウン運動である。以下，$\hat{b}_t = (\hat{b}_{1t}, \hat{b}_{2t}, ..., \hat{b}_{nt})'$，$\hat{\mu} = (\hat{\mu}_1, \hat{\mu}_2, ..., \hat{\mu}_n)'$，$w_t = (w_{1t}, w_{2t}, ..., w_{nt})'$ とする。

消費者が時間において選択する耐久消費財としての住宅，安全資産，n 種類の危険資産のそれぞれの額を K_t，B_t，$X_t = (X_{1t}, X_{2t}, ..., X_{nt})'$ とすると，総資産 Q_t は

$$Q_t \equiv K_t + B_t + X_t' l$$

と書ける。ここで，$l = (1, 1, ..., 1)'$ である。

いまの住宅をそのまま保有し続けるのであれば，総資産額の動学式は

$$dQ_t \equiv -\alpha K_t dt + r_f B_t dt + X_t'(\hat{\mu} dt + dw_t) \tag{6.1}$$

となる。住宅は α の率で減価すると仮定している。危険資産の超過収益率 db_t と超過収益率の期待値 μ をそれぞれ

$$db_t = (\hat{\mu} - r_f l) dt + dw_t$$
$$\mu \equiv \hat{\mu} - r_f l$$

と定義すると，（6.1）式は

$$dQ_t = -\alpha K_t dt + r_f(Q_t - K_t) dt + X_t' db_t \tag{6.2}$$

と書くことができる。

もし時間 τ に住宅を売却すると，購入後の総資産は

---

2) 本節を書くにあたって Grossman and Laroque（1987）も参考にした。

$$Q_\tau = Q_{\tau^-} - \lambda K_{\tau^-} \tag{6.3}$$

となる。右辺 τ の負の符号は住宅売却直前を示し，売却時に売却する住宅に比例する形で取引費用 λK_{τ^-} がかかる。また，家計が倒産しないために常に

$$Q_t - \lambda K_t \geq 0 \tag{6.4}$$

でなければならない。

　G-L モデルの最適化問題は，(Q_{0^-}, K_{0^-}) を初期条件として（6.2），（6.3）式と（6.4）式の制約のもとで期待効用を最大にするように (K_t, X_t) と最適停止時間 τ を求めることである。そこでまず，初期条件を (Q, K) としたときの最大期待効用を $V(Q, K)$ とする。また，各時間における消費者の効用関数を $u(K) = K^a/a$ とし，CRRA（constant relative risk aversion）型を仮定する。この仮定により $V(Q, K)$ は a 次同次関数となり，(Q, K) の 2 つの状態変数の最適化問題を 1 つの状態変数に変換することが可能となる。

　後述するように，危険資産をそれぞれの時価総額の比率に応じて投資した場合のポートフォリオのことを，市場ポートフォリオと言う。後で詳しく見るように，市場ポートフォリオの超過収益率の期待値と分散をそれぞれ μ_M，σ_M^2 とすると，

$$\mu_M = \frac{\mu' \sum^{-1} \mu}{l' \sum^{-1} \mu}, \quad \sigma_M^2 = \frac{\mu_M}{l' \sum^{-1} \mu}$$

と定義される。なお，$\sum \equiv \mathrm{Cov}[d\widehat{b_i}/\widehat{b_i}, d\widehat{b_j}/\widehat{b_j}]$ である。

　G-L は定理 1 で，$V(Q, K)$ がとり得る範囲は，

$$\nu Q^a \geq V(Q, K) \geq \frac{\nu_2 (Q - \lambda K)^a}{a} \tag{6.5}$$

としている。$V(Q, K)$ の上限は $\lambda = 0$ のときの値で，下限はいま居住する住宅を売却しすべての資金を新たな住宅の購入に充てるときの値である。なお，ν と ν_2 については，いずれも G-L の補論に説明があるのでここでは省略する[3]。

　いま (Q, K) の状態にあるとき，住宅を売却して新規購入すれば $\sup_c V(Q - \lambda K, c)$ を得る。もし $V(Q, K) > \sup_c V(Q - \lambda K, c)$ であれば

住宅を売却することはない。もし等号が成り立てば，住宅を売却し新規に住宅を購入する。$V(Q, K)$ は以下のベルマン方程式を満たす。

$$V(Q, K) = \sup_{c, \tau, X_t} E\left[\int_0^\tau e^{-\delta t}\frac{K_t^a}{a}dt + e^{-\delta\tau}V(Q_\tau - \lambda K_\tau, c)\right]$$

ここで取引費用を除いた総資産の住宅資産に対する割合，危険資産の住宅資産に対する割合をそれぞれ y，x（x はベクトルであることに注意）とする。すなわち，$y = (Q/K) - \lambda$，$x = X/K$ である。$V(Q, K)$ の同次性により，$(1/K)^a V(Q, K) = V(Q/K, 1) = V(y + \lambda, 1)$ であるから，$V(y + \lambda, 1) \equiv h(y)$ と定義すると，$V(Q, K)$ は

$$V(Q, K) = K^a h(y)$$

と書くことができる。同様に，$Q_\tau = Q_{\tau^-} - \lambda K_{\tau^-}$ であることに留意して，

$$V(Q_\tau - \lambda K_\tau, c) = c^a V\left(\frac{Q_{\tau^-} - \lambda K_{\tau^-}}{c}, 1\right)$$
$$= c^a V\left(\left(\frac{Q_{\tau^-} - \lambda K_{\tau^-}}{c} - \lambda\right) + \lambda, 1\right) = c^a h\left(\frac{Q_{\tau^-} - \lambda K_{\tau^-}}{c} - \lambda\right)$$

を得る。これらをベルマン方程式に代入すると，

$$K^a h(y) = \sup_{c, \tau, x_t} E\left[\int_0^\tau e^{-\delta t}\frac{(Ke^{-\alpha t})^a}{a}dt + e^{-\delta\tau}c^a h\left(\frac{Q_{\tau^-} - \lambda K_{\tau^-}}{c} - \lambda\right)\right] \quad (6.6)$$

となる。ここで，

$$M \equiv \sup_c \left(\frac{Q_{\tau^-} - \lambda K_{\tau^-}}{c}\right)^{-a} h\left(\frac{Q_{\tau^-} - \lambda K_{\tau^-}}{c} - \lambda\right) = \sup_y (y + \lambda)^{-a} h(y)$$

と定義する。この M は τ 時点において最適な住宅規模 c が選ばれたときの直接的な効用と考えることができる。同じことであるが，最適な y が選ばれたときの直接的な効用と考えることもできる。(6.6) 式は，

---

3) 下限の場合，a の符号によって ν_2 の値は変わるが，上限の ν の値については中神（2023）でも触れている。

$$K^a h(y) = \sup_{c,\tau,X_t} E\left[\int_0^\tau e^{-\delta t}\frac{(Ke^{-\alpha t})^a}{a}dt\right.$$
$$\left. + e^{-\delta\tau}K_{\tau^-}{}^a\left(\frac{Q_{\tau^-}-\lambda K_{\tau^-}}{K_{\tau^-}}\right)^a\left(\frac{Q_{\tau^-}-\lambda K_{\tau^-}}{c}\right)^{-a}h\left(\frac{Q_{\tau^-}-\lambda K_{\tau^-}}{c}-\lambda\right)\right]$$

と書ける。$K_\tau = Ke^{-\alpha\tau}$ であることに注意して，辺々を K^a（より正確には K_{τ^-} で割ることになる）で除すると，

$$h(y) = \sup_{\tau,\bar{x}_t} E\left[\int_0^\tau \frac{e^{-\bar\delta t}}{a}dt + e^{-\bar\delta\tau}My_{\tau^-}^a\right] \tag{6.7}$$

を得る。ここで，$y_{\tau^-}^a = (Q_{\tau^-}-\lambda K_{\tau^-})/K_{\tau^-}$, $\bar\delta = \delta + a\alpha$ である。

ところで，$y_t = Q_t/K_t - \lambda$ であるから，

$$dy = \frac{dQ}{K_t} - \frac{Q_t dK}{K_t^2} = \frac{dQ}{K_t} - \frac{Q_t}{K_t}\frac{dK}{K_t} = \frac{dQ}{K_t} + \frac{Q_t}{K_t}\alpha dt$$

である。(6.2) 式の辺々を K_t で除すると $dQ/K_t = -\alpha dt + r_f((Q_t/K_t)-1)dt + x_t'db$ であり，また $Q_t/K_t = y+\lambda$ であるから，これらを代入して整理すると，

$$dy = x_t'db + (r_f+\alpha)(y+\lambda-1)dt \tag{6.8}$$

となる。また (6.4) 式より，

$$y_t \geq 0 \tag{6.9}$$

でなければならない。

$V(Q,K)$ の同次性より，(6.5) 式は

$$\nu\left(\frac{Q}{K}\right)^a \geq V\left(\frac{Q-\lambda K}{K},1\right) \geq \nu_2\left(\frac{Q-\lambda K}{K}\right)^a\Big/a$$

つまり，$\nu(y+\lambda)^a \geq h(y) \geq \nu_2 y^a/a$ であるから，辺々に $(y+\lambda)^{-a}$ をかけて上限をとると，

$$\sup_y (y+\lambda)^{-a}\nu(y+\lambda)^a \geq \sup_y (y+\lambda)^{-a}h(y) \geq \sup_y (y+\lambda)^{-a}\nu_2 y^a/a$$

すなわち，

$$\nu \geq M \geq \frac{\nu_2}{a}$$

という関係がある。

　これで M を所与としたとき，(6.8)，(6.9) 式のもとで (6.7) 式の最適化問題を解く準備ができたことになる。

(2)　最適ポートフォリオ[4]

　$h(y) > My^a$ であれば，いま保有する住宅を売却することはない。つまり，$(0, t)$ のあいだに売却をしないという短い時間 t をとることが可能であるから，ベルマン方程式は

$$h(y) = \sup_{x_t} E\left[\int_0^t \frac{e^{-\bar{\delta}s}}{a} ds + e^{-\bar{\delta}t} h(y_t)\right]$$

となり，左辺を右辺に移項し t で除したうえで t を限りなくゼロに近づけると，

$$0 = \lim_{t \to 0} \sup_{x_t} E\left[\frac{1}{t}\int_0^t \frac{e^{-\bar{\delta}s}}{a} ds + \frac{1}{t}\left(e^{-\bar{\delta}t} h(y_t) - h(y)\right)\right] \tag{6.10}$$

となる。括弧の中の第 1 項は

$$\lim_{t \to 0} \frac{1}{t}\int_0^t \frac{e^{-\bar{\delta}s}}{a} ds = \lim_{t \to 0} \frac{1}{t}\frac{1}{a}\left[-\frac{e^{-\bar{\delta}s}}{\bar{\delta}}\right]_0^t = \lim_{t \to 0}\left(-\frac{1}{a}\frac{1}{\bar{\delta}}\frac{e^{-\bar{\delta}t}-1}{t}\right) = \frac{1}{a}$$

第 2 項は，$Z_t \equiv e^{-\bar{\delta}t} h(y_t)$ と置くと，

$$\lim_{t \to 0} \frac{EZ_t - Z_0}{t} \equiv EdZ$$

と定義される。伊藤のレンマ[5]より

---

4) 市場ポートフォリオを理解するのに池田（2000）が有益である。
5) 伊藤のレンマについては第 8 章でより詳しい説明を行っている。

$$dZ = \frac{\partial Z}{\partial t}dt + \frac{\partial Z}{\partial y}dy + \frac{1}{2}\frac{\partial^2 Z}{\partial y^2}(dy)^2$$

であるから，

$$dZ = -\bar{\delta}e^{-\bar{\delta}t}h(y_t)dt + e^{-\bar{\delta}t}h'(y_t)dy + \frac{1}{2}e^{-\bar{\delta}t}h''(y_t)(dy)^2$$

となり，$t = 0$ で EdZ を評価すると

$$\frac{h''(y)}{2}\mathrm{Var}[dy] + h'(y)E[dy] - \bar{\delta}h(y)$$

となるので，(6.10) 式は

$$\sup_x \left[\frac{h''(y)}{2}\mathrm{Var}[dy] + h'(y)E[dy] - \bar{\delta}h(y) + \frac{1}{a}\right] = 0 \qquad (6.11)$$

となる。

次に，$E[dy]$ と $\mathrm{Var}[dy]$ を求めよう。(6.8) 式より，

$$E[dy] \equiv r(y+\lambda-1) + x'\mu$$
$$\mathrm{Var}[dy] = x'\textstyle\sum x$$

である。ここで，$\sum \equiv \mu\mu' = \bar{\mu}\bar{\mu}' = \mathrm{Cov}[d\hat{b}_i/\hat{b}_i, d\hat{b}_j/\hat{b}_j]$ であることに留意しよう。

$E[dy]$ と $\mathrm{Var}[dy]$ を (6.11) 式の括弧の中に代入すると

$$\frac{h''(y)}{2}x'\textstyle\sum x + h'(y)(r(y+\lambda-1) + x'\mu) - \delta h(y) + \frac{1}{a} \qquad (6.12)$$

となる。最大化のための必要条件により，

$$x(y) = -\frac{h'(y)}{h''(y)}\textstyle\sum^{-1}\mu \qquad (6.13)$$

を得る。ところで，$x = X/K$ で定義されていたので，$X(y)$ は $s(y, K)$ を y，K に依存する係数として $\sum^{-1}\mu$ に比例する関係，つまり

$X(y) = s(y, K)\Sigma^{-1}\mu$ と書くことができる。安全資産が存在するとき，分散が最小となる市場ポートフォリオを選ぶ。時間 t における第 i 危険資産の経済全体の総額を p_{it} とし，$p_t = (p_{1t}, p_{2t}, ..., p_{nt})'$ とする。また，第 i 危険資産に対する総需要量は各消費者の需要量を合計したものであるから，s_{2t} を係数として $\Sigma^{-1}\mu$ に比例する関係，つまり $s_{2t}\Sigma^{-1}\mu$ と書くことができる。したがって，市場均衡により，

$$p = s_{2t}\Sigma^{-1}\mu$$

が成り立つ。p の各要素は各危険資産の総市場価値であるから，市場ポートフォリオにおける各危険資産の総市場価値に占める割合 ω_M は，

$$\omega_M = \frac{s_{2t}\Sigma^{-1}\mu}{l'(s_{2t}\Sigma^{-1}\mu)} = \frac{\Sigma^{-1}\mu}{l'\Sigma^{-1}\mu} \tag{6.14}$$

であり，市場ポートフォリオの超過収益率の期待値と分散をそれぞれ μ_M と σ_M^2 すると，

$$\mu_M = \omega_M'\mu = \frac{\mu'\Sigma^{-1}\mu}{l'\Sigma^{-1}\mu} \tag{6.15}$$

$$\sigma_M^2 = (\omega_M'\mu)(\omega_M'\mu)' = \omega_M'\mu\mu'\omega_M = \omega_M'\Sigma\,\omega_M \tag{6.16}$$

となる。(6.16) 式に (6.14)，(6.15) 式を代入して

$$\sigma_M^2 = \left(\frac{\Sigma^{-1}\mu}{l'\Sigma^{-1}\mu}\right)'\Sigma\left(\frac{\Sigma^{-1}\mu}{l'^{-1}\mu}\right) = \frac{\mu'\Sigma^{-1}\mu}{(l'\Sigma^{-1}\mu)^2} = \frac{\mu_M}{l'\Sigma^{-1}\mu} \tag{6.17}$$

を得る。

市場ポートフォリオ収益率を r_m とすると，r_m は危険資産の収益率の一次結合，つまり $r_m = \omega_M'db$ であるから，危険資産 i の収益率と市場ポートフォリオ収益率の共分散は，

$$\sigma_i = \mathrm{Cov}\left[\frac{d\bar{b}_i}{\bar{b}_i}, r_m\right] = \mathrm{Cov}\left[\frac{d\bar{b}_i}{\bar{b}_i}, \omega_M'db\right] = \left(0, ..., 0, \underset{i\,\text{番目}}{1}, 0, ..., 0\right)\Sigma\,\omega_M$$

となる。各危険資産の共分散を１つにまとめてベクトルで表記すると，

$$\sigma = \sum \omega_M = \sum \frac{\sum^{-1}\mu}{l'\sum^{-1}\mu} = \frac{\mu}{l'\sum^{-1}\mu}$$

となり，$\mu = (l'\sum^{-1}\mu)\sigma$ という関係がある。ここに，(6.17) 式を代入すると

$$\mu = \frac{\sigma}{\sigma_M^2}\mu_M$$

という関係が得られる。言い換えれば，市場が均衡するための必要条件は，すべての危険資産について

$$\mu_i = \frac{\sigma_i}{\sigma_M^2}\mu_M = \frac{\mathrm{Cov}[d\hat{b}_i/\hat{b}_i, r_m]}{\mathrm{Var}[r_m]}(E[r_m] - r_f) \ (i = 1, 2, ..., n)$$

が成り立つことである。

(3) 住宅とポートフォリオ

6.1 (2) 項で市場ポートフォリオを考えれば十分であることが明らかになった。そこで (6.13) 式より，$x(y)$ は市場ポートフォリオの収益率の期待値 μ_M と分散 σ_M^2 用いて

$$x(y) = -\frac{h'(y)}{h''(y)}\frac{\mu_M}{\sigma_M^2} \tag{6.18}$$

と書ける。これを (6.12) 式の括弧の中に代入すると

$$\frac{h''(y)}{2}\sigma_M^2\left(-\frac{h'(y)}{h''(y)}\frac{\mu_M}{\sigma_M^2}\right)^2 + h'(y)\left(r(y+\lambda-1) + \mu_M\left(-\frac{h'(y)}{h''(y)}\frac{\mu_M}{\sigma_M^2}\right)\right)$$
$$-\bar{\delta}h(y) + \frac{1}{a}$$
$$= -\frac{1}{2}\frac{\mu_M^2}{\sigma_M^2}\frac{(h'(y))^2}{h''(y)} + r(y+\lambda-1)h'(y) - \bar{\delta}h(y) + \frac{1}{a} \tag{6.19}$$

となる。$h(y) > y^a M$ であるときは (6.12) 式の括弧の中はゼロでなければならず，$h(y) = y^a M$ ならば非正の値をとる。

ここで，$h(y) = y^a M$, $h'(y) = aMy^{a-1}$, $h''(y) = a(a-1)My^{a-2}$ を (6.19) 式に代入した関数を $g(y)$ と定義する。$g(y)$ がゼロの値をとるとき $h(y) = y^a M$, 正の値をとるとき $h(y) > y^a M$ でなければならない。そこで実際に代入すると，

$$
\begin{aligned}
g(y) &= -\frac{1}{2}\frac{\mu_M^2}{\sigma_M^2}\frac{(aMy^{a-1})^2}{a(a-1)My^{a-2}} + r(y+\lambda-1)aMy^{a-1} - \bar{\delta}y^a M + \frac{1}{a} \\
&= \left[\frac{1}{2}\frac{\mu_M^2}{\sigma_M^2}\frac{a}{1-a} - \bar{\delta} + ra\right]My^a + r(\lambda-1)aMy^{a-1} + \frac{1}{a}
\end{aligned}
$$

となるが，$\bar{\delta} = \delta + a\alpha$, $r = \alpha + r_f$ であるから，

$$
\begin{aligned}
g(y) &= \left[\frac{1}{2}\frac{\mu_M^2}{\sigma_M^2}\frac{a}{1-a} - (\delta+a\alpha) + (\alpha+r_f)a\right]My^a \\
&\quad + r(\lambda-1)aMy^{a-1} + \frac{1}{a} \\
&= -\beta My^a + r(\lambda-1)aMy^{a-1} + \frac{1}{a}
\end{aligned}
$$

となる。ここで，$\beta = \delta - ar_f - \{a/(1-a)\}(\mu_M^2/\sigma_M^2)/2$ である。

$g(y)$ を y で 1 階微分，2 階微分をとると，

$$
\begin{aligned}
g'(y) &= -a\beta My^{a-1} + r(\lambda-1)a(a-1)My^{a-2} \\
&= -aMy^{a-2}\beta\left(y - \frac{r(1-\lambda)(1-a)}{\beta}\right) \\
g''(y) &= -a(a-1)\beta My^{a-2} + r(\lambda-1)a(a-1)(a-2)My^{a-3} \\
&= a(1-a)\beta My^{a-3}\left(y - \frac{r(1-\lambda)(2-a)}{\beta}\right)
\end{aligned}
$$

となる。よって，$\bar{y} = r(1-\lambda)(1-a)/\beta$ のときに $g(y)$ は最大値をとる。

そこで，$\bar{y}$ を $g(y)$ に代入すると，

$$
\begin{aligned}
g(\bar{y}) &= -\beta M\bar{y}^{a-1}\left(\frac{r(1-\lambda)(1-a)}{\beta} + \frac{r(1-\lambda)a}{\beta}\right) + \frac{1}{a} \\
&= -r(1-\lambda)M\left(\frac{r(1-\lambda)(1-a)}{\beta}\right)^{a-1} + \frac{1}{a} \\
&= -(r(1-\lambda))^a\left(\frac{1-a}{\beta}\right)^{a-1}(M - (1-\lambda)^{-a}v)
\end{aligned}
$$

を得る。ここで, $v = (1/ar)(r(1-a)/\beta)^{1-a}$ である。$M = (y^*+\lambda)^{-a}h(y^*)$ $= \sup_y (y+\lambda)^{-a}h(y)$ であるから, $M < (1-\lambda)^{-a}v$ であれば, $y \in (y_1, y_2)$ のときにのみ $h(y) > My^a$ となるような3つの変数 $y_1 \leq y^* \leq y_2$ が存在する。$M \geq (1-\lambda)^{-a}v$ であれば, すべて y のに対して $h(y) = My^a$ である。

さて,（6.19）式をゼロとする微分方程式を解くことは難しい。G-L は（6.19）式をゼロと置いた微分方程式を次のように書き換え, さらに分析を進めている。（6.19）式をゼロと置いた微分方程式に（6.18）式を代入して

$$\frac{\mu_M}{2}x(y)h' + r(y+\lambda-1)h' - \bar{\delta}h + \frac{1}{a} = 0$$

とし, これを y で微分すると,

$$\frac{\mu_M}{2}x'(y)h' + \frac{\mu_M}{2}x(y)h'' + rh' + r(y+\lambda-1)h'' - \bar{\delta}h' = 0$$

となる。さらに h'' で除して再度（6.18）式を使って整理すると

$$\frac{\mu_M}{2}x'(y)x(y) + \left(r - \bar{\delta} - \frac{\mu_M^2}{2\sigma_M^2}\right)x(y) - \frac{\mu_M r}{\sigma_M^2}(y+\lambda-1) = 0$$
$$y \in (y_1, y_2) \tag{6.20}$$

となる。ここで $z = y+\lambda-1$ と置くと, $y = z+1-\lambda$ であるから,

$$\frac{\mu_M}{2}x'(z+1-\lambda)x(z+1-\lambda) + \left(r - \bar{\delta} - \frac{\mu_M^2}{2\sigma_M^2}\right)x(z+1-\lambda)$$
$$- \frac{\mu_M r}{\sigma_M^2}z = 0$$

となる。ここで $x = wz$ と置き, z で微分すると,

$$x' = w'z + w$$

であるから,

$$\frac{\mu_M}{2}(w'z+w)wz + \left(r - \bar{\delta} - \frac{\mu_M^2}{2\sigma^2}\right)wz - \frac{\mu_M r}{\sigma^2}z = 0$$

となり，zで辺々を割ると，

$$wz\frac{dw}{dz} + w^2 + \frac{2}{\mu_M}\left(r - \bar{\delta} - \frac{\mu_M^2}{2\sigma_M^2}\right)w - \frac{2r}{\sigma_M{}^2} = 0$$

を得る。ところで，

$$w^2 + \frac{2}{\mu_M}\left(r - \bar{\delta} - \frac{\mu_M^2}{2\sigma_M^2}\right)w - \frac{2r}{\sigma_M^2} = (w - \theta_1)(w - \theta_2)$$

とすると，θ_1 と θ_2 は 左辺 ＝ 0 の解による因数分解で表現したものである。つまり，左辺 ＝ 0 の解は，

$$\theta = -\frac{1}{\mu_M}\left(r - \bar{\delta} - \frac{\mu_M}{2\sigma_M^2}\right) \pm \frac{1}{\mu_M}\sqrt{\left[\left(r - \bar{\delta} - \frac{\mu_M^2}{2\sigma_M^2}\right)\right]^2 + 2r\frac{\mu_M^2}{\sigma_M^2}}$$

であるから，$\theta_1 < 0 < \theta_2$ として計算を進めていくと，

$$wzdw + (w - \theta_1)(w - \theta_2)\,dz = 0$$
$$\Rightarrow \int\frac{wdw}{(w - \theta_1)(w - \theta_2)} + \int\frac{dz}{z} = 0$$
$$\Rightarrow \int\frac{\theta_2 dw}{w - \theta_2} - \int\frac{\theta_1 dw}{w - \theta_1} + (\theta_2 - \theta_1)\int\frac{dz}{z} = 0$$
$$\Rightarrow \theta_2\log|w - \theta_2| - \theta_1\log|w - \theta_1| + (\theta_2 - \theta_1)\log|z| = C$$
$$\Rightarrow \theta_2\log\left|\frac{x - \theta_2 z}{z}\right| - \theta_1\log\left|\frac{x - \theta_1 z}{z}\right| + (\theta_2 - \theta_1)\log|z| = C$$
$$\Rightarrow \theta_2\log|x - \theta_2 z| - \theta_1\log|x - \theta_1 z| = C$$
$$\Rightarrow |x - \theta_2 z|^{\theta_2}|x - \theta_1 z|^{-\theta_1} = C$$

となる。辺々を $-2/(\theta_1 - \theta_2)$ 乗すると，

$$(x - \theta_1 z)^{\frac{2\theta_1}{\theta_1 - \theta_2}}(x - \theta_2 z)^{-\frac{2\theta_2}{\theta_1 - \theta_2}} = C'$$

となる。ところで $\left[(r - \bar{\delta} - (\mu^2/2\sigma^2))\right]^2 + (2r\mu^2/\sigma^2) = D$ と置くと，

$$\frac{2\theta_1}{\theta_1-\theta_2} = 1 + \frac{\left(r-\bar{\delta}-\frac{\mu_M}{2\sigma_M^2}\right)}{\sqrt{D}}, \quad -\frac{2\theta_2}{\theta_1-\theta_2} = 1 - \frac{\left(r-\bar{\delta}-\frac{\mu_M}{2\sigma_M^2}\right)}{\sqrt{D}}$$

と書くことができる。$\gamma = (r-\bar{\delta}-(\mu_M/2\sigma_M^2))/\sqrt{D}$ と置くと，G-H 論文の Theorem 3.5 と同じ次のような結果を得る。

$$(x(y)-\theta_1(y+\lambda-1))^{1-\gamma}(x(y)-\theta_2(y+\lambda-1))^{1+\gamma} = C' \tag{6.21}$$
$$y \in (y_1, y_2)$$

この意味について考える前に，G-H 論文の Theorem 3.5 の後半部分，

$$\frac{x(y_i)}{y_i} \geq \frac{\mu_M}{(1-a)\sigma_M^2} \quad (i=1,2) \tag{6.22}$$

$$\frac{x(y^*)}{y^*} \leq \frac{\mu_M}{(1-a)\sigma_M^2} \tag{6.23}$$

について見ておこう。$y=y_i$ のとき，$h(y_i) = y_i^a M$，$h'(y_i) = ay_i^{a-1}M$，$h''(y_i) \geq a(a-1)y_i^{a-2}M$ が成り立っていなければならない。2 番目はいわゆる smooth pasting 条件と呼ばれるもので，3 番目は $y=y_i$ において $h(y)$ が $y^a M$ よりも弱凹であるための条件となっている。この 3 番目の条件に (6.18) 式を代入することにより，(6.22) 式を得ることができる。

他方，$y=y^*$ のとき，$(y+\lambda)^{-a}h(y)$ を最大化しているので，最適化のための必要条件と十分条件からそれぞれ

$$(y^*+\lambda)^{-a-1}\{-ah(y^*)+(y^*+\lambda)h'(y^*)\} = 0$$
$$(y^*+\lambda)^{-a-1}\{(1-a)h'(y^*)+(y^*+\lambda)h''(y^*)\} \leq 0$$

が成り立つ。後者の条件より，

$$(1-a)h'(y^*)+(y^*+\lambda)h''(y^*) \leq 0$$

また，(6.18) 式から，

$$y^*+\lambda \geq -\frac{(1-a)h'(y^*)}{h''(y^*)} = \frac{(1-a)x(y^*)\sigma_M^2}{\mu_M}$$

となるので，（6.23）式の結果が得られる。

これは何を意味するのだろうか。もし取引費用を無視することができれば（あるいは $\lambda = 0$ ならば）Merton（1969）のモデルと同じ設定となり，

$$\frac{x}{y} = \frac{X}{Q} = \frac{\mu_M}{(1-a)\sigma_M^2}$$

が成り立つので，総資産に占める危険資産の割合は y の値に関係なく一定となる。しかし，G-L のように取引費用を加えると，新しい住宅を購入した直後はより危険回避的となり総資産に占める危険資産の割合は低くなるのに対し，新しい住宅を購入する直前は逆に危険回避的ではなくなることを意味している。

このことは，微分方程式（6.20）式を解くことによって得られた（6.21）式からも言える。再度，x, y, z の関係性について確認しておこう。定義から，

$$y = \frac{Q}{K} - \lambda, \quad x = \frac{X}{K}, \quad z = y + \lambda - 1 = \frac{X+B}{K}$$

である。$z = 0$，あるいは $y = 1-\lambda$ ということは $Q = K$，すなわち安全資産，危険資産には投資されないことを意味する。また，

$$\frac{x}{z+1} = \frac{X/K}{Q/K} = \frac{X}{Q}$$

すなわち，$x/(z+1)$ は危険資産の総資産に占める割合となっている。

そこで，G-L に倣って $\bar{x}(z) = x(z+1-\lambda)$ と置くと，（6.21）式は

$$(\bar{x}(z) - \theta_1 z)^{1-\gamma}(\bar{x}(z) - \theta_2 z)^{1+\gamma} = C', \quad z \in (z_1, z_2) \tag{6.24}$$

となる。ここで，$z_1 = y_1 + \lambda - 1$，$z_2 = y_2 + \lambda - 1$ である。（6.24）式の辺々を $z+1$ で除すると，

$$\left(\frac{\bar{x}(z)}{z+1} - \theta_1 \frac{z}{z+1}\right)^{1-\gamma}\left(\frac{\bar{x}(z)}{z+1} - \theta_2 \frac{z}{z+1}\right)^{1+\gamma} = C''$$

となる。$x/(z+1)$ は X/Q，すなわち危険資産の総資産に占める割合を示し

図 6.1 危険資産の総資産に占める割合 (X/Q) と z の関係

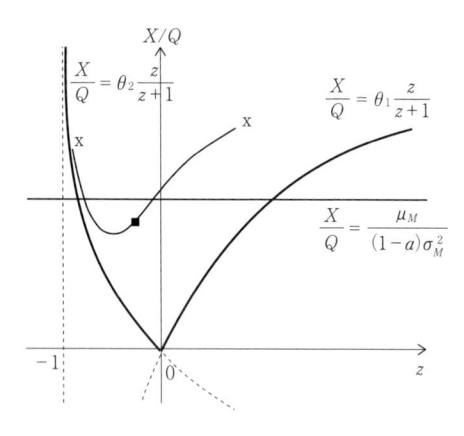

(注) X 点は新しい住宅の購入が最適となる X/Q を示し, ■は新しい住宅を購入した直後の X/Q を示している。

ている。図 6.1 に縦軸に X/Q をとり, 横軸に z をとったグラフが描かれている。C'' が限りなくゼロに近づくにつれて, 図 6.1 のように太線の曲線に収斂する。実際の X/Q はこの太線の曲線よりも上方に位置し, $z \in (z_1, z_2)$ に対して描かれる。図 6.1 に 1 つの例が模式的に示されているが, 住宅を購入する直前では危険資産の総資産に占める割合はより危険愛好的な態度を示し, 住宅を購入した直後にはその割合はより危険回避的な態度を示すことがうかがえる。

(4) まとめ

　G-L 論文は, 従来のポートフォリオ分析に住宅のような流動性の低い資産を加えたところに斬新さがあった。しかし, 家計の消費は住宅だけに限られており, 住宅以外の財については触れられていなかった。そこで, Stokey は G-L の枠組みを踏襲しつつ, そこに住宅以外の財も加えることによってより現実的なモデルを展開している。まず彼女が出版した書籍 Stokey (2009a) の第 9 章において, G-L 論文と同じ前提のもとで若干の解釈の変更を加えながらシミュレーションを中心とする分析を行った。さらに Stokey (2009b) は, G-L の枠組みに住宅以外の財を加えたモデルを構築し, やはり

シミュレーションを中心とする分析を行っている。住宅や住宅以外の財を加えるとモデルが複雑になり，G-T のモデルでさえ微分方程式を明示的に解くことはできず，シミュレーション分析に頼らざるを得なかった。したがって，これらの分析を完全に理解するためにはシミュレーション分析を理解する必要があるが，それについては今後の課題としたい。

6.2　住宅投資制約と最適ポートフォリオ：Brueckner(1997)

(1)　モデル

　Brueckner（1997）は，Henderson and Ioannides（1983）にもとづき，住宅保有にともなう制約がポートフォリオに及ぼす影響について興味深い分析を行っている。家計の時間軸は現時点とある将来時点という簡単なものである。現時点において家計は住宅 h を保有しており，一部は消費財として h_c を消費しているが，その残り $h-h_c$ は投資財として運用し収益を上げている。Brueckner（1997）のポイントは $h \geq h_c$ という制約を設けたことである。不等号が逆の場合，消費の一部は賃貸住宅市場から補充していることになるが，そのようなケースもないわけではないが Brueckner（1997）では排除されている。また，住宅のほかに金融資産にも投資を行っており，住宅を含むポートフォリオを形成している。以下では，q_0：安全資産への投資，q_i：リスクをともなう投資，s：住宅1単位あたりの税引き後の家賃，w：初期資産，としている。

　家計は，現時点における住宅以外の消費財と住宅から得られる効用と，将来時点におけるポートフォリオから得られる収益 R と将来所得 y の総和から得られる効用を合計した効用を得ている。

$$U(x, h_c) + \delta E[V(R+y)] \tag{6.25}$$

ただし，h_c：住宅保有とそれにともなう住宅消費，x：住宅以外の消費財，R：投資ポートフォリオから生まれる総収益で後述するように正規分布に従う確率変数，y：将来所得，である。

　住宅は消費財だけではなく投資財でもある。ここで，住宅を保有することによって住宅保有者は次の制約を満たす。

$$h \geq h_c \tag{6.26}$$

予算制約は

$$x = w - \left(h + \sum_{i=0}^{m} q_i \right) + s(h - h_c) \tag{6.27}$$

である。(6.27) 式は次のように書くことができる。

$$x = w - I - sh_c \tag{6.28}$$

ここで,

$$I = (1-s)h + \sum_{i=0}^{m} q_i \tag{6.29}$$

である。(6.29) 式は家計の純投資額，つまり投資額から住宅から得られる税引き後の家賃（帰属家賃を含む）を除いたものである。

投資から得られる総収益 R は,

$$R = r_h h + \sum_{i=0}^{m} r_i q_i \tag{6.30}$$

ここで, r_0：安全資産の総収益（1＋収益率），r_h：住宅からの税引き後 1 ドルあたりの総収益（1＋収益率），$\bar{r}_h$：r_h の期待値，r_i：投資財からの税引き後 1 ドルあたりの総収益（1＋収益率），$\bar{r}_i$：r_i の期待値，である。

R は正規分布に従うとする。R の期待値を $\bar{R}$ とすると,

$$\bar{R} = \bar{r}_h h + r_0 q_0 + \sum_{i=1}^{m} \bar{r}_i q_i \tag{6.31}$$

である。(6.30), (6.31) 式より

$$R - \bar{R} = (r_h - \bar{r}_h)h + \sum_{i=1}^{m} (r_i - \bar{r}_i) q_i$$

となり，R の標準偏差を σ とすると,

$$\sigma = \left(\theta_{hh}h^2 + 2\sum_{i=1}^{m}\theta_{hi}hq_i + \sum_{i=1}^{m}\sum_{j=1}^{m}\theta_{ij}q_iq_j\right)^{1/2} \tag{6.32}$$

を得る。ここで、θ_{hh}：r_h の分散、θ_{ii}：r_i の分散 $(i = 1, 2, ..., m)$、θ_{ij}：r_i と r_j の共分散 $(i, j = 1, 2, ..., m)$、θ_{hi}：r_h と r_i の共分散 $(i = 1, 2, ..., m)$、である。

投資から得られる総収益 R は正規分布を仮定しているので、標準化して

$$z = \frac{R - \bar{R}}{\sigma}$$

とすると、R は以下のように書くことができる。

$$R = \bar{R} + \sigma z$$

$\phi(z)$ を標準正規分布の確率密度関数とすると、（6.25）式の効用関数は

$$U(x, h_c) + \delta \int V(\bar{R} + \sigma z + y)\phi(z)\,dz \tag{6.33}$$

となる。

住宅保有者の最適化問題は、制約条件 (6.26)、(6.28)、(6.29)、(6.31)、(6.32) 式のもとで (6.33) 式を最大にする $(x, h_c, h, q_0, ..., q_m)$ を求める問題に帰着する。

$$\max_{x, h_c, h, q_0, ..., q_m} U(x, h_c) + \delta \int V(\bar{R} + \sigma z + y)\phi(z)\,dz$$

制約条件は

$$h \geq h_c$$

$$x = w - I - \mathrm{s}h_c, \quad \text{ここで、} \quad I = (1-s)h + \sum_{i=0}^{m}q_i$$

$$\bar{R} = \bar{r}_h h + r_0 q_0 + \sum_{i=1}^{m}\bar{r}_i q_i$$

$$\sigma = \left(\theta_{hh}h^2 + 2\sum_{i=1}^{m}\theta_{hi}hq_i + \sum_{i=1}^{m}\sum_{j=1}^{m}\theta_{ij}q_iq_j\right)^{1/2}$$

となる。

(2) モデルの解法

Brueckner（1997）は，第1段階で h, I, σ を固定させたうえで効率的な
ポートフォリオ選択を考え，そのうえで第2段階において σ, I, h, h_c の
最適化を図っている。この工夫を施すことにより，（6.26）式がもつ意味を
明らかにしようとする。

(a) 第1段階

まず，住宅を含むすべての危険資産について投資から得られる総収益の平
均 $\bar{R}$ を最大とする最適化問題を考える。つまり，I と σ を所与として $\bar{R}$ を
最大とする q_i（$i = 0, 1, ..., m$）と h を求める。具体的には，以下のような
ラグランジアン関数を定義し，最大化問題を解く。

$$
\begin{aligned}
\mathcal{L}(q_0, q_1, ..., q_m, h, \lambda, \mu) = {} & \bar{r}_h h + r_0 q_0 + \sum_{i=1}^{m} \bar{r}_i q_i \\
& + \lambda \left(\sigma - \left(\theta_{hh} h^2 + 2 \sum_{i=1}^{m} \theta_{hi} h q_i + \sum_{i=1}^{m} \sum_{j=1}^{m} \theta_{ij} q_i q_j \right)^{1/2} \right) \\
& + \mu \left(I - (1-s) h - \sum_{i=0}^{m} q_i \right)
\end{aligned}
$$

最適化された各危険資産の最適解は，パラメータ (I, σ) の関数として解くこ
とができる。これらを目的関数に代入することにより $\bar{R}^U(I, \sigma)$ を得る。
$\bar{R}^U(I, \sigma)$ は，横軸に σ，縦軸に $\bar{R}$ をとったとき，縦軸の切片である点
$(0, r_0 I)$ と市場ポートフォリオであるM点を通る直線となる（図6.2）。
Brueckner（1997）はこの直線を効率線（efficient line）と呼んでいるが
（ファイナンス分野で言う資本市場線の概念に相当する），その傾きは包絡線
定理より

$$
\frac{\partial \bar{R}^U(I, \sigma)}{\partial \sigma} = \lambda^U \ (\text{一定})
$$

に等しい[6]。なお，上付き文字の U は，住宅に制約がない場合の最適解で
あることを意味している。

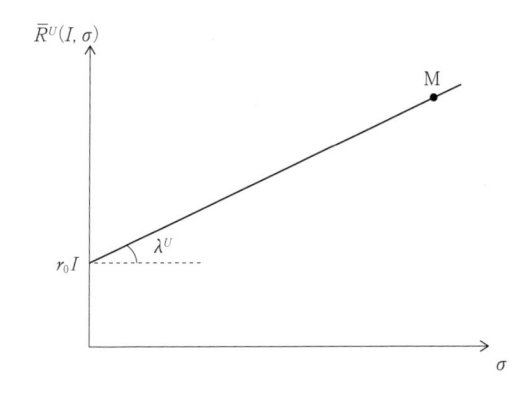

図6.2　市場ポートフォリオと効率線

　次に，住宅 h を固定したときの $\bar{R}$ の最大化問題を考える。この問題のラグランジアン関数は先のものと同じであるが，ここでは h は内生変数ではなくパラメータとなっている。

$$
\mathscr{L}(q_0, q_1, ..., q_m, \lambda, \mu) = \bar{r}_h h + r_0 q_0 + \sum_{i=1}^{m} \bar{r}_i q_i
$$

$$
+ \lambda \left(\sigma - \left(\theta_{hh} h^2 + 2 \sum_{i=1}^{m} \theta_{hi} h q_i + \sum_{i=1}^{m} \sum_{j=1}^{m} \theta_{ij} q_i q_j \right)^{1/2} \right)
$$

$$
+ \mu \left(I - (1-s) h - \sum_{i=0}^{m} q_i \right)
$$

最適化のための必要条件は，

$$
\frac{\partial \mathscr{L}}{\partial q_0} = r_0 - \mu = 0 \tag{6.34}
$$

$$
\frac{\partial \mathscr{L}}{\partial q_j} = \bar{r}_j - \lambda \left(\theta_{hj} h + \sum_{i=1}^{m} \theta_{ij} q_i \right) \sigma^{-1/2} - \mu = 0 \ \ (j = 1, 2, ..., m) \tag{6.35}
$$

$$
\frac{\partial \mathscr{L}}{\partial \lambda} = \sigma - \left(\theta_{hh} h^2 + 2 \sum_{i=1}^{m} \theta_{hi} h q_i + \sum_{i=1}^{m} \sum_{j=1}^{m} \theta_{ij} q_i q_j \right)^{1/2} = 0 \tag{6.36}
$$

---

6) 中神（2023）の補論で，簡単なケースを用いて λ^U が σ に依存せず一定であること，言い換えれば $\partial \lambda^U / \partial \sigma = 0$ であることを示している。

$$\frac{\partial \mathcal{L}}{\partial \mu} = I - (1-s)\,h - \sum_{i=0}^{m} q_i = 0 \tag{6.37}$$

である。（6.34）〜（6.37）式は，最適化のための十分条件が満たされているとき，最適な安全資産，住宅を除く危険資産をパラメータ (h, I, σ) の関数として解くことができる。

$$q_0 = q_0^*(h, I, \sigma)$$
$$q_i = q_i^*(h, I, \sigma) \ \ (i = 1, 2, ..., m)$$
$$\lambda = \lambda^*(h, I, \sigma)$$
$$\mu = \mu^*(h, I, \sigma)$$

最適化された q_0, q_i, λ, μ を目的関数に代入すると，ポートフォリオから生まれる総収益 $\bar{R}^*(h, I, \sigma)$ は

$$\bar{R}^*(h, I, \sigma) = \bar{r}_h h + r_0 q_0^* + \sum_{i=1}^{m} \bar{r}_i q_i^*$$

となる。包絡線定理により，

$$\frac{\partial \bar{R}^*(h, I, \sigma)}{\partial \sigma} = \lambda^*(h, I, \sigma)$$

が成り立つ。

また，$\bar{R}^*(h, I, \sigma)$ を h で偏微分すると，

$$
\begin{aligned}
\frac{\partial \bar{R}^*}{\partial h} &= \bar{r}_h - \lambda^* \left(\theta_{hh} h + \sum_{i=1}^{m} \theta_{hi} q_i^* \right) \\
&\quad \times \left(\theta_{hh} h^2 + 2\sum_{i=1}^{m} \theta_{hi} h q_i^* + \sum_{i=1}^{m}\sum_{j=1}^{m} \theta_{ij} q_i^* q_j^* \right)^{-1/2} - \mu(1-s) \\
&= \bar{r}_h - \lambda^* \left(\theta_{hh} h + \sum_{i=1}^{m} \theta_{hi} q_i^* \right) \sigma^{-1} - (1-s) r_0 \\
&= \frac{1}{h} \left\{ \bar{r}_h h - \lambda^* \left(\theta_{hh} h^2 + \sum_{i=1}^{m} \theta_{hi} h q_i^* \right) \sigma^{-1} - (1-s) r_0 h \right\}
\end{aligned}
\tag{6.38}
$$

最適化された決定変数を必要条件に代入したうえで，（6.34）式を（6.35）

式に代入し，さらに q_i^* をかけて j について 1 から m まで足すと

$$\sum_{j=1}^{m} \bar{r}_j q_j^* - \lambda^* \left(\sum_{j=1}^{m} \theta_{hj} h q_j^* + \sum_{i=1}^{m} \sum_{j=1}^{m} \theta_{ij} q_i q_j^* \right) \sigma^{-1} - r_0 \sum_{j=1}^{m} q_j^* = 0 \quad (6.39)$$

となる。(6.38) 式に (6.39) 式を加えて整理すると，

$$\frac{\partial \bar{R}^*}{\partial h} = \frac{1}{h} \left\{ \bar{r}_h h + \sum_{j=1}^{m} \bar{r}_j q_j^* - r_0 \left[(1-s) h + \sum_{j=1}^{m} q_j^* \right] \right.$$
$$\left. - \lambda^* \left[\theta_{hh} h^2 + 2 \sum_{j=1}^{m} \theta_{hj} h q_j^* + \sum_{i=1}^{m} \sum_{j=1}^{m} \theta_{ij} q_i^* q_j^* \right] \sigma^{-1} \right\}$$

となり，中括弧の中の第 4 項は定義より σ^2 に等しいので，

$$\frac{\partial \bar{R}^*}{\partial h} = \frac{1}{h} \left\{ \bar{r}_h h + \sum_{i=1}^{m} \bar{r}_j q_i^* - r_0 \left[(1-s) h + \sum_{i=1}^{m} q_i^* \right] - \lambda^* \sigma \right\}$$

となる。さらに，$\bar{R}^* = \bar{r}_h h + r_0 q_0^* + \sum_{i=1}^{m} \bar{r}_i q_i^*$, $I = (1-s) h + \sum_{i=0}^{m} q_i^*$ であることから，最終的に次のような関係式を得る。

$$\frac{\partial \bar{R}^*}{\partial h} = \frac{\bar{R}^* - r_0 I - \lambda^* \sigma}{h}$$

したがって，以下のようにまとめることができる。

$$\begin{cases} \dfrac{\partial \bar{R}^*}{\partial h} < 0 & \text{if } \bar{R}^* - r_0 I < \lambda^* \sigma \\[2mm] \dfrac{\partial \bar{R}^*}{\partial h} = 0 & \text{if } \bar{R}^* - r_0 I = \lambda^* \sigma \\[2mm] \dfrac{\partial \bar{R}^*}{\partial h} > 0 & \text{if } \bar{R}^* - r_0 I > \lambda^* \sigma \end{cases}$$

これらの結果は，以下の図6.3，図6.4を使って説明することができる。太線の曲線は，h と I を所与として，総収益の期待値 $\bar{R}^*$ とリスク σ の関係を描いたもので，A点で効率線と接するように描かれている（図6.3）。なお，$\bar{R}^*$ はリスクを高めるほど増加するが，その増え方は逓減するように描かれている[7]。A点における σ を $\bar{\sigma}(h)$ とすると，

図 6.3　$\bar{R}(\sigma, I, h)$ と効率性

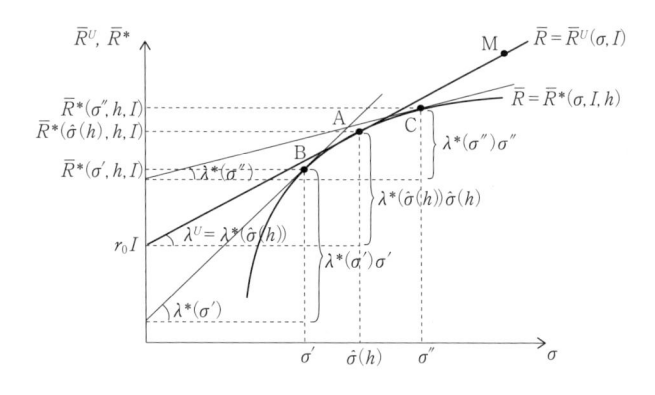

図 6.4　住宅規模と $\bar{R}(\sigma, I, h)$

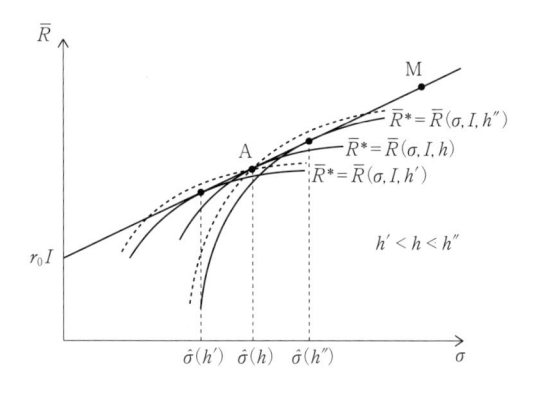

$$\lambda^*(I, \bar{\sigma}(h), h) = \lambda^U$$

が成り立つ。すなわち，住宅が h に固定されているとき，リスクを少しだけ増やした場合の総収益の期待値の増加率（すなわち，接線の傾き）は λ^U に等しい。このことは A 点が，リスクと総収益の期待値の組み合わせとして効率的であることを意味する。

　また，このとき $\bar{R}^* - r_0 I = \lambda^* \bar{\sigma}(h)$ が成り立っているので，$\partial \bar{R}^*(\bar{\sigma}, h, I) / \partial h = 0$ である。つまり，住宅の規模を変化させても総収益の期待値

7）中神（2023）の補論で簡単なケースを用いてその条件について説明している。

$\bar{R}^*(\delta, h, I)$ は変わらない（図6.4）。

　次にB点を見てみよう。B点における接線の傾きは $\lambda^*(\sigma')$ で，効率線の傾き λ^U よりも大きい。リスクを少しだけ増やしたときの総収益の期待値の増加率の方が λ^U よりも大きく，B点はリスクと総収益の期待値の組み合わせとして効率的とは言えない（図6.3）。

　また，このとき $\bar{R}^*(\sigma', h, I) - r_0 I < \lambda^*(\sigma')\sigma'$ を意味するので，$\partial\bar{R}^*(\sigma', h, I)/\partial h < 0$ である。つまり，住宅の規模を縮小すると，$\bar{R}^*(\sigma, h, I)$ はA点を中心に時計回りに回転し，σ' に対応する総収益の期待値 $\bar{R}^*(\sigma', h, I)$ は上昇する。これは，$\bar{R}^*(\sigma, h, I)$ の傾きが緩やかになることを意味する。住宅規模を h から h' に縮小することにより，傾きが緩やかになった総収益の期待値 $\bar{R}^*(\sigma, h', I)$ は，ポートフォリオの調整を図りながら σ が $\delta(h')$ であるときに効率線と接する（図6.4）。

　C点についても同様のことが言える。C点における接線の傾きは $\lambda^*(\sigma'')$ で，λ^U よりも小さい（図6.3）。リスクを少しだけ減らしたときの総収益の期待値の減少率の方が λ^U よりも小さく，C点はリスクと総収益の期待値の組み合わせとして効率的ではない。

　また，このとき $\bar{R}^*(\sigma'', h, I) - r_0 I > \lambda^*(\sigma'')\sigma''$ を意味するので，$\partial\bar{R}^*(\sigma'', h, I)/\partial h > 0$ である。言い換えれば，住宅の規模を大きくすると $\bar{R}^*(\delta(h), h, I)$ はA点を中心に反時計回りに回転するので，σ'' に対する総収益の期待値 $\bar{R}^*(\sigma'', h, I)$ は上昇し，$\bar{R}^*(\sigma, h, I)$ の傾きは急勾配となる。住宅規模が h から h'' に拡大すると，傾きが急勾配になった総収益の期待値 $\bar{R}^*(\sigma, h'', I)$ は，ポートフォリオを調整しながら σ が $\delta(h'')$ のときに効率線と接する（図6.4）。

(b) 第2段階

　第1段階では，h, I, σ を固定して，総収益の期待値が最大になるように q_0, q_i $(i = 1, ..., m)$ の最適化を図った。第2段階では，効用が最大になるように h_c, h, I, σ の最適化を図る。議論を進める前に，効用水準が一定の場合の総収益の期待値 $\bar{R}$ とリスク σ の代替関係，すなわち無差別曲線を導出しておく。

$$U(x, h_c) + \delta \int V(\bar{R} + \sigma z + y) \phi(z) \, dz = \text{const}$$

$\bar{R}$ と σ 以外の変数を固定させ，$\bar{R}$ と σ 方向にだけ全微分することによって無差別曲線の傾きを求めることができる。その傾きを $MRS_{\bar{R},\sigma}$ とすれば，

$$MRS_{\bar{R},\sigma} = -\frac{\int z V'(\cdot) \phi(z) \, dz}{\int V'(\cdot) \phi(z) \, dz} > 0$$

である。符号がプラスであるのは，リスクが増えたとき，同じ効用水準を維持するためには総収益の期待値は増えなければならないことを意味する。

さて，第 2 段階は，総収益の期待値に $\bar{R}^*(h, I, \sigma)$ を代入した効用関数を，(6.26) 式の制約のもとで I, σ, h_c, h について最大化する問題となる。すなわち，

$$\max_{I,\sigma,h_c,h} U(w - I - sh_c, h_c) + \delta \int V(\bar{R}^*(h, I, \sigma) + \sigma z + y) \phi(z) \, dz$$

で，制約条件は

$$h - h_c \geq 0$$

である。ラグランジアン関数を次のように定義する。

$$\begin{aligned}
\mathcal{L}(h_c, h, I, \sigma) &= U(w - I - sh_c, h_c) \\
&+ \delta \int V(\bar{R}^*(h, I, \sigma) + \sigma z + y) \phi(z) \, dz + \eta(h - h_c)
\end{aligned}$$

最適化のための必要条件は，

$$I: \quad \delta \int V'(\cdot) \phi(z) \, dz - \frac{\partial U(\cdot)}{\partial x} = 0 \tag{6.40}$$

$$\sigma: \quad \delta \int V'(\cdot) \left(\frac{\partial \bar{R}^*(h, I, \sigma)}{\partial \sigma} + z \right) \phi(z) \, dz = 0 \tag{6.41}$$

$$h: \quad \delta \int V'(\cdot) \frac{\partial \bar{R}(h, I, \sigma)}{\partial h} \phi(z) \, dz + \eta = 0 \tag{6.42}$$

$$h_c: \quad \frac{\partial U(\cdot)}{\partial h_c} - s\frac{\partial U(\cdot)}{\partial x} - \eta = 0 \qquad (6.43)$$

となる。

まず，(6.40) 式より，

$$\frac{\partial U(\cdot)/\partial x}{\delta \int V'(\cdot)\phi(z)\,dz} = \frac{\partial \bar{R}^*(h, I, \sigma)}{\partial I}$$

であり，包絡線定理より $\partial \bar{R}^*(h, I, \sigma)/\partial I = r_0$ であるから，

$$\frac{\partial U(\cdot)/\partial x}{\delta \int V'(\cdot)\phi(z)\,dz} = r_0$$

を得る。現在と将来の住宅以外の消費財の限界代替率は，安全資産の1ドルあたりの総収益に等しい。これはしばしばマクロ経済学で見られる結果である。

続いて (6.41) 式より，

$$-\frac{\int z V'(\cdot)\phi(z)\,dz}{\int V'(\cdot)\phi(z)\,dz} = \frac{\partial \bar{R}^*(h, I, \sigma)}{\partial \sigma}$$

が成立する。左辺は総収益の期待値とリスクの代替関係を示す無差別曲線の傾きで，右辺は包絡線定理より $\partial \bar{R}^*(h, I, \sigma)/\partial \sigma = \lambda^*(h, I, \sigma)$ であるから，

$$MRS_{\bar{R},\sigma} = \lambda^*(h, I, \sigma)$$

と書くことができる。6.2 (2) (a) で見たように，$\lambda^*(h, I, \sigma)$ は $\bar{R}^*(h, I, \sigma)$ の接線の傾きであるから，均衡において無差別曲線と $\bar{R}^*(h, I, \sigma)$ が接していることを意味する。

次に (6.42) 式を見てみよう。$\eta = 0$，すなわち住宅投資制約が拘束力をもたなければ，

$$\frac{\partial \bar{R}^*(h, I, \sigma)}{\partial h} = 0$$

を意味する。これは均衡において（例えば図6.3におけるA点）効率的な状態が実現していることを意味する。しかし，住宅投資制約が拘束力をもつとき $\eta > 0$ であるから，

$$\frac{\partial \bar{R}^*(h, I, \sigma)}{\partial h} < 0$$

でなければならず，均衡において図6.3のB点のような点が選ばれ，効率的な状態にはない。この場合，（6.26）式が拘束力をもつので，投資目的で住宅を減らそうとすると住宅消費も減るので，住宅投資を減らす便益と費用がちょうど均衡している状態と言える。

最後に（6.43）式について見てみよう。（6.43）式は（6.42）式より

$$\frac{\partial U(\cdot)/\partial h_c}{\partial U(\cdot)/x} - s = -\frac{\delta}{\partial U(\cdot)/x} \int V'(\cdot) \frac{\partial \bar{R}(h, I, \sigma)}{\partial h} \phi(z) dz$$

と書くことができる。（6.26）式が拘束力をもたなければ，均衡では $\partial \bar{R}^*(h, I, \sigma)/\partial \sigma = 0$ で右辺はゼロとなり，住宅サービス消費と住宅以外の消費の限界代替率は，住宅サービスの価格（住宅以外の消費をニュメレールとしている）と一致する。しかし，住宅投資制約が拘束力をもつとき，$\partial \bar{R}^*(h, I, \sigma)/\partial \sigma < 0$ となるので右辺の符号は正となり，住宅サービス消費と住宅以外の消費の限界代替率は家賃を上回る。つまり，住宅投資制約が拘束力をもつとき，住宅消費を増やすことによる効用の増加とさらなるポートフォリオの非効率性から生ずる効用の低下がちょうど均衡している。

(3)　意味について

住宅投資制約が拘束力をもたないとき，家計は効用最大化によって最適な q_0，q_i $(i = 1, ..., m)$，h_c，h，I，σ が選ばれ，リスクを少しだけ増やしたときの総収益の期待値の増加率が λ^U と一致するような効率的な状態を実現する。例えば，図6.5で言えば，A点のような状態である。

しかし，住宅投資制約が拘束力をもつとき，$\bar{R}^*(h, I, \sigma)$ と無差別曲線が接するB点で均衡の状態にあるとしよう（図6.5）。もちろんA点は効率線上にあり，効率性という観点から望ましいのであるが，この家計にとってA点を通る無差別曲線はB点を通る無差別曲線の下方に位置し，A点が選ばれ

図 6.5　住宅規模と効率性

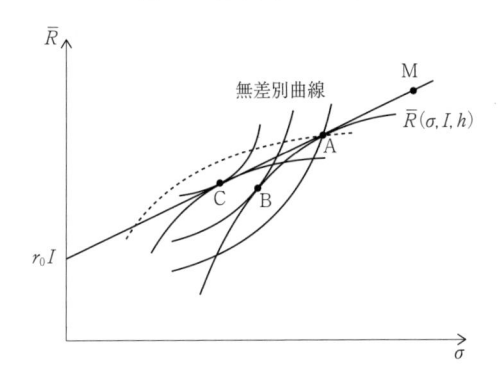

ることはない。

　しかし，先述したように，B点は家計にとって住宅に対し過剰に投資して
いる状態である。もし住宅規模を縮小することができれば，家計の効用を高
めることができる。図 6.5 に描かれているように，住宅投資を減らすと
$\bar{R}^*(h, I, \sigma)$ はA点を中心に時計回りに回転し，$\bar{R}^*(h, I, \sigma)$ の傾きは小さく
なり，B点よりも高い効用を実現する可能性が生まれる。実際には住宅規模
を変化させるとポートフォリオに変化が生じ，所得 I と λ^U に影響する。仮
にそれらの変化がなく，例えば効率線上のC点のようなところで効率的な状
態を実現すれば，B点と比べて少ないリスクでより高い総収益の期待値を得
ることができる。

　このように，Brueckner（1997）は Henderson and Ioannides モデルを用
いて住宅保有者の資産ポートフォリオ選択を分析し，簡単なモデルながら，
とても示唆に富む結論を導いている。

6.3　流動性制約と最適ポートフォリオ：
Chetty, Sándor, and Szeidl（2017）

(1)　モデル

　Chetty, Sándor, and Szeidl（2017）のモデルでは，効用は住宅以外の財と
住宅から得られる。議論を簡単にするために，現在（$t = 0$）の住宅 H_0，住
宅ローン負債 M_0，流動資産 L_0 を所与として次期（$t = 1$）の消費を行うも
のとする。つまり，家計は次期の資産制約のもとで次期の効用の期待値を最

大にする住宅 H_1 と住宅以外の財 C_1 を決定する。

　効用関数は Power Utility の範疇に入るもので，住宅以外の財と住宅から効用を得ている。

$$E_0 \frac{\left[C_1^{1-\mu} H_1^{\mu}\right]^{1-\gamma}}{1-\gamma} \tag{6.44}$$

家計は次期に外生的に与えられた確率 θ で現在の住宅に住み続けるかもしれないし，確率 $1-\theta$ で引っ越すかもしれない。引っ越ししなければ $H_1 = H_0$ であるが，転居する場合は新たな住まいの H_1 を最適に選択しなければならない。

　家計の次期の予算制約は，次期の労働所得を Y_1 として

$$C_1 + P_1 H_1 = (1+R_p) L_0 + Y_1 + P_1 H_0 - (1+R_m) M_0 \tag{6.45}$$

である。次期の総資産は流動性資産，労働所得，住宅市場価値から住宅ローン負債を除いた住宅エクイティから構成されている。Chetty, Sándor, and Szeidl（2017）の最大のポイントは，住宅資産を住宅市場価値と住宅のエクイティ部分に分けたことである。

　流動資産には安全資産と危険資産がある。安全資産と危険資産の収益率はそれぞれ R_f, R で $\log(1+R_f) = r_f$, $\log(1+R) = r$ とする。r は平均 μ_r，分散 σ_r^2 の正規分布に従う（同じことであるが，$\exp(r)$ は対数正規分布に従う）。流動資産のうち危険資産のシェアを α とすると，家計にとっての流動資産からのポートフォリオ収益率は，$R_P = \alpha R + (1-\alpha) R_f$ である。

　現時点における住宅市場価値を $P_0 = 1$ とし，次期の住宅市場価格は $1+(P_1/P_0) = 1+P_1 = \exp(p_1)$ とする。p_1 は平均 μ_p，分散 σ_p^2 の正規分布に従う（$\exp(p_1)$ は対数正規分布に従う）。また，住宅市場価値と危険資産の共分散を $\rho = \mathrm{Cov}[p_1, r]$ と定義する。住宅ローン負債の利子率を R_m とする。

　家計は現時点で意思決定を行うので，住宅ローン負債，労働所得，流動資産，住宅価値，総資産の現在価値について確認しておく。

$$M = \frac{M_0(1+R_m)}{1+R_f}, \quad Y = \frac{Y_1}{1+R_f}$$

$$L = L_0, \quad PH = P_0 H_0, \quad W = L + Y + PH - M$$

労働所得 Y_1 は次期に受け取り，事前に既知とされる。L, PH, W はそれぞれ現時点における流動資産，住宅の市場価値，総資産である。

(6.45) 式の右辺を W_1 として，家計のラグランジアン関数を次のように定義する。

$$\mathcal{L} = \frac{\left[C_1^{1-\mu}H_1^{\mu}\right]^{1-\gamma}}{1-\gamma} + \lambda\left[W_1 - C_1 - P_1 H_1\right]$$

効用最大化のための必要条件は，

$$C_1: \quad (1-\mu)\,C_1^{(1-\mu)(1-\gamma)-1}H_1^{\mu(1-\gamma)} = \lambda$$
$$H_1: \quad \mu C_1^{(1-\mu)(1-\gamma)}H_1^{\mu(1-\gamma)-1} = \lambda$$
$$\lambda: \quad W_1 - C_1 - P_1 H_1 = 0$$

である。これを解くと，$C_1 = (1-\mu)\,W_1$，$P_1 H_1 = \mu W_1$ を得る。

これらを目的関数に代入することにより，株式配分比率 α を所与とするときの引っ越しをしない場合の間接効用関数 $V_{nm}(W_1)$ と，転居する場合の間接効用関数 $V_m(W_1)$ をそれぞれ求めることができる。

$$V_{nm}(W_1) = \frac{(W_1 - P_1 H_0)^{(1-\mu)(1-\gamma)}H_0^{\mu(1-\gamma)}}{1-\gamma} \tag{6.46}$$

$$V_m(W_1) = \frac{\left[(1-\mu)\,W_1\right]^{(1-\mu)(1-\gamma)}\left[\mu W_1/P_1\right]^{\mu(1-\gamma)}}{1-\gamma}$$

$$= \frac{\left[\mu^{\mu}(1-\mu)^{1-\mu}\right]^{1-\gamma}}{1-\gamma}\left(\frac{W_1}{P_1^{\mu}}\right)^{1-\gamma} \tag{6.47}$$

ここで，絶対的危険回避度と相対的危険回避度を確認しておく。まず引っ越しをしない場合，

$$V_{nm}'(W_1) = (1-\mu)\,(W_1 - P_1 H_0)^{-\mu-\gamma+\mu\gamma}H_0^{\mu(1-\gamma)} \tag{6.48}$$

$$V_{nm}''(W_1) = (1-\mu)\,(-\mu-\gamma+\mu\gamma)\,(W_1 - P_1 H_0)^{-\mu-\gamma+\mu\gamma-1}H_0^{\mu(1-\gamma)} \tag{6.49}$$

であるから，絶対的危険回避度と相対的危険回避度は (6.48)，(6.49) 式よりそれぞれ

$$-\frac{V_{nm}''(W_1)}{V_{nm}'(W_1)} = \frac{\mu+\gamma-\mu\gamma}{W_1-P_1H_0}, \quad -\frac{(W_1-P_1H_0)\,V_{nm}''(W_1)}{V_{nm}'(W_1)} = \mu+\gamma-\mu\gamma$$

となり，確かに絶対的危険回避度は総資産の減少関数，また相対的危険回避度は一定の値をとる。

　他方，引っ越しをする場合，

$$V_m'(W_1) = [\mu^\mu(1-\mu)^{1-\mu}]^{1-\gamma}W_1^{-\gamma}P_1^{-\mu(1-\gamma)} \tag{6.50}$$

$$V_m''(W_1) = -\gamma[\mu^\mu(1-\mu)^{1-\mu}]^{1-\gamma}W_1^{-\gamma-1}P_1^{-\mu(1-\gamma)} \tag{6.51}$$

であるから，絶対的危険回避度と相対的危険回避度は（6.50），（6.51）式よりそれぞれ

$$-\frac{V_m''(W_1)}{V_m'(W_1)} = \frac{\gamma}{W_1}, \quad -\frac{W_1V_m''(W_1)}{V_m'(W_1)} = \gamma$$

となる。同様に，絶対的危険回避度は総資産の減少関数，また相対的危険回避度は一定の値をとる。引っ越しをする場合としない場合とで相対的危険度の値が $\mu+\gamma-\mu\gamma$ から γ に変わり，引っ越しをしない場合の方が大きな値をとり，より危険回避的となっている。この結果は，Chetty, Sándor, and Szeidl（2017）が指摘するように，6.1 節で取り上げた Grossman and Laroque（1990）の主張に通ずるものがある。

(2)　株式配分比率 α の導出

　第 2 ステップとして，資産制約のもとで，株式配分比率 α を変数とする間接効用関数を最大とするように最適株式配分比率 α を決定する。すなわち，(6.46)，(6.47) 式より，以下のような問題を解くことになる。

$$\max_\alpha E[\theta V_{nm}(W_1)+(1-\theta)\,V_m(W_1)]$$

ここで改めて確認しておくと，

$$W_1 = (1+R_p)L_0+Y_1+P_1H_0-(1+R_m)M_0$$
$$R_P = \alpha R+(1-\alpha)\,R_f$$

である。最大化のための必要条件は，

$$\theta E[(R-R_f)L_0 V'_{nm}(W_1)] + (1-\theta)E[(R-R_f)L_0 V'_m(W_1)] = 0$$

であり，対数線形化を施すために，以下のように書き直す。

$$\theta E[(1+R)\,V'_{nm}(W_1)] + (1-\theta)E[(1+R)\,V'_m(W_1)]$$
$$= \theta E[(1+R_f)\,V'_{nm}(W_1)] + (1-\theta)E[(1+R_f)\,V'_m(W_1)] \tag{6.52}$$

ここで両辺で対数をとり，株の収益率と住宅価格の上昇率が $(1+R_f)$ に等しくなる点の近傍で線形近似を行う。なお，以下で示される $V_{nm}^{0'}$ と $V_m^{0'}$ はその点における2つの状態の限界効用である。まず左辺は，

$$\log[\theta E[(1+R)\,V'_{nm}(W_1)] + (1-\theta)E[(1+R)\,V'_m(W_1)]]$$
$$\approx \log[\theta E[(1+R_f)\,V_{nm}^{0'}] + (1-\theta)E[(1+R_f)\,V_m^{0'}]]$$
$$+ \frac{\theta(1+R_f)\,V_{nm}^{0'}}{\theta(1+R_f)\,V_{nm}^{0'} + (1-\theta)E(1+R_f)\,V_m^{0'}}$$
$$\times \frac{\theta E[(1+R)\,V'_{nm}(W_1)] - \theta(1+R_f)\,V_{nm}^{0'}}{\theta(1+R_f)\,V_{nm}^{0'}}$$
$$+ \frac{(1-\theta)(1+R_f)\,V_m^{0'}}{\theta(1+R_f)\,V_{nm}^{0'} + (1-\theta)E(1+R_f)\,V_m^{0'}}$$
$$\times \frac{(1-\theta)(E[(1+R)\,V'_m(W_1)] - (1+R_f)\,V_m^{0'})}{(1-\theta)(1+R_f)\,V_m^{0'}}$$
$$\approx \log[\theta E[(1+R_f)\,V_{nm}^{0'}] + (1-\theta)E[(1+R_f)\,V_m^{0'}]]$$
$$+ \theta^*\log\left(\frac{E[(1+R)\,V'_{nm}(W_1)]}{(1+R_f)\,V_{nm}^{0'}}\right) + (1-\theta^*)\log\left(\frac{E[(1+R)\,V'_m(W_1)]}{(1+R_f)\,V_m^{0'}}\right)$$

となる。ここで，$\theta^* = \theta V_{nm}^{0'}/(\theta V_{nm}^{0'} + (1-\theta)\,V_m^{0'})$ としている。したがって，

$$\log[\theta E[(1+R)\,V'_{nm}(W_1)] + (1-\theta)E[(1+R)\,V'_m(W_1)]]$$
$$\approx k + \theta^*[\log E[(1+R)\,V'_{nm}(W_1)] - \log[(1+R_f)\,V_{nm}^{0'}]]$$
$$+ (1-\theta^*)[\log E[(1+R)\,V'_m(W_1)] - \log[(1+R_f)\,V_m^{0'}]] \tag{6.53}$$

となる。右辺も同様にして

$$\log[\theta E[(1+R_f)\,V'_{nm}(W_1)] + (1-\theta)E[(1+R_f)\,V'_m(W_1)]]$$
$$\approx k + \theta^*[\log E[(1+R_f)\,V'_{nm}(W_1)] - \log[(1+R_f)\,V_{nm}^{0'}]]$$
$$+ (1-\theta^*)[\log E[(1+R_f)\,V'_m(W_1)] - \log[(1+R_f)\,V_m^{0'}]] \tag{6.54}$$

となる。(6.53), (6.54) 式を (6.52) 式に代入すると,

$$\theta^* (\log E[(1+R) V'_{nm}(W_1)] - \log E[(1+R_f) V'_{nm}(W_1)])$$
$$+ (1-\theta^*) (\log E[(1+R) V'_m(W_1)] - \log E[(1+R_f) V'_m(W_1)]) \approx 0 \quad (6.55)$$

を得る。ところで, 確率変数 x が正規分布に従うとき,

$$\log E\exp(x) = Ex + \frac{\sigma_x^2}{2}$$

であり, また, 確率変数 x, y に対して

$$\mathrm{Var}[x+y] = \mathrm{Var}[x] + \mathrm{Var}[y] + 2\mathrm{Cov}[x,y]$$

である。

これらを利用すると, $1+R$ と $V'_{nm}(W_1)$ が同時対数正規分布に従うとすれば (6.55) 式は

$$\theta^* (Er + (\sigma_r^2/2) + Ev'_{nm} + \mathrm{Cov}[r, v'_{nm}] - r_f - Ev'_{nm})$$
$$+ (1-\theta^*) (Er + (\sigma_r^2/2) + Ev'_m + \mathrm{Cov}[r, v'_m] - r_f - Ev'_m) \approx 0$$

となり, 整理すると,

$$\theta^* (Er + (\sigma_r^2/2) - r_f + \mathrm{Cov}[r, v'_{nm}])$$
$$+ (1-\theta^*) (Er + (\sigma_r^2/2) - r_f + \mathrm{Cov}[r, v'_m]) \approx 0$$

となって, 最終的に次の結果を得る。

$$Er - r_f + (\sigma_r^2/2) \approx \theta^* \mathrm{Cov}[r, -v'_{nm}] + (1-\theta^*) \mathrm{Cov}[r, -v'_m] \quad (6.56)$$

そこで, (6.56) 式の中の θ^*, v'_{nm}, v'_m を計算する必要がある。

(a) θ^* の導出

θ^* を求めるために, $V_{nm}^{0\prime}$ と $V_m^{0\prime}$ を求めなければならない。(6.48), (6.50) 式より

$$V'_{nm}(W_1^0) = (1-\mu) (W_1^0 - P_1^0 H_0)^{-\mu - \gamma + \mu\gamma} H_0^{\mu(1-\gamma)}$$
$$= (1-\mu) W_1^{0-\gamma} (1 - P_1^0 H_0 / W_1^0)^{-\mu - \gamma + \mu\gamma} (H_0 / W_1^0)^{\mu(1-\gamma)}$$

$$V'_m(W_1^0) = [\mu^\mu(1-\mu)^{1-\mu}]^{1-\gamma} W_1^{0-\gamma} P_1^{0-\mu(1-\gamma)}$$

であるから,

$$\theta^* = \frac{\theta V'_{nm}(W_1^0)}{\theta V'_{nm}(W_1^0) + (1-\theta)\, V'_m(W_1^0)}$$

$$= \frac{\theta\left[(1-\mu)\, W_1^{0-\gamma}(1-P_1^0 H_0/\, W_1^0)^{-\mu-\gamma+\mu\gamma}(H_0/\, W_1^0)^{\mu(1-\gamma)}\right]}{\theta\left[(1-\mu)\, W_1^{0-\gamma}(1-P_1^0 H_0/\, W_1^0)^{-\mu-\gamma+\mu\gamma}(H_0/\, W_1^0)^{\mu(1-\gamma)}\right] + (1-\theta)\left\{[\mu^\mu(1-\mu)^{1-\mu}]^{1-\gamma} W_1^{0-\gamma} P_1^{0-\mu(1-\gamma)}\right\}}$$

$$= \frac{1}{1 + \dfrac{1-\theta}{\theta}\dfrac{\mu^{\mu(1-\gamma)}(1-\mu)^{-\mu-\gamma+\mu\gamma}}{(P_1^0 H_0/\, W_1^0)^{\mu(1-\gamma)}(1-P_1^0 H_0/\, W_1^0)^{-\mu-\gamma+\mu\gamma}}} \tag{6.57}$$

となる。θ^* は限界効用で調整された家計が動かない確率となっている。も
し住宅の価値が総資産に占める割合, すなわち PH/W が μ と等しくなるよ
うな最適水準が選ばれていれば, (6.57) 式から $\theta^* = \theta$ である。しかし,
$PH/W > \mu$ で最適な水準よりも住宅が過剰に保有されているとすれば, 総
資産の限界効用は動かない方がより高くなり, 限界効用で調整された動かな
い確率はより高くなる。

(b) v'_{nm} の導出
(6.48) 式より

$$V'_{nm}(W_1) = (1-\mu)\, (W_1 - P_1 H_0)^{-\mu-\gamma+\mu\gamma} H_0^{\mu(1-\gamma)}$$

で あ っ た。$W_1 - P_1 H_0 = (1+R_p) L_0 + Y_1 - M_1$ で あ る か ら, $V'_{nm}(W_1)$ は
$[(1+R_p) L_0 + Y_1 - M_1]^{-\mu-\gamma+\mu\gamma}$ に比例している。$(1+R_p) L_0 + Y_1 - M_1 = L_1$ で
あるから, L_1 を対数線形化する。対数をとると,

$$\begin{aligned}
\log(L_1) &= \log[(1+R_p) L_0 + Y_1 - M_1] \\
&= \log[L+Y-M] + \frac{L}{L+Y-M}\frac{L_1-L}{L} + \frac{Y}{L+Y-M}\frac{Y_1-Y}{Y} \\
&\quad - \frac{M}{L+Y-M}\frac{M_1-M}{M}
\end{aligned}$$

となり, よって,

$$l_1 \approx k' + \eta_1(l+r_p) + \eta_2(y+r_f) + (1-\eta_1-\eta_2)(m+r_f)$$

を得る。なお，$1-\eta_1-\eta_2$ であることは以下のことから明らかである。

$$-\frac{M}{L+Y-M} = 1 - \frac{L}{L+Y-M} - \frac{Y}{L+Y-M}$$

(c) v'_m の導出

同様に，（6.50）式より

$$V'_m(W_1) = [\mu^\mu(1-\mu)^{1-\mu}]^{1-\gamma} W_1^{-\gamma} P_1^{-\mu(1-\gamma)}$$

であるから，$V'_m(W_1)$ は $W_1^{-\gamma}P_1^{-\mu(1-\gamma)}$ に比例する。$W_1 = (1+R_p)L_0 + Y_1 + P_1H_0 - M_1$，あるいは $W_1 = (1+R_p)L + Y(1+R_f) + P(1+R_f)H - M(1+R_f)$ であるから，辺々対数をとると，

$$\log W_1 = \log[(1+R_p)L + Y(1+R_f) + P(1+R_f)H - M(1+R_f)]$$

となり，対数線形化すると，

$$
\begin{aligned}
右辺 = {} & \log(L+Y+H-M) + \frac{L}{L+Y+PH-M}\frac{L_1-L}{L} \\
& + \frac{Y}{L+Y+PH-M}\frac{Y_1-Y}{Y} + \frac{PH}{L+Y+PH-M}\frac{P_1-P}{P} \\
& + \frac{M}{L+Y+PH-M}\frac{M_1-M}{M}
\end{aligned}
$$

を得る。ところで，$\rho = PH/(L+Y+PH-M)$ とすると，

$$\frac{L}{L+Y+PH-M} = \frac{L+Y-M}{L+Y+PH-M}\frac{L}{L+Y-M} = (1-\rho)\eta_1$$

で，他の項にもあてはめると，

$$
\begin{aligned}
w_1 \approx {} & k'' + (1-\rho)\eta_1(l+r_p) + (1-\rho)\eta_2(y+r_f) \\
& + (1-\rho)(1-\eta_1-\eta_2)(m+r_f) + \rho p_1
\end{aligned}
$$

となる。

(d) 最終段階

さて，いよいよ最終段階に入る。まず，動かない場合，

$$V'_{nm}(W_1) = (1-\mu)(W_1 - P_1 H_0)^{-\mu-\gamma+\mu\gamma} H_0^{\mu(1-\gamma)}$$

であり，対数をとると，

$$v'_{nm} = \log(1-\mu) - (\mu+\gamma-\mu\gamma) l_1 + \mu(1-\gamma)\log H_0$$

となる。つまり，$\gamma^c = \mu+\gamma-\mu\gamma$ として $v'_{nm} = \text{const} - \gamma^c l_1$ であるから，

$$
\begin{aligned}
\mathrm{Cov}[r, -v'_{nm}] &= \mathrm{Cov}[r, \gamma^c l_1] \\
&= \mathrm{Cov}[r, \gamma^c(k' + \eta_1(l+r_p) + \eta_2(y+r_f) + (1-\eta_1-\eta_2)(m+r_f))] \\
&= \gamma^c \eta_1 \alpha \sigma^2
\end{aligned}
\tag{6.58}
$$

となる。

次に，動く場合，

$$V'_m(W_1) = [\mu^\mu(1-\mu)^{1-\mu}]^{1-\gamma} W_1^{-\gamma} P_1^{-\mu(1-\gamma)}$$

対数をとると，

$$
\begin{aligned}
v'_m &= (1-\gamma)\log[\mu^\mu(1-\mu)^{1-\mu}] - \gamma w_1 - \mu(1-\gamma) p_1 \\
v'_m &= \text{const} - \gamma w_1 - \mu(1-\gamma) p_1 \\
\mathrm{Cov}[r, -v'_m] &= \mathrm{Cov}[r, \gamma w_1 + \mu(1-\gamma) p_1] \\
&= \mathrm{Cov}[r, \gamma((1-\rho)\eta_1 r_p + \rho p_1) + \mu(1-\gamma) p_1] \\
&= \gamma(1-\rho)\eta_1 \alpha \sigma^2 + (\gamma\rho + \mu(1-\gamma))\mathrm{Cov}[r, p_1]
\end{aligned}
\tag{6.59}
$$

となる。

最後に，(6.58)，(6.59) 式を (6.56) 式に代入すると，

$$
\begin{aligned}
Er - r_f + \frac{\sigma_r^2}{2} &= \theta^*[\gamma^c \eta_1 \alpha \sigma^2] \\
&\quad + (1-\theta^*)[\gamma(1-\rho)\eta_1 \alpha \sigma^2 + (\gamma\rho + \mu(1-\gamma))\mathrm{Cov}[r, p_1]]
\end{aligned}
$$

となり，α について解くと，

$$\alpha^* = \frac{Er - r_f + \sigma_r^2/2 + (1-\theta^*)(\mu(\gamma-1) - \gamma\rho)\mathrm{Cov}[r, p_1]}{\theta^*\gamma^c\eta_1\sigma^2 + (1-\theta^*)\gamma(1-\rho)\eta_1\sigma^2}$$

を得る。$\eta_1 = L/(L+Y-M) = L/(W-PH)$, $1-\rho = 1-(PH/W)$ $= L/W$ であるから，初期における流動資産のうち株の占める割合は，対数線形近似にして

$$\alpha^* = \frac{\mu_r - r_f + \sigma_r^2/2}{\sigma_r^2[\theta^*\gamma^c \cdot L/(W-PH) + (1-\theta^*)\gamma \cdot L/W]}$$
$$+ \mathrm{Cov}[p_1, r](1-\theta^*)\frac{\mu(\gamma-1) - \gamma \cdot PH/W}{\sigma_r^2[\theta^*\gamma^c \cdot L/(W-PH) + (1-\theta^*)\gamma \cdot L/W]} \tag{6.60}$$

となる。

(3) (6.60) 式の意味について

(6.60) 式の意味について考えてみよう。住宅を含まない一般的な投資家の効用最大化問題によって導かれる最適株式配分比率は，以下のようにして求まる[8]。

$$\alpha_t^* = \frac{\mu_r - r_f + \sigma_r^2/2}{\gamma\sigma_r^2} \tag{6.61}$$

である。(6.60) 式と (6.61) 式を比較すると，分母の危険回避度に大きな違いがある。(6.61) 式の危険回避度 γ に対して，(6.60) 式の危険回避度はより複雑な形になっている。さらに，(6.60) 式には $\mathrm{Cov}[p_1, r]$ を乗じた第2項が加わっている。$\mathrm{Cov}[p_1, r]$ は住宅価格上昇率と危険資産の収益率の共分散である。$\mathrm{Cov}[p_1, r] = 0$ のとき，将来のことはあまり頓着せず家計は近視眼的に行動する。それに対して $\mathrm{Cov}[p_1, r] \neq 0$ のとき，住宅価格の変動リスクをヘッジするためにポートフォリオに影響を及ぼす。以下，$\mathrm{Cov}[p_1, r] = 0$ と $\mathrm{Cov}[p_1, r] \neq 0$ の場合についてそれぞれ詳しく見てみるこ

---

8) 株式配分比率については Campbell and Viceira（2002）に詳しい説明がある。また，この導出については中神（2023）でも触れられている。

とにしよう。

(a) $\mathrm{Cov}[p_1, r] = 0$

この場合，家計は近視眼的な意思決定を行っていることになる。(6.60)式の第2項は無視することができるので，最適株式配分比率は，

$$\alpha^* = \frac{\mu_r - r_f + \sigma_r^2/2}{\sigma_r^2[\theta^*\gamma^c \cdot L/(W-PH) + (1-\theta^*)\gamma \cdot L/W]}$$

となる。分子は（6.61）式と同じように株の期待超過収益率で，分母は株の市場リスク σ_r^2 に流動資産に対する実効危険回避度をかけたものになっている。住宅に対するコミットメントは固定しているので，実効危険回避度は加重平均 $\theta^*\gamma^c L/(W-PH) + (1-\theta^*)\gamma L/W$ になっている。家計が自由に転居できれば，すなわち $\theta = \theta^* = 0$ であれば，この項は $\gamma L/W$ となり，Merton（1969）と同じ形となる。ただし，Merton（1969）では流動資産に占める割合ではなく総資産に占める割合であった。

家計はいっさい転居しないということであれば，すなわち $\theta = \theta^* = 1$ であれば，実効危険回避度は $\gamma^c L/(W-PH)$ となる。危険回避度が γ でないのは2つの理由による。1つは，家計は動かないので，リスクは調整可能な消費 $W-PH$ に集中し，それゆえ限界効用への影響が大きくなる。もう1つは，H_1 は調整されないので，間接効用関数の曲がり具合は（6.44）式の $(1-\mu)(1-\gamma)$ によって決まり，γ^c の部分を生み出すことになる。

(b) $\mathrm{Cov}[p_1, r] \neq 0$

$\mathrm{Cov}[p_1, r] \neq 0$ のとき，(6.60) 式の第2項に反映されるように，住宅価格リスクによって株に対するヘッジ需要が生み出される。

$$\mathrm{Cov}[p_1, r](1-\theta^*)\frac{\mu(\gamma-1) - \gamma \cdot PH/W}{\sigma_r^2[\theta^*\gamma^c \cdot L/(W-PH) + (1-\theta^*)\gamma \cdot L/W]}$$

この項も住宅に対するコミットメントの値 θ^* に影響を受ける。もし，$\theta = \theta^* = 1$ ならば，住宅は売却することはないので，住宅価格リスクが家計の行動に影響を与えることはない。

また，分数の分子は負の値をとるので，住宅の価格上昇率と株価収益率に

正の相関がある限り，最適株式配分比率を低下させる力が働くことがわかる。

6.4 おわりに

「はじめに」で言及したように，日本における住宅とポートフォリオに関する研究はさまざまな事情からそれほど多かったわけではない。土地が高いということもあって，住宅の購入は生涯にわたって住宅ローンの返済に追われ，資産選択などという余裕はなかったからであろう。今後も高齢化が進む中で，住宅と資産選択というよりはむしろ住宅をどう処分するかという問題がより大きな問題となってくるかもしれない。とはいえ，若い世代の間では投資が身近になってきており，彼らにとって住宅とポートフォリオは大きな関心事になっていくと思われる。

本章で紹介した3本の論文はいずれも重要なものばかりで，住宅とポートフォリオの問題を理論化した Grossman and Laroque（1987）を端緒として多くの論文が書かれた。また Brueckner（1997）は Henderson and Ioannides（1983）を基礎として，住宅投資制約がもたらす非効率性を指摘したユニークな論文と言える。また，Chetty, Sándor, and Szeidl（2017）は住宅の負債とエクイティが最適株式配分比率に及ぼす影響を分けてみせたところに面白さがあり，実証分析の理論的な根拠となっている。

日本でも，若い世代を中心に投資に対する姿勢も随分と変化してきており，今後住宅とポートフォリオに関するミクロデータが整い，この分野における実証分析が進むことを大いに期待したい。

参考文献
〔邦語〕
池田昌幸（2000）『金融経済学の基礎（ファイナンス講座2）』朝倉書店。
中神康博（2023）「住宅とポートフォリオについて」Discussion Paper Series No. 172, Faculty of Economics, Seikei University。

〔英語〕
Brueckner, J. K.（1997）"Consumption and Investment Motives and the Portfolio Choices of Homeowners," *Journal of Real Estate Finance and Economics*, 15, pp.159-180.

Campbell, J. Y. and L. M. Viceira (2002) *Strategic Asset Allocation: Portfolio Choice for Long-Term Investors*, Oxford University Press.

Chetty, R., L. Sándor, and A. Szeidl (2017) "The Effect of Housing on Portfolio Choice," *Journal of Finance*, 72(3), pp.1171-1211.

Grossman, S. J. and G. Laroque (1987) "Asset Pricing and Optimal Portfolio Choice in the Presence of Illiquid Durable Consumption Goods," National Bureau of Economic Research Working Paper No.2369.

Grossman, S. J. and G. Laroque (1990) "Asset Pricing and Optimal Portfolio Choice in the Presence of Illiquid Durable Consumption Goods," *Econometrica*, 58(1), pp.25-51.

Henderson, J. V. and Y. M. Ioannides (1983) "A Model of Housing Tenure Choice," *American Economic Review*, 73(1), pp.98-113.

Merton, R. C. (1969) "Lifetime Portfolio Selection under Uncertainty: The Continuous Time Case," *Review of Economics and Statistics*, 51(3), pp. 247-257.

Stokey, N. L. (2009a) "Models with Continuous Control Variables," in *The Economics of Inaction: Stochastic Control Models with Fixed Costs*, Princeton University Press.

Stokey, N. L. (2009b) "Moving Costs, Nondurable Consumption and Portfolio Choice," *Journal of Economic Theory*, 144, pp.2419-2439.

第7章

土地集約とHoldout問題

7.0 はじめに[1]

　都心部の地価は都市周縁部よりもかなり高くなる傾向にある。その理由についてはこれまで，多くの都市空間モデルによる説明がなされてきた。確かに都市空間モデルは本質的な部分を捉えていると思われるが，かなり極端な仮定にもとづいて構築されている。都心部の地価が極端に高くなるのを説明するのに，都市空間モデルでは捉え切れていない要因があるのではないか，そんな疑問が湧いてくる。もちろん，都市空間モデルの枠組みの中でその理由を説明しようとする試みもないわけではない。例えば，住宅資本‐土地比率（後述するように，構造密度という言い方もある）の弾力性によって説明しようとするのもその1つと言えるだろう。この比率を決定するのは住宅サービスの生産関数であり，その比率は技術的な代替性に依存する。それが高くなるほど高度化が進み地価は上昇するだろう。

　また，土地利用規制（土地利用規制と言っても都市計画という側面と，地理的制約という側面が考えられる）や不動産税制によって住宅供給が制約を受け，それが住宅価格や地価に影響を及ぼすという議論もある。土地利用規制や不動産税制によって住宅サービスの生産関数が制約を受け，住宅供給の価格弾力性が小さくなり，需要の変化に対する住宅価格への影響を増幅させ

る。その結果，地価が大きく影響を受けるというものである。また，不動産税制は住宅供給に影響を及ぼすだけではなく，需要側にも影響を及ぼす。とくに不動産を所有する費用をかなり低く抑えることによって，本来強いとされる土地への愛着をより強固なものにし，土地を手放すことを著しく困難にしている。

　さらに，不動産市場の性格に着目してその理由を説明しようとする。中神（2019）で取り上げたように，土地利用規制に加えて不動産市場が抱える不確実性がオプションによる地価の変動，とくに都心部の地価の上昇を招いている可能性がある。また，都市再開発における土地集約に焦点をあて，土地集約がなぜうまくいかないのか，いわゆる"Holdout（ごね得）"という現象を，ゲーム理論にもとづいて説明しようとする。土地集約が円滑に進まぬ結果，都市郊外へのスプロール現象が生じ，それが都心部の地価を押し上げている可能性がある。

　そこで本章では，土地集約に焦点をあて，Holdout 問題について考える。この分野における先駆的な論文は Eckart（1985）とされるが，それを出発点として大きく3つのアプローチに絞り込んで解説していく。まず7.1 節でEckart（1985）を取り上げ，7.2 節でその延長線上にある論文として Strange（1995）を取り上げ解説する。Eckart（1985）は戦略型ゲームにもとづいてナッシュ均衡を考える一方，Strange（1995）は不完全情報下における展開型ゲームにもとづいて部分ゲーム完全均衡を考える。7.3 節では，ナッシュ交渉解や逐次的ナッシュ均衡解の考え方を土地集約に応用した Miceli and Segerson（2007, 2012）の 2 本の論文の解説を行う。とくに彼らの目的は，Holdout 問題が起こる本質的な理由は何かという点を考えることにある。7.4 節では，Holdout 問題による価格の上昇ではなく，なぜ先送りが生ずるのかという点に焦点を当てた Menezes and Pitchford（2004a, 2004b）の 2 本の論文を取り上げる。とくに Menezes and Pitchford（2004b）では，ナッシュ交渉ゲームではなくルービンシュタイン交渉ゲームを用いて分析を行っている。

　以下，順を追って各論文を見ていこう。

7.1 土地集約と Holdout 問題：Eckart(1985)

　都市の再開発が円滑に進むためには，再開発のタイミングだけではなく住宅資本‐土地比率，言い換えれば，建物の構造密度が重要となってくる。CBD（都心部）に近いほど構造密度は大きくなり，高層住宅が増える。しかし，それを押し進めるためには土地の集約が欠かせない。Eckart（1985）も指摘しているように，都市が成長していく過程で，土地市場が競争的であり続けるために土地の細分化が進められてきた。しかし，都市の再開発という観点からすれば，土地の細分化はそれに逆行するものである。

　土地集約はなぜうまくいかないのか。もちろん，「はじめに」でも触れたように，土地所有にかかわる税制や土地に対する執着心といった要因も考えられる。本章では，土地集約によって都市再開発を進めようとする開発業者と地主とのあいだで繰り広げられるゲーム的な駆け引きに着目する[2]。まず，土地集約の基本文献の 1 つとされる Erchart（1985）から始めることにしよう[3]。

(1) モデル

　Eckart（1985）は，ある開発業者が複数の地主によって所有されている $\bar{L}$ の土地を集約して 1 つのプロジェクトを進める状況を考える。地主どうしは独立して行動するものとし，結託することはない。開発業者はその土地に対して $\bar{p}_d$ の評価を与えており，開発業者の土地に対する需要は以下のとおりである。

$$D(p) = \begin{cases} \bar{L} & p \leq \bar{p}_d, \ \bar{p}_d > 0 \\ 0 & \text{それ以外} \end{cases}$$

　この需要曲線を描いたものが図 7.1 である。この $\bar{p}_d$ は開発業者が密かに考える最大限支払ってもよいとする価格であり，地主たちは $\bar{p}_d$ を知る由も

2）筆者はゲーム理論を専門にしているわけではない。ゲーム理論に関する多くの教科書が存在するが，本章で主として参考にしたのは川又（2012），グレーヴァ（2011）である。
3）土地集約を別の観点から分析した Asami（1988）も基本文献の 1 つとされるが，Holdout 問題に的を絞るために本章では取り上げなかった。

図 7.1　需要曲線

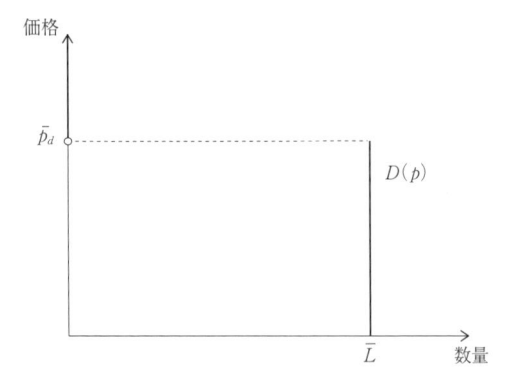

なく，その確率分布について予想するしかない。地主の数を n，地主 i が所有する土地量を L_i，その占有割合を h_i とする。つまり，

$$\sum_{i=1}^{n} L_i = \bar{L}, \quad h_i = \frac{L_i}{\bar{L}}$$

である。また，地主 i の売却希望価格を土地 1 単位あたり p_i とすると，土地 1 単位あたりの平均価格 p は以下のように定義することができる。

$$p = \sum_{i=1}^{n} h_i p_i$$

　もし開発業者が土地集約することができずプロジェクトを実行できなければ，地主は市場で土地 1 単位あたり p で売却することができる。言い換えれば，p は地主たちにとっての留保価格であり，都市の境界であれば農地地価などを考えればよい。もちろん，$p < \bar{p}_d$ を仮定する。

　Eckart モデルでは，開発業者と地主とのあいだの交渉は次のように行われる。開発業者は，すべての地主に対して同時に交渉が行われると仮定する。交渉の回数は多くて 2 回である。まず，第 1 ラウンドとして，開発業者はすべての地主に対して p_0 を提示する。もちろん，その額は少なくとも p と同じか，もしくはそれよりも高い額でなければならない。この p_0 は本来戦略的に設定されるものであるが，議論を簡単にするためにここでは外生的に与えられるものとする[4]。開発業者によって p_0 が提示されると，地主 i は自

らが予想する開発業者の $\bar{p}_d$ に関する確率分布をもとに売却希望価格 p_i を提示する。もし売却希望価格が出そろったところでその平均価格 p が p_0 に等しければ，そこで取引は成立し開発業者の提示価格が受諾されたことになる。しかし，p が p_0 を上回れば，第2ラウンドとして開発業者は p を受諾するか拒否するかを決めなければならない。この開発業者による意思決定は，ゲーム理論で言うところの最後通牒ゲームと呼ばれるもので，開発業者は $p \leq \bar{p}_d$ のときにのみ地主 i が要求する売却希望価格 p_i を受諾する。

地主たちは彼らが $\bar{p}_d$ について予想する共通の確率分布をもつ。地主の売却希望価格が $\bar{p}_d$ を上回る確率を $\theta(p; p_0)$ とする。換言すれば，地主の平均売却希望価格 p が $\bar{p}_d$ を上回るために開発業者が p を拒否する確率である。地主たちは開発業者が必ず拒否するであろう $\bar{p}_d$ よりも高い価格 $\bar{p}$ があると確信している。したがって，$\theta(p; p_0)$ は次のような性質をもつ。

$$\begin{cases} \theta(p; p_0) = 0 & p = p_0 \\ 0 < \theta(p; p_0) < 1 & p_0 < p < \bar{p} \\ \theta(p; p_0) = 1 & p = \bar{p} \end{cases}$$

ここで，

$$0 < \frac{\partial \theta(p; p_0)}{\partial p} < \infty$$

とし，また，最適化のため2階の条件として以下を仮定する。

$$\frac{\partial^2 \theta(p; p_0)}{\partial p^2} \geq 0$$

地主 i の期待利得 $H_i(p_i, p; p_0)$ は，次のように定義することができる。

$$H_i(p_i, p; p_0) \equiv \theta(p; p_0) h_i \boldsymbol{p} \bar{L} + [1 - \theta(p; p_0)] h_i p_i \bar{L}$$

第1項は取引が決裂し市場で $\boldsymbol{p}$ の価格で取引されたときの地主 i の利得で，

---

4) Eckart（1985）は後半部分で，戦略的に最適な p_0 が選ばれるケースについても議論している。

第2項は取引が成立し土地の集約が行われときの地主 i の利得である。各地主は開発業者によって p_0 が提示されると自らの利得が最大になるように p_i を決定する。つまり,

$$\max_{p_i} \; H_i(p_i, p; p_0) \quad \text{s.t.} \; p \in [p_0, \bar{p}]$$

である。n 人いる地主の問題を同時に解くことになるので,地主 i の最適解を $\hat{p}_i$,ナッシュ価格を $\hat{p}^N$ とすると,次のように定義することができる。

$$\hat{p}^N = \sum_{i=1}^{n} h_i \hat{p}_i$$

Eckart（1985）によれば,ナッシュ均衡について次のような命題が成り立つ。

命題

① Nash 均衡が少なくとも1つは存在する。

② $(\partial\theta(p_0, p_0)/\partial p)(p_0 - \boldsymbol{p}) \geq n$ であれば,すべてのナッシュ均衡において p_0 が受諾される。

③ $(\partial\theta(p_0, p_0)/\partial p)(p_0 - \boldsymbol{p}) < n$ であれば,p_0 は拒否され,

$$\hat{p}_i = \boldsymbol{p} + \frac{1 - \theta(\hat{p}^N, p_0)}{h_i(\partial\theta(\hat{p}^N, p_0)/\partial p)}, \quad p_0 < \hat{p}^N < \bar{p}$$

となるナッシュ均衡が唯一存在する。

④ ③のナッシュ価格 $\hat{p}^N$ は h_i からは独立で,n が増加すると必ず上昇する。

以上の点を Eckart（1985）に倣いながら見てみよう。

地主 i は自らの利得が最大になるように $\hat{p}_i$ を決める。地主 i の利得最大化のための1階の必要条件は

$$\frac{\partial H_i(p_i, p; p_0)}{\partial p_i} = \frac{\partial\theta(p; p_0)}{\partial p} h_i h_i \boldsymbol{p} \bar{L} - \frac{\partial\theta(p; p_0)}{\partial p} h_i h_i p_i \bar{L} + [1 - \theta(p; p_0)] h_i \bar{L}$$

$$= h_i \bar{L} \left[\frac{\partial\theta(p; p_0)}{\partial p} h_i (\boldsymbol{p} - p_i) + [1 - \theta(p; p_0)] \right] \leq 0$$

を満たさなければならない。また,利得最大化のための2階の条件は,

$\theta(p, p_0)$ の仮定により

$$\frac{\partial^2 H_i(p_i, p; p_0)}{\partial p_i^2} = h_i \bar{L} \left[\frac{\partial^2 \theta(p; p_0)}{\partial p^2} h_i^2(\boldsymbol{p} - p_i) - 2 \frac{\partial \theta(p; p_0)}{\partial p} h_i \right] < 0$$

である。ナッシュ価格 $\hat{p}^N$ において，地主 i の $\hat{p}_i$ は，

$$\frac{\partial \theta(\hat{p}^N; p_0)}{\partial p} h_i(\boldsymbol{p} - \hat{p}_i) + [1 - \theta(\hat{p}^N; p_0)] \leq 0 \qquad (7.1)$$

を満たす。もし（7.1）式において等号が成り立っていれば $\hat{p}^N > p_0$，不等号が成り立っていれば $\hat{p}^N = p_0$ である。

命題①の証明は命題②，③に含まれているので，まず命題②から見てみよう。$p = p_0$ のとき，以下の条件を満たす地主 i にとっての最適価格 $\hat{p}_i$（$i = 1, ..., n$）を考える。

$$\frac{\partial \theta(p_0; p_0)}{\partial p} h_1(\boldsymbol{p} - \hat{p}_1) + 1 = \frac{\partial \theta(p_0; p_0)}{\partial p} \frac{1}{n}(\boldsymbol{p} - p_0) + 1 \leq 0$$
$$\vdots \qquad\qquad (7.2)$$
$$\frac{\partial \theta(p_0; p_0)}{\partial p} h_n(\boldsymbol{p} - \hat{p}_n) + 1 = \frac{\partial \theta(p_0; p_0)}{\partial p} \frac{1}{n}(\boldsymbol{p} - p_0) + 1 \leq 0$$

すべての地主について（7.2）式を足し合わせると，

$$\frac{\partial \theta(p_0; p_0)}{\partial p} \sum_{i=1}^{n}(h_i(\boldsymbol{p} - \hat{p}_i) + 1) = \frac{\partial \theta(p_0; p_0)}{\partial p}(\boldsymbol{p} - p_0) + n \leq 0$$

となり，$\sum h_i \hat{p}_i = p_0$ を得る。つまり，$(\partial \theta(p_0; p_0)/\partial p)(\boldsymbol{p} - p_0) + n \leq 0$，すなわち $(\partial \theta(p_0; p_0)/\partial p)(p_0 - \boldsymbol{p}) \geq n$ のとき，ナッシュ価格は p_0 に等しい。等号が成り立っていればナッシュ均衡は一意に決まるが，不等号が成り立っている場合には多くのナッシュ均衡が存在する。

$(\partial \theta(p_0; p_0)/\partial p)(p_0 - \boldsymbol{p}) < n$ であるならば，$\hat{p}^N > p_0$ となるようなナッシュ均衡は存在しない。仮に存在したとする。このときすべての地主の1階の必要条件は等号で成り立たなければならず，それを足し合わせると

$$\frac{\partial \theta(\hat{p}^N; p_0)}{\partial p}(\boldsymbol{p} - \hat{p}^N) + n[1 - \theta(\hat{p}^N, p_0)] = 0$$

となる。ところで，$\partial^2 \theta / \partial p^2 \geq 0$, $p_0 < \hat{p}^N$ であるから，

$$\frac{\partial \theta(\hat{p}^N; p_0)}{\partial p}(\boldsymbol{p} - \hat{p}^N) + n[1 - \theta(\hat{p}^N, p_0)] < \frac{\partial \theta(p_0; p_0)}{\partial p}(\boldsymbol{p} - p_0) + n$$

でなければならない。しかし，右辺の値は仮定より 0 以下で，それに対して左辺の値は 0 であるから，矛盾が生ずる。したがって，$\hat{p}^N > p_0$ となるようなナッシュ均衡は存在しない。

次に命題③について見てみよう。関数 $\sum_{i=1}^{n}(\partial H_i / \partial p_i)(h_i \bar{L})^{-1}$ を考え，次のように定義しよう。

$$\sum_{i=1}^{n}\frac{\partial H_i}{\partial p_i}(h_i \bar{L})^{-1} = \frac{\partial \theta(p, p_0)}{\partial p}(\boldsymbol{p} - p) + n[1 - \theta(p, p_0)] \equiv f(p)$$

$f(p)$ を p で微分すると

$$f'(p) = \frac{\partial^2 \theta(p, p_0)}{\partial p^2}(\boldsymbol{p} - p) - \frac{\partial \theta(p, p_0)}{\partial p}(1 + n) < 0$$

であるから，$f(p)$ は減少関数である。また，

$$f(p_0) = \frac{\partial \theta(p_0, p_0)}{\partial p}(\boldsymbol{p} - p_0) + n[1 - \theta(p_0, p_0)] > 0$$

$$f(\bar{p}) = \frac{\partial \theta(\bar{p}, p_0)}{\partial p}(\boldsymbol{p} - \bar{p}) + n[1 - \theta(\bar{p}, p_0)] < 0$$

であるから，中間値の定理より $f(p)$ は

$$\frac{\partial \theta(\hat{p}^N, p_0)}{\partial p}(\boldsymbol{p} - \hat{p}^N) + n[1 - \theta(\hat{p}^N, p_0)] = 0 \tag{7.3}$$

となるような $\hat{p}^N$ $(p_0 < \hat{p}^N < \bar{p})$ が存在する。

なお，地主が p_0 を受諾するようなナッシュ均衡はありえない。なぜなら，

その場合，すべての地主の利得最大化のための1階の条件を足し合わせると $(\partial\theta(p_0; p_0)/\partial p)(p_0-\boldsymbol{p}) \geq n$ となり，$(\partial\theta(p_0; p_0)/\partial p)(p_0-\boldsymbol{p}) < n$ とした仮定に反するからである。

　最後に命題④について見ておく。まず (7.1) 式より $\hat{p}_i$ について解くと，

$$\hat{p}_i = \boldsymbol{p} + \frac{1-\theta(\hat{p}^N, p_0)}{h_i \partial\theta(\hat{p}^N, p_0)/\partial p}, \quad \hat{p}^N = \sum_{i=1}^{n} h_i \hat{p}_i$$

となる。明らかに $\hat{p}^N$ は h_i には依存しない。また，(7.3) 式より $\hat{p}^N$ は n の関数として解くことができるので，それを (7.3) 式に代入して n について微分すると，$\theta(p; p_0)$ の仮定より，

$$\frac{\partial\hat{p}^N}{\partial n} = -\frac{1-\theta}{(\partial^2\theta(\hat{p}^N, p_0)/\partial p^2 \cdot (\boldsymbol{p}-\hat{p}^N)) - (1+n) \cdot \partial\theta(\hat{p}^N, p_0)/\partial p} > 0$$

が言えるので，$\hat{p}^N$ は n の増加関数であることがわかる。

(2)　例

　Eckart（1985）のモデルの理解を深めるために，論文で取り上げられている例をもとに著者の主張を確認してみよう。まず，$\theta(p; p_0)$ として，

$$\theta(p; p_0) = p_o^{\alpha}\left(\frac{p}{p_o}-1\right), \quad \alpha > 1$$

とする。このとき，

$$\frac{\partial\theta(p; p_0)}{\partial p} = p_o^{\alpha-1} > 0, \quad \frac{\partial^2\theta(p; p_0)}{\partial p^2} = 0$$

$$\frac{\partial^2\theta(p; p_0)}{\partial p_o \partial p} = (\alpha-1) p_o^{\alpha-2} > 0$$

である。また，$\bar{p}$ は

$$p_o^{\alpha}\left(\frac{\bar{p}}{p_o}-1\right) = 1$$

と置いて，これを $\bar{p}$ について解くことにより，$\bar{p} = p_o(1+p_o^{-\alpha})$ を得る。し

図 7.2　提示価格と $\theta(p; p_0)$ の関係

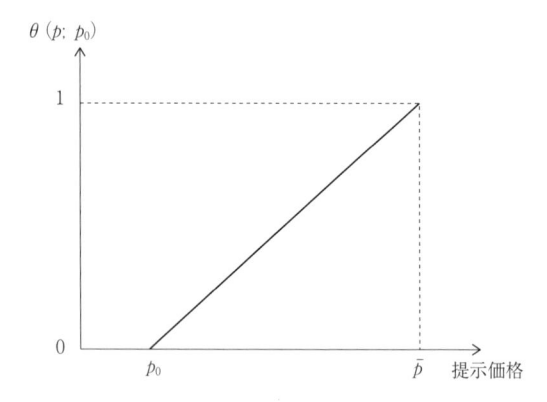

たがって，p の定義域は $p_0 \leq p \leq p_0(1 + p_0^{-\alpha})$ である。図 7.2 に，横軸に提示価格 p を，縦軸に $\theta(p; p_0)$ をとったときのグラフが描かれている。グラフは傾き $p_0^{\alpha-1}$ の直線として描かれ，横軸と p_0 と交わる。

先述した $\theta(p, p_0)$ の例を用いて説明しておこう。

(a) $(\partial \theta(p_0, p_0)/\partial p)(p_0 - p) \geq n$ の場合

この場合，(7.2) 式より

$$p_0^{\alpha-1} h_i(p - \hat{p}_i) + 1 = p_0^{\alpha-1} \frac{1}{n}(p - p_0) + 1$$

が成り立たなければならないので，これを $\hat{p}_i$ について解くと，

$$\hat{p}_i = \left(1 - \frac{1}{n h_i}\right) p + p_0$$

を得る。土地のシェアが平均 $1/n$ よりも小さい地主のカウンターオファーは p_0 より高くなり，逆に大きい地主のカンターオファーは低くなる。ナッシュ価格は $\hat{p}^N = p_0$ である。

(b) $(\partial \theta(p_0, p_0)/\partial p)(p_0 - p) < n$ の場合

この場合，(7.1) 式より

図 7.3　地主の数とナッシュ価格

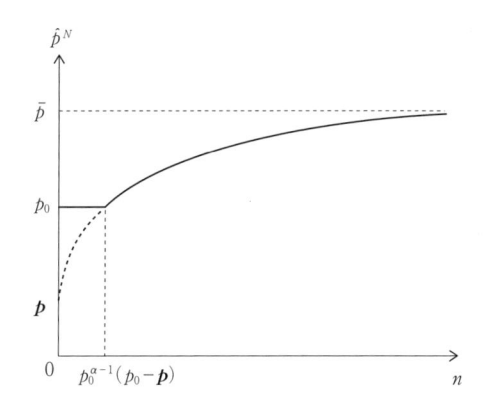

$$p_0^{\alpha-1} h_i (\boldsymbol{p} - \hat{p}_i) + \left(1 - p_0^{\alpha}\left(\frac{\hat{p}^N}{p_0} - 1\right)\right) = 0 \tag{7.4}$$

が成立していなければならないので，土地のシェアが h_i の地主のカウンターオファーは

$$\hat{p}_i = \boldsymbol{p} - \frac{1}{h_i}(\hat{p}^N - p_0(1 + p_0^{-\alpha})) = \boldsymbol{p} - \frac{1}{h_i}(\hat{p}^N - \bar{p})$$

となる。各プレイヤーに対する（7.4）式をすべて足すと

$$p_0^{\alpha-1}(\boldsymbol{p} - \hat{p}^N) + n - n p_0^{\alpha}\left(\frac{\hat{p}^N}{p_0} - 1\right) = 0$$

となるから，ナッシュ価格は，（7.4）式を $\hat{p}^N$ について解くことにより

$$\hat{p}^N = \frac{1}{1+n}\boldsymbol{p} + \frac{n}{1+n} p_0(1 + p_0^{-\alpha}) = \frac{1}{1+n}\boldsymbol{p} + \frac{n}{1+n}\bar{p}$$

を得る。地主の数が大きいほど，$\hat{p}^N$ は $\bar{p}$ に近づくことがわかる。

　図 7.3 は，この 2 つのケースを横軸に地主の数をとり，縦軸に $\hat{p}^N$ をとったときのグラフである。

(3) まとめ

p_0 と $\partial\theta(p_0, p_0)/\partial p$ の値が大きいほど，また n が小さい値ほど，地主は開発業者が提示した価格 p_0 を受諾し，ナッシュ価格は $\hat{p}^N = p_0$ となる。$\partial\theta(p_0, p_0)/\partial p$ の値が大きいほど，積極的に価格を吊り上げようとすると交渉は危うくなり，地主の取り分は $h_i \boldsymbol{p}\overline{L}$ となってしまう。それゆえ，$p_0 > \boldsymbol{p}$ である限り，$\partial\theta(p_0, p_0)/\partial p$ が十分に高い場合には p_0 が受諾される。

また，地主の数が増えるにつれて，開発業者が提示する価格を受諾する可能性は減る。なぜなら，土地の所有割合が小さい地主はよりアグレッシブな価格を要求してくる。その場合，土地の所有割合が大きい地主はプロジェクトの実現が頓挫しないようにより低い売却希望価格を提示することにより，小さな土地の地主のアグレッシブな動きを抑え込もうとするかもしれない。開発業者の提示する価格を受け入れるということは $\hat{p}^N = p_0$ を意味するが，すべての地主について $\hat{p}_i = p_0$ である必要はない。

地主の数が増えると $\hat{p}^N$ は上昇するというのは驚くことではないが，地主のあいだの土地の分布のあり方は $\hat{p}^N$ には影響を与えない，というのは興味深い結論である。$\overline{L}$ を再分配すると負け組みの地主が価格を上昇させるのと同じ分だけ，勝ち組の地主は価格を下げようとする。Eckart（1985）が指摘するように，この線形の関係は効用関数が線形であるためで，一般にリスクを好まない経済主体には成り立たない。

7.2 不確実性下における土地集約と Holdout 問題： Strange(1995)[5]

次に，Strange（1995）を見よう。Strange（1995）が述べているように，Eckart（1985）のモデルと Strange（1995）のモデルは，いずれも土地集約と Holdout 問題を買主（開発業者）と売主とのあいだの情報の非対称性によって説明しようとしている点では共通しているが，両論文には大きな違いがある。

先に見たように，Eckart（1985）では地主の土地集約の情報は $\theta(p, q)$ で与えられているが，それがどのようにして導かれるのかについての説明はない[6]。それに対して Strange（1995）では，地主は開発業者の情報を彼らが

5）とくにこの節については，かなりの部分を原文に沿いながら説明している。

提示する価格から獲得し，ベイジアン的な情報の更新を行いながら開発業者によるプロジェクト価値についての事前予想（信念）を戦略的行動に生かしていく。

それに関連してもう１つの違いは，Eckart モデルでは開発業者が価格を提示した後，地主はカウンターオファーを提出する前にその価格を受け入れる機会は想定されていない。それに対して Strange モデルでは，地主は開発業者が提示する価格を受諾してもよいし拒否してもよい。もし拒否する場合にはカウンターオファーを開発業者に提示しなければならない。この違いは大きい。なぜなら，後で示されるように，それによって大地主は戦略的に優位な立場に立つことができるからである。

(1) モデル

Strange（1995）は，一方に不確実性がある場合の土地集約の完全ベイジアン均衡の問題として解いている。ゲームには買主である開発業者と n 人の地主がいる。プロジェクトの対象となっている土地の総面積は L，そのうち地主 i が所有する土地の全体に占める割合は h_i である。ゲームは４段階で行われる。最初の段階で開発プロジェクトの情報をもつ開発業者が価格の提示を行う。n 人の地主によって所有されているすべての土地を集約できなければプロジェクトは実行されない。次に，情報をもたない地主は誰とも相談することなく独立にその提示価格を受諾するか，拒否するかを決める。もし全員が受諾すればそこでゲームは終わる。もし開発業者が提示した価格を拒否すれば，地主はカウンターオファーを提示する。最後に，開発業者は地主のカウンターオファーを受諾もしくは拒否するかを決める。

開発業者のみプロジェクトに関する情報をもっており，プロジェクト価値を v と評価している。開発業者がすべての地主に対して提示する価格を q，その価格を拒否した地主 i が提示するカウンターオファーを p_i，カウンターオファーが出そろったところでの加重平均価格，すなわち，$p = \sum_{i=1}^{n} h_i p_i$ を p とする。ここで，開発業者が提示した価格を受け入れた地主は $p_i = q$ とする。

6）Eckart（1985）では $\theta(p, p_0)$ の中の p_0 は外生的に与えられていたが，Strange（1995）は p_0 を戦略的な変数とみなしており，p_0 の代わりに q を用いている。

v の評価もつ開発業者の戦略は，提示価格 $q(v)$ とそれに対する受諾可能な加重平均カウンターオファーの集合 $A(v)$，つまり $(q(v), A(v))$ で表される。それに対して地主 i の戦略は，受諾可能な価格の集合 A_i と最初に提示された価格の関数であるカウンターオファー $p_i(q)$，つまり $(A_i, p_i(q))$ である。Strange は，完全ベイジアン均衡の中でも最もリーズナブルな純粋戦略に絞って説明している。

開発業者と地主はリスク中立的である。両者とも不確実性の状況の中で，それぞれの利得を最大にするように行動する。開発業者の利得は

$$\begin{cases} (v-p)L & \cdots \text{ すべての土地を集約することができたとき} \\ 0 & \cdots \text{ 土地を集約することができなかったとき} \end{cases}$$

また，地主 i の利得は

$$\begin{cases} p_i h_i L & \cdots \text{ 開発業者が土地を購入したとき} \\ r h_i L & \cdots \text{ 開発業者が土地を購入せず，市場価格 } r \text{ で売却できたとき} \end{cases}$$

である。

繰り返しになるが，開発業者は v を知っているが地主は知らない。開発業者にとって集約化された土地の最低評価額は $\underline{v}$ で，最高評価額は $\bar{v}$ である。すべての地主は，開発業者の v に関する共通の事前確率密度関数 $f(v)$ on $[\underline{v}, \bar{v}]$ と事前分布関数 $F(v)$ をもつ。ここで，地主のカウンターオファーが一意に決まるように $[1-F(p)]/f(p)$ は p の減少関数とし，

$$f(p)^2 + [1-F(p)]f'(p) > 0 \tag{7.5}$$

とする。

開発業者によって価格が提示されれば，地主はそれを見て事前予想の更新を図り，戦略にそれを反映させる。しかし後で示されるように，このゲームの完全ベイジアン均衡においては，開発業者によって提示される価格は $\underline{v}$ で，地主の事前予想として新たに加わるものは何 1 つないというのが論文の重要なポイントとなる。

さて，Strange（1995）によれば，このゲームの完全ベイジアン均衡は次に掲げる 5 つの条件を満たさなければならない。

① 開発業者は地主の戦略と事前予想を所与として，期待利得を最大にするような価格を提示しなければならない。
② 地主は，ベイズのルールにもとづいて，v に関する事前予想を可能なときはいつでも更新しなければならない。
③ 地主は開発業者によって提示された価格を受諾することで期待利得を増やすのであればそうするし，そうでなければ拒否する。
④ 開発業者が提示した価格を拒否した地主は，事前予想を更新したうえで，事前予想にもとづいて期待利得を最大にするカウンターオファーを提示する。
⑤ 開発業者は利得がプラスになるカウンターオファーであればそれを受諾し，マイナスになるようであれば拒否する。

(2) 均衡

　均衡は後ろ向き帰納法（バックワードインダクション）によって求められる。論文に従って説明していく。まず，開発業者が提示する価格の情報伝達に関する命題を掲げる。これはこの論文の重要な結論の1つである。第2に，地主が開発業者の提示する価格を拒否したときのカウンターオファーの性質を調べる。そして第3に，開発業者が提示した価格を地主が実際に受諾するか，それとも拒否するかを考える。第4に，開発業者の価格提示はいかなるものかについて説明する。そして最後に，ここで得られる均衡が効率的なものであるかどうかを検討する。

(a) 情報伝達

　Strange（1995）によれば，以下に掲げる命題は，この論文の最も重要な結論の1つである。根底にある考え方は，どんなタイプの開発業者であれ，つまり高価値のプロジェクトを抱えている開発業者であっても，低価値のプロジェクトを抱えている開発業者であっても，地主たちにそのプロジェクトの価値が低いと信じ込ませることによって，自分たちの利得を増やすことができるという点である。

命題　地主は，常に，開発業者が受諾する可能性のあるカウンターオファーで応ずるようなら，均衡ではすべてのタイプの開発業者は同じ価格を提示

する。

　その理由について Strange（1995）は以下のように説明している。$p^*(q)$ を均衡における加重平均カウンターオファーとし，それが最小となるような開発業者による提示価格を v_0 とする。

$$v_0 = \arg\min\ p^*(q)$$

$v \geq v_0$ の開発業者は v_0 を提示するのは容易にわかる。問題は，$v < v_0$ であるような開発業者はいくらを提示するかという点である。Strange（1995）はその場合であってもやはり v_0 を提示するというのである。

〔ケースⅠ：v_0 を拒否する地主が1人でもいる場合〕
　加重平均カウンターオファーの中に少なくとも1人でも v_0 を拒否する地主が含まれていたとする。この場合，開発業者はその地主が提示するカウンターオファーを受諾することにコミットすることはない。たとえ低価値のプロジェクトを抱えている開発業者であっても v_0 を提示した方がよい。なぜなら，v_0 は加重平均カウンターオファーを最小とする提示価格だからである。

〔ケースⅡ：v_0（$= \underline{v}$）をすべての地主が受諾する場合〕
　加重平均カウンターオファーには，開発業者が提示する v_0（$= \underline{v}$）をすべての地主が受諾する場合も含まれている。この場合であっても，低価値のプロジェクトを抱える開発業者は $\underline{v}$ を付けることで利得を最大にする。

〔ケースⅢ：v_0（$> \underline{v}$）をすべての地主が受諾する場合〕
　すべての地主が v_0（$> \underline{v}$）を受諾する場合，$v < v_0$ であるタイプの開発業者は異なる価格を提示しなければならない。さもないと，自分の価値を超える価格で土地を購入することにコミットすることになる。しかし，低価値のプロジェクトを抱える開発業者が v_0 よりも低い価格を提示すると，地主によってカウンターオファーが提示され，必ず拒否される。v_0 は，その定義からして最低のカウンターオファーをもたらす提示価格であり，カウンターオファーは開発業者が受諾する可能性のあるものでなければならないとい

う命題の仮定に反する。

　この命題の意味するところは，少しでも受諾される可能性があるカウンターオファーを地主が出してくるのなら，開発業者による提示価格は地主に新たな情報をもたらすことはないということである。均衡では，開発業者がカウンターオファーを拒否する確率を地主がどう評価するかは，彼らの事前予想によって決定される。しかしここでは，開発業者が提示する価格 v_0 は地主にとっては何の情報ももたないので，ベイジアン的な更新は起こらない。

(b) カウンターオファーと Holdout

　さて，地主のカウンターオファーを考える。上の命題が示すように，情報は更新されないまま，地主は開発業者の価値評価として $f(v)$ と $F(v)$ を使う。まず開発業者は q を提示し，$1, 2, ..., n_0$ の地主が q を拒否し，残りの $n_0+1, n_0+2, ..., n$ が q を受諾したとする。q を拒否した地主 i $(i = 1, 2, ..., n_0)$ は，他の拒否する地主のオファー価格を所与として期待利得を最大にする p_i を提示する。

$$(1-F(p)) h_i L p_i + F(p) h_i L r \tag{7.6}$$

第 1 項は開発業者と地主のあいだで確率 $1-F(p)$ で取引が成立したときの利得で，第 2 項は確率 $F(p)$ で取引が成立せず，市場で売られたときの利得である。期待利得を最大にするための必要条件は，p_i で微分することにより

$$-f(p) h_i L p_i + (1-F(p)) h_i L + f(p) h_i L r$$

となり，これを整理して

$$f(p) h_i (r - p_i) + (1-F(p)) \leq 0 \quad \text{for } i = 1, 2, ..., n_0 \tag{7.7}$$

を得る。$1-F(p) > 0$ である限り，等式が成り立つ。2 階の条件は

$$f'(p) h_i (r - p_i) - 2f(p) < 0$$

であるから，$f(p)$ が正の傾きをもつか，あるいは負の値であっても絶対値で測ったとき小さな値をもつ場合に成り立つ。

カウンターオファーのサブゲーム・ナッシュ均衡においては，p_i は互い
に最適反応でなければならない。オファーを拒否するすべての地主の最適化
のための 1 階の条件を合計すると

$$\sum_{i=1}^{n_0}\{f(p)h_i(r-p_i)+(1-F(p))\}=0$$

つまり

$$f(p)h_0 r-f(p)\sum_{i=1}^{n_0}h_i p_i+n_0(1-F(p))=0$$

となるので，両辺に $f(p)(1-h_0)(r-q)$ を足すことにより

$$f(p)h_0 r-f(p)\sum_{i=1}^{n_0}h_i p_i+n_0(1-F(p))+f(p)(1-h_0)(r-q)$$

$$=f(p)(1-h_0)(r-q)$$

$$f(p)r-f(p)\left\{\sum_{i=1}^{n_0}h_i p_i+(1-h_0)q\right\}+n_0(1-F(p))$$

$$=f(p)(1-h_0)(r-q)$$

を得る。定義より，$\sum_{i=1}^{n_0}h_i p_i+(1-h_0)q=p$ であるから，

$$f(p)r-f(p)p+n_0(1-F(p))=f(p)(1-h_0)(r-q)$$

となり，辺辺を $f(p)$ で割って，

$$(r-p)+\frac{n_0(1-F(p))}{f(p)}=(1-h_0)(r-q) \tag{7.8}$$

を得る。ただし，すべての地主が拒否する場合は

$$(r-p)+\frac{n(1-F(p))}{f(p)}=0 \tag{7.9}$$

となる。

(7.8) 式を p について解いたときの解を

$$p = p(n_0, h_0)$$

とする。これを (7.8) 式に代入して次の恒等式を得る。

$$(r - p(n_0, h_0)) + \frac{n_0(1 - F(p(n_0, h_0)))}{f(p(n_0, h_0))} \equiv (1 - h_0)(r - q) \qquad (7.10)$$

(7.10) 式を n_0 で微分すると,

$$-\frac{\partial p}{\partial n_0} + \frac{(1 - F(p(n_0, h_0)))}{f(p(n_0, h_0))}$$

$$+ n_0 \frac{-f(p(n_0, h_0))^2 - (1 - F(p(n_0, h_0))) f'(p(n_0, h_0))}{f(p(n_0, h_0))^2} \frac{\partial p}{\partial n_0} \equiv 0$$

となり, (7.5) 式より

$$\frac{\partial p}{\partial n_0} = \frac{(1 - F(p(n_0, h_0))) f(p(n_0, h_0))}{f(p(n_0, h_0))^2 + n_0(f(p(n_0, h_0))^2 + (1 - F(p(n_0, h_0))) f'(p(n_0, h_0)))} > 0$$

となる。同様に, (7.10) 式を h_0 で微分すると,

$$-\frac{\partial p}{\partial h_0} + n_0 \frac{-f(p(n_0, h_0))^2 - (1 - F(p(n_0, h_0))) f'(p(n_0, h_0))}{f(p(n_0, h_0))^2} \frac{\partial p}{\partial h_0} \equiv -(r - q)$$

$$\frac{\partial p}{\partial h_0} = \frac{(r - q) f(p(n_0, h_0))^2}{f(p(n_0, h_0))^2 + n_0(f(p(n_0, h_0))^2 + (1 - F(p(n_0, h_0))) f'(p(n_0, h_0)))} < 0$$

となる。

なお, (7.10) 式には h_i 含まれておらず, 拒否する地主の土地のシェア h_i はカウンターオファーに影響を及ぼすことはない。

また, (7.6) 式を h_i で微分すると,

$$f(p)(r - p_i) + f'(p)\left(p_i + h_i \frac{\partial p_i}{\partial h_i}\right) h_i(r - p_i)$$

$$- f(p) h_i \frac{\partial p_i}{\partial h_i} - f(p)\left(p_i + h_i \frac{\partial p_i}{\partial h_i}\right) = 0$$

であるから, 整理すると

$$\frac{\partial p_i}{\partial h_i} = \frac{-f(p)r - (f'(p)h_i(r - p_i) - 2f(p))p_i}{(f'(p)h_i(r - p_i) - 2f(p))h_i}$$

を得る[7]。ところで，最大化のための 2 階の条件より分母は負の値をとるが，この符号を決めることはできない。しかし，$f(p)$ の値が小さく，しかも $f'(p)$ が正の値をとれば分子は正の値をとり，$\partial p_i / \partial h_i < 0$ となる。

Strange（1995）はこれらの比較静学の結果を次のような命題としてまとめている。

命題　地主が提示する加重平均によるカウンターオファーは，①拒否する地主の数が増えるほど高くなり，②拒否する地主の土地シェアが増すほど低くなるが，③地主間の土地シェアには影響を受けない。④個々の地主は自分のシェアが小さいほど高い価格を提示する[8]。

（c）地主による受諾・拒否

開発業者による提示価格が $\bar{v}$ に等しければすべての地主によって受諾され，$\underline{v}$ に等しければすべての地主によって拒否される。そのあいだであれば受諾する地主もいれば拒否する地主もいる。これまで見てきたように，すべての地主が拒否するような価格を提示する場合のみを考えればそれで十分である。その場合，開発業者はどのくらい提示価格を上げれば最初に地主が受諾してくれるかを考えればよい。

そこで p_i^* を地主 i が拒否したときに提示する価格とする。また，p_{-i}^* は他の地主の加重平均されたカウンターオファーとする。p_i^* はカウンターオファーのサブゲームの中で最適反応であるので，もし p_{-i}^* が変化しないままであれば，地主 i はこの価格よりも高くても低くても受諾することはない。さらに，地主 i の利得は p_{-i}^* の減少関数である。したがって，地主 i が q を受諾するかどうかは p_i を変化させたときの他の地主のカウンターオファーへの影響を評価する必要がある。

そこで，$p_i = p_i(p_i;\ other\ prices)$ を（7.6）式に代入すると

7）Strange（1995）では，この計算については示していない。
8）原文のこの部分は間違っているように思われる。

$$h_i(r - p_i) + \frac{1 - F(p)}{f(p)} = 0 \tag{7.11}$$

となり，(7.11) 式を p_j で微分すると，

$$-h_i \frac{\partial p_i}{\partial p_j} + \frac{-f(p)^2 - (1 - F(p)) f'(p)}{f(p)^2} \left(h_j + h_i \frac{\partial p_i}{\partial p_j} \right) = 0$$

つまり，

$$\frac{\partial p_i}{\partial p_j} = -\left(\frac{h_j}{h_i} \right) \left(\frac{f(p)^2 + (1 - F(p)) f'(p)}{2f(p)^2 + (1 - F(p)) f'(p)} \right) < 0$$

を得る。ある地主が提示する価格を高くしようとすると，少なくとも他の地主によって提示される価格は下がる。これはゲーム理論の中では，カウンターオファーは戦略的代替性をもつと呼ばれる。

　地主にとって $q < p_i^*$ となるような q が提示されたとする。そこで地主 i は p_i^* を少しだけ下げると，戦略的代替性によって他のすべての地主の価格を上昇させてしまう。したがって地主 i の利得は減少する。他方，p_i^* よりも高い q がオファーされたとする。地主が p_i^* を上げれば p_{-i}^* は下がり，地主 i の利得は増加する。これらの議論から言えることは，地主 i は p_i^* よりも若干高めに提示された価格を受諾するということである。地主の中で提示された価格を受諾するとすれば，その地主は最大の土地区画を所有する地主である。なぜなら，彼らは最低のカウンターオファーを提示する人たちだからである。

(d) 開発業者の価格提示

　そこで，地主 1 を最大の土地区画を所有する地主だとする。したがって，すべての地主が拒否するなら p_1^* は最低の均衡カウンターオファーである。地主 1 が受諾する最低のオファーは p_1^* よりもちょっとだけ高い。2 番目から n 番目までの地主の最適化のための必要条件を足すと，

$$h_{-1}(r - p_{-1}^*) + (n-1) \frac{1 - F(p)}{f(p)} = 0 \tag{7.12}$$

を得る。p_{-1}^{*} を $p_{-1}^{*} = p_{-1}^{*}(p)$ の関数として解くことができる。ここで

$$p = \sum_{i=1}^{n} h_i p_i = h_1 p_1 + h_{-1} p_{-1}$$

である。(7.12) 式を p_1 で微分すると,

$$-h_{-1}\frac{\partial p_{-1}^{*}}{\partial p_1} + (n-1)\frac{-f(p)^2 - (1-F(p))\,f'(p)}{f(p)^2}\left(h_1 + h_{-1}\frac{\partial p_{-1}^{*}}{\partial p_1}\right) = 0$$

$$\frac{\partial p_{-1}^{*}}{\partial p_1} = \left(\frac{-h_1}{h_{-1}}\right)\left(\frac{(n-1)\,[f(p)^2 + (1-F(p))\,f'(p)]}{(n-1)\,[f(p)^2 + (1-F(p))\,f'(p)] + f(p)^2}\right) < 0$$

となる。また,地主1を含む加重平均されたカウンターオファーに及ぼす影響は

$$\frac{dp}{dp_1} = h_1 + h_{-1}\frac{\partial p_{-1}^{*}}{\partial p_1}$$

$$= h_1\left(1 - \frac{(n-1)\,[f(p)^2 + (1-F(p))\,f'(p)]}{(n-1)\,[f(p)^2 + (1-F(p))\,f'(p)] + f(p)^2}\right) > 0$$

である。p^{*} より高い提示価格は,地主1には受諾されるけれども,加重平均されたカウンターオファーを上昇させ,開発業者の収益を低下させてしまう。以上のことは,開発業者は地主に提示する価格を使って自分たちの収益に有利に働かせることはできないことを意味する。つまり,開発業者は $\underline{v}$ を提示した方がましだということになる。

(e) 効率性について

このように,すべてのタイプの開発業者は情報価値のない価格 $\underline{v}$ を提示するのが完全ベイジアン均衡である。そして,地主はすべてこの価格を拒否し,カウンターオファーを提示する。地主は高い価格を提示したいという欲求と,自分たちの土地を売却できなくなるかもしれないというリスクをちょうどバランスさせるような価格を提示する。高価値をもつ開発業者はそのカウンターオファーを受諾し,低価値しかもたない開発業者は受諾しない。

しかし,ここで求められた均衡は効率的であるとは言えない。このことを証明するために,開発業者の利得を下げることなく地主の集計された利得を

増加させることができることを示す。n 人すべての地主の（7.5）式を足す
と

$$(1-F(p))Lp+F(p)Lr \tag{7.13}$$

となる。（7.13）式を p について最大にするための必要条件は,

$$f(p)(r-p)+1-F(p) = 0 \tag{7.14}$$

である。複数の地主がいる限り,（7.14）式で求まる価格は（7.9）式で求ま
る均衡価格よりも低くなる。低い価格は地主のトータルの期待利得を上昇さ
せ, また開発業者の利得を上昇させることになるので, 均衡価格は効率的で
はない。

7.3 交渉ゲームと Holdout 問題

7.1 節と 7.2 節では開発業者と複数地主が存在し, 両者のあいだで非協
力のもとで行われる交渉を中心に考察した。とくに地主の数が増えるほど,
価格が上昇する可能性があることを見た。本節では開発業者と 2 人の地主の
交渉に絞り, 交渉における Holdout 問題の意味について考える。

7.3.1 ナッシュ交渉ゲーム：Miceli and Segerson（2007）

(1) モデル

開発業者は, 隣接する 2 区画の土地を集約してプロジェクトを進めようと
している。プロジェクト価値は V である。また, 2 人の地主 A, B にとっ
ての 1 区画の土地の価値, すなわち留保価格はそれぞれ w とする[9]。他方,
1 区画の土地の市場価値は m で, 開発業者にとってもそれは同じである。
ところで,

$$V > 2w \tag{7.15}$$

を仮定する。開発業者にとって, 隣接する 2 区画の土地は補完的な関係にあ

9）原文では v としているが, 7.3.2 項との変数名称の整合性を図るため, w とした。

り，土地集約して開発することにより互いの留保価格以上の価値が生まれることを意味する。さらに，地主の留保価格は市場価値よりも高いものとする。

$$w > m \qquad (7.16)$$

開発業者と地主のあいだの交渉は2時点（$t = 1, 2$）で行われ，開発業者にとってのシナリオとして，①$t = 1$で2区画の土地を購入する，②$t = 1$に1区画を購入し，$t = 2$で残りの1区画を購入する，③$t = 1$で土地を購入できずに$t = 2$で2区画を同時に購入する，以上3つが考えられる。しかし，$t = 2$で2区画を購入できなければ，開発業者はプロジェクトそのものを断念しなければならない。その場合，開発業者にとっての収益はゼロである。もし1区画を購入していれば収益はmとなる。②，③のケースはプロジェクトの完成が遅れるという意味で①とは異なる。プロジェクトが遅れることによる費用をδとして，（7.15）式より

$$V - \delta > 2w \qquad (7.17)$$

を仮定する。つまり，遅延にともなう費用はこれしかなく，2時点でプロジェクトを完成させた方がプロジェクトを断念するよりも効率的である。すべての支払いは$t = 2$に行われ，割引率はゼロとする。

地主はまず開発業者と2時点のいずれで交渉するかを決め（第1段階），そのうえで両者のあいだでナッシュ交渉を行う（第2段階）。このゲームは後ろ向きに解くことができる。

(2) 第2段階におけるナッシュ交渉

第2段階で地主はナッシュ交渉を行うのであるが，交渉相手は第1段階の結果による。

(a) $t = 2$

〔ケース③〕

もし，開発業者は$t = 1$で土地を1つも購入できず，$t = 2$で2区画の土地を同時に取得することができれば，開発業者の純利益は

$$V - \delta - P_2^A - P_2^B$$

である。ここで，P_2^A，P_2^B は $t = 2$ に地主 A，B がそれぞれの土地区画に対して獲得する価格である。2区画の土地の取得に失敗すればプロジェクトを断念することになるので，開発業者にとっての Threat Point はゼロである[10]。開発業者と地主 A，B とのあいだのナッシュ交渉ゲームの解は

$$\max_{P_2^A, P_2^B} (V - \delta - P_2^A - P_2^B)(P_2^A - w)(P_2^B - w)$$

を解くことによって求めることができる。最大化のための1階の必要条件は，P_2^A と P_2^B でそれぞれ偏微分することにより

$$-(P_2^A - w)(P_2^B - w) + (V - \delta - P_2^A - P_2^B)(P_2^B - w) = 0$$
$$-(P_2^A - w)(P_2^B - w) + (V - \delta - P_2^A - P_2^B)(P_2^A - w) = 0$$

で，地主は同質であるとみなせば，ナッシュ交渉解は

$$P_2^A = P_2^B = \hat{p}_2 = \frac{V - \delta + w}{3} \tag{7.18}$$

となる。また，開発業者にとっての純収益は

$$V - \delta - P_2^A - P_2^B = \frac{V - \delta - 2w}{3} > 0$$

である。

〔ケース②〕

　開発業者は，すでに $t = 1$ に地主 A（地主は同質としているので地主 B であっても同じことである）との交渉で区画 A を $\bar{P}_1^A$ で取得することに成功しており，$t = 2$ に地主 B との交渉によって区画 B を P_2^B で購入しようとする。このとき開発業者の純利益は $V - \delta - \bar{P}_1^A - P_2^B$ で与えられる。区画 B の取得に失敗したときの純利益は $m - \bar{P}_1^A$ で，開発業者にとっての Threat Point となる。他方，地主 B の Treat Point は留保価格の w であるから，開発業者と地主 B とのあいだのナッシュ交渉ゲームの解は

---

10) Threat Point は基準点と訳されることが多いが，ここでは原文のまま採用することにした。

$$\max_{P_2^B} \left(\left((V - \delta - \bar{P}_1^A - P_2^B) - (m - \bar{P}_1^A) \right) (P_2^B - w) \right)$$

を解くことによって求めることができる。最適化のための 1 階の必要条件は

$$-(P_2^B - w) + (V - \delta - m - P_2^B) = 0$$

であるから，これを解いて

$$P_2^* = \frac{V + w - \delta - m}{2} \tag{7.19}$$

を得る。明らかに $P_2^* > \hat{p}_2$ であるから，いずれか一方の地主は $t = 1$ に Holdout して $t = 2$ に売却する方が，両者がそろって売却するよりも高い値が付く。

(b) $t = 1$

開発業者がとることができる 3 つのシナリオのうち，すでに③については見たので，①と②について考える。

〔ケース①〕

この場合，開発業者にとっての Threat Point は，$t = 1$ で 2 人の地主との交渉が決裂した後，$t = 2$ に再度の交渉で取引が成立したときの純収益で $(V - \delta - 2w)/3$ である。他方，地主の Threat Point は，(7.18) 式より，$\hat{p}_2 = (V - \delta + w)/3$ に等しい。したがって，ナッシュ交渉ゲームの解は

$$\max_{P_1^A, P_1^B} \left[(V - P_1^A - P_1^B) - \left(\frac{V - \delta - 2w}{3} \right) \right]$$
$$\times \left(P_1^A - \left(\frac{V - \delta + w}{3} \right) \right) \left(P_1^B - \left(\frac{V - \delta + w}{3} \right) \right)$$

を解くことによって求めることができる。最適化のための必要条件を求めるために，P_1^A, P_1^B で微分すると

$$-\left(P_1^A - \left(\frac{V - \delta + w}{3} \right) \right) + \left[(V - P_1^A - P_1^B) - \left(\frac{V - \delta - 2w}{3} \right) \right] = 0$$
$$-\left(P_1^B - \left(\frac{V - \delta + w}{3} \right) \right) + \left[(V - P_1^A - P_1^B) - \left(\frac{V - \delta - 2w}{3} \right) \right] = 0$$

を得るので，これを解いて，

$$P_1^A = P_1^B = \widehat{P}_1 = \frac{V+w}{3} \tag{7.20}$$

となる。明らかに $\widehat{P}_1 > \widehat{P}_2$ であるから，2人の地主にとっては同時に売却するのであれば $t = 2$ よりは $t = 1$ で売却した方がよい。

また，(7.19)，(7.20) 式より

$$P_2^* \gtreqless \widehat{P}_1$$

である。したがって，1期目に1人だけ Holdout するか，それとも2人とも1度に売却するか，どちらか一方に決めることができないのは，売却が遅れることによる費用 δ の存在である。$\widehat{P}_1$ と P_2^* の差をとると，

$$\widehat{P}_1 - P_2^* = \frac{V+w}{3} - \frac{V+w-\delta-m}{2} = \frac{-(V+w)+3(\delta+m)}{6}$$

となり，その δ が大きいほど，

$$P_2^* < \widehat{P}_1$$

となって，1期目に1人だけ Holdout した方が高い値が付く。

〔ケース②〕

地主 B が Holdout する場合，開発業者と地主 A は，地主 B が $t = 2$ に P_2^* で売却できることを前提にナッシュ交渉に臨むので，Treat Point は $(V-\delta-2w)/3$ である。また，地主 A の Treat Point は $t = 2$ に2人の地主が同時に売却したときの額で，(7.18) 式より $(V-\delta-w)/3$ である。したがって，開発業者と地主 A とのあいだのナッシュ交渉解は

$$\max_{P_1^A} \left[(V-\delta-P_1^A-P_2^*) - \left(\frac{V-\delta-2w}{3} \right) \right] \left(P_1^A - \left(\frac{V-\delta+w}{3} \right) \right)$$

を解くことによって求めることができる。最適化のための1階の必要条件は

$$-\left(P_1^A - \left(\frac{V-\delta+w}{3}\right)\right) + (V-\delta-P_1^A-P_2^*) - \left(\frac{V-\delta-2w}{3}\right) = 0$$

である。これに P_2^* を代入して整理すると

$$P_1^* = \frac{V+w-\delta+m}{4}$$

を得る。(7.16)，(7.17) 式より，次の関係が得られる。

$$P_2^* > P_1^*, \quad \widehat{P}_1 > \widehat{P}_2 > P_1^*$$

この結果から言えることは，最悪のケースはいずれか一方の地主が 1 人で土地を売却しなければならないときである。しかし，2 人の地主が同時に行動するか，それとも 1 人だけ Holdout した方がよいか，それは何とも言えない。

(3) 第 1 段階における非協力的な行動

これまで交渉のテーブルにおける 3 者の協力的な交渉を前提として均衡価格を導出した。そこで，それぞれの地主は，開発業者との交渉に臨むべきか，それとも Holdout すべかという点について地主どうしの非協力的な状況における行動を考える。均衡の性質は P_2^* と $\widehat{P}_1$ の大小関係に依存している。表 7.1 は，2 人の地主にとっての利得表である。

(a) $P_2^* > \widehat{P}_1$

2 人の地主とも Holdout するのが唯一のナッシュ均衡である。1 人で Holdout することから得られる個々のゲインが，1 期目に一緒に土地を売却するときのゲインよりも大きい。したがって 2 人にとって，Holdout することが支配戦略となっている。

(b) $P_2^* < \widehat{P}_1$

2 つの純粋ナッシュ均衡（交渉，交渉），(Holdout, Holdout) がある。この場合，最適戦略は，片方の売り手がもう一方の売り手の行動をどう読むかに依存している。2 人の地主が協調して交渉すれば 2 人ともよくなる。

表7.1 　地主 A, B の利得表

		地主 B	
		交渉	Holdout
地主 A	交渉	$\hat{p}_1, \hat{p}_1$	P_1^*, P_2^*
	Holdout	P_2^*, P_1^*	$\hat{p}_2, \hat{p}_2$

効率性という観点で考えれば，両者が1期目で売却するときの純収益は $V-2w$ である。他方，両者1期目は Holdout を選び，2期目で売却するときの純収益は $V-\delta-2w$ である。1期目もしくは2期目で開発を推し進めた方が何もしないよりはましだけれども，プロジェクトを遅らせた場合にはコストがかかる。しかし，このコストがあるにもかかわらず，Holdout が起こらないという保証はないのである。

7.3.2 　逐次的ナッシュ交渉ゲーム：Miceli and Segerson（2012）

7.3.1 項のモデルでは，2時点のナッシュ交渉を用いて Holdout の可能性について分析していた。それに対して Miceli and Segerson（2012）では，逐次的ナッシュ交渉モデルを用いて Holdout の影響の分析を試みている[11]。

前項と同様に，開発業者は n 人の地主が所有する土地を集約してプロジェクトを実行しようとしている。そのプロジェクト価値は V であり，開発業者だけではなく地主にも知られていると仮定する。また，個々の地主にとっての土地の価値（留保価格）は w である。また，プロジェクト価値は地主の価値の合計よりも高いと仮定する。すなわち

$$V > nw \tag{7.21}$$

である。この仮定は，土地集約を進めて土地利用を図った方が効率的であることを意味する。さらに，開発業者にとっての個々の土地の価値を v として

11）Miceli and Segerson（2012）によれば，この論文の内容に近い論文として Asami and Terasaki（1991）がある。しかし，本章では Holdout 問題に着目しているので，Asami and Terasaki（1991）については取り上げなかった。

$$v < V/n \tag{7.22}$$

を仮定する。この仮定は，個々の土地の価値はすべての土地が集約化されたときの平均価値よりも低いことを意味する。最後に，

$$v \leq w \tag{7.23}$$

を仮定する。この仮定は，地主にとっての価値 w は開発業者にとっての価値 v よりも低くはないというものである。

このような状況において，開発業者は n 人の地主と逐次的に交渉を進めながらすべての土地の集約を図る。交渉の順番は外生的に与えられているものとし，価格はそれぞれの段階でナッシュ交渉によって求められる。

(1) $n = 2$ の場合

後ろ向きに解いていく。1 期目に最初の土地を P_1 で購入したとしよう。それを前提に 2 期目の土地の交渉に臨むとしよう。そのときの Threat Point は v である。

$$\max_{P_2} \ (V - P_2 - v)(P_2 - w)$$

これを解いて $P_2 = (V + w - v)/2$ を得る。

次に，1 期目の交渉を考える。開発業者の Threat Point はゼロである。2 期目に 2 番目の土地を P_2 で購入すると合理的に予想するとして，開発業者の余剰は $V - P_2 - P_1$ である。地主 2 の Threat Point は w であるから，余剰は $P_1 - w$ に等しい。

$$\max_{P_1} \ (V - P_2 - P_1)(P_1 - w)$$

これを解いて $P_1 = (V + w - P_2)/2$ を得る。上の結果を代入すると $P_1 = (V + w - 3v)/4$ となるので，P_1 と P_2 の差は

$$P_2 - P_1 = \frac{V + w - 3v}{4} = \frac{(V - 2v) + (w - v)}{4} > 0$$

となる。この結果は，地主は後に売った方が高くで売却できることを示している。

また，効率性についても次のようなことが言える。

$$V - P_2 - P_1 = V - \frac{V + R + v}{4} - \frac{V + R - v}{2} = \frac{V - 3R + v}{4}$$

これが正の値であれば，開発業者は利潤を上げることができる。そのための条件は，$V - 3R + v \geq 0$ でなければならない。この関係は，次のように書くことができる。

$$V \geq 2w + (w - v) \tag{7.24}$$

$v = w$ なら，（7.21）式の条件と同じである。つまり，$V \geq 2w$ となる。しかし，$w > v$ なら，（7.21）式は必要条件ではあるが，（7.24）式が成り立つための十分条件ではない。

(2) $n = 3$ の場合

地主が3人いたときのナッシュ交渉を考える。同じように後ろ向きに解いていく。まず，3期目を考える。

$$\max_{P_3} \ (V - (P_1 + P_2 + P_3) - (2v - (P_1 + P_2)))(P_3 - w)$$

つまり，

$$\max_{P_3} \ (V - P_3 - 2v)(P_3 - w)$$

であるから，これを解いて $P_3 = (V + w - 2v)/2$ を得る。

次に，2期目の交渉を考える。3期目に3番目の土地を P_3 で購入すると合理的に予想するとして，開発業者の余剰は $V - P_1 - P_2 - P_3 - (v - P_1) = V - P_2 - P_3 - v$ である。地主の余剰は $P_2 - w$ に等しい。したがって，

$$\max_{P_2} \ (V - P_2 - P_3 - v)(P_2 - w)$$

であり，これを解き，上で得られた P_3 を代入すると $P_2 = (V + w)/4$ となる。

そこで1期目の交渉を考える。買い手の Threat Point はゼロである。2, 3期目にそれぞれの土地を P_2, P_3 で購入すると合理的に予想するとして，買い手の余剰は $V - P_3 - P_2 - P_1$ である。売り手の余剰は $P_1 - w$ に等しい。

$$\max_{P_1} \ (V - P_3 - P_2 - P_1)(P_1 - w)$$

これを解き，上で得られた P_2, P_3 を代入して $P_1 = (V + w + 4v)/8$ を得る。

(3) 一般化

　ここまでの議論を一般化してみよう。開発業者が $s-1$ 番目の地主との交渉に成功して s 番目の地主との交渉に臨もうとしている。地主が 2 人しかいない場合と同じように後ろ向きに解くことができる。s 番目の地主とのナッシュ交渉は，

$$\max_{P_s} \ (V - (P_1 + \cdots + P_n) - ((s-1)\,v - (P_1 + \cdots + P_{s-1})))(P_s - w)$$

つまり，

$$\max_{P_s} \ (V - P_s - \cdots - P_n - (s-1)\,v)(P_s - w)$$

で，これを解いて

$$P_s = \frac{V + w - (P_{s+1} + \cdots + P_n) - (s-1)\,v}{2}$$

を得る。1 つずらすと $P_{s+1} = (V + w - (P_{s+2} + \cdots + P_n) - sv)/2$ となるので，辺々を引いて整理すると，

$$P_s = v + \frac{P_{s+1} - v}{2}$$

という関係が導かれる。これを繰り返し解いていくと，

$$P_s = v + \frac{P_{s+1} - v}{2} = v + \frac{v + (P_{s+2} - v)/2 - v}{2} = v + \frac{P_{s+2} - v}{2^2}$$

$$= v + \frac{v + (P_{s+3} - v)/2 - v}{2^2} = v + \frac{P_{s+3} - v}{2^3}$$

$$\vdots$$

$$= v + \frac{P_n - v}{2^{n-s}}$$

となるが，$P_n = (V + w - (n-1)v)/2$ であることから，

$$P_s = v + \frac{V + w - (n+1)v}{2^{n-s+1}}$$

を得る。この結果から s が大きくなるほど P_s は上昇していくことがわかる。第1項の v は，開発業者にとっての個々の土地の価値である。第2項の意味を考えるために，(7.23) 式の仮定で $v = w$ と置く。すると，次のように書き換えることができる。

$$P_s = v + \frac{1}{2^{n-s+1}}(V - nw)$$

$V - nw$ は開発によって生まれる余剰である。したがって開発業者は，(7.22) 式より，有限の n に対してプロジェクトから生まれる正の余剰を受け取ることを期待している。

　一方，$v < w$ のときはどうか。そこで，$\sum_{s=1}^{n} P_s$ を求めよう。

$$\sum_{s=1}^{n} \frac{1}{2^{n-s+1}} = \frac{1}{2^n} + \frac{1}{2^{n-1}} + \cdots + \frac{1}{2}$$
$$= \frac{1}{2^n}(1 + 2 + \cdots + 2^{n-1}) = \frac{1}{2^n}(2^n - 1)$$
$$\sum_{s=1}^{n} \frac{n+1}{2^{n-s+1}} = \frac{n+1}{2^n}(2^n - 1)$$

であることから，

$$\sum_{s=1}^{n} P_s = \sum_{s=1}^{n}\left(v + \frac{V + w - (n+1)v}{2^{n-s+1}}\right)$$
$$= nv + (V + w)\frac{2^n - 1}{2^n} - \frac{(2^n - 1)(n+1)}{2^n}v$$
$$= \frac{(2^n - 1)(V + w) + [n - (2^n - 1)]v}{2^n}$$

となる。したがって，V と $\sum_{s=1}^{n} P_s$ の差をとると，

$$V - \sum_{s=1}^{n} P_s = V - \frac{(2^n - 1)(V + w) + [n - (2^n - 1)]v}{2^n}$$

$$= \frac{V - nw + [n - (2^n - 1)](w - v)}{2^n} \qquad (7.25)$$

となる。開発業者にとっての余剰がプラスであるためには，右辺の分子がプラスでなければならない。

$$V > nw + [(2^n - 1) - n](w - v)$$

$v = w$ であれば，（7.21）式は（7.25）式がプラスであるため必要十分条件である。しかし，$v < w$ であれば，（7.21）式は（7.25）式がプラスであるための必要条件ではあるが，十分条件ではなくなる。繰り返し交渉とコミットメントがあるとき，Holdout 問題で非効率性が生ずるとすれば，その原因となるのは $v < w$，つまり地主にとっての価値，言い換えれば地主の留保価格が開発業者にとっての価値を超えている場合である。

7.4　展開型交渉ゲームと Holdout 問題

本節では，Menezes and Pitchford の 2 つの論文を取り上げる。Menezes and Pitchford（2004a）は完全情報下における展開型ゲームを展開し，Holdout が生まれる条件について分析している。また Menezes and Pitchford（2004b）は，Menezes and Pitchford（2004a）を繰り返しゲームに発展させ，より具体的な分析を試みている。

7.4.1　展開型交渉ゲーム：Menezes and Pitchford（2004a）

(1)　モデル

開発業者と地主 1，地主 2 の 2 人がいる。開発業者は地主 i がそれぞれ所有する土地区画を購入して事業を展開しようとしている。開発業者にとって 2 区画の価値はそれぞれ v_i であるが，2 区画全体として評価したときの価値は V である。他方，地主 i が所有する区画の留保価値は w_i である。開発業者はそれぞれの土地区画について，地主よりも低い評価は与えておらず，$v_1 \geq w_1$, $v_2 \geq w_2$ を仮定する。2 区画購入できれば開発業者にとっての利得は $V - w_1 - w_2$ であるが，一方の土地しか購入できないときの利得は $v_i - w_i$

である。

　2 人の地主は開発業者と 2 時点（now と later）で交渉の機会をもつ。それぞれの地主は now に交渉するか，それとも later に交渉を遅らせるか，同時に選ばなければならない。地主 i が now に売却する確率を p_i，later に売却する確率を $1-p_i$ とする。t_i は 1 もしくは 0 をとる値であるが，$t_i = 1$ ならば地主 i が now に開発業者の前に現れることを，$t_i = 0$ ならば地主 i が now に開発業者の前に現れないことを意味する。2 人の地主それぞれの結果が (t_1, t_2) であるときの地主 i の利得を $s_i(t_1, t_2)$ とする。つまり，

① 地主 1

$s_1(1, 1)$：2 人の地主が now に売却するときの地主 1 にとっての利得

$s_1(1, 0)$：地主 1 が now に売却し地主 2 が later に売却するときの，地主 1 にとっての利得

$s_1(0, 1)$：地主 1 が later に売却し地主 2 が now に売却するときの，地主 1 にとっての利得

$s_1(0, 0)$：2 人の地主が later に売却するときの地主 1 にとっての利得

② 地主 2

$s_2(1, 1)$：2 人の地主が now に売却するときの地主 2 にとっての利得

$s_2(0, 1)$：地主 1 が later に売却し地主 2 が now に売却するときの，地主 2 にとっての利得

$s_2(1, 0)$：地主 1 が now に売却し地主 1 が later に売却するときの，地主 2 にとっての利得

$s_2(0, 0)$：2 人の地主が later に売却するときの地主 2 にとっての利得

である。地主 1，2 の期待利得はそれぞれ以下のように定義される。

$$\pi_1 = p_1 p_2 s_1(1, 1) + p_1(1-p_2) s_1(1, 0) + (1-p_1) p_2 s_1(0, 1)$$
$$+ (1-p_1)(1-p_2) s_1(0, 0)$$
$$\pi_2 = p_1 p_2 s_2(1, 1) + p_1(1-p_2) s_2(1, 0) + (1-p_1) p_2 s_2(0, 1)$$
$$+ (1-p_1)(1-p_2) s_2(0, 0)$$

このゲームのナッシュ均衡 (p_1^*, p_2^*) は，それぞれの地主 i に対して $\pi_i(p_i, p_{-i}^*)$ が最大となるような p_i である。

　ナッシュ均衡を求めるために，π_1 を p_1 について微分すると，

$$\frac{\partial \pi_1}{\partial p_1} = p_2 s_1(1, 1) + (1 - p_2) s_1(1, 0) - p_2 s_1(0, 1) - (1 - p_2) s_1(0, 0)$$

$$= p_2 [s_1(1, 1) - s_1(0, 1)] + (1 - p_2) [s_1(1, 0) - s_1(0, 0)]$$

を得る。ここで $\Delta_{1N} = s_1(1, 1) - s_1(0, 1)$ を地主 2 が now に売却することを前提に地主 1 が now に売却するときに生ずる利得の差，また $\Delta_{1L} = s_1(1, 0) - s_1(0, 0)$ を地主 2 が later に売却することを前提に地主 1 が now に売却するときに生ずる利得の差とすると，

$$\frac{\partial \pi_1}{\partial p_1} = p_2 \Delta_{1N} + (1 - p_2) \Delta_{1L} \tag{7.26}$$

と書くことができる。

　同様に，π_2 を p_2 について微分すると，

$$\frac{\partial \pi_2}{\partial p_2} = p_1 \Delta_{2N} + (1 - p_1) \Delta_{2L} \tag{7.27}$$

を得る。ここで $\Delta_{2N} = s_2(1, 1) - s_2(1, 0)$ は地主 1 が now に売ることを前提に地主 2 が now に売るときに生ずる利得の差，$\Delta_{2L} = s_2(0, 1) - s_2(0, 0)$ は地主 1 が later 売ることを前提に地主 2 が now に売るときに生ずる利得の差である。

(2)　均衡

(a) 売却機会が滅多に訪れない場合

　売却の機会が滅多に訪れない場合，2 人の地主は先延ばしするよりは売却した方がよいと考える。これは，$\Delta_{1N}, \Delta_{2N}, \Delta_{1L}, \Delta_{2L}$ がすべて正の値をとる場合に該当とする。つまり，

$$\Delta_{1N} > 0, \ \Delta_{2N} > 0, \ \Delta_{1L} > 0, \ \Delta_{2L} > 0$$

であれば，$\partial \pi_1 / \partial p_1 > 0$，$\partial \pi_2 / \partial p_2 > 0$ であるから，2 人の地主は now に土地を売却するとき利得を最大にすることができる。したがって，ナッシュ均衡は $(p_1, p_2) = (1, 1)$ である。相手の地主の戦略的行動に関係なくいますぐに売却した方がよい。つまり，いますぐに売却するのが支配戦略である。売却

の機会が滅多に訪れない場合に先延ばししないのは，売却の機会を逃すことによって将来得られる利得が大きく割り引きされるためだと考えられる。

地主 1 が later に売却することを前提に，地主 2 もまた later で売却することを望むなら，同じことが言える。例えば，地主 2 は later での売却を考えており，$\Delta_{2L} < 0$ である。つまり，次のような状況である。

$$\Delta_{1N} > 0,\ \Delta_{1L} > 0,\ \Delta_{2N} > 0,\ \Delta_{2L} < 0$$

このとき，地主 2 は地主 1 と調和性を保ちながら行動することを選ぶ。$\Delta_{1N} > 0,\ \Delta_{1L} > 0$ であるから，地主 1 は地主 2 の戦略的行動にかかわらず now に売却する。つまり，$p_1 = 1$ である。$p_1 = 1$ を（7.27）式に代入すると $\partial \pi_2 / \partial p_2 > 0$ となり，$p_2 = 1$ となる。

同様のことは $\Delta_{1L} < 0$ でも言える。

$$\Delta_{1N} > 0,\ \Delta_{1L} < 0,\ \Delta_{2N} > 0,\ \Delta_{2L} > 0$$

地主 2 は地主 1 の戦略的行動にかかわらず now に売却するので $p_2 = 1$ である。これを（7.26）式に代入すると $\partial \pi_1 / \partial p_1 > 0$ となり，$p_1 = 1$ となる。

このように $(p_1, p_2) = (1, 1)$ がナッシュ均衡となるのは，以上の 3 つのケースが考えられる。

(b) 地主間の競争が激しい場合

少なくともどちらか一方の地主が調和性のある行動をとらないのが望ましいと考えているとき，Holdout することがナッシュ均衡となる。例えば，$\Delta_{1N} < 0$ でそれ以外はすべて正の値としよう。つまり，

$$\Delta_{1N} < 0,\ \Delta_{1L} > 0,\ \Delta_{2N} > 0,\ \Delta_{2L} > 0$$

である。$\Delta_{1N} < 0$ は，地主 1 は地主 2 が now に売却するなら later に売却することを意味する。$\Delta_{2N} > 0,\ \Delta_{2L} > 0$ であるから地主 2 は常に now に売却するので，地主 1 は later に売却する。つまり，（7.26）式に $p_2 = 1$ を代入して $\partial \pi_1 / \partial p_1 = \Delta_{1N} < 0$ となり，$(p_1, p_2) = (0, 1)$ が均衡となる。

同様のことは $\Delta_{2N} < 0$ で，それ以外はすべて正の値のときも言える。

$$\Delta_{1N} > 0,\ \Delta_{1L} > 0,\ \Delta_{2N} < 0,\ \Delta_{2L} > 0$$

このとき，$\Delta_{1N} > 0$，$\Delta_{1L} > 0$ であるから地主 1 は常に now に売却するので，地主 2 は later に売却する。$p_1 = 1$ を代入すると，$\partial\pi_2/\partial p_2 = \Delta_{2N} < 0$ となり $(p_1, p_2) = (1, 0)$ が均衡となる。

両方ともお互いを避けている場合にも Holdout が起こりうる。つまり，

$$\Delta_{1N} < 0, \ \Delta_{1L} > 0, \ \Delta_{2L} > 0, \ \Delta_{2N} < 0$$

の場合である。最初の 2 つの条件と後の 2 つ条件から，いずれの地主も他方の地主と異なる時点で売却することを望んでいる。この場合のナッシュ均衡は混合戦略均衡となる。同時に $\partial\pi_1/\partial p_1 = 0$，$\partial\pi_2/\partial p_2 = 0$ が満たされるような p_1，p_2 を求める。すなわち，(7.26)，(7.27) 式を連立させることにより

$$p_1 = \frac{\Delta_{2L}}{\Delta_{2L} - \Delta_{2N}}, \quad p_2 = \frac{\Delta_{1L}}{\Delta_{1L} - \Delta_{1N}}$$

を得る。このように，少なくともどちらか一方の地主が競争的に優位な立場にあるようであれば，Holdout する可能性が生まれる。

(c) 両者が協調的な場合

地主どうし別々に行動するよりも一緒に行動する方が利得が大きくなるとき，地主は協力した方がよい。例えば，

$$\Delta_{1N} > 0, \ \Delta_{1L} < 0, \ \Delta_{2N} > 0, \ \Delta_{2L} < 0$$

の場合である。このとき，双方が now に売却した方が双方の利得は大きくなり，双方が later に売却する方が双方の利得が大きくなる。したがって，$(0, 0)$，$(1, 1)$ はナッシュ均衡である。

また，混合戦略もあり，そのときのナッシュ均衡は

$$p_1 = \frac{\Delta_{2L}}{\Delta_{2L} - \Delta_{2N}}, \quad p_2 = \frac{\Delta_{1L}}{\Delta_{1L} - \Delta_{1N}}$$

である。もしプレイヤーたちが将来の利得を大きく割り引くようであるなら，均衡において Holdout することはないだろう。

7.4.2 繰り返しゲーム：Menezes and Pitchford（2004b）

(1) 基本モデル

プレイヤーは開発業者と2人の地主の合計3人で，player 0：開発業者，player 1：地主1，player 2：地主2とする。$x_i \in \{0, 1\}$，$i \in \{1, 2\}$は，地主iの土地が開発業者によって購入されたかどうかを示す。例えば$x_i = 0$であれば開発業者は地主iから購入できなかったことを示し，$x_i = 1$であれば購入できたことを表す。したがって集合$\{(x_1, x_2) : x_i \in \{0, 1\}\}$は開発業者の交渉結果を示し，それぞれの交渉結果から生まれる余剰を$s(x_1, x_2)$とする。また，地主にとって留保価格は議論を簡単にするためにゼロと置く。開発業者が2人の地主から土地を購入できた場合，そのときの余剰は$s(1, 1)$である。他方，地主1から購入できたが地主2からは購入できなかった場合，そのときの余剰は$s(1, 0)$である。その次の時点で地主2から購入できた場合，余剰の増加分の現在価値は割引率をδとして$\delta[s(1, 1) - s(1, 0)]$であるから，総余剰は$s(1, 0) + \delta[s(1, 1) - s(1, 0)]$となる。ここでは，議論を簡単にするために，$s(1, 1) = S$，$s(0, 1) = s(1, 0) = s$とする。

地主iが交渉に入る確率をp_i，交渉に入らず先送りする確率を$1 - p_i$とする。各地主の利得は次のとおりである。

u^t：3人のプレイヤーによる交渉ゲームの結果，各地主にもたらされる利得
u^e：1人の地主が交渉を先送りしたとき，交渉に入った地主の利得
u^d：1人の地主が交渉に入ったとき，交渉を先送りした地主の利得

2人とも交渉に入らず先送りすると，このゲームは振り出しに戻りもう一度同じ交渉ゲームが繰り返される。現時点における各地主の期待利得をEV_iとすると，2人とも交渉に入らなかった場合の利得の現在価値はδEV_iである。2人の地主の現時点における利得の現在価値は，それぞれ

$$EV_1 = p_1 p_2 u^t + p_1(1 - p_2)u^e + (1 - p_1)p_2 u^d + (1 - p_1)(1 - p_2)\delta EV_1 \quad (7.28)$$

$$EV_2 = p_1 p_2 u^t + (1 - p_1)p_2 u^e + p_1(1 - p_2)u^d + (1 - p_1)(1 - p_2)\delta EV_1 \quad (7.29)$$

となる。

Menezes and Pitchford（2004b）は，このゲームの解を次のような補助定理としてまとめている[12]。

① $u^t > u^d$, $u^e > 0$ かつ $\delta < 1$ とする。

〔1〕 $(p_1, p_2) = (1, 1)$ はただ 1 つの純粋戦略均衡で，ハイブリッド均衡[13]は存在しない。

〔2〕 $u^d < \min(u^t, u^e)$ であれば，混合戦略均衡は存在しない。

〔3〕 $u^t > u^d > u^e$ であれば，混合戦略均衡は存在するかもしれないが，純粋戦略均衡 $(1, 1)$ によってパレート支配される。

② $u^t < u^d$, $u^e > 0$ かつ $\delta < 1$ とする。

〔1〕 このとき，$(p_1, p_2) \in \{(1, 0), (0, 1)\}$ は 2 つの純粋戦略均衡が存在するが，ハイブリッド均衡は存在しない。

〔2〕 対称的な混合戦略均衡 p^* がただ 1 つ存在し，$0 < p^* < 1$, $f'(p; \theta) > 0$ を満たす。

Menezes and Pitchford（2004b）の補論に沿って確認しよう。

（a）純粋戦略

純粋戦略のケースが 2 つある。まず，① 〔1〕のケースである。地主について，$p_2 = 1$ としよう。これを（7.28）式に代入すると，

$$EV_1 = p_1 u^t + (1 - p_1) u^d$$

を得る。仮定より $u^t > u^d$ であるから，$p_1 = 1$ のときに最大となる。したがって，$(1, \gamma)$, $0 \leq \gamma < 1$ は均衡として排除される。地主 2 についても同様である。したがって，$(1, 1)$ が均衡である。

他の純粋戦略やハイブリッド均衡を排除するために，$p_2 = 0$ とする。（7.28）式から

$$EV_1 = p_1 u^e + (1 - p_1) \delta EV_1, \quad \text{すなわち} \quad EV_1 = \frac{p_1 u^e}{1 - \delta + \delta p_1}$$

---

12) 本章では均衡の存在に関する説明だけに絞ったが，開発によって生ずる価値の増大が Holdout に及ぼす影響や経済厚生に及ぼす影響などについて興味ある議論を展開している。

13) 著者らによれば，ハイブリッド均衡とは地主 i が $p_i = 0$ もしくは $p_i = 1$ のときに，もう一方の地主が確率 p_{-i} $(0 < p_{-i} < 1)$ を戦略として選択するような均衡のことを言う。

となる。EV_1 を p_1 で微分すると

$$\frac{dEV_1}{dp_1} = \frac{u^e(1-\delta)}{(1-\delta+\delta p_1)^2} > 0$$

であるから，$p_1 = 1$ のときに最大となる。したがって，p_1 が 1 より小さい値で EV_1 が最大になることはない。しかし，先の議論より，$(1,0)$ が均衡になることはない。それゆえ，ハイブリッドを含む純粋戦略の中で $(1,1)$ がただ 1 つ存在する。

もう 1 つは②〔1〕のケースである。地主 2 について，$p_1 = 1$ としよう。これを（7.29）式に代入して

$$EV_2 = p_2 u^t + (1-p_2) u^d$$

を得る。$u^d > u^t$ であるから，$p_2 = 0$ のときに最大となり $(1, \gamma)$，$0 < \gamma \leq 1$ は均衡として排除される。したがって，$(1,0)$ が均衡である。同様の議論により，$(0,1)$ が均衡である。

$(0,0)$ を排除するために $p_1 = 0$ とする。

$$EV_2 = p_2 u^e + (1-p_2)\delta EV_2, \quad \text{すなわち} \quad EV_2 = \frac{p_2 u^e}{1-\delta+\delta p_2}$$

であるから，

$$\frac{dEV_2}{dp_2} = \frac{u^e(1-\delta)}{(1-\delta+\delta p_2)^2} > 0$$

となり，$p_2 = 1$ のときに最大となる。したがって，p_2 が 1 より小さい値で EV_2 が最大になることはない。したがって，$(0,0)$ が均衡になることはない。

（b）混合戦略

次に混合戦略について見てみよう。混合戦略は，現時点で交渉に入る場合と交渉に入らない場合とで期待利得が等しくなるような確率である。地主 1 にとって $p_1 = 0$ のときの期待利得は

$$EV_{1|p_1=0} = p_2 u^d + (1-p_2)\delta EV_{1|p_1=0}$$

すなわち,

$$EV_{1|p_1=0} = \frac{p_2 u^d}{1-(1-p_2)\,\delta}$$

である。また, $p_1=1$ のときの期待利得は

$$EV_{1|p_1=1} = p_2 u^t + (1-p_2)\,u^e$$

である。対称均衡を求めるために $p_2=p$ と置き, この2つの式の差をとっ
て次のように定義する。

$$\frac{p u^d}{1-(1-p)\,\delta} - (p u^t + (1-p)\,u^e) = \frac{f(p;\theta)}{1-(1-p)\,\delta}$$

ここで

$$\begin{aligned}
f(p;\theta) &\equiv \delta(u^e-u^t)\,p^2 \\
&\quad + [(1-\delta)\,(u^e-u^t)+u^d-\delta u^e]\,p - (1-\delta)\,u^e
\end{aligned}$$

である。$f(p;\theta)=0$ は p に関する2次方程式とみなすことができるので,
解の性質について調べてみよう。

　まず, 次のことが言える。

$$\begin{aligned}
f(0) &= -(1-\delta)\,u^e < 0 \\
f(1) &= \delta(u^e-u^t)+(1-\delta)\,(u^e-u^t)+u^d-\delta u^e-(1-\delta)\,u^e = u^d-u^t \\
f'(p) &= 2\delta(u^e-u^t)\,p + [(1-\delta)\,(u^e-u^t)+u^d-\delta u^e] \\
f''(p) &= 2\delta(u^e-u^t)
\end{aligned}$$

また, $f'(p)=0$ となる p を p^* と置くと,

$$p^* = -\frac{(1-\delta)\,(u^e-u^t)+u^d-\delta u^e}{2\delta(u^e-u^t)}$$

$$f(p^*) = -\frac{[(1-\delta)\,(u^e-u^t)+u^d-\delta u^e]^2}{4\delta(u^e-u^t)} - (1-\delta)\,u^e$$

となる。これらの情報をもとに, 解の存在に関して以下の4つのケースに分
類することができる。

〔ケースⅠ〕 $u^e-u^t>0,\ u^d-u^t>0$

この仮定のもとで，$f(0)<0$，$f(1)>0$，$f''(p)>0$ である。したがって，0と1のあいだに実数解を1個もち，その周辺で $f'(p)>0$ である。

〔ケースⅡ〕 $u^e-u^t>0,\ u^d-u^t<0$

この仮定のもとで，$f(0)<0$，$f(1)<0$ で，しかも $f''(p)>0$ であるから，正の実数解は1よりも大きい。この場合，混合戦略均衡は存在しない。

〔ケースⅢ〕 $u^e-u^t<0,\ u^d-u^t>0$

この仮定のもとで，$f(0)<0$，$f(1)>0$ で，しかも $f''(p)<0$ であるから，実数解を2個もち，1つは0と1のあいだの値，もう1つは1よりも大きい値である。前者の解の周辺で $f'(p)>0$ である。

〔ケースⅣ〕 $u^e-u^t<0,\ u^d-u^t<0$

この仮定のもとで，$f(0)<0$，$f(1)<0$ で，しかも $f''(p)<0$ である。さらに，u^e，u^d の大小関係に応じて2つのケースに分けることができる。

　〔サブケースⅠ〕 $u^e-u^d>0$ のとき，$f(p)=0$ は実数解をもたない。この場合，混合戦略均衡は存在しない。

　〔サブケースⅡ〕 $u^e-u^d<0$ のとき，2個の実数解をもつ可能性がある一方で，実数解をもたないこともある。$u^e-u^d<0$，$u^d-u^t<0$，$u^e-u^t<0$ となるので，$f(0)<0$，$f(1)<0$，$f''(p)<0$ である。しかし，これだけでは実数解の存在はわからない。もし $0<p^*$ かつ $f(p^*)\geq0$ であれば，2もしくは1つの実数解をもち，混合戦略均衡が存在する。しかし，$u^e<u^d<u^t$ となるので，これらの解は純粋戦略均衡 $(1,1)$ にパレート支配される。

　これらの性質をもとに，補題の3つの混合戦略，すなわち，補題①〔2〕，①〔3〕，②〔2〕について考える。まず，①〔2〕である。これは〔ケースⅡ〕，〔ケースⅣ〕〔サブケースⅠ〕に相当する。いずれの場合も $f(p;\theta)=0$ となるような実数解は存在しない。〔ケースⅡ〕の条件は $u^e-u^t>0$，$u^d-u^t<0$，つまり $u^d<u^t<u^e$ で，〔ケースⅣ〕〔サブケースⅠ〕の条件は $u^e-u^t<0$，$u^d-u^t<0$，$u^e-u^d>0$，つまり $u^d<u^e<u^t$ である。したがって，$u^t>u^d$ の場合に $f(p;\theta)=0$ が実数解をもたないのは，$u^d<\min(u^t,u^e)$ だからである。

　次に，①〔3〕である。〔ケースⅣ〕〔サブケースⅡ〕の場合，

$u^e < u^d < u^t$ であるから，補題①〔3〕をカバーしている。

最後のケースは②〔2〕である。これは〔ケース I 〕，〔ケースIII〕に相当する。いずれも $f(p; \theta) = 0$ となるような実数解が 1 個存在する，〔ケース I 〕の場合は $u^e - u^t > 0$, $u^d - u^t > 0$ で，〔ケース III〕の場合は $u^e - u^t < 0$, $u^d - u^t > 0$ であるから，これらの条件の和集合は $u^d - u^t > 0$ となっている。

(2) 展開型交渉ゲーム

ここまで u^t, u^d, u^e については外生的に与えられていた。より具体的な議論を行うために，Menezes and Pitchford（2004b）は開発業者と 2 人の地主の展開型交渉ゲームを考える。それを行うにあたり，Shaked and Sutton（1984）の考え方を応用する[14]。3 人のプレイヤーの中で，最初に 1 人のプレイヤーが価格提示を行い，他の 2 人のプレイヤーが受諾するか拒否するか決める。この交渉を逐次的に行っていく。そのときの地主の利得 u^t, u^d, u^e を求める。

まず u^t である。Shaked and Sutton（1984）は，サイズ 1 のパイを 3 人で分けるときのサブゲーム完全均衡がユニークに存在し，その配分は価格提示を行う順番に応じて $(1/(1+\delta+\delta^2), \delta/(1+\delta+\delta^2), \delta^2/(1+\delta+\delta^2))$ となることを示した。価格提示を行う順番をランダムに決めることにすると，この交渉における余剰サイズを S とすれば $u^t = S/3$ となる。

次に先送りした場合の余剰 u^d である。最初にいずれかの地主（ここでは地主 1 とする）が開発業者との交渉を行い，いったん交渉が妥結した後に地主 2 が地主 1 と同じ条件のもとで開発業者との交渉につく。そのときの最大の余剰を $S-s$（2 区画の土地から生み出される余剰は S で，s は 1 区画の土地から生み出される余剰）であり，これを開発業者と地主 2 のあいだの交渉で分け合う。サイズ 1 のパイを 2 人で分けるときのサブゲーム完全均衡の配分は，価格提示を行う順番に応じて $(1/(1+\delta), \delta/1+\delta)$ である。開発業者と地主 2 の価格提示の順番がランダムだとすると，地主 2 の利得期待は $(S-s)/2$ となるので，その現在価値は $u^d = \delta(S-s)/2$ である。

最後に地主 1 が交渉に入るときの余剰 u^e を求める。開発業者と地主 1 に

14）この部分を解説するにあたり，Osborne and Rubinstein（1990）も参考にした。

図7.4　ケースⅡ（$u^e - u^t > 0,\ u^d - u^t > 0$）

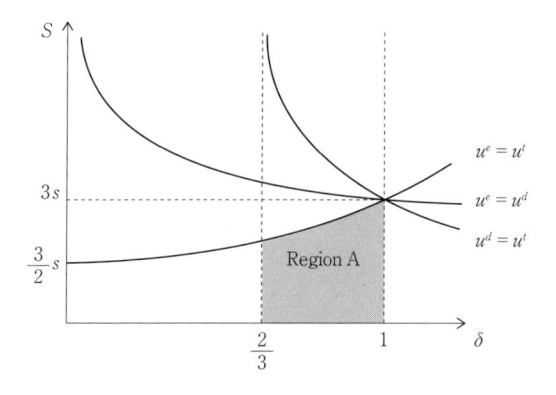

とっての余剰を考える必要がある。開発業者にとっての次期の余剰は $(S-s)/2$ であるから，現在価値で測ると $\delta(S-s)/2$ である。地主1が生み出す余剰は s であるから，地主1と開発業者にとっての余剰の総和は $s+\delta(S-s)/2$ である。開発業者と地主1の価格提示の順番がランダムだとすると，地主1の利得期待は $u^e = [(2-\delta)s+\delta S]/4$ となる。

　これらの結果を用いて $u^d - u^t,\ u^e - u^t,\ u^e - u^d$ を計算し，それぞれ等しくなるときの S と s との関係を求める。

$$u^d - u^t = \frac{(3\delta-2)S-3\delta s}{6} \qquad \Rightarrow\ S = \left(1+\frac{2}{3\delta-2}\right)s$$

$$u^e - u^t = \frac{(3\delta-4)S+(6-3\delta)s}{12} \Rightarrow\ S = \left(1-\frac{2}{3\delta-4}\right)s$$

$$u^e - u^d = \frac{-\delta S+(2+\delta)s}{4} \qquad \Rightarrow\ S = \left(1+\frac{2}{\delta}\right)s$$

これをもとに，補題における S と δ の関係を描いたものが図7.4〜図7.7である[15]。

〔ケースⅠ〕 $u^e - u^t > 0,\ u^d - u^t > 0$
これを満たす領域は存在せず，交渉ゲームの解は存在しない。

〔ケースⅡ〕 $u^e - u^t > 0,\ u^d - u^t < 0$

15）原文の Figure 4 と異なる結果となった。

図7.5 ケースⅢ $(u^e - u^t < 0,\ u^d - u^t > 0)$

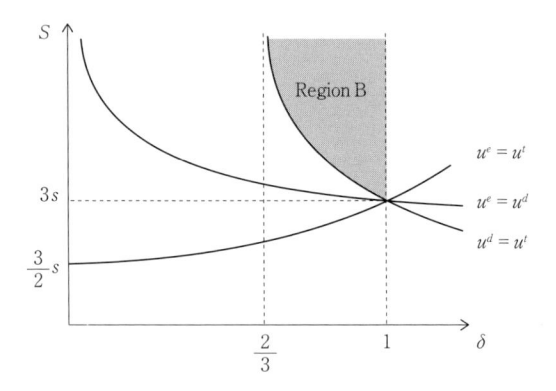

図7.6 ケースⅣのサブケースⅠ $(u^e - u^t < 0,\ u^d - u^t < 0,\ u^e - u^d > 0)$

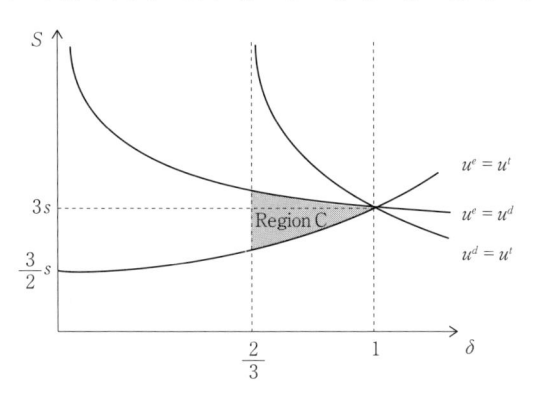

これを満たす領域は図7.4の Region A である。この領域では対称的な混合戦略均衡は存在せず，補題①〔1〕より $(1, 1)$ が唯一の均衡となる。

〔ケースⅢ〕$u^e - u^t < 0,\ u^d - u^t > 0$

これを満たす領域は図7.5の Region B である。この領域では1つの混合戦略均衡が存在する。

〔ケースⅣ〕〔サブケースⅠ〕$u^e - u^t < 0,\ u^d - u^t < 0,\ u^e - u^d > 0$

これを満たす領域は図7.6の Region C である。このとき $u^d < u^e < u^t$ で補題①〔2〕より，混合戦略均衡は存在しない。

〔ケースⅣ〕〔サブケースⅡ〕$u^e - u^t < 0,\ u^d - u^t < 0,\ u^e - u^d > 0$

これを満たす領域は図7.7の Region D である。このとき，$u^e < u^d < u^t$

図7.7　ケースⅣのサブケースⅡ（$u^e - u^t < 0$, $u^d - u^t < 0$, $u^e - u^d < 0$）

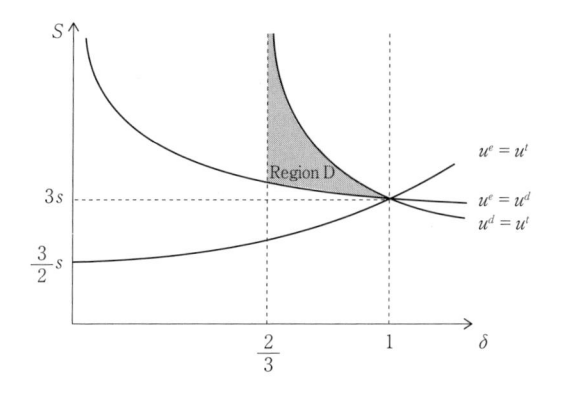

となるので，補題①〔3〕により $(1,1)$ に強支配される。

7.5　おわりに

　本章では，土地集約の際に生ずる Holdout 問題をゲーム理論の考え方にもとづいて分析した論文を中心にサーベイを行った。土地集約は都市の再開発には必要不可欠である。7.2節で論じたように，土地は減耗することはないが，住宅資本は時間とともに消耗する。それがゆえに，都市の再開発をいかに円滑に進めるかは重要なテーマである。近年，gentrification（都市の富裕化現象）という概念が注目され，それに関する学術論文も多く見られるようになったが，論点は基本的に同じと考えてよい。土地集約が進まなければ円滑な都市再開発に支障をきたし，都心部の住宅供給は進まず，開発業者は都市周縁部に土地を求め，それが都市のスプロール現象を招く。都市が拡大すると，都心部の住宅価格が上昇し，それがまた地価の上昇を招く。

　本章は土地集約がもたらす Holdout 問題に絞って重要とされる文献のサーベイを行ったが，論文を理解することに時間を要したために，表題にある土地集約と Holdout 問題を都心部の再開発に絡めて包括的に論ずることができなかった。また，土地集約の際に生ずる Holdout 問題をいかに克服し，都市再開発を円滑に進めていくかというもう1つの重要なテーマも残されたままである。これらの点については今後の課題としたい。

参考文献

〔邦語〕

川又邦雄（2012）『ゲーム理論の基礎』培風館。

グレーヴァ香子（2011）『非協力ゲーム理論』知泉書館。

中神康博（2019）「土地利用規制とリアル・オプションについて」Discussion Paper Series No.148, Faculty of Economics, Seikei University。

中神康博（2020）「土地集約と Holdout 問題について」Discussion Paper Series No. 155, Faculty of Economics, Seikei University。

〔英語〕

Asami, Y. (1988) "A Game-theoretic Approach to the Division of Profits from Economic Land Development," *Regional Science and Urban Economics*, 18(2), pp.233-246.

Asami, Y. and A. Terasaki (1991) "On Sequential Negotiation Procedures," *Regional Science and Urban Economics*, 20(4), pp.537-556.

Eckart, W. (1985) "On the Land Assembly Problem," *Journal of Urban Economics*, 18(3), pp.364-378.

Menezes, F. and R. Pitchford (2004a) "A Model of Seller Holdout," *Economic Theory*, 24, pp.231-253.

Menezes, F. and R. Pitchford (2004b) "The Land Assembly Problem Revisited," *Regional Science and Urban Economics*, 34(2), pp.155-162.

Miceli, T. J. and K. Segerson (2007) "A Bargaining Model of Holdouts and Takings," *American Law and Economic Review*, 9(1), pp.160-174.

Miceli, T. J. and K. Segerson (2012) "Sequential Bargaining, Land Assembly, and the Holdout Problem," Working papers 2011-13R, University of Connecticut, Department of Economics.

Osborne, M. J. and A. Rubinstein (1990) *Bargaining and Markets*, Academic Press.

Shaked, A. and J. Sutton (1984) "Involuntary Unemployment as a Perfect Equilibrium in a Bargaining Model," *Econometrica*, 52(6), pp.1351-1364.

Strange, W. C. (1995) "Information, Holdouts, and Land Assembly," *Journal of Urban Economics*, 38(3), pp.317-332.

第8章

土地利用規制とリアル・オプション

8.0　はじめに[1]

　1990年代初頭のバブル崩壊以降，首都圏の不動産価格は下がり続け，直近の公示地価によれば，回復基調にある地域がようやく見受けられるようになった。この数十年を振り返ると，1980年代に始まるバブルの生成と崩壊，そして今日に至るまで，不動産価格の変動は情報の欠如や投資家（住宅保有者あるいはそれを目指す人たちを含む）の心理などを手がかりにして分析されることが多かった。とはいえ，バブルを経験するまでもなく，そもそも日本における不動産価格は諸外国と比べて高いということは以前から指摘されていたことである。とくに首都圏，それも都心における不動産価格は何をか言わんや，である。なぜこれほどまでに都心の不動産価格は高いのであろうか。

　経済理論にもとづく説明としていくつか考えられる。第1に，首都東京が成長を続ける都市であるということに注目する。都市が成長すれば，都市規模の拡大とともに都市全体の付け値地代を押し上げ，その結果，都心の地価が上昇する（Capozza and Helsley 1989, 1990）。第2に，ゾーニングや容積率などの土地利用規制，あるいは固定資産税や相続税などの不動産税制等の影響によって住宅供給が制限されるという説明である（Glaeser と Gyourko

---

1) 本章は，中神（2019）にもとづいている。

らの一連の論文が参考になるが，Glaeser and Gyourko 2018 によって整理されている）。住宅供給が価格に対して非弾力的であるとき，住宅に対する需要が増加すれば住宅価格はより高くなることは明らかである。第3に，住宅保有をライフサイクルにおける資産形成の1つとして捉え，住宅保有コストが低いことが住宅価格を押し上げる要因になっているという考え方である（Nakagami and Pereira 1993）。第4に，第3の点に関連して，借地借家法の存在によってファミリー向け賃貸住宅の供給が進まず，戦後の持家志向を促す住宅政策とも相俟って，持家に対する需要が強く，いわゆる「住宅梯子」という状況を作り出したことも，住宅価格を押し上げる要因の1つとなったというものである。

　第5に，本章が着目する点であるが，土地利用が柔軟に運用されていることで，不動産開発にオプションの影響が生まれているのではないかという点に着目する。都心においてですら，更地として開発待ちの土地が存在している。開発時期とそれが価格に及ぼす影響に関する文献はこれまでにも数多く蓄積されている（代表的なものとして Arnott and Lewis 1979 がある）。しかし，オプションの考え方を不動産市場に応用した論文として Titman（1985）があり，その後，不動産市場，とりわけ土地の価格を分析するのにリアル・オプションの考え方[2]が様々な形で応用されている。本章は，土地利用規制がオプションを通じて開発時期や土地の価格にどのような影響を及ぼすかという点についてとくに重要と思われる論文をサーベイすることである。

　本章の構成は以下のとおりである。8.1節の前半で2期間モデルの Titman 論文を取り上げ，後半で Dixit and Pindyck（1994）にもとづきながら連続型の要点をまとめる。そして，8.2節で Williams（1991）を取り上げる。Williams（1991）は，土地利用転換が可能であるときの土地のオプション価値や開発のタイミングについて考察している。8.3節の Capozza and Li（1994）は，Williams（1991）をさらに発展させ，開発のタイミングと住宅資本‐土地比率（開発密度）を独立して求めるのではなく，開発のタイミングにおける開発密度の役割にも注目した。彼らは，この考え方を都市空間モ

2）リアル・オプションに関する文献として，Dixit and Pindyck（1994），Trigeorgis（1996），Guthrie（2009）などが有益である。

デルに応用した例を紹介しており，彼らのモデルを理解するのに役立つ。そして，8.4節でまとめを行う。

8.1 リアル・オプションの地価への応用

8.1.1 2期間モデル：Titman（1985）

(1) Titman の着眼点

Titman モデルでは，次のようなシンプルな不動産開発のモデルからスタートする。いま，土地の所有者は開発を先延ばしする選択肢はなく，開発規模（あるいは戸数と考えてもよい）を決定しなければならない。この変数を Q とする。現時点における1単位あたりの価格を P_0，また開発規模に依存する費用を $C(Q)$ （$C'(Q) > 0$, $C''(Q) > 0$ とする），不動産開発による利潤関数を $\pi(Q)$ とすると，この不動産開発による利潤最大化行動は次のように書くことができる。

$$\max_Q \Pi(P_0) = P_0 Q - C(Q)$$

利潤最大化のための必要条件は

$$P_0 - \frac{dC(Q)}{dQ} = 0$$

であり，これを満たす最適な開発規模 Q^* は P_0 の関数として求めることができる（最大化のための十分条件も満たされているものとする）。

$$Q^* = Q(P_0)$$

これを必要条件に代入すると P_0 に関する恒等式となり，P_0 で微分することにより，

$$\frac{dQ^*}{dP_0} = \frac{1}{d^2 C(Q^*)/dQ^2} > 0$$

を得る。

また，最適な開発規模を利潤関数に代入すると，利潤関数は価格 P_0 の関

数となる。

$$\Pi(P_0) = P_0 Q^* - C(Q^*)$$

これを価格 P_0 で1階，2階の微分をとると

$$\frac{d\Pi(P_0)}{dP_0} = Q^* > 0$$

$$\frac{d^2\Pi(P_0)}{dP_0^2} = \frac{dQ^*}{dP_0} > 0$$

を得る。つまり利潤関数は P_0 の増加関数であり，しかも凸状をしている。ここが Titman（1985）のポイントである。

　そのことを Titman は次のように説明している。今期に開発をせず，来期に先延ばしたとしよう。来期の価格は確率変数となり，これを $\tilde{P}$ とする。来期の価格のもとでの開発による利潤の平均を $E(\Pi(\tilde{P}))$，また平均価格のもとでの開発による利潤を $\Pi(E(\tilde{P}))$ とすると，利潤関数が価格 $\tilde{P}$ について凸状をしているので，Jensen's inequality により

$$E(\Pi(\tilde{P})) > \Pi(E(\tilde{P}))$$

が成り立つ。この式は，不確実性が増すほど現在更地となっている土地の価値は上昇することを意味する。

(2)　モデル

　土地を更地として所有しており，そこから収益は生まれず費用も発生しない。今期に開発は行われず，来期に建設が行われる。そのときの不確実性について，次のような仮定を設ける。

〔仮定①〕

　現在の不動産価値は P_0 であるが，来期 P_h に上がるか，P_l に下がるかどちらかの可能性がある。ただし，建物を建設するにあたって開発費用は変化しないものとする。したがって，不動産価値から開発費用を除く土地の価値は2つの可能性があり，不動産価値が上がった場合は $L_h(P_h)$（Titman 1985 では $\pi(P_h)$），下がった場合は $L_l(P_l)$（Titman 1985 では $\pi(P_l)$）

である。

〔**仮定②**〕

安全資産の利子率を r とする。

〔**仮定③**〕

不動産1単位あたりの家賃 R_t は外生的に与えられ，不動産価値の不確実性には影響を受けない。

更地となっている土地の価値を評価するのに3つの投資対象，すなわち，土地，建物，安全資産がある。開発によって生まれる収益は，建物と安全資産の線形結合によって複製することができる。

不動産価値が二項分布に従って変化するとき，リスクに対して中立となる世界を実現するような確率，すなわち上昇する場合の確率を q_h，下落する場合の確率を q_l とする。これは実際に起こる確率ではなく，あくまでも便宜上の確率であり，リスク中立確率と呼ばれる。開発を1期遅らせることによる便益は，その資金を安全資産に運用することによる利子収入 rP_0 であり，また開発を1期延期することによる費用は，家賃 R とキャピタルゲイン $q_h P_h + q_l P_l - P_0$ である。裁定により両者は等しくなるので，

$$(1+r)P_0 = q_h P_h + q_l P_l + R$$

であり，辺々を $1+r$ で除すると，

$$P_0 = \frac{q_h}{1+r}P_h + \frac{q_l}{1+r}P_l + \frac{R}{1+r}$$

となる。$q_h/(1+r) = s_h$，$q_l/(1+r) = s_l$ と定義し直すと，以下の関係が導かれる。

$$P_0 = s_h P_h + s_l P_l + R(s_h + s_l)$$

$$\frac{1}{1+r} = s_h + s_l$$

この s_h と s_l は状態価格と呼ばれている。これを行列で表記すると，

$$\begin{pmatrix} P_h + R & P_l + R \\ 1 & 1 \end{pmatrix} \begin{pmatrix} s_h \\ s_l \end{pmatrix} = \begin{pmatrix} P_0 \\ 1/(1+r) \end{pmatrix}$$

となるので，s_h と s_l について次のように解くことができる。

$$s_h = \frac{(1+r) P_0 - (P_l + R)}{(P_h - P_l)(1+r)}$$

$$s_l = \frac{(P_h + R) - (1+r) P_0}{(P_h - P_l)(1+r)}$$

したがって，リスク中立確率は

$$q_h = (1+r) s_h = \frac{P_0(1+r) - (P_l + R)}{P_h - P_l}$$

$$q_l = (1+r) s_l = \frac{(P_h + R) - P_0(1+r)}{P_h - P_l}$$

となる。これらの結果から，開発を来期に先送りしたことによるプロジェクト価値 V は

$$V = \Pi(P_h) s_h + \Pi(P_l) s_l = \frac{\Pi(P_h) q_h + \Pi(P_l) q_l}{1+r} \tag{8.1}$$

となる。

(3) 数値例

Titman（1985）では次のような数値例を用いてより具体的に説明している。いま，開発を待つ更地に住宅建設のプロジェクトがあり，戸数は6戸と9戸が検討されている。戸あたりの市場価格は 100,000 ドルで，家賃は 8,000 ドルが見込まれる。また，建設費用は6戸の場合 80,000 ドル，9戸の場合 90,000 ドルである。安全資産の利子率は 12% である。

先送りすることなくいまプロジェクトを実行すれば，このプロジェクト価値 V は，

$$V = \max\{(100{,}000 - 90{,}000) \times 9, \ (100{,}000 - 80{,}000) \times 6\}$$

であるから，$V = 120,000$ ドルとなる。

　一方，プロジェクトを 1 年間先送りした場合，1 年後の市場価格は $120,000$ ドルに上昇するか，もしくは $90,000$ ドルに下落する。ただし，建設費用は変わらない。価格が上昇したときのプロジェクト価値 Π_h は

$$\Pi_h = \max\{(120,000-90,000)\times 9,\ (120,000-80,000)\times 6\}$$
$$= 270,000$$

であり，また，価格が下落したときのプロジェクト価値 Π_l は

$$\Pi_l = \max\{(90,000-90,000)\times 9,\ (90,000-80,000)\times 6\}$$
$$= 60,000$$

である。したがって，価格が上昇したときには 9 戸の建設が選ばれ，下落したときには 6 戸の建設が選ばれる。

　いまプロジェクトを先送りしたときのプロジェクト価値を計算しよう。そのために，リスク中立確率を求めることにより，市場価格が上昇しても下落してもリスクに対して中立であるようなプロジェクト価値を求めなければならない。リスク中立確率 q_h, q_l に $1+r$ を乗じた s_h, s_l は，

$$s_h = \frac{(1+r)P_0-(P_l+R)}{(P_h-P_l)(1+r)} = \frac{(1+0.12)100,000-(90,000+8,000)}{(120,000-90,000)(1+0.12)}$$

$$= \frac{12,500}{30,000} = 0.41666$$

$$s_l = \frac{(P_h+R)-(1+r)P_0}{(P_h-P_l)(1+r)} = \frac{(120,000+8,000)-(1+0.12)100,000}{(120,000-90,000)(1+0.12)}$$

$$= \frac{14285.7143}{30,000} = 0.47619$$

であるから，プロジェクト価値は（8.1）式より

$$V = \Pi_h s_h + \Pi_l s_l = 270,000\times 0.41666 + 60,000\times 0.47619$$
$$= 112,498.2 + 28,571.4 = 141,070$$

となる。先送りすることなくいまプロジェクトを遂行したときのプロジェクト価値は $120,000$ ドルであったから，1 期先送りすることによりプロジェク

ト価値は 21,070 ドル上昇する。この 141,070 ドルがオプションを含んだ不動産価値であり，1 年先送りするときのオプション価値ということになる。

8.1.2　動学モデル：Dixit and Pindyck（1994）を参考に

　2 期間モデルはオプションの基本的な考え方を理解するのに有用ではあるが，より現実的な問題を扱うには限界がある。そこで本節では，2 期間モデルから連続型のモデルへと話を進める。本節では投資という Titman（1985）とは別の角度からリアル・オプションについて論じた McDonald and Siegel（1986）を念頭に，Dixit and Pindyck（1994）にもとづきながらリアル・オプションの考え方について整理する。

(1)　確率過程と伊藤のレンマ

(a) ブラウン運動（ウィーナー過程）

　ブラウン運動はウィーナー過程とも呼ばれ，次の 3 つの性質をもつ。第 1 に，ブラウン運動はマルコフ過程であり，将来とりうる値は現在の値のみに依存し，過去の値やその他の情報には全く依存しない。言い換えれば，将来を予測するには現在の値だけで十分という性質である。第 2 に，変化分は時間に関係なく独立で，どの時間をとっても変化分の確率分布は変わらない。第 3 に，変化分は正規分布に従い，その分散は時間変化に比例して大きくなる。結果として，次のような条件を満たす。$z(t)$ をウィーナー過程とすると，

$$\Delta z = \varepsilon_t \sqrt{\Delta t}$$

と表される。ここで，ε_t は平均 0，分散 1 の正規分布に従う。また $E[\varepsilon_t \varepsilon_s] = 0$，$t \neq s$ である。Δt を限りなく小さくすることにより，ウィーナー過程を連続時間の形で表現することができる。

$$dz = \varepsilon_t \sqrt{dt}$$

ここで，ε_t は平均 0，分散 1 であるから，$E[dz] = 0$，$\mathrm{Var}[dz] = dt$ である。
　このブラウン運動をより一般化したものが，趨勢をもつブラウン運動と呼ばれるもので，次のような構造をもつ。

$$dx = \alpha dt + \sigma dz \qquad (8.2)$$

ここで，α はドリフトと呼ばれる趨勢を示すパラメータ，σ はボラティリティを示すパラメータである。時間 Δt のあいだに x が変化する分を Δx とすると，$E[\Delta x] = \alpha \Delta t$，$\mathrm{Var}[\Delta x] = \sigma^2 \Delta t$ である。8.3 節で取り上げる Capozza and Li（1994）はフロー変数である家賃に対してこの確率過程を想定し，分析を行っている。

（8.2）式は x の動きを連続型で表現したものであるが，x の動きをランダム・ウォークとして離散的に捉えることもできる。いま x は，時間 Δt が経過すると確率 p で Δh，確率 q で $-\Delta h$ だけ変化するものとする。このとき，次のような性質をもつ。

$$E[\Delta x] = p\Delta h + q(-\Delta h) = (p-q)\Delta h$$

また，$E[(\Delta x)^2] = p(\Delta h)^2 + q(-\Delta h)^2 = (\Delta h)^2$ であるから，

$$\mathrm{Var}[\Delta x] = E[(\Delta x)^2] - (E[\Delta x])^2 = 4pq(\Delta h)^2$$

となる。ここで $n = t/\Delta t$ とすると，ランダム・ウォークの性質から Δx は平均が $t(p-q)\Delta h/\Delta t$ で，分散が $4tpq(\Delta h)^2/\Delta t$ の二項分布になる。

さらに $\Delta h = \sigma\sqrt{\Delta t}$ に置きかえると，Δx の平均は

$$E[\Delta x] = \sigma\sqrt{\Delta t}\,(p-q) = \alpha\Delta t$$

となり，$p+q = 1$ であるから

$$p = \frac{1}{2}\left(1 + \frac{\alpha}{\sigma}\right)\sqrt{\Delta t}, \;\; q = \frac{1}{2}\left(1 - \frac{\alpha}{\sigma}\right)\sqrt{\Delta t}$$

となる。簡単な計算より，

$$p - q = \frac{\alpha}{\sigma}\sqrt{\Delta t} = \frac{\alpha}{\sigma^2}\Delta h, \;\; 4pq = 1 - \left(\frac{\alpha}{\sigma}\right)^2\Delta t$$

であるから，二項分布の平均と分散はそれぞれ

$$\frac{t(p-q)\Delta h}{\Delta t} = t\frac{\alpha}{\sigma^2}\Delta h\left(\frac{\Delta h}{\Delta t}\right) = \alpha t$$

$$\frac{4tpq\,(\Delta h)^2}{\Delta t} = t\left(1-\left(\frac{\alpha}{\sigma}\right)^2\Delta t\right)\frac{\sigma^2\Delta t}{\Delta t} \to \sigma^2 t$$

となる。つまり，二項分布は Δt が限りなく小さくなるにつれて正規分布に近づく。

x の動きをランダム・ウォークとして捉え離散的に考えることにより，連続型よりも理解しやすくなることが多い。もちろん離散型では微分の概念が使えないという不便さがあるにしても，離散型で考えることによって直感的に理解することが容易となる[3]。

(b) 幾何ブラウン運動

リアル・オプションの論文で多く採用されているのは趨勢をもつブラウン運動ではなく，趨勢をもつ幾何ブラウン運動と呼ばれるものである。その前に伊藤過程と呼ばれている確率過程に言及しておこう。これは趨勢をもつブラウン運動をさらに一般化したもので，次のような形で書かれる。

$$dx = a(x, t)\,dt + b(x, t)\,dz \tag{8.3}$$

ここで，ドリフトと分散それぞれを示すパラメータがいずれも状態変数 x と時間 t に依存している。

この伊藤過程において，$a(x, t) = \alpha x,\ b(x, t) = \sigma x$ と置けば，

$$dx = \alpha x dt + \sigma x dz$$

となる。これは $dx/x = \alpha dt + \sigma dz$ と書けるので趨勢をもつ幾何ブラウン運動と呼ばれ，経済学では資産価格などストック変数を分析するのに利用されている。8.2節で取り上げる Williams（1991）はこの形のものである。

(c) 伊藤のレンマ

趨勢をもつ幾何ブラウン運動をはじめ，伊藤過程を変数にもつ関数は微分できないという問題があった。そこでテイラー展開を用いてそれを可能ならしめたのが，いわゆる伊藤のレンマである。これにより伊藤過程を変数とす

---

3) Guthrie（2009）は Excel を用いて二項分布にもとづくモデルを展開しており，リアル・オプションの理解に役立つ。

る関数を微分したり積分したりすることが可能となった。伊藤過程 x と時間 t の関数である $F(x, t)$ の全微分は，x の変化に対して 2 次以降の項も考慮すると，

$$dF = \frac{\partial F}{\partial t}dt + \frac{\partial F}{\partial x}dx + \frac{1}{2}\frac{\partial^2 F}{\partial x^2}(dx)^2 + \cdots \tag{8.4}$$

となり，$(dx)^2 = b^2(x, t)dt$ であることを考慮して，(8.3) 式を (8.4) 式に代入すると，

$$dF = \left[\frac{\partial F}{\partial t} + a(x, t)\frac{\partial F}{\partial x} + \frac{1}{2}b^2(x, t)\frac{\partial^2 F}{\partial x^2}\right]dt + b(x, t)\frac{\partial F}{\partial x}dz$$

を得る。これが伊藤のレンマである。

この考え方は複数の伊藤過程を含む関数であってもよい。例えば，2 つの伊藤過程を考える。

$$dx_i = a_i(\boldsymbol{x}, t)dt + b_i(\boldsymbol{x}, t)dz_i, \quad i = 1, 2$$

このとき，2 つの伊藤過程と時間の関数である $F(x_1, x_2, t)$ の全微分は，伊藤のレンマにより次のように与えられる。

$$dF = \left[\frac{\partial F}{\partial t} + a_1(\boldsymbol{x}, t)\frac{\partial F}{\partial x_1} + a_2(\boldsymbol{x}, t)\frac{\partial F}{\partial x_2} + \frac{1}{2}b_1^2(\boldsymbol{x}, t)\frac{\partial^2 F}{\partial x_1^2} + \frac{1}{2}b_2^2(\boldsymbol{x}, t)\frac{\partial^2 F}{\partial x_2^2}\right.$$
$$\left. + \rho_{12}b_1(\boldsymbol{x}, t)b_2(\boldsymbol{x}, t)\frac{\partial^2 F}{\partial x_1 \partial x_2}\right]dt + b_1(\boldsymbol{x}, t)\frac{\partial F}{\partial x_1}dz_1 + b_2(\boldsymbol{x}, t)\frac{\partial F}{\partial x_2}dz_2$$

8.3 節で取り上げる Capozza and Li (1994) はこれにもとづいている。

(2) 2 つのアプローチ

Titman (1985) が明らかにしたように，不動産市場におけるオプション価値は不動産開発（プロジェクト）を延期するオプションが与えられることにより生まれるものである。プロジェクト価値は，プロジェクトから生まれる便益からプロジェクトにかかる開発費用を除いたものである。前者はストックで考えれば不動産価格，フローで考えれば家賃に相当し，後者は土地の費用を除く住宅資本（上物）費用に相当する。なお，プロジェクトは瞬時に

して行われ，その瞬間から将来にわたって家賃が発生するものとする。いわゆるリカードの残余原理により，プロジェクト価値は上物費用を除いた土地の価値に等しい。プロジェクトの延期を行わず，いますぐにプロジェクトを実行した場合のプロジェクト価値を本源的価値（intrinsic value）と呼ぶ。その場合はもちろんオプションによる価値は生まれない。それに対して，プロジェクトを延期するオプションが与えられれば，プロジェクトはオプションによる価値が生まれる。

　このオプションに対して価値が生まれるのは，不動産価格あるいは家賃，あるいは開発費用などが不確実性を備えた変数だからである。これらの変数が趨勢をもつブラウン運動や趨勢をもつ幾何ブラウン運動といった確率過程で表現できるとき，オプション価値はこれらの確率過程と時間に依存する。

　Dixit and Pindyck（1994）は，このオプション価値を分析するために，2つのアプローチを紹介している。1つは動的計画法を用いるもの，もう1つは条件付き請求権の考え方を用いるものである。彼らに倣いながら，土地開発を念頭におきつつ，2つのアプローチを整理しておこう。

（a）動的計画法

　いま，更地の状態にある開発待ちの土地があり，そこにプロジェクトを実施することにより便益を得ようしている。更地の状態であるから，そこからは何も生まれない。しかし，いったん開発が行われると家賃などの収益（便益）が発生し，そこに不動産価値 V が生まれる。このように収益を生み出す資産のことを原資産（underlying asset）と呼ぶ。ここで V は幾何ブラウン運動に従うと仮定する。

$$dV = \alpha V dt + \sigma V dz \tag{8.5}$$

ここで α は期待変化率，σ はボラティリティを示すパラメータである。

　動的計画法によるアプローチは，Titman モデル，あるいは最適停止問題と同じように考えることができる。つまり，開発を1期遅らせることによる便益と費用を考えるのである。もし，便益の方が費用を上回れば先送りされ，逆に下回れば開発が行われる。ただし，いったん開発が行われるともとに戻ることはできない。したがって開発のタイミングとして最適となるのは，開発を1期遅らせることによる便益と費用がちょうど等しくなるときである。

不動産価値から開発費用を除いた土地の価値を $L(V)$ とすると，動学的計画法の考え方に立てば，ベルマン式は

$$L(V) = \frac{1}{1+\rho}E[(L(V')\mid V)]$$

と書くことができる。ここで，ρ は投資家が期待する収益率（割引率）である。この問題を連続型で考えるために時間 Δt をとると，上式は次のように書き直すことができる。

$$L(V,t) = \frac{1}{1+\rho\Delta t}E[L(V',t+\Delta t)\mid V]$$

辺々に $1+\rho\Delta t$ を乗じ整理すると

$$\rho L(V,t)\Delta t = E[L(V',t+\Delta t)-L(V,t)]$$

となり，辺々を Δt で除して Δt を限りなくゼロに近づけていくと，次のベルマン式を得る。

$$\rho L(V)dt = E[dL]$$

これは，いわゆる裁定式となっており，左辺は時間 dt のあいだに投資家が期待する収益で，右辺はその間に生ずるキャピタルゲインである。左辺が右辺を上回れば開発は先送りされ，逆の場合は開発が行われる。両辺が等しいとき，ちょうど無裁定の状態にある。

　伊藤のレンマより，

$$dL = L'(V)dV + \frac{1}{2}L''(V)(dV)^2$$

である。また (8.5) 式より $(dV)^2 = \alpha^2V^2(dt)^2+\sigma^2V^2(dz)^2 = \sigma^2V^2dt$ であることを念頭に置きつつ[4]，(8.5) 式を代入して辺々平均をとると，

---

4) $(dt)^2$ は dt よりも速く小さくなるので無視する。

$$E[dL] = \alpha V L'(V)\,dt + \frac{1}{2}\sigma^2 V^2 L''(V)\,dt$$

となる。したがって，ベルマン式は以下のようになる。

$$\frac{1}{2}\sigma^2 V^2 L''(V) + \alpha V L'(V) - \rho L(V) = 0$$

次の 8.1.2（2）（b）との比較のために，$\delta = \rho - \alpha$ と置くと，

$$\frac{1}{2}\sigma^2 V^2 L''(V) + (\rho - \delta)\,V L'(V) - \rho L = 0 \tag{8.6}$$

となる。

（b）条件付き請求権によるアプローチ

　動的計画法におけるベルマン式では ρ は投資家固有の情報であり，外生的に与えられるものであった。条件付き請求権によるアプローチでは市場とのかかわりを重要な情報として取り入れていく。先と同様に，V は幾何ブラウン運動に従う。

$$dV = \mu V dt + \sigma V dz \tag{8.7}$$

ここで，μ は投資家が期待する収益率であるが，リスクを調整したものである。CAPM（資本資産価格モデル）により，μ と安全資産の収益率である r とのあいだには

$$\mu = r + \phi \rho_{xm}\sigma$$

という関係が存在する。ここで，ϕ はリスクの市場価格で，市場ポートフォリオ の 収 益 率 と 分 散 の 標 準 偏 差 を そ れ ぞ れ r_m, σ_m と す る と $\phi = (r_m - r)/\sigma_m$ で定義される。動的計画法では，V の期待変化率を α としていたが，α はこのリスク調整済み期待収益率よりも小さい。すなわち，その差を δ とすると，

$$\delta = \mu - \alpha$$

という関係がある。

8.1.1 項で見たように，期待される収益率がちょうど安全資産の利子率に等しくなるようなリスク中立のポートフォリオを考える。まずこの開発によって得られるネットのプロジェクト価値（土地の価値）は $L(V)$ で，そのうち $L'(V)V$ に相当する部分を空売りする。これには $\delta L'(V)V$ に相当する配当を支払う必要があるので，このポートフォリオを dt 時間保有したときの収益は

$$dL(V) - L'(V)dV - \delta V L'(V)dt$$

となる。伊藤のレンマより $dL(V) = L'(V)dV + L''(V)(dV)^2/2$ であるから，ポートフォリオの収益は

$$\frac{1}{2}L''(V)(dV)^2 - \delta V L'(V)dt$$

となる。

一方，このポートフォリオ価値は $L(V) - L'(V)V$ であるから，投資家が期待する収益は $r(L(V) - L'(V)V)$ である。したがって，裁定の可能性を排除するためには

$$\frac{1}{2}L''(V)(dV)^2 - \delta V L'(V)dt = r(L(V) - L'(V)V)dt$$

でなければならない。(8.7) 式より $(dV)^2 = \sigma^2 V^2 dt$ を代入して整理すると，次のような $L(V)$ に関する微分方程式を得る。

$$\frac{1}{2}\sigma^2 V^2 L''(V) + (r-\delta)V L'(V) - r L(V) = 0 \qquad (8.8)$$

投資家はリスク中立的とし，動的計画法における投資家の割引率と安全資産利子率は等しいと仮定する。すなわち，$\rho = r$ とする。このとき，(8.6)，(8.8) 式で示されるように，動的計画法と条件付き請求権，いずれのアプローチでも $L(V)$ に関して同じ微分方程式を得ることができる。

(3) 不確実性下における地価

オプションが与えられず，いますぐに開発を実行したときのプロジェクト価値を本源的価値（intrinsic value）と呼び，$I(V)$ とすると，

$$I(V) = V - K \tag{8.9}$$

である。一方，オプションが与えられたときの土地の価値（オプション価値）$L(V)$ は，動的計画法であれ，条件付き請求権であれ，微分方程式 (8.8) 式を満たす。

この問題に対する境界条件は，次の3つである。

$$L(0) = 0 \tag{8.10}$$
$$L(V^*) = V^* - K \tag{8.11}$$
$$L'(V^*) = 1 \tag{8.12}$$

(8.10) 式は V がゼロであればオプション価値 L もゼロというものである。(8.11) 式は最適な開発が行われるとき，プロジェクト価値 $L(V)$ と本源的価値 $I(V)$ が一致するというもので，数学的には $L(V)$ と $I(V)$ が V^* において連続であるという条件（continuity 条件）である。(8.12) 式はいわゆる smooth pasting 条件と呼ばれるもので，$L(V)$ は V^* において $I(V)$ に接するという条件である。

さて，(8.8) 式の解は，次の形をしている。

$$L(V) = A V^\eta \tag{8.13}$$

1 階，2 階の微分をとると，それぞれ $L'(V) = A\eta V^{\eta-1}$，$L''(V) = A\eta(\eta-1) V^{\eta-2}$ であるから，これらを (8.8) 式に代入すると

$$\frac{1}{2}\sigma^2 V^2 (A\eta(\eta-1) V^{\eta-2}) + (r-\delta) V (A\eta V^{\eta-1}) - r(A V^\eta) = 0$$

となり，整理すると次の特性方程式が得られる。

$$\frac{1}{2}\sigma^2 \eta(\eta-1) + (r-\delta)\eta - r = 0$$

この特性方程式には2つの実数解 η_1 と η_2（$\eta_1 < 0 < 1 < \eta_2$）が存在し，一

般解は $L(V) = A_1 V^{\eta_1} + A_2 V^{\eta_2}$ が考えられるが，境界条件（8.10）式より負の解 η_1 は排除され，η_2 のみが意味をもつ。そこで η_2 を η として表記すると，

$$\eta = \frac{1}{2} - \frac{r-\delta}{\sigma^2} + \sqrt{\left(\frac{r-\delta}{\sigma^2} - \frac{1}{2}\right)^2 + \frac{2r}{\sigma^2}} \tag{8.14}$$

を得る。

　次に，一般解 $L(V) = AV^{\eta}$ のパラメータ A と境界条件を満たす V^* を求めよう。境界条件の（8.11），（8.12）式より，

$$AV^{*\eta} = V^* - K$$
$$A\eta V^{*\eta-1} = 1$$

であり，この2つの境界条件より，V^* と A は次のように決定される。

$$V^* = \frac{\eta}{\eta-1} K \tag{8.15}$$
$$A = \frac{V^* - K}{V^{*\eta}} = (\eta-1)^{\eta-1} \eta^{-\eta} K^{1-\eta}$$

V^* はハードル値と呼ばれ，いま開発するのが最適であるときの不動産価値を示している。これらの結果を（8.13）式に代入することにより，土地の価値（オプション価値）は

$$L(V) = (V^* - K)\left(\frac{V}{V^*}\right)^{\eta} \tag{8.16}$$

として与えられる。この式から，η は原資産が1％変化したときオプション価値が何％変化するかを示していることがわかる。

　図8.1に示された曲線は（8.16）式をグラフにしたもので，土地のオプション価値を示しており，直線は（8.9）式の本源的価値を示している。不動産価格が V^* のとき両者が接しており，その点において開発が最適に行われることを意味する。

　一方，（8.15）式は

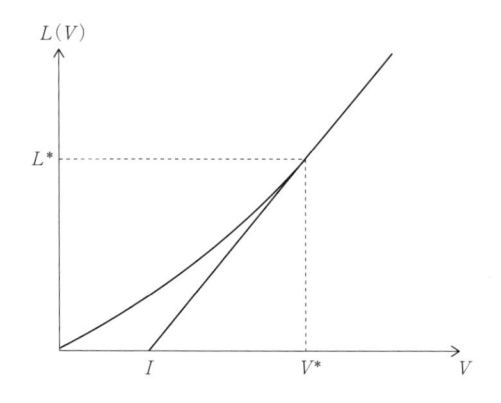

図8.1　本源的価値とオプション価値

$$\frac{V^*}{K} = \frac{\eta}{\eta - 1}$$

と書くことができる。左辺はハードル値を建設費用で除したもので，開発時期を説明するのに重要な指標である。この比率は η の値のみに依存して決まることが重要である。(8.14) 式から η は不動産価格のボラティリティ（σ^2），安全資産利子率（r），配当率（δ）に依存し，ボラティリティと配当率が大きいほど，また安全資産利子率が低いほど η の値は小さくなり，ハードル値は大きくなる。言い換えれば，オプションの弾力性を示す η が小さいほど，開発時期は先延ばしされ，V^* と K の差は大きくなる。

8.2　開発タイミングと開発規模：Williams(1991)

　Williams (1991) はリアル・オプションの考え方にもとづき，開発タイミングと開発規模を決定するモデルを展開している。投資家はすでに開発されている不動産，もしくは開発されずに開発待ちの土地を所有しており，この論文ではそれぞれのオプション価値について検討されている。家賃と開発費用がいずれも幾何ブラウン運動に従うと想定されており，また開発タイミングと開発規模の決定にあたって開発規模の制限が重要な役割を果たす。具体的に Williams (1991) のモデルを説明することから始めよう。

(1) モデル

規模を示す変数を q とし，土地利用規制によって $1 \leq q \leq \bar{q}$ という制限が課されている。Williams（1991）はこの q を density（以下，密度とする）としているが，土地面積1単位あたりの住宅資本と考えればよい。密度1単位あたりの開発費用は x_1 であるが，実際には規模が大きいほど開発費用は増大するので，規模を示すパラメータを γ として開発には $q^\gamma x_1$ かかるとしている。また密度1単位から生み出される家賃を x_2 とすると，密度 q の不動産が生み出す家賃は qx_2 である。他方，すでに開発されている不動産から生み出される家賃は βx_2 である。ここで $0 \leq \beta < 1$ を仮定し，新たに開発されることにより家賃は必ず増加するものとする。なお，開発費用と家賃は時間あたりのフロー変数として定義している。

密度1単位あたりの開発費用 x_1 と家賃 x_2 は，いずれも幾何ブラウン運動に従う。すなわち，

$$dx_i = \mu_i x_i dt + \sigma_i x_i dz_i, \quad x_i = 1, 2 \tag{8.17}$$

である。μ_i は期待成長率を示すパラメータ，σ_i はボラティリティを示すパラメータである。また，開発費用と家賃の共分散を σ_{12}，相関係数を $\rho = \sigma_{12}/\sigma_1\sigma_2$ とし，いずれも時間を通じて一定とする。

Williams（1991）は条件付き請求権のモデルを展開しており，開発費用と家賃はいずれも完備な資本市場において費用ゼロで取引される証券ポートフォリオによって複製することが可能である。つまり，いずれの複製ポートフォリオも完全に相関すると仮定されており，リスク1単位あたりのリスク・プレミアムとして定義される「リスクの市場価格」λ_i は

$$\lambda_i = \frac{\mu_i - i}{\sigma_i}$$

である。ここで，i は安全資産の利子率である。したがって，各ポートフォリオに対するリスク調整済み期待成長率は $i = \mu_i - \lambda_i\sigma_i$ となり，安全資産利子率に等しくなる。

しかし，Williams（1991）の脚注7で述べているように，ここでの開発費用と家賃は市場で取引されるわけではないので，安全資産の利子率 i よりも低い値をとる。このポートフォリオに対して市場が要求するリスク調整済み

収益率は，期待成長率である μ_i と配当金としての δ_i の和で，それは安全利子率とリスク・プレミアムの和に等しい。つまり，$\mu_i + \delta_i = i + \lambda_i \sigma_i$ が成り立つ。したがって，リスク調整済み期待成長率を v_i として $v_i \equiv \mu_i - \lambda_i \sigma_i$ とすれば，$v_i = i - \delta_i$ である。なお，すでに開発されている不動産の価値，またこれから開発される不動産の価値はいずれも発散しないことを保証するために $i > v_1$，$i > v_2$ という仮定を設ける。

(2) 開発された不動産の価値

　まず，すでに開発されている不動産の価値を求める。不動産所有者にとって開発は1回限りとされており，開発に必要とされる開発費用はすでにサンクされている。プロジェクトを遂行するうえでリスク中立のポートフォリオを考え，その期待される便益がちょうど安全資産からの便益に等しくなるようにする。そこで，次のようなポートフォリオを考える。まず，所有する不動産価値を $P(x_2)$ とすると，そのうち $P'(x_2)x_2$ に相当する部分を空売りする。これには $\delta_2 x_2 P'(x_2)$ に相当する配当を支払う必要があるので，複製されたポートフォリオの価値はプロジェクト価値に等しくなる。したがってプロジェクト価値は，

$$dP(x_2) - P'(x_2)dx_2 - \delta_2 x_2 P'(x_2)dt + qx_2 dt$$

となる。伊藤のレンマより $dP(x_2) = P'(x_2)dx_2 + P''(x_2)(dx_2)^2/2$，また (8.17) 式より $(dx_2)^2 = \sigma_2^2 x_2^2 dt$ であるから，これを上式に代入して

$$\frac{1}{2}P''(x_2)\sigma_2^2 x_2^2 dt - \delta_2 x_2 P'(x_2)dt + qx_2 dt$$

となる。他方，その資金を安全資産で運用したときの便益は $i(P(x_2) - P'(x_2)x_2)dt$ であるから，裁定機会を排除するためには

$$\frac{1}{2}P''(x_2)\sigma_2^2 x_2^2 dt - \delta_2 x_2 P'(x_2)dt + qx_2 dt = i(P(x_2) - P'(x_2)x_2)dt$$

が成り立っていなければならない。これを整理すると，

$$\frac{1}{2}\sigma_2^2 x_2^2 P''(x_2) + v_2 x_2 P'(x_2) - iP(x_2) + qx_2 = 0 \qquad (8.18)$$

を得る。これは $P(x_2)$ に関して2次の微分方程式となっている。

この微分方程式を解くにあたって2つの条件がある。

$$P(0) = 0 \qquad (8.19)$$
$$P(x_2) \leq \xi x_2 \qquad (8.20)$$

前者の境界条件は明らかで，$x_2 = 0$ のとき開発による不動産価値はゼロに等しい。後者の境界条件は，家賃1円あたりの不動産価値はあるパラメータによって上限が設定されているというものである。

特性方程式の解を τ_1 and τ_2 $(\tau_1 < 0 < \tau_2)$ とすると，(8.18) 式の微分方程式の一般解は $P(x_2) = \pi qx_2 + A_1 x_2^{\tau_1} + A_2 x_2^{\tau_2}$ と書くことができる。しかし，境界条件の (8.19)，(8.20) 式より，$A_1 = A_2 = 0$ でなければならない。よって，$P(x_2) = \pi qx_2$ を (8.18) 式に代入することにより

$$P(x_2) = \frac{qx_2}{i - v_2}$$

を得る。

(3) 開発を待つ不動産の価値

次に，開発待ちの土地の価値について考えよう。この場合，家賃だけではなく開発費用も不動産の価値に影響を及ぼす。また，不動産所有者は開発密度も同時に決定しなければならない。すでに言及したように，不動産の価値は不動産から得られる家賃から開発に要した費用を引くので土地の価値に等しい。この土地の価値は，x_1 と x_2 だけではなく開発密度 q にも依存し $V(x_1, x_2; q)$ として次のように定義する。

$$V(x_1, x_2; q) = \pi qx_2 - q^\tau x_1 \qquad (8.21)$$

ただし，以下の分析において必要でない限り，$V(x_1, x_2; q)$ の中の q は省略するものとする。

開発待ちの土地の価値は次の微分方程式を満たす。開発された不動産の場

合とは異なり，家賃だけではなく開発費用も含まれていることに注意を要する。

$$\frac{1}{2}\sigma_1^2 x_1^2 V_{11} + \sigma_{12}x_1 x_2 V_{12} + \frac{1}{2}\sigma_2^2 x_2^2 V_{22} + v_1 x_1 V_1 + v_2 x_2 V - iV + \beta x_2 = 0 \quad (8.22)$$

この微分方程式を解くにあたって，次のような境界条件を満たさなければならない。

$$V(x_1, 0) = 0$$
$$V(x_1^*, x_2^*) = P(x_2^*) - q^{*\tau}x_1^* \quad (\text{continuity } 条件)$$

次の境界条件は smooth pasting 条件と呼ばれるもので，土地の価値（オプション価値）が本源的価値に (x_1^*, x_2^*) 点においてそれぞれの方向に対して接するための条件である。

$$V_1(x_1^*, x_2^*) = -q^{*\tau} \quad (\text{smooth pasting } 条件)$$
$$V_2(x_1^*, x_2^*) = P'(x_2^*) \quad (\text{smooth pasting } 条件)$$

(8.22) 式の微分方程式を解くにあたり，新たな変数を定義する。まず密度 1 単位あたりの開発費用に対する家賃を y，すなわち，$y = x_2/x_1$ とする。同様に，土地の価値を密度 1 単位あたりで測ったものを $W(y)$，すなわち，$W(y) \equiv V(x_1, x_2)/x_1$ とする。このとき，(8.21) 式は

$$W(y) = \pi q y - q^{\tau}$$

となる。

一方，$V(x_1, x_2)$ を x_1，x_2 について 1 階，2 階の微分をとると

$$V_1(x_1, x_2) = -W'(y)y + W(y), \quad V_{11}(x_1, x_2) = \frac{W''(y)y^2}{x_1}$$

$$V_2(x_1, x_2) = W'(y), \quad V_{22}(x_1, x_2) = \frac{W''(y)}{x_1}, \quad V_{12}(x_1, x_2) = -\frac{W''(y)y}{x_1}$$

となり，これらの結果を (8.22) 式に代入して，

$$0 = \frac{1}{2}\sigma_1^2 x_1^2 \left(\frac{1}{x_1}W''(y)y^2\right) + \sigma_{12}x_1 x_2 \left(-W''(y)\frac{1}{x_1}y\right) + \frac{1}{2}\sigma_2^2 x_2^2 \left(W''(y)\frac{1}{x_1}\right)$$

$$+ v_1 x_1 (-W'(y) y + W(y)) + v_2 x_2 W'(y) - r W(y) x_1 + \beta x_2$$

を得る。これを整理すると，

$$\frac{1}{2} \omega^2 y^2 W'' + (v_2 - v_1) y W' - (r - v_1) W + \beta y = 0 \qquad (8.23)$$

となる。ここで，$\omega^2 = \sigma_1^2 - 2\sigma_{12} + \sigma_2^2$ である。

境界条件は以下の 3 つである。

$$W(0) = 0 \qquad (8.24)$$

$$W(y^*) = \pi q^* y^* - q^{*r} \ (\text{continuity 条件}) \qquad (8.25)$$

$$W'(y^*) = \pi q^* \ (\text{smooth pasting 条件}) \qquad (8.26)$$

ここで，開発が決まると同時に開発規模 q^* も決めなければならない。これについては後述する。

(8.23) 式の微分方程式の解は $W(y) = \pi \beta y + A y^\eta$ の形をとることが予想される。y について 1 階，2 階の微分をとると，$W'(y) = \pi \beta + A \eta y^{\eta - 1}$，$W''(y) = A \eta (\eta - 1) y^{\eta - 2}$ となるので，これらを (8.23) 式に代入すると，

$$\frac{1}{2} \omega^2 y^2 A \eta (\eta - 1) y^{\eta - 2} + (v_2 - v_1) y (\pi \beta + A \eta y^{\eta - 1})$$
$$- (r - v_1)(\pi \beta y + A y^\eta) + \beta y = 0$$

となり，これを整理して，次の特性方程式を得る。

$$\eta^2 + 2 \left(\frac{v_2 - v_1}{\omega^2} - \frac{1}{2} \right) \eta - 2 \frac{r - v_1}{\omega^2} = 0$$

これを η について解くと，2 つの実数解 η_1，η_2 ($\eta_1 < 0 < 1 < \eta_2$) が得られ，一般解は $W(y) = \pi \beta y + A_1 y^{\eta_1} + A_2 y^{\eta_2}$ となるが，境界条件 (8.24) 式より $A_1 = 0$ である。以下，$\eta_2 = \eta$ として，

$$\eta = - \left(\frac{v_2 - v_1}{\omega^2} - \frac{1}{2} \right) + \sqrt{\left(\frac{v_2 - v_1}{\omega^2} - \frac{1}{2} \right)^2 + 2 \frac{r - v_1}{\omega^2}}$$

である。2 つの境界条件 (8.25)，(8.26) 式より，

$$\pi\beta y^* + Ay^{*\eta} = \pi q^* y^* - q^{*\gamma} \tag{8.27}$$

$$\pi\beta + A\eta y^{*\eta-1} = \pi q^* \tag{8.28}$$

が成り立つ。(8.27), (8.28) 式から $A = q^{*\gamma}/(\eta-1)\,y^{*\eta}$ が得られ，微分方程式の解は

$$W(y) = \pi\beta y + \frac{q^{*\gamma}}{\eta-1}\left(\frac{y}{y^*}\right)^{\eta} \tag{8.29}$$

となる。

　次に，y^* をとることを前提として q^* を求める。すなわち，

$$q^* = \arg\max\{\pi q y^* - q^{\gamma}: 1 \le q \le \bar{q}\}$$

である。そこで，次のような関数 $W(q; y^*)$ を考える。

$$W(q; y^*) = \pi q y^* - q^{\gamma} \quad \text{s.t. } 1 \le q \le \bar{q}$$

この目的関数を q について1階，2階の微分をとると，

$$\frac{\partial W(q; y^*)}{\partial q} = \pi y^* - \gamma q^{\gamma-1}, \quad \frac{\partial^2 W(q; y^*)}{\partial q^2} = -\gamma(\gamma-1)q^{\gamma-2} < 0$$

となる。したがって，目的関数は q について凹型の関数であることがわかる。q の制約を考慮しながら，y^* と q^* の最適な値を明示的に求めよう。

(a) $q = 1$ のとき
1階の微分が $q = 1$ において

$$\frac{\partial W(1; y^*)}{\partial q} = \pi y^* - \gamma \le 0 \tag{8.30}$$

であれば，このとき W は最大値をとる。(8.27), (8.29) 式より，

$$\pi\beta y^* + \frac{1}{\eta-1} = \pi y^* - 1$$

が成り立たなければならない。これを解くと，$\psi = \eta/(\eta-1)$ として

$$y^* = \frac{\phi}{\pi}\frac{1}{1-\beta}$$

を得る。これを（8.30）式に代入して

$$\frac{\phi}{1-\beta} \leq \gamma$$

となる。パラメータ γ がこの条件を満たすとき y^* は最適解となる。

(b) $1 < q < \bar{q}$ のとき

1階の微分が $1 < q < \bar{q}$ において

$$\frac{\partial W(y^*, q)}{\partial q} = \pi y^* - \gamma q^{\gamma-1} = 0$$

であれば，これを満たす q で W は最大値をとる。

$$q^* = \left(\frac{\pi y^*}{\gamma}\right)^{\frac{1}{1-\gamma}}, \quad \text{あるいは} \quad q^{*\gamma} = \frac{\pi q^* y^*}{\gamma} \tag{8.31}$$

（8.27），（8.29）式より，

$$\pi\beta y^* + \frac{\pi q^* y^*}{(\eta-1)\gamma} = \pi q^* y^* - \frac{\pi q^* y^*}{\gamma} \tag{8.32}$$

を満たさなければならない。（8.31），（8.32）式を満たす q と y は，

$$q^* = \frac{\beta\gamma}{\gamma-\phi}, \quad y^* = \frac{\gamma}{\pi}\left(\frac{\beta\gamma}{\gamma-\phi}\right)^{\gamma-1}$$

である。この両者が最適であるときのパラメータ γ の条件は，$1 < q^* < \bar{q}$ を満たすこと，すなわち，

$$\frac{\bar{q}\phi}{\bar{q}-\beta} \leq \gamma < \frac{\phi}{1-\beta}$$

である。

表 8.1　密度制限の効果

制約	y^*	q^*
$\dfrac{\psi}{1-\beta} \leq \gamma$	$\dfrac{\psi}{\pi}\dfrac{1}{1-\beta}$	1
$\dfrac{\bar{q}\psi}{\bar{q}-\beta} \leq \gamma < \dfrac{\psi}{1-\beta}$	$\dfrac{r}{\pi}\left(\dfrac{\beta\gamma}{\gamma-\psi}\right)^{\gamma-1}$	$\dfrac{\beta\gamma}{\gamma-\psi}$
$\gamma < \dfrac{\bar{q}\psi}{\bar{q}-\beta}$	$\dfrac{\psi}{\pi}\dfrac{\bar{q}^{\gamma}}{\bar{q}-\beta}$	$\bar{q}$

(c) $q = \bar{q}$ のとき

1 階微分を $q = \bar{q}$ で評価して

$$\frac{\partial W(y^*,1)}{\partial q} = \pi y^* - \gamma \leq 0 \tag{8.33}$$

であれば，このとき l は最大値をとる。境界条件 (8.27)，(8.29) 式より，

$$\pi\beta y^* + \frac{\bar{q}^{\gamma}}{\eta-1} = \pi\bar{q}y^* - \bar{q}^{\gamma}$$

が成り立たなければならない。これを解いて，

$$y^* = \frac{\psi}{\pi}\frac{\bar{q}^{\gamma}}{\bar{q}-\beta}$$

を得る。これを (8.33) 式に代入して，

$$\gamma < \frac{\bar{q}\psi}{\bar{q}-\beta}$$

を得る。したがって，パラメータ γ がこの条件を満たすとき $q^* = \bar{q}$ である。

以上をまとめると，表 8.1 のような結果となる[5]。

ところで y は密度 1 単位あたりの家賃，すなわち，$y = x_2/x_1$ である。つ

---

5) この結果は，Williams（1991）に収められている結果とは多少異なる。筆者は Williams と数回にわたって直接メールで連絡をとりあったが，すでにかなり長い年月が経っており，明確な回答を本人から得ることはできなかった。しかし，その後，論文のサーベイを続けていく中で，同じ問題を指摘した Jou and Lee（2007）に出会った。

図 8.2　密度制限の効果

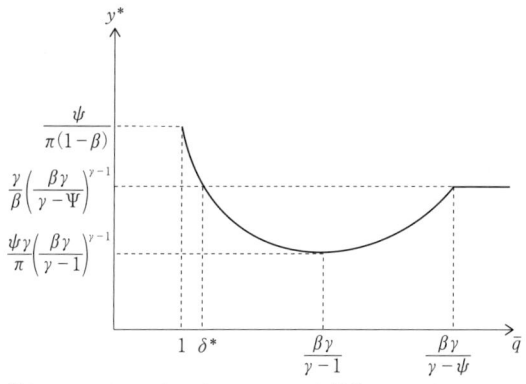

（注）Jou and Lee（2007）Figure 2 より抜粋。

まり，y^* はいま開発することが最適となるハードル値を示す。Williams
（1991）は，$\gamma < \psi\bar{q}/(\bar{q}-\beta)$ という制約のもとで $\bar{q}$ を引き上げると，y^* はマ
イナスの影響を受けると述べている。つまり，パラメータにこの制約がある
ときは，土地利用規制を厳しく（緩和）すると開発を遅らせる（早める）と
したのである。しかし，Jou and Lee（2007）が指摘しているとおり，上の
結論からすると必ずしもそうはならない。$\bar{q}=1$ から始めて，土地利用規制
を緩和していくにつれて y^* の値は小さくなり開発時期を早めるのであるが，
ある時点からは y^* の値は大きくなり始め，開発時期を逆に遅らせることに
なる。そして $\bar{q}$ が $\gamma\beta/(\gamma-\phi)$ を越えると，Williams（1991）も指摘している
とおり，$\bar{q}$ の影響は受けることはない（図 8.2 を参照）。

　次に，土地利用の緩和が土地の価値（オプション価値）にどのような影響
を及ぼすかを見るために，（8.29）式について考えよう。

$$W(y) = \pi\beta y + \frac{q^{*\gamma}}{\eta-1}\left(\frac{y}{y^*}\right)^{\eta}$$

$W(y)$ は土地の価値（オプション価値）を密度 1 単位あたりで測ったもの，
すなわち，$W(y) \equiv L(x_1, x_2)/x_1$ である。土地利用規制が土地のオプション
価値に及ぼす影響には 2 つのチャネルがある。1 つは最適密度 q^* によるも
の，もう 1 つはハードル値 y^* によるものである。$\bar{q}=1$ から始めたとき，
$\bar{q} \leq \beta\gamma/(\gamma-\phi)$ を満たすあいだ最適密度はその制約を受け続ける。したがっ

て，土地のオプション価値を高める作用をする。しかし，すでに見たように，ハードル値は初めのうちは低下し，土地のオプション価値を高める方向に作用するのであるが，ある時点からハードル値を上昇させるためオプション価値を低める方向に作用する。したがって，土地利用規制を緩和していくとき，初めのうちは最適密度とハードル値の両方が土地のオプション価値を高める方向に作用するのであるが，しばらくすると最適密度による影響とハードル値による影響が相殺し合うことになり，オプション価値への影響は定かには決まらない。もちろん，$\bar{q}$ が $\beta\gamma/(\gamma-\phi)$ よりも大きな値をとるようになると，$\bar{q}$ の影響はなくなる。

8.3　土地利用転換とリアル・オプション：Capozza and Li(1994)

(1)　基本モデル

　土地利用について 2 つのタイプの可能性がある場合を考える。例えば商業地と住宅地である。現在は住宅地として利用されていても，ある時点で住宅地から商業地に土地利用の転換がなされることがある。また，いまは空き地であっても住宅地への転用が期待されているような場合も含まれる。しかし，いずれの場合も Capozza and Li（1994）以前に論じられていた内容である。そうであるならば *American Economic Review* に掲載されるほどの斬新な内容とはいったいいかなるものであるのか。論文タイトルにある intensity（ここでは強度とするが，住宅資本 - 土地比率を考えればよい）という語句がキーワードである。

　住宅地，商業地いずれの目的で利用されても，そこから生まれるスペース q に対して 1 単位あたり R の収益（キャッシュ・フロー）が生まれる。現行の土地利用から生まれる収益を R_2，また土地利用転換によって新たに生まれる収益を R_1 とし，ベクトル表示で $R = (R_1, R_2)$ と置く。また，住宅資本-土地比率に相当する強度を k_i $(i = 1, 2)$ とし，q_i は k_i に依存し $q_i(k)$ $(q_i'(k) > 0,\ q_i''(k) > 0,\ q_i(0) = 0)$ と する。収益 と 同様 に，$q(k)$ $= (q_1(k_1), q_2(k_2))$ と置く。したがって，土地利用転換前の収入は $R_2 q_2$ で，転換後の収入は $R_1 q_1$ である。

　8.2 節とは異なり，収益である R はフロー変数であるから，幾何ブラウン運動ではなく標準的なブラウン運動を想定する。

$$dR = gdt + MdB \tag{8.34}$$

ここで，$g = g(R)$：2×1 ベクトルの成長率パラメータ，$M = M(R)$：2×2 行列の分散を示すパラメータ，B：標準的な 2×1 のブラウン運動，である。また，収益 R の共分散行列を $\Sigma = MM'$ とする。

スペース 1 単位が将来にわたって生み出す収益の現在価値を p_i とし，次のように定義する。

$$p_i = E_t\left\{\int_t^\infty R_i(s)\, e^{-r(s-t)} ds\right\}, \quad i = 1, 2$$

ここで r は実質利子率である。次に 2 つのプロジェクト価値を定義する。ある時点 t において，いまの土地利用が将来にわたって生み出すプロジェクト価値を $P_i^p(t)$ とすると，

$$P_i^p(t) = q_i(k_i)\, p_i(t), \quad i = 1, 2$$

である。また，ある時点 T において土地利用転換がなされ，そのときそのプロジェクト価値が最大となるように新たな k_1 が選ばれる。そのときのプロジェクト価値を $P_2^c(t)$ とし，次のように定義する。

$$P_2^c(t) = \max_{T, k_1}\ P_2^c(t, T, k_1)$$

ここで，

$$P_2^c(t, T, k) = E_t\left[\int_t^T q_2(k_2)\, R_2(s)\, e^{-r(s-t)} ds + \int_T^\infty q_1(k_1)\, R_1(s)\, e^{-r(s-t)} ds \right.$$
$$\left. - (ck_1 + f)\, e^{-r(T-t)}\right]$$

である。右辺の条件付き期待値の括弧の中の第 1 項は T までの現行の土地利用による収入，第 2 項は土地利用転換後の収入，そして第 3 項は T 時点で発生するプロジェクト費用である。なお，プロジェクト費用は k_1 に比例する可変費用 ck_1 と固定費用 f である。

この式を整理して，以下のように再定義することができる。

$$P_2^c(t) = \max_{T, k_1} E_t\left\{\int_t^\infty q_2(k_2)\, R_2(s)\, e^{-r(s-t)} ds - \int_T^\infty q_2(k_2)\, R_2(s)\, e^{-r(s-t)} ds\right.$$

$$+\int_T^\infty q_1(k_1)\,R_1(s)\,e^{-r(s-t)}ds - (ck_1+f)\,e^{-r(T-t)}\Big\}$$

$$= E_t\Big[\int_t^\infty q_2(k_2)\,R_2(s)\,e^{-r(s-t)}ds\Big]$$

$$+\max_{T,k_1} E_t\Big[\int_T^\infty (q_1(k_1)\,R_1(s) - q_2(k_2)\,R_2(s))\,e^{-r(s-t)}ds$$

$$-(ck_1+f)\,e^{-r(T-t)}\Big]$$

右辺第1項は現行の土地利用が将来にわたって続く場合の不動産価値 $P_2^p(t)$ であり，第2項は土地利用転換が最適に行われた結果として生まれる追加的な価値，つまりオプション価値である。後者を $W(\mathbf{R})$ とすると，$P_2^c(t)$ は $P_2^p(t)$ と $W(\mathbf{R})$ の和，すなわち，

$$P_2^c(t) = P_2^p(t) + W(\mathbf{R})$$

と書くことができる。

　他方，現時点 t において土地利用転換がなされたときに追加的に生まれる本源的価値は，次のように定義される。

$$V(\mathbf{R}) \equiv \max_{k_1}\{q_1(k_1)\,p_1 - q_2(k_2)\,p_2 - ck_1 - f\} \tag{8.35}$$

ここで，

$$q_1(k_1)\,p_1 = P_1^p(t) = q_1(k_1)\,E_t\Big[\int_t^\infty R_1(s)\,e^{-r(s-t)}ds\Big]$$

$$q_2(k_2)\,p_2 = P_2^p(t) = q_2(k_2)\,E_t\Big[\int_t^\infty R_2(s)\,e^{-r(s-t)}ds\Big]$$

である。(8.35) 式において，本源的価値を最大とするような k_1 が選ばれる。そのためには最適となる解 k_1^* は次の必要条件を満たさなければならない。

$$q_1(k_1^*)\,p_1^* = c$$

p_1^* に ＊ が付いているのは k_1^* に依存しているからではなく，t 時点における収益 R_1 に影響を受けるという意味である。そのことが Capozza and Li (1994) の鍵となる。

　Capozza and Li (1994) は，オプション価値 $W(\mathbf{R})$ 求めるために動的計画法のアプローチを採用している。オプション価値は本源的価値を最大にす

るように時間を T を決定する問題として以下のように書くことができる。

$$W(\boldsymbol{R}) = \max_T E_t\{V(\boldsymbol{R}(T))e^{-r(T-t)}\}$$

$W(\boldsymbol{R})$ は，土地利用転換が先送りされる $C = \{\boldsymbol{R} \mid V(\boldsymbol{R}) < W(\boldsymbol{R})\}$ を満たす $\boldsymbol{R}$ の領域（先送り領域）において，次の微分方程式を満たさなければならない。

$$L(W(\boldsymbol{R})) = \frac{\sigma_{11}}{2}W_{R_1,R_1} + \frac{\sigma_{22}}{2}W_{R_2,R_2} + \sigma_{22}W_{R_1,R_2}$$
$$+ g_1 W_{R_1} + g_2 W_{R_2} - rW = 0 \tag{8.36}$$

ここで，L は微分オペレータである。

この問題を解くにあたって，以下のような境界条件を満たす必要がある。

$$W(\boldsymbol{R}^*) = V(\boldsymbol{R}^*) \quad (\text{continuity 条件}) \tag{8.37}$$
$$W_{R_i}(\boldsymbol{R}^*) = V_{R_i}(\boldsymbol{R}^*) \quad (\text{smooth pasting 条件}) \tag{8.38}$$

$\boldsymbol{R}^*$ は先送り領域の境界上の点で，$\boldsymbol{R}$ が確率的な動きをする中で最初にこの先送り領域の境界にたどり着いた時間 T における収益を意味する。また，オプションが魅力的であるために

$$W(\boldsymbol{R}) \geq 0 \tag{8.39}$$

でなければならない。

$\boldsymbol{R}$ が (8.34) 式に従って動くとき，これら (8.35) 〜 (8.39) 式が Capozza and Li (1994) のモデルの概要である。しかし，これだけでは $W(\boldsymbol{R})$ を分析的に解くことができないので，彼らは都市空間モデルを例に $W(\boldsymbol{R})$ の意味について検討を加えている。

(2) 応用例

基本モデルでは現行の土地利用から収益が生まれていることを前提としていた。モデルをより単純な形で説明するために，現在土地は利用されておらず，開発待ちの状態にある場合を考える。したがって，$q_2 = 0$, $R_2 = 0$ である。この設定は，しばしば土地開発モデルの中で取り上げられてきたものである。それだけに Capozza and Li (1994) の主張がどのような意味で新しい

のかを知るうえで興味深い。

　土地利用転換によって生まれる収益は標準的なブラウン運動に従う。

$$dR = gdt + \sigma dB \tag{8.40}$$

そこで，まずスペース 1 単位あたりの価格 p を求める。p は次のように定義される。

$$p = E_t\left[\int_t^\infty R(s)e^{-r(s-t)}ds\right] = \left\{\int_t^\infty E_t R(s)e^{-r(s-t)}ds\right\}$$

(8.40) 式より

$$p = \int_t^\infty (R(t) + g(s-t))e^{-r(s-t)}ds$$

となるので，ここで部分積分を用いて，

$$
\begin{aligned}
p &= -\frac{R(t)}{r}\left[e^{-r(s-t)}\right]_t^\infty + \left\{-\frac{1}{r}\left[g(s-t)e^{-r(s-t)}\right]_t^\infty + \int_t^\infty \frac{g}{r}e^{-r(s-t)}\right\} \\
&= -\frac{R(t)}{r}\left[e^{-r(s-t)}\right]_t^\infty + \left\{-\frac{1}{r}\left[g(s-t)e^{-r(s-t)}\right]_t^\infty - \frac{g}{r^2}\left[e^{-r(s-t)}\right]_t^\infty\right\} \\
&= \frac{R(t)}{r} + \frac{g}{r^2} \tag{8.41}
\end{aligned}
$$

を得る。

　空き地からは収益は生まれないので $P^p(t) = 0$ である。よって，$P^c(t) = W(R)$ となり，

$$W(R) = \max_T\ E_t[V(R(T))e^{-r(T-t)}]$$

を求めることとなる。また，空き地の状態から開発を行ったときの本源的価値 $V(R)$ は，

$$V(R) \equiv \max_k \{q(k)p - ck\}$$

である（ここでは固定費用 f はゼロとしている）。本源的価値を最大とするような k^* は次の必要条件を満たさなければならない。

$$q'(k^*)p = c \tag{8.42}$$

土地転用のときの本源的価値は,

$$V(R^*) = q(k^*)p^* - ck^*$$

である。ここで, (8.41) 式より $p^* = R^*/r + g/r^2$ である。

さて, $W(R)$ が満たす微分方程式は, (8.36) 式より, 以下のようになる。

$$L(W(R)) = \frac{\sigma^2}{2}W_{RR} + gW_R - rW = 0 \tag{8.43}$$

この問題における境界条件は,

$$W(R^*) = V(R^*) \quad \text{(continuity 条件)} \tag{8.44}$$
$$W_R(R^*) = V_R(R^*) \quad \text{(smooth pasting 条件)} \tag{8.45}$$

である。さらに, オプション価値はゼロ以上, すなわち $W(R) \geq 0$ であり, $W(-\infty) = 0$ を仮定する。

微分方程式の解は $W(R) = Ae^{\eta R}$ の形をとるので, $W_R = A\eta e^{\eta R}$, $W_{RR} = A\eta^2 e^{\eta R}$ を微分方程式 (8.43) 式に代入して次の特性方程式を得る。

$$\frac{\sigma^2}{2}\eta^2 + g\eta - r = 0 \tag{8.46}$$

これまでの議論と同じように, この特性方程式を満たす正の解を η として,

$$\eta = \frac{-g + \sqrt{g^2 + 2\sigma^2 r}}{\sigma^2}$$

である。

境界条件の continuity 条件 (8.44) 式より, $Ae^{\eta R^*} = V(R^*)$ であるから, 微分方程式の解は

$$W(R) = V(R^*)e^{-\eta(R^*-R)} \tag{8.47}$$

となる。また, smooth pasting 条件 (8.45) 式より,

$$V(R^*) = \frac{q(k^*)}{\eta r} \tag{8.48}$$

となる。

　ところで，Karlin and Taylor（1975）の p.362 によれば，T の積率母関数（あるいはモーメント母関数）は[6]

$$m(\theta) = E\left(e^{-\theta(T-t)} \mid R(T) = R^*, R(t)\right) = e^{-A(\theta)(R^* - R(t))} \tag{8.49}$$

である。ここで，θ と $A(\theta)$ には $\theta = \sigma^2 A(\theta)^2 / 2 + gA(\theta)$ という関係があるので，

$$A(\theta) = \frac{-g + \sqrt{g^2 + 2\sigma^2\theta}}{\sigma^2}$$

である。そこで $m(\theta)$ を θ で微分すると，（8.49）式の真ん中の式は

$$E\left[-(T-t)e^{-\theta(T-t)}\right]$$

となり，（8.49）式の一番右の式は

$$-A'(\theta)(R^* - R(t))e^{-A(\theta)(R^* - R(t))}$$
$$= -(g^2 + 2\sigma^2\theta)^{-1/2}(R^* - R(t))e^{-A(\theta)(R^* - R(t))}$$

となるので，両者等しいと置いて，$\theta = 0$ で評価すると

$$R^* - R(t) = gE(T-t)$$

という関係を得る。

　この関係を（8.47）式に代入して

$$W(R) = V(R^*)e^{-\eta gE(T-t)}$$

を得る。ここで（8.46）式より，σ^2 がゼロに近づくにつれて η は r/g に近づくので，$W(R) = V(R^*)e^{-r(T-t)}$ となり，リスクがない場合の土地転用の

6）確率変数 X に対して t についての関数 $E[e^{tX}]$ を積率母関数と呼び，n 階微分を $t = 0$ で評価すると $E[X^n]$ が得られる。

ときの本源的価値 $V(R^*)$ の現在価値に等しくなる。しかし，リスクをともなって家賃が確率的に推移するとき，割引率は利子率よりも小さな値をとり（(8.46) 式より，$\eta g < r$），本源的価値は高くなる。

　土地利用転換の最適なタイミング R^* と最適な強度 k^* は同時に決定される。強度 k を決定するためにスペースの生産関数を定義しなければならない。論文では次のような生産関数を考える。

$$q(k) = k^\gamma \ (0 < \gamma < 1)$$

まず，smooth pasting 条件の (8.48) 式より

$$q(k^*)\left(\frac{R^*}{r} + \frac{g}{r^2}\right) - ck^* = \frac{q(k^*)}{\eta r}$$

であるから，整理して

$$q(k^*)R^* = rck^* + q(k^*)\left(\frac{1}{\eta} - \frac{g}{r}\right) \tag{8.50}$$

を得る。左辺は土地利用の転換を先送りしたときに失われる収益であり，右辺第1項は土地利用転換に必要な機会費用としての資本コスト，第2項は不確実性から生まれるプレミアムである。このプレミアムは不確実性が小さくなるほど次第に消滅する。(8.50) 式のスペースの生産関数に $q(k^*) = k^{*\gamma-1}$ を代入して

$$k^{*\gamma-1}R^* = rc + k^{*\gamma-1}\left(\frac{1}{\eta} - \frac{g}{r}\right) \tag{8.51}$$

を得る。また，本源的価値最大化のための条件である (8.42) 式より

$$\gamma k^{*\gamma-1}\left(\frac{R^*}{r} + \frac{g}{r^2}\right) = c \tag{8.52}$$

である。

　よって，(8.51)，(8.52) 式を同時に解くことにより，

$$R^* = \frac{1}{\eta} + \left(\frac{\gamma}{1-\gamma}\right)\frac{1}{\eta} - \frac{g}{r} = \left(\frac{\gamma}{1-\gamma}\right)\left(\frac{g}{r}\right) + \left(\frac{1}{1-\gamma}\right)\left(\frac{1}{\eta} - \frac{g}{r}\right) \tag{8.53}$$

$$k^* = \left[\frac{\gamma}{(1-\gamma)\eta rc}\right]^{1/(1-\gamma)}$$

を得る。これらの結果は，Capozza and Li（1994）の主張を理解するのに役立つ。もし $\gamma = 0$ であれば，スペース q はある水準に固定される。逆に，強度を高めてスペースを広げることができればハードル値としての家賃は高くなり，開発時期は遅れる。また，不確実性がなくなるにつれて，つまり η が r/g に近づくにつれて（8.53）式の一番右の式の第2項が消え第1項だけが残る。第2項の不確実性の影響は強度がどの程度変化するかに依存しており，したがって両者の関係の程度によってハードル値や開発時期に及ぼす影響は異なってくる。

また，（8.53）式を（8.41）式に代入して g を消去すると，次のようなスペース価格を得ることができる。

$$p = \frac{1}{\eta r} + \frac{\gamma}{(1-\gamma)\eta r} + \frac{R - R^*}{r} \tag{8.54}$$

スペース価格についても第1項は不確実性の影響を反映し，第2項は不確実性と強度との相互関係を反映している。

(3)　都市空間モデルへの応用

著者らは，以上の結果 Capozza and Helsley（1990）に応用することにより，都市空間モデルにおける意味について考察をしている。Capozza and Helsley（1990）が展開しているモデルは典型的な単一都市モデルである。CBD（都心部）からの距離，また都市境界までの距離をそれぞれ z，z^* とし，距離1単位あたりの往復の通勤費を d，都心から z 離れた地点における家賃，都市境界における家賃をそれぞれ $R(z)$，R^* とすると，次のような関係がある。

$$R(z) - R^* = d(z^* - z) \tag{8.55}$$

ここで，都市境界は農地から住宅地への土地利用転換がまさに行われようとする地点であるから，この R^* は 8.3 (1) の R^* と呼応している。そこで，（8.54）式に（8.55）式を代入して

$$P^p(z) = p(z) q(k^*) = \frac{q(k^*)}{\eta r} + \frac{\gamma q(k^*)}{(1-\gamma)\eta r} + \frac{q(k^*)(R(z)-R^*)}{r}$$

となるから，整理して

$$P^p(z) = V^* + \frac{\gamma}{1-\gamma} V^* + \frac{q(k^*) d(z^*-z)}{r}, \ \ z \le z^*$$

を得る。

　また，都市境界外ではすべてオプション価値となっており，

$$P^c(z) = W(R) = V^{*-\eta(R^*-R(z))}$$

であるから，(8.55) 式より

$$P^C(z) = W(R) = V^* e^{\eta d(z^*-z)}, \ \ z^* < z$$

となる。

　この $P^p(z)$ と $P^c(z)$ を図示したものが図8.3である。都市境界内の不動産価格には立地にともなう価値のほかに2つのプレミアムをともなっている。1つはいったん開発した以上もはや後には戻れないという不可逆的プレミアム，もう1つは強度を柔軟に決めることができることから生ずるプレミアムである。都市境界外にある土地には距離に応じてオプション価値が存在する。

　CBD から z 離れた地点におけるスペース1単位あたりの価格は

$$p(z) = \frac{R(z)}{r} + \frac{g}{r^2}$$

であるから，(8.55) 式を代入して

$$p = \frac{R^*}{r} + \frac{g}{r^2} + \frac{d(z^*-z)}{r}$$

を得る。これを図示したものが図8.4である。スペースの価格はハードル値としての家賃の現在価値，家賃上昇を反映した価値，立地にともなう価値の3つから構成されていることがわかる。

図 8.3 CBD からの距離と不動産価値

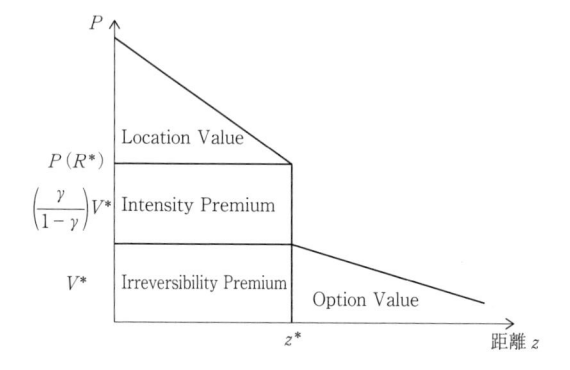

図 8.4 CBD からの距離とスペース価値

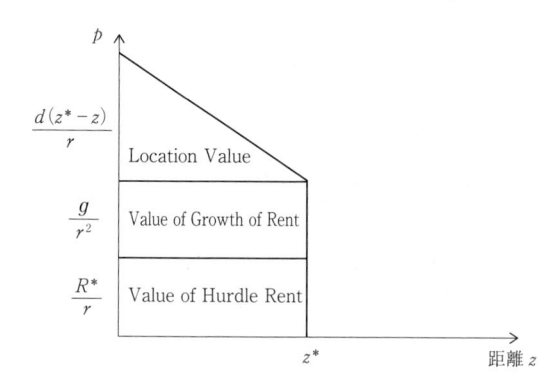

（注）Capozza and Li（1994）Figure 2 より抜粋。

8.4 おわりに

　本章は，土地利用規制が土地の価格や開発のタイミングにどのような影響を及ぼすかリアル・オプションの枠組みの中で整理した。Titman（1985）に始まりこれまでに蓄積されてきた論文の中で，日本の土地利用規制という観点から筆者が最も重要とみなした論文を取り上げた。

　まず，リアル・オプションの考え方を不動産市場に応用した Titman

（1985）を出発点として，連続型の土地のオプション価値の評価方法を Dixit and Pindyck（1994）を参考に整理した。こうしたリアル・オプションの考え方にもとづき，住宅資本 - 土地比率に相当する強度，あるいは開発規模がオプション価値や開発のタイミングに及ぼす影響について Williams（1991）を，さらには2つのタイプの土地利用があるときの土地のオプション価値や開発のタイミングへの影響について，Capozza and Li（1994）をまとめた。

　本章では，Geltner et al.（1996），Childs et al.（1996）の2つの論文には触れることができなかった。Geltner et al.（1996）は Williams（1991），Capozza and Li（1994）とは異なり，2つのタイプの土地利用のうちいずれかのタイプに絞る必要があるとき，いつ開発を実施すべきか，そのタイミングとそのオプションによる不動産価値への影響について分析を加えている。また，Childs et al.（1996）は，Capozza and Li（1994）と Geltner et al.（1996）のちょうど折衷的なモデルにあたり，2つのタイプの土地利用が同時に可能であるとき，いまの土地利用の状態からいつ開発が実施されるべきか，またそのオプションが不動産価値にどのような影響を及ぼすかについて分析を行っている（中神 2019 で簡単に触れている）。

　本章において筆者による新たな貢献が加えられたわけではないが，リアル・オプションの考え方が日本の，とくに首都圏における土地の価格や不動産の開発時期などを説明するのにいかに有用であるか，各論文の理解を深めることによって明らかにしようとした。本章を出発点として，次なるステップへの第一歩としたい。

参考文献
〔邦語〕
中神康博（2019）「土地利用規制とリアル・オプションについて」Discussion Paper Series No.148, Faculty of Economics, Seikei University。

〔英語〕
Arnott, R. J. and F. D. Lewis（1979）"The Transition of Land to Urban Use," *Journal of Political Economy*, 87(1), pp.161-170.
Capozza, D. R. and R. W. Helsley（1989）"The Fundamentals of Land Prices and Urban Growth," *Journal of Urban Economics*, 26(3), pp.295-306.
Capozza, D. R. and R. W. Helsley（1990）"The Stochastic City," *Journal of Urban*

Economics, 28(2), pp.187-203.

Capozza, D. and Y. Li (1994) "The Intensity and Timing of Investment: The Case of Land," *American Economic Review*, 84(4), pp.889-904.

Childs, P. D., T. J. Riddiough, and A. J. Triantis (1996) "Mixed Uses and the Redevelopment Option," *Real Estate Economics*, 24(3), pp.317-339.

Dixit, A. K. and R. S. Pindyck (1994) *Investment under Uncertainty*, Princeton: Princeton University Press.

Geltner, D., T. Riddiough, and S. Stojanovic (1996) "Insights on the Effect of Land Use Choice: the Perpetual Option on the Best of Two Underlying Assets," *Journal of Urban Economics*, 39(1), pp.20-50.

Glaeser, E. and J. Gyourko (2018) "The Economic Implications of Housing Supply," *Journal of Economic Perspectives*, 32(1), pp.3-30.

Guthrie, G. (2009) *Real Options in Theory and Practice*, Oxford University Press.

Jou, Jyh-Bang and T. Lee (2007) "Do Tighter Restrictions on Density Retard Development?" *Journal of Real Estate Finance and Economics*, 34, pp.225-232.

Karlin S. and H. M. Taylor (1975) *A First Course in Stochastic Processes*, Second Edition, Academic Press.

McDonald, R. and D. Siegel (1986) "The Value of Waiting to Invest," *Quarterly Journal of Economics*, 101(4), pp.707-728.

Nakagami, Y. and A. Pereira (1993) "Housing Costs and Bequest Motives," *Journal of Urban Economics*, 33(1), pp.68-75.

Titman, S. (1985) "Urban Land Prices under Uncertainty," *American Economic Review*, 75(3), pp.505-514.

Trigeorgis, L. (1996) *Real Options*, MIT Press.

Williams, J. T. (1991) "Real Estate Development as an Option," *Journal of Real Estate Finance and Economics*, 4, pp.191-208.

───第9章───

住宅市場と価格変動

9.0　はじめに[1]

　1980年代から1990年代にかけて見られた不動産バブルの生成と崩壊は，その後の日本経済を大きく揺るがし，それから30年近く経ったいまも，社会全体は羅針盤を失ったまま迷走を続けている。それほど甚大なインパクトを日本社会に与えた不動産バブルであったが，当時，この不動産価格の高騰は日本経済を反映したものであると主張する人もいれば，実体のない泡のごときものであると主張する人もいて，まさに百家争鳴と言わんばかりの状況にあった。しかし，いまになって思えば，あれはバブルではなかったと言い切るほどの勇気をもち合わせている人は，それほどいないのではないか。さりとてあのバブルの生成と崩壊を経済学的に説明することも，それほど容易なことではない。まさにバブル（泡）なのであって，実体のないものを説明しようとしても一筋縄ではいかない。

　しかし，欧米の，とりわけアメリカの文献に目を通していく中でひと際目を引いたのが，Case and Shiller（1989, 1990）であった。彼らはアメリカの4大都市の住宅価格の指数を作成し，時系列データにもとづいて，住宅価格は短期的には正の系列相関をもちながらファンダメンタルズから乖離していく傾向にあるが，それはいつまでも続くわけではなく長期的には平均回帰し

1）本章は，中神（2018）にもとづいている。

ていくという結論を得た。彼らによれば，住宅の価格変化が短期的に正の系列相関をもつのは，住宅価格は合理的期待にもとづいて決まるのではなく，非合理的な期待形成，より具体的には後ろ向きの期待形成によって決まるからだと言う。しかし，後ろ向きの期待形成が住宅価格の上昇を招くわけではなく，実はその逆で，住宅価格の上昇が後ろ向きの期待形成のもとで上昇し続けるのである。また後ろ向きの期待形成が住宅価格の高止まりをもたらすのではなく，住宅価格が高止まりするのは期待形成とは別のところにその理由を求めなければならない。

　近年，不動産市場におけるデータの整備が急ピッチで進み，バブルの生成から崩壊に至る不動産市場の実証分析を試みるのによい環境が整ってきたと言えるのかもしれない。しかし，本章および次章の目的は，不動産バブルそのものを実証的に分析することではなく，住宅価格が上昇し始めるきっかけとなったものは何か，住宅価格はいったん上昇し始めるとなぜ上昇し続けるのか，住宅市場の調整に時間がかかるのかなぜか，こうした疑問に対して経済理論はどのような説明を行ってきたのか，先行研究にもとづいてまとめることである。

　もちろん，不動産市場におけるバブルの現象を説明するのにマネーの存在は欠かすことができない重要な要素ではあるが，本章は必ずしもバブルを対象としているわけではないので，マネー的な側面については触れない。また，不動産市場における情報の役割も決して無視できるものではないが，経済合理性ということを念頭に置いてまとめているので，本章の対象とはしない。

　本章では住宅市場のブームとバストに関する次の3点について，先行研究をまとめることにより経済学的なアプローチの整理を試みたい。まず第1に，需要サイドと供給サイドにショックが与えられたとき，住宅市場はどのように反応するかという点である。これは Poterba（1984）が嚆矢となりストック・フロー分析の中で論じられてきた。本章でもまず Poterba（1984）のモデルからスタートし，さらに住宅投資への拡張を試みた Topel and Rosen（1988）を取り上げる。第2に，住宅市場を分析する際に流動性制約は極めて重要である。流動性に制約があるとき最適な消費パターンは制約を受ける。それが住宅価格にどのような影響を及ぼすのか，Stein（1995）と Ortalo-Magné and Rady（1999）の論文を概観し，その点を明らかにしたい。第3に，住宅市場のブームとバストを説明するとき，どうしても見過ごせないの

が事業者による herding（行動追随）という現象である。本章では，リアル・オプションの考え方を用いて事業者どうしの戦略的行動を分析した Grenadier（1996）と，ベイズの考え方を用いながら事業者のゲーム的戦略行動を分析した DeCoster and Strange（2012）の論文を取り上げる。

以下，順を追って説明していく。

9.1 合理的期待と住宅価格

9.1.1 合理的期待（完全予見）と住宅市場：Poterba（1984）

住宅は消費財としての性質（フロー）と投資財としての性質（ストック）をあわせもつ。このストック・フローの性質にもとづいて住宅市場動学を分析した論文として Poterba（1980, 1984）がある。Poterba の基本的な考え方は以下のようなものである。資産としての住宅ストックは住宅サービス市場に住宅サービスを供給し，住宅サービスの需給の関係から住宅サービスの価格である家賃が決まる。家賃が決まれば，資産市場均衡の関係から住宅価格が決定される。住宅価格が決まれば，今期から来期にかけての住宅投資が決定され，次期の住宅ストックの水準が決まる。次期の住宅ストックが決まれば，住宅サービス市場における次期の家賃が決定される。こうした住宅市場の動きを Poterba は次のようにモデル化した。

住宅サービス市場における需要量と供給量をそれぞれ HS^d, HS^s, また家賃を R とする。住宅サービスに対する需要量は家賃に依存し，$HS^d = f(R)$ とする。また，住宅サービスの供給量は住宅ストックに依存し，$HS^s = h(H)$ とする。家賃は住宅市場における需給がバランスするように決定され，その結果，家賃は住宅ストックに依存して決まる。すなわち，

$$R = R(h(H)) = R(H) \tag{9.1}$$

である。合理的な消費者は住宅サービスの限界的な便益が，それを生産するのに必要な費用と等しくなるように住宅サービスを決定する。消費者の効用最大化から，住宅サービスの限界的な便益は家賃に等しい。それに対して住宅サービスの限界的な費用は，第1章でも触れたように，住宅をある一定期間保有して利用するときの限界的な費用，すなわち，住宅の資本コストあ

いは使用者費用と呼ばれる概念である。この費用には利子費用，固定資産税，限界償却，維持費用などが含まれる。1円あたりのそれぞれの費用を i, τ_P, d, m としよう。また，住宅保有によるキャピタル・ゲインあるいはキャピタル・ロスも考慮しなければならない。住宅サービス1単位を生み出す住宅ストックの実質の住宅価格を Q, インフレ率を π とすれば，住宅の資本コストは，$[i+\tau_P+d+m-(\pi+\dot{Q}/Q)]Q$ と書くことができる。

　したがって，限界便益と限界費用を等しいと置くことにより，

$$R(H) = \left[i+\tau_P+d+m-\left(\pi+\frac{\dot{Q}}{Q}\right)\right]Q$$

が成り立つ。これは次のように書き換えることができる。

$$\dot{Q} = -R(H)+vQ \tag{9.2}$$

ここで，$v=i+\tau_P+d+m-\pi$ である。(9.2) 式は，住宅保有に関する資産市場が均衡するための条件である。定常状態における住宅コスト vQ が家賃 $R(H)$ を上回る（下回る）限り，住宅価格 Q は上昇（下落）し続ける。$\dot{Q}=0$ は，そのキャピタル・ゲインがちょうどゼロとなるような住宅価格（すなわち一定）と住宅ストックの関係を示しており，住宅に対する需要曲線を示す。$\dot{Q}=0$ の傾きは，(9.2) 式の右辺をゼロとして陰関数定理を用いることにより，

$$\frac{\partial Q}{\partial H} = -\frac{R'(H)}{v} < 0$$

である。

　一方，住宅投資について見ると，住宅ストックの純変化は住宅粗投資 I から滅失などして市場から消える住宅ストックを減じたものである。滅失率を δ とする。また，住宅粗投資は住宅価格に依存し，$\phi(Q)$ ($\phi(Q) > 0$) とする。住宅ストックの動学式は，次のように書くことができる。

$$\dot{H} = I-\delta H = \phi(Q)-\delta H \tag{9.3}$$

$\dot{H}=0$ は住宅ストックがちょうどゼロ，つまり住宅ストックが一定となるときの住宅価格と住宅ストックの関係を示す。先と同様に，$\dot{H}=0$ の傾き

図 9.1　住宅市場の位相図

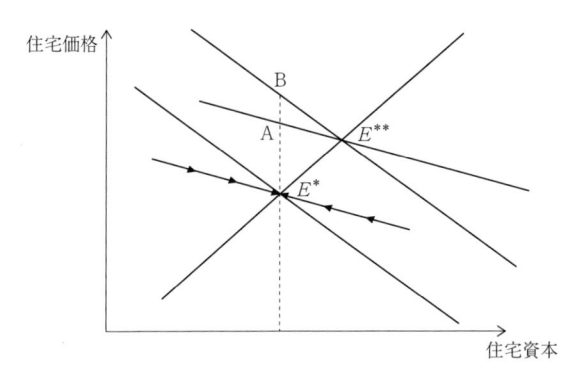

は，(9.3) 式の右辺をゼロとして陰関数定理を用いることにより，

$$\frac{\partial Q}{\partial H} = \frac{\delta}{\phi'(Q)} > 0$$

である。

　図 9.1 に，(9.2)，(9.3) 式を示す位相図が描かれている。$\dot{Q}=0$ と $\dot{H}=0$ の交点 E^* は，定常状態における市場均衡を示している。$\dot{Q}=0$ の上方（下方）では住宅価格は上昇（下落）する。なぜなら，ある水準の住宅ストックに対し，住宅サービス価格である家賃よりも住宅コストの方が高い（低い）ので，家賃と等しくなるように住宅価格は上昇（下落）しなければならないからである。

　他方，$\dot{H}=0$ の右側（左側）では住宅粗投資よりも滅失する住宅ストックの方が多い（少ない）ので，住宅ストックは減少（増加する）する。このことから，住宅市場は鞍点経路をもつ動学的に不安定な均衡であることがわかる。

　1984 年の論文のもとになった Poterba（1980）では，この鞍点経路をもつ均衡について分析的な説明を加えている。まず，最初の均衡点 E^* を (H^*, Q^*) とし，その点の近傍で線形化すると，(9.2)，(9.3) 式は

$$\begin{pmatrix} \dot{H} - H^* \\ \dot{Q} - Q^* \end{pmatrix} = \begin{pmatrix} -\delta & \phi'(Q^*) \\ -R'(H^*) & v \end{pmatrix} \begin{pmatrix} H - H^* \\ Q - Q^* \end{pmatrix}$$

と書くことができる。この微分方程式の解は次のような形で示される。

$$\begin{pmatrix} H-H^* \\ Q-H^* \end{pmatrix} = C_1 \begin{pmatrix} c_{11} \\ c_{21} \end{pmatrix} e^{\lambda_1 t} + C_2 \begin{pmatrix} c_{12} \\ c_{22} \end{pmatrix} e^{\lambda_2 t}$$

ここで C_1, C_2 は積分定数, λ_1, λ_2 は係数行列の固有値, $(c_{11}, c_{21})'$, $(c_{12}, c_{22})'$ はそれぞれの固有値に対応する固有ベクトルである。固有値を求めるための特性（固有）方程式は,

$$\begin{vmatrix} -\delta-\lambda & \phi'(Q^*) \\ -R'(H^*) & v-\lambda \end{vmatrix} = 0$$

すなわち,

$$\lambda^2 + (\delta-v)\lambda + (R'(H^*)\phi'(Q^*) - \delta v) = 0$$

であるから, これを λ について解くと,

$$\lambda = \frac{\delta-v \pm \sqrt{(\delta-v)^2 - 4(R'(H^*)\phi'(Q^*) - \delta v)}}{2}$$

を得る。この正負の固有値を $\lambda_2 < 0 < \lambda_1$ とすると, このシステムが安定するためには, λ_1 に対する固有ベクトルは $(0,0)$ でなければならない。そうでなければ発散するからである。

一方, λ_2 対する固有ベクトルは,

$$\begin{pmatrix} -\delta-\lambda_2 & \phi'(Q^*) \\ -R'(H^*) & v-\lambda_2 \end{pmatrix} \begin{pmatrix} c_{12} \\ c_{22} \end{pmatrix} = \begin{pmatrix} 0 \\ 0 \end{pmatrix}$$

を満たす。したがって,

$$-(\delta+\lambda_2)c_{12} + \phi'(Q^*)c_{22} = 0$$
$$-R'(H^*)c_{12} + (v-\lambda_2)c_{22} = 0$$

となる。この関係から, 固有ベクトルの 1 つを $(c_{12}, c_{22})'$ $= (1, R'(H^*)/(v-\lambda_2))'$ と置く。

したがって, 均衡点のまわりで線形化された解は以下のようになる。

$$\begin{pmatrix} H(t) \\ Q(t) \end{pmatrix} = \begin{pmatrix} H^* \\ Q^* \end{pmatrix} + C_2 \begin{pmatrix} 1 \\ R'(H^*)/(v-\lambda_2) \end{pmatrix} e^{\lambda_2 t}$$

初期条件を $H(0) = H_0$ とすれば，$H(0) = H^* + C_2 = H_0$ が成り立つので，

$$\begin{pmatrix} H(t) \\ Q(t) \end{pmatrix} = \begin{pmatrix} H^* \\ Q^* \end{pmatrix} + (H_0 - H^*) \begin{pmatrix} 1 \\ R'(H^*)/(v-\lambda_2) \end{pmatrix} e^{\lambda_2 t}$$

となる。

　また，鞍点経路の傾きは

$$\frac{dQ}{dH} = \frac{dQ/dt}{dH/dt} = \frac{v-\lambda_2}{R'(H^*)} < 0$$

で，収束に向かうスピードとともに，負の値をもつ固有値の大きさに依存している。とくに

$$\frac{d\lambda_2}{d\psi'(Q^*)} = 2R'(H^*)\left[(\delta-v)^2 - 4(R'(H^*)\psi'(Q^*) - \delta v)\right]^{-1/2} < 0$$

であるから，$\psi'(Q^*)$ の値が大きいほど，つまり住宅価格の変化に対する粗投資への影響が大きいほど負の固有値の絶対値は大きくなり，収束のスピードは速くなる。

　もともと Poterba の分析は，インフレ率が変化したときの影響を調べることであった。インフレ率が上昇すると，$\dot{Q} = 0$ は上方にシフトする。静学期待のもとでは住宅価格は図 9.1 の B 点まで上昇することになり，鞍点経路から外れ，住宅価格は上昇し始める。ところが完全予見のもとでは，インフレ率の上昇によって $\dot{Q} = 0$ が上方にシフトしたとしても，住宅価格の上昇は鞍点経路上の A 点で止まり，そこから鞍点経路上を徐々に価格を下げながら住宅ストックは調整されていく。そして最終的に新たな均衡点 E^{**} に収束する。

　このように，Poterba モデルでは，住宅が資産であることを反映して価格が一気に上昇し，そのうえで住宅ストックの調整が行われる。しかし，住宅価格が徐々に下落していくことを説明することはできるが，住宅価格が徐々に上昇したり，あるいは住宅価格が周期性をもって変動したりすることを説

明できない。また，Poterba のモデルでは需要サイドであれ供給サイドであれ，一時的なショックが住宅価格や住宅投資に及ぼす影響を調べることは難しい。

9.1.2　住宅投資と住宅市場：Topel and Rosen（1988）

(1)　投資調整速度

住宅価格の変動は，住宅の供給曲線の形状に影響を受けることは言うまでもない。Poterba（1984）では住宅供給の短期と長期については区別していない。しかし，「はじめに」でも述べたように，需要の変化がもたらす住宅価格の変動を考えるとき，短期と長期の住宅供給の区別は重要である。住宅供給を短期と長期の違いを意識して分析した最初の論文として，Rosen and Topel（1986），Topel and Rosen（1988）がある[2]。

Poterba（1984）の論文では供給サイドよりもむしろ需要サイドに焦点が当てられていた。それに対して Topel and Rosen（1988）では費用関数をより厳密にモデル化することにより，市場全体における住宅の短期と長期の供給曲線の違いを説明している。

住宅供給の費用は粗投資の水準だけではなく，その変化率にも影響するとして，彼らは費用関数を次のように定義する。

$$C = C(I, \dot{I}, \boldsymbol{y})$$

ここで I は粗投資水準，$\dot{I}$ はその変化率，$\boldsymbol{y}$ は供給曲線をシフトさせる変数ベクトルである。なお，この費用関数について次のような仮定を設けている。

$$C_1 = \partial C/\partial I > 0, \ \ C_{11} = \partial^2 C/\partial I^2 > 0$$
$$C_2 = \partial C/\partial \dot{I} \geq 0, \ \ C_{22} = \partial^2 C/\partial \dot{I}^2 \geq 0$$

また，住宅ストックの調整は従来どおり住宅ストックを H として

---

2) Topel and Rosen（1988）の分析はマクロ的な側面をもつが，近年，不動産保有者によるミクロ的な行動にともなう住宅価格への影響を分析する論文が注目を集めている。中神（2018）を参照されたい。

$$I = \dot{H} + \delta H$$

である。

供給側の意思決定を分析するために，代表的な企業を想定し，企業は下記の将来にわたる収益の現在価値が最大になるように投資水準を決定する。

$$\int_0^{\infty} [P(t)I(t) - C(I(t), \dot{I}(t), y(t))]e^{-rt}dt$$

ここで $P(t)$ は住宅ストック 1 単位あたりの競争価格で，r は利子率である。

$$F(I(t), \dot{I}(t), y(t)) = [P(t)I(t) - C(I(t), \dot{I}(t), y(t))]e^{-rt}$$

と置けば，最大化のための必要条件であるオイラー条件は，$\partial F/\partial I = d(\partial F/\partial \dot{I})/dt$ を計算することによって得られ，

$$P(t) - \frac{\partial C}{\partial I} = r\left(\frac{\partial C}{\partial \dot{I}}\right) - \frac{d(\partial C/\partial \dot{I})}{dt}$$

である。もし $\partial C/\partial \dot{I} = 0$ であれば，最大化のための必要条件は価格と限界費用が一致することであり，その場合は粗投資水準を決定するのは価格水準ということになる。しかし，粗投資水準の変化率が費用に影響を及ぼすことで，価格と限界費用とのあいだに乖離が生ずる。その結果，粗投資水準は現在の価格だけではなく，将来の価格にも影響を受ける。この点が Topel and Rosen モデルのポイントである。

そこで $C_1(I, \dot{I}, \boldsymbol{y})$ と $C_2(I, \dot{I}, \boldsymbol{y})$ を線形化すると

$$C_1(I, \dot{I}, \boldsymbol{y}) = C_1 + C_{11}I + C_{12}\dot{I} + C_{13}\boldsymbol{y}$$
$$C_2(I, \dot{I}, \boldsymbol{y}) = C_2 + C_{21}I + C_{22}\dot{I} + C_{23}\boldsymbol{y}$$

となるから，これらをオイラー条件に代入すると，

$$P(t) - (C_1 + C_{11}I + C_{12}\dot{I} + C_{13}\boldsymbol{y})$$
$$= r(C_2 + C_{21}I + C_{22}\dot{I}) - C_{21}\dot{I} - C_{22}\ddot{I}(t)$$

すなわち，オイラー条件は

$$C_1 + rC_2 + (C_{11} + rC_{12}) I(t) + rC_{22}\dot{I} - C_{22}\ddot{I}(t) + C_{13}\boldsymbol{y}(t) = P(t)$$

となる。さらに，D，D^2 を時間に関する 1 階，2 階の微分オペレータとして，次のように書くことができる。

$$(1 + r\beta D - \beta D^2) I(t)$$
$$= \left(\frac{\beta}{C_{22}}\right) P(t) - \left(\frac{\beta}{C_{22}}\right) [C_1 + rC_2 + C_{13}\boldsymbol{y}(t)] \equiv \theta(t)$$

ここで，$\beta = C_{22}/(C_{11} + rC_{12})$ である。

この微分方程式を解くために，辺々を $-\beta$ で除して整理すると

$$\left(D^2 - rD - \frac{1}{\beta}\right) I(t) = -\frac{\theta(t)}{\beta} \tag{9.4}$$

が得られる。この微分方程式の特性方程式は

$$\lambda^2 - r\lambda - \frac{1}{\beta} = 0$$

であるから，これを解いて $\lambda = r \pm \sqrt{r^2 + (4/\beta)}/2$ を得る。この 2 つの特性根を λ_1，λ_2 $(\lambda_1 < 0 < 1 < \lambda_2)$ とすれば，(9.4) 式は次のように書くことができる。

$$(D - \lambda_1)(D - \lambda_2) I(t) = -\frac{\theta(t)}{\beta} \tag{9.5}$$

Rosen and Topel (1986) に倣いながら (9.5) 式を解いていく。まず，λ_2 に対して前向きの形で表現すると

$$(D - \lambda_1) I(t) = C_2 e^{\lambda_2} + \int_t^\infty \frac{\theta(\tau)}{\beta} e^{\lambda_2(t-\tau)} d\tau$$

となるが，横断面条件より $C_2 = 0$ でなければならない。次に，λ_1 に対して後ろ向きの形で表現すると

$$I(t) = c_1 e^{\lambda_1 t} + \int_0^t \left(\int_s^\infty \frac{\theta(\tau)}{\beta} e^{\lambda_2(s-\tau)} d\tau \right) e^{\lambda_1(t-s)} ds$$

となる。ここで積分順序を変えて計算すると[3]，

$$
\begin{aligned}
I(t) &= c_1 e^{\lambda_1 t} + \frac{1}{\lambda_2 - \lambda_1} \int_0^t \left[\frac{\theta(\tau)}{\beta} e^{\lambda_2(s-\tau)} e^{\lambda_1(t-s)} \right]_0^\tau d\tau \\
&\quad + \frac{1}{\lambda_2 - \lambda_1} \int_t^\infty \left[\frac{\theta(\tau)}{\beta} e^{\lambda_2(s-\tau)} e^{\lambda_1(t-s)} \right]_0^t d\tau \\
&= c_1 e^{\lambda_1 t} + \frac{1}{\lambda_2 - \lambda_1} \int_0^t \frac{\theta(\tau)}{\beta} e^{\lambda_1(t-\tau)} d\tau + \frac{1}{\lambda_2 - \lambda_1} \int_t^\infty \frac{\theta(\tau)}{\beta} e^{\lambda_2(t-\tau)} d\tau \\
&\quad - \frac{1}{\lambda_2 - \lambda_1} \int_0^\infty \frac{\theta(\tau)}{\beta} e^{-\lambda_2 \tau} e^{\lambda_1 t} d\tau
\end{aligned}
$$

となる。ところで，

$$I(0) = c_1 + \frac{1}{\lambda_2 - \lambda_1} \int_0^\infty \frac{\theta(\tau)}{\beta} e^{-\lambda_2 \tau} d\tau - \frac{1}{\lambda_2 - \lambda_1} \int_0^\infty \frac{\theta(\tau)}{\beta} e^{-\lambda_2 \tau} d\tau = c_1$$

であるから，

$$
\begin{aligned}
I(t) &= I(0) e^{\lambda_1 t} + \int_0^t \frac{1}{\lambda_2 - \lambda_1} \frac{\theta(\tau)}{\beta} e^{\lambda_1(t-\tau)} d\tau \\
&\quad + \int_t^\infty \frac{1}{\lambda_2 - \lambda_1} \frac{\theta(\tau)}{\beta} e^{\lambda_2(t-\tau)} d\tau - \int_0^\infty \frac{1}{\lambda_2 - \lambda_1} \frac{\theta(\tau)}{\beta} e^{-\lambda_2 \tau} e^{\lambda_1 t} d\tau \\
&= e^{\lambda_1 t} \left[I(0) - \int_0^\infty \frac{1}{\lambda_2 - \lambda_1} \frac{\theta(\tau)}{\beta} e^{-\lambda_2 \tau} d\tau \right] \\
&\quad + \int_0^t \frac{1}{\lambda_2 - \lambda_1} \frac{\theta(\tau)}{\beta} e^{\lambda_1(t-\tau)} d\tau + \int_t^\infty \frac{1}{\lambda_2 - \lambda_1} \frac{\theta(\tau)}{\beta} e^{\lambda_2(t-\tau)} d\tau
\end{aligned}
$$

となる。過去や将来の住宅ストックの価格や供給へのショックが，現在の住宅投資の意思決定に影響を及ぼすことがわかる。しかし，C_{22} がゼロに近づくほど β の値も小さくなり，$\theta(\tau)$ の影響は小さくなる。

　Topel and Rosen は，調整費用モデルを例に短期と長期の違いを簡潔に説

---

3) 積分順序の交換により，$D = \{(s, \tau) \mid 0 \leq s \leq t, s \leq \tau \leq \infty\}$ を $D_1 = \{(s, \tau) \mid 0 \leq s \leq \tau,\ 0 \leq \tau \leq t\}$ と $D_2 = \{(s, \tau) \mid 0 \leq s \leq t, t \leq \tau \leq \infty\}$ に分割することにより積分した。

明している。いま $\theta(\tau)$ が過去から将来にわたって θ_1 で一定とすると（このとき価格も P_1 で一定），長期的な住宅投資水準は $I(\infty) = \theta_1$ に常に落ち着く。なるほど

$$I(t) = e^{\lambda_1 t}\left[\theta_1 - \frac{1}{\lambda_2 - \lambda_1}\int_0^\infty \frac{\theta_1}{\beta}e^{-\lambda_2\tau}d\tau\right]$$

$$+ \frac{1}{\lambda_2 - \lambda_1}\int_0^t \frac{\theta_1}{\beta}e^{\lambda_1(t-\tau)}d\tau + \frac{1}{\lambda_2 - \lambda_1}\int_t^\infty \frac{\theta_1}{\beta}e^{\lambda_2(t-\tau)}d\tau$$

$$= e^{\lambda_1 t}\theta_1 + \frac{\theta_1}{\beta}e^{\lambda_1 t}\frac{1}{\lambda_2 - \lambda_1}\frac{1}{\lambda_2}\left[e^{-\lambda_2\tau}\right]_0^\infty$$

$$- \frac{\theta_1}{\beta}\frac{1}{\lambda_2 - \lambda_1}\frac{1}{\lambda_1}\left[e^{\lambda_1(t-\tau)}\right]_0^t - \frac{\theta_1}{\beta}\frac{1}{\lambda_2 - \lambda_1}\frac{1}{\lambda_2}\left[e^{\lambda_2(t-\tau)}\right]_t^\infty$$

$$= \theta_1 e^{\lambda_1 t} - \frac{\theta_1}{\beta}e^{\lambda_1 t}\frac{1}{\lambda_2 - \lambda_1}\frac{1}{\lambda_2} - \frac{\theta_1}{\beta}\frac{1}{\lambda_2 - \lambda_1}\frac{1}{\lambda_1}(1 - e^{\lambda_1 t})$$

$$+ \frac{\theta_1}{\beta}\frac{1}{\lambda_2 - \lambda_1}\frac{1}{\lambda_2}$$

であるから，

$$I(\infty) = -\frac{\theta_1}{\beta}\frac{1}{\lambda_2 - \lambda_1}\left(\frac{1}{\lambda_1} - \frac{1}{\lambda_2}\right) = \theta_1$$

となる。ここで特性方程式より固有値の積は $-1/\beta$ であることを利用している。

価格が P_2 に上昇したことを受けて θ_1 から θ_2 に増加したとしよう。同様の計算を繰り返すと，

$$I(t) = e^{\lambda_1 t}\left[\theta_1 - \frac{1}{\lambda_2 - \lambda_1}\int_0^\infty \frac{\theta_2}{\beta}e^{-\lambda_2\tau}d\tau\right] + \frac{1}{\lambda_2 - \lambda_1}\int_0^t \frac{\theta_2}{\beta}e^{\lambda_1(t-\tau)}d\tau$$

$$+ \frac{1}{\lambda_2 - \lambda_1}\int_t^\infty \frac{\theta_2}{\beta}e^{\lambda_2(t-\tau)}d\tau$$

$$= \theta_1 e^{\lambda_1 t} - \frac{\theta_2}{\beta}e^{\lambda_1 t}\frac{1}{\lambda_2 - \lambda_1}\frac{1}{\lambda_2} - \frac{\theta_2}{\beta}\frac{1}{\lambda_2 - \lambda_1}\frac{1}{\lambda_1}(1 - e^{\lambda_1 t})$$

$$+ \frac{\theta_2}{\beta}\frac{1}{\lambda_2 - \lambda_1}\frac{1}{\lambda_2}$$

$$= \theta_1 e^{\lambda_1 t} - \frac{\theta_2}{\beta}e^{\lambda_1 t}\frac{1}{\lambda_2 - \lambda_1}\left(\frac{1}{\lambda_2} - \frac{1}{\lambda_1}\right) - \frac{\theta_2}{\beta}\frac{1}{\lambda_2 - \lambda_1}\left(\frac{1}{\lambda_1} - \frac{1}{\lambda_2}\right)$$

$$= \theta_2 - (\theta_2 - \theta_1) e^{\lambda_1 t}$$

となる。これを時間で微分すると，

$$\dot{I}(t) = -\lambda_1(\theta_2 - \theta_1) e^{\lambda_1 t} = -\lambda_1 \{\theta_2 e^{\lambda_1 t} - (I(t) - \theta_2 + \theta_2 e^{\lambda_1 t})\}$$
$$= -\lambda_1(\theta_2 - I(t))$$

を得る。これは調整費用モデルであり，価格が P_1 から P_2 に上昇すると，住宅投資は時間をかけて θ_1 から θ_2 に調整されていくことがわかる。このことから短期の住宅供給曲線よりも長期の住宅供給曲線の方がより弾力的になることがわかる。

(2) 住宅価格への影響

(1) では住宅投資に焦点が当てられており，住宅価格は外生的に与えられていた。ここでは，9.1.1 項の Poterba (1984) のように，住宅価格も同時に決定されるシステムを考える。そのために，9.1.1 項の家賃を決定する (9.1) 式を

$$R = \alpha H + x \tag{9.6}$$

とし，また，資産市場均衡の動学式 (9.2) 式を

$$R = (r + \delta) P(t) - \dot{P}(t) \tag{9.7}$$

とする。9.1.1 項と同じように，合理的期待（完全予見）を仮定し，次の条件を課す。

$$\lim_{t \to \infty} P(t) e^{-(r+\delta)t} = 0$$

このとき，住宅価格は将来にわたる家賃の流列の現在価値の総和で示される。

$$P(t) = \int_t^{\infty} R(s) e^{-(r+\delta)(s-t)} ds$$

そこで，住宅投資と住宅価格の動学式を考える。(9.4) 式を次のように書き直す。

$$(1+r\beta_1 D - \beta_1 D^2) I(t) = \beta_0 + \beta_2 P(t) + \boldsymbol{y}(t) \tag{9.8}$$

また，(9.7) 式に (9.6) 式を代入し，時間で微分すると，

$$(r+\delta)\dot{P}(t) - \ddot{P}(t) = \alpha\dot{H} + \dot{\boldsymbol{x}}(t) = \alpha(I - \delta H) + \dot{\boldsymbol{x}}(t)$$
$$= \alpha I - \delta R + \delta\boldsymbol{x} + \dot{\boldsymbol{x}}(t)$$

となる。さらに (9.7) 式を代入して整理すると，住宅価格に関する 2 階微分方程式を得ることができる。

$$(1+rBD - BD^2) P(t) = \alpha BI(t) + B(D+\delta)\boldsymbol{x}(t) \tag{9.9}$$

ここで，$B = [\delta(\delta + r)]^{-1}$ とする。

(9.8)，(9.9) 式は住宅投資と住宅価格に関する 4 階微分方程式となる。もし $\beta_1 = 0$ であれば，Poterba（1984）と同じ 2 階微分方程式のシステムとなり，9.1.1 項と同じように位相図を使った説明が可能である。

9.2　信用制約と価格変動

9.2.1　頭金制約：Stein（1995）

(1)　モデル

住宅を購入する場合，住宅ローンを組むのが一般的である。住宅ローンを組むためには 3 つの制約をクリアしなければならない。まず，住宅購入に際し頭金を用意しなければならない。2 番目として，余裕をもって住宅ローンを返済していくために将来所得への裏付けが必要である。それに加えてライフサイクルの中で所得と消費をバランスさせる必要がある。これらの 3 つの制約の中で，Stein（1995）と次項で取り上げる Ortalo-Magné and Rady（1998, 1999）は，最初の制約（ここでは流動性制約と呼ぶ）が住宅価格に及ぼす影響について分析している。Stein と Ortalo-Magné and Rady の違いは，前者がクロスセクションにおける住宅価格への影響を分析しているのに対し，後者はライフサイクルの中で生ずる住宅価格への影響を考えている点である。

3 時点（0 時点，1 時点，2 時点）における意思決定を考える。0 時点にお

いて，家計 i は 1 単位の住宅ストックを保有し，住宅ローン残高 K_i を抱えている。この住宅ローン K_i は $[K^L, K^H]$ のあいだで分布する確率変数として定義され，その累積分布関数を $G(K)$ とする。1 時点で，住宅の買い替えを行うことができる。新しい住宅購入にかかる費用は住宅価格を P，住宅サイズを H として PH である。

取引にあたって，3 つの仮定を設ける。まず，古い住宅を売却して得た現金で住宅ローンをすべて返済し，その残金は $P-K_i$ である。また，新たな住宅を購入する際に必要となる頭金は，住宅購入額に対する割合を γ として γPH とする（$0 < \gamma < 1$）。新たな住宅を購入するのに必要となる住宅ローンを組み，そのローンに対する利子率は簡単化のためにゼロとする。さらに，賃貸住宅市場は存在せず，住宅に居住するためには住宅を購入するよりほかはない。

住宅を購入する際の頭金制約により，家計 i は次の制約を受ける。

$$PH_i \leq \frac{P-K_i}{\gamma} \tag{9.10}$$

2 時点で食物を基準財とする労働所得を得，すべての住宅ローンを完済し，食物と住宅から効用を得る。家計 i の労働所得は $1+K_i$ に等しいと仮定する。この仮定は，0 時点における資産所得と 2 時点の労働所得の合計は家計間で違いはなく，$1+P$ に等しいことを意味する。つまり，0 時点における資産所得は $P-K_i$，2 時点の労働所得は $1+K_i$ であり，2 つの時点の合計は $1+P$ となる。この仮定を設けることにより，所得格差によって生ずる住宅需要への影響を無視することが可能となり，流動性制約の影響を考えることが可能となる。

食物の消費を F_i として家計 i の効用関数は

$$U_i = \alpha \log H_i + (1-\alpha) \log F_i + \theta M_i$$

である。最後の項は，時点 1 において家計 i が新たな住宅に移り住む場合 $M_i = 1$ で，そのとき効用 θ を得る。古い住宅に留まる場合には $M_i = 0$ である。

(a) 流動性制約がない場合：$\gamma = 0$

まず，流動性制約があるときとないときとで住宅需要にどのような影響が及ぶかを見るために，流動性制約がない場合の家計 i の効用最大化問題を考える。

$$\max_{H_i, F_i} U_i = \alpha \log H_i + (1-\alpha) \log F_i + \theta M_i \quad \text{s.t.} \quad F_i + PH_i = 1 + P$$

流動性制約は存在しないので，住宅と食物それぞれに対する需要量は所得のみに依存する。つまり，住宅需要量は

$$H_i = \frac{\alpha(1+P)}{P} \tag{9.11}$$

である。一方，1家計あたりの住宅供給は1であるから，需給の均衡条件から

$$\frac{\alpha(1+P)}{P} = 1$$

であり，均衡価格は

$$P = \frac{\alpha}{1-\alpha}$$

となる。

　この結論は非常に簡潔であるが示唆に富む。住宅価格は効用関数のパラメータ α に依存しており，換言すれば α は住宅価格のファンダメンタルズ（基礎的条件）となっている。住宅価格を α で微分すると，

$$\frac{dP}{d\alpha} = \frac{1}{(1-\alpha)^2} > 0$$

を得る。そこで Stein（1995）は次のような2つの問題提起を行う。1つは，流動性制約があるときの $dP/d\alpha$ は流動性制約がない場合と比べて大きくなるのかどうか。もう1つは，基礎的条件である α 以外に住宅価格に影響を及ぼす要因というものが存在するのかどうかという点である。

(b) 流動性制約がある場合：$\gamma > 0$

各家計が負っている住宅ローン残高の大きさに応じて3つのグループに分けることができる。グループ1は住宅ローン残高が $[K^L, K^*]$ にある場合で，流動性制約がない場合の住宅需要量に等しい。とくに住宅ローン K^* を抱える家計の住宅需要量は，流動性制約を受ける限界的な家計でもあるから，(9.10) 式，(9.11) 式より，

$$\frac{\alpha(1+P)}{P} = \frac{P-K^*}{\gamma P}$$

が成り立っていなければならない。すなわち，

$$K^* = P - \alpha\gamma(1+P)$$

が成り立つ。したがって，グループ1の超過需要は，

$$D^1(P) = G(K^*)\left\{\frac{\alpha(1+P)}{P} - 1\right\}$$

である。$\{\cdot\}$ は1家計あたりの超過需要で，グループ1に属する家計の全体に占める確率は $G(K^*)$ だからである。

次に，グループ2は住宅ローン残高が $[K^*, K^{**}]$ にある場合で，流動性制約を受けながらそれでもなお新たな住宅を購入するグループである。家計 i が流動性制約を受けているときの住宅需要量を H_i^c とすれば，(9.10) 式より

$$H_i^c(P, K_i) = \frac{P-K_i}{\gamma P}$$

で，H_i^c は P と K_i に依存している。

この家計の食物への支出額は $F_i = 1+P-PH_i^c$ であるから，この家計の効用 U_i^c は

$$U_i^c = \alpha\log H_i + (1-\alpha)\log(1+P-PH_i^c) + \theta$$

である。ところで，住宅ローン残高 K^{**} をもつ家計は，ちょうど新たな住宅に移り住むかそれともいまの住宅に留まるか，ちょうど無差別になる家計

である。もしいまの住宅に留まるとすれば，住宅は 1 単位のままで食物に対する支出額も 1 であるから，この世帯の効用 U_i^s は 0 である。なぜなら，

$$U_i^s = \alpha\log 1 + (1-\alpha)\log 1 = 0$$

だからである。したがって，この家計にとって 2 つの効用が等しいので，

$$\alpha\log H_i + (1-\alpha)\log(1+P-PH_i^c) + \theta = 0$$

を解くことによって K^{**} を得ることができる。これは P の関数であることは明らかである

さて，流動性制約がある家計の住宅需要は H_i^c であり，1 家計あたりの住宅供給は 1 であるから，グループ 2 の超過需要 $D^2(P)$ は，

$$D^2(P) = \int_{K^*}^{K^{**}} (H_i^c(P,K_i)-1)\,G'(K_i)\,dK_i$$

である。

グループ 3 は，住宅ローン残高が $[K^{**},K^H]$ にある世帯で，彼らはいまの住宅から移り住むことを望んでいない。したがって，彼らの住む住宅は市場に出てこない。

したがって，市場全体の超過需要はグループ 1 とグループ 2 を合計したものに等しい。すなわち，

$$D(P) = D^1(P) + D^2(P)$$

である。

(2) 価格への影響

超過需要と価格の関係で言えば，一般に価格が均衡価格よりも低いときには価格が上昇することによって超過需要は解消され，逆に価格が均衡価格よりも高いときには価格が下落することによって超過需要を解消される。こうした価格の調整によって均衡価格がユニークに決まる。つまり，超過需要と価格とのあいだに負の関係があることが，市場が安定的であるための条件になっている（図 9.2）。

そこで，価格の変化が超過需要に及ぼす影響を見る。まず第 1 グループの

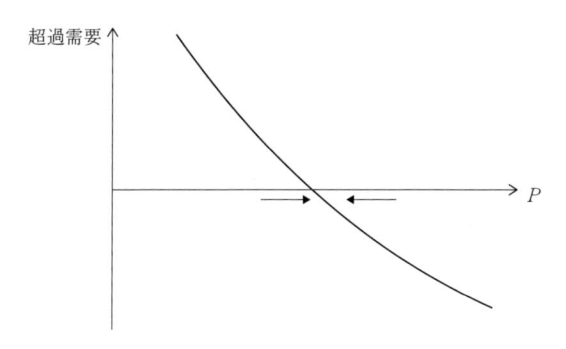

図 9.2　超過需要と価格の安定性

超過需要を価格で微分すると

$$\frac{dD^1(P)}{dP} = -\frac{\alpha}{P^2}G(K^*) + \left[\frac{\alpha(1+P)}{P} - 1\right]G'(K^*)\frac{dK^*}{dP} \qquad (9.12)$$

を得る。

　次に，第2グループについて見よう。第2グループの超過需要は

$$H_i^c - 1 = \frac{P - K_i}{\gamma P} - 1 = \frac{(1-\gamma)P - K_i}{\gamma P}$$

であるから，

$$
\begin{aligned}
D^2(P) &= \int_{K^*}^{K^{**}} (H_i^c - 1)\, G'(K_i)\, dK_i \\
&= \frac{1-\gamma}{\gamma}\left(G(K^{**}) - G(K^*)\right) - \frac{1}{\gamma P}\int_{K^*}^{K^{**}} K G'(K_i)\, dK
\end{aligned}
$$

と書くことができる。これを P で微分すると

$$
\begin{aligned}
\frac{dD^2(P)}{dP} ={}& \frac{1-\gamma}{\gamma}\left(G'(K^{**})\frac{dK^{**}}{dP} - G'(K^*)\frac{dK^*}{dP}\right) \\
&+ \frac{1}{\gamma P^2}\int_{K^*}^{K^{**}} K G'(K_i)\, dK \\
&- \frac{1}{\gamma P}\left(K^{**}G'(K^{**})\frac{dK^{**}}{dP} - K^*G'(K^*)\frac{dK^*}{dP}\right)
\end{aligned}
$$

$$= \frac{(1-\gamma)P - K^{**}}{\gamma P} G'(K^{**}) \frac{dK^{**}}{dP}$$

$$- \frac{(1-\gamma)P - K^*}{\gamma P} G'(K^*) \frac{dK^*}{dP} + \frac{1}{\gamma P^2} \int_{K^*}^{K^{**}} K G'(K) dK$$

$$= G'(K^{**}) \frac{dK^{**}}{dP} [H_i^c(K^{**}) - 1]$$

$$- G'(K^*) \frac{dK^*}{dP} [H_i^c(K^*) - 1] + \frac{1}{\gamma P^2} \int_{K^*}^{K^{**}} K G'(K) dK \qquad (9.13)$$

となる。したがって，(9.12) 式，(9.13) 式から，価格の変化が市場全体の超過需要に及ぼす影響は

$$\frac{dD}{dP} = - \frac{\alpha}{P^2} G(K^*) + G'(K^{**}) \frac{dK^{**}}{dP} [H_i^c(K^{**}) - 1]$$

$$+ \frac{[G(K^{**}) - G(K^*)]}{\gamma P^2} \{ E(K \mid K^* \le K \le K^{**}) \} \qquad (9.14)$$

となる。超過需要を価格で微分したものは 3 つの部分から構成されている。第 1 項は流動性制約をもたないグループへの影響を反映したもので，これは負の符号をもつ。第 2 項は価格が上昇するにつれ，転居しないグループから流動性制約のもとで転居を選ぶグループへの影響を反映しており，この符号も負である。一方，第 3 項は流動性制約を受けているグループへの影響で正の符号をもつ。第 1 項と第 2 項は負の符号をもつが，第 3 項は正の符号をもつので，超過需要と住宅価格との関係は必ずしも負ではない。住宅市場の中に流動性制約をもつ家計が多くなるほど第 3 項の影響は無視できなくなり，超過需要関数が正の傾きを示すこともありうる。その場合，超過需要が解消されるような住宅の均衡価格は複数存在することになる。

　図 9.3 に均衡価格が 3 つ存在するケースが描かれている。超過需要がゼロとなる均衡価格を P_1，P_2，P_3 とすると，超過需要がゼロとなるところで超過需要関数の傾きが負になるのは価格が P_1，P_3 のときであり，価格が P_2 のときは超過需要がゼロであっても安定的ではない。なぜなら，P_2 から少しでも低くなれば P_1 まで低下し続け，逆に少しでも高くなれば P_3 まで上昇し続けるからである。上述の議論から，このような状況は流動性制約を受けているグループの割合が高いときに起こりやすい。もちろん，Stein は家

図 9.3 超過需要と価格の不安定性

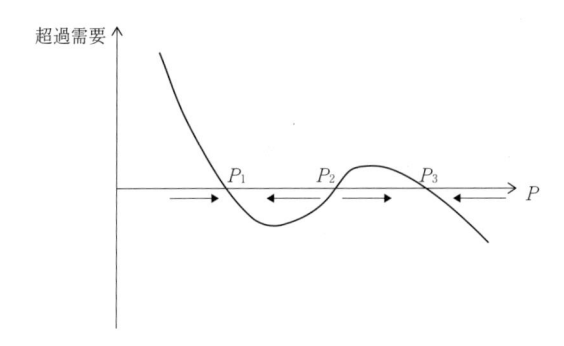

計のあいだで所得が等しいという仮定のもとで議論を展開しているが，流動性制約の影響が大きい住宅市場ほど，住宅価格は不安定になりやすいということを示唆している。

α の住宅価格への影響を考える。

$$D(P; \alpha) = 0$$

超過需要がゼロとなるような均衡価格を P^E とすると，P^E は α の関数，すなわち $P^E = P(\alpha)$ として解かれ，これを超過需要関数に代入すると α に関する恒等式になる。

$$D(P(\alpha); \alpha) \equiv 0$$

これを α について微分すると

$$\frac{dP}{d\alpha} \equiv -\frac{\partial D/\partial \alpha}{\partial D/\partial P} \tag{9.15}$$

を得る。(9.15) 式右辺の分子 $\partial D/\partial \alpha$ は α が超過需要に及ぼす影響であるが，流動性制約を受けるグループや転居しないグループは α の影響は受けず，流動性制約を受けない第 1 のグループのみに影響する。したがって，ベンチマークとして流動性制約を受けない第 1 グループのところで見たように，

$$\frac{\partial D}{\partial \alpha} = \frac{1+P}{P}$$

である。

　しかし，α の変化が住宅価格に及ぼす影響は分母の dD/dP に依存する。この $\partial D/\partial P$ は（9.14）式で導かれたものであり，住宅市場におけるグループ構成によって大きく変わってくる。もし住宅市場に流動性制約を受けないグループだけ存在する場合は，住宅価格が超過需要に及ぼす影響は

$$\frac{\partial D}{\partial P} = -\frac{\alpha}{P^2} < 0$$

であり，したがって

$$\frac{dP}{d\alpha} = \frac{P(1+P)}{\alpha} = \frac{1}{(1-\alpha)^2}$$

である。これは先に得られた結果と同じである。

　ところが，住宅市場のグループ構成によって超過需要関数の傾き $\partial D/\partial P$ が変化し，それによって α の住宅価格に及ぼす影響はプラスにもマイナスにも働く可能性がある。例えば，住宅市場に流動性制約を受けている家計が多くなるほど，負の値である $\partial D/\partial P$ の絶対値が小さくなる。このとき，（9.15）式の分子の値は変わらないまま分母の値が小さくなるので，α が住宅価格に及ぼす影響はベンチマークのケースに比べて大きくなる。さらに $\partial D/\partial P$ が正になって超過需要がゼロになるところで超過需要関数の傾きが正になる可能性があるが，この場合，住宅価格のボラティリティを生む要因となる。

9.2.2　ライフサイクルモデル：Ortalo-Magné and Rady（1999）

(1)　モデル

　Stein（1995）と同じように，Ortalo-Magné and Rady（1999）もかなり大胆な仮定を設けることにより本質を捉えようとする。このモデルでは住宅と基準財であるその他の財から効用を得ているが，効用の割引率は利子率よりも低いと仮定することにより，その他の財の消費は最後の期（つまり第5期）にまとめて行われる。住宅の形態は，保護者の住宅 P，賃貸としてのフラット R，持家としてのフラット F，戸建て住宅 H の4種類である。

すべての主体が5期生きる。生まれてくるときは遺産なしに生まれてくるので，保護者のもとで生活を始める。第1期から所得を取得し始め，期末に第2期の居住選択を行う。3つの選択肢がある。フラットを借りるか，フラットを購入するか，もしくは保護者のもとに居続けるかである。第3期には戸建て住宅に居住することが選択肢として加わる。そして第4期には，すべての主体が戸建て住宅に住む。しかし，第5期では戸建て住宅に住むのがベストというわけではなく，フラットを選択する主体もいる。

各主体を i $(i \in [0,1])$ で見分けることとし，各主体の所得を

$$(1+\alpha i)\, w_t(j) > 0$$

とする。ここで α は所得格差の分布の拡がりを示すパラメータである。第4期までは戸建て住宅に居住することがベストであるが，第5期になると必ずしも戸建て住宅がベストではなく，戸建て住宅からの効用プレミアムは

$$\underline{u}^H + \eta i,\ \underline{u}^H < 0\ \ \text{かつ}\ \ \eta > 0$$

とする。ここで η は戸建て住宅に対する効用の分布の広がりを示すパラメータである。所得が高い主体ほど，戸建て住宅からの効用プレミアムは高いことを意味する。

また，フラットもしくは戸建て住宅を購入する場合，ネットの貯蓄 s_t と住宅購入のための頭金 γq_t^h の合計は非負でなければならないという条件を設ける。つまり，

$$s_t > -\gamma q_t^h,\ \text{ここで}\ h \in \{F, H\}$$

である。さらに，均衡では賃貸としてのフラットと持家としてのフラットは無差別になるとすれば，フラット市場の無裁定条件から

$$R_t = q_t^F - \frac{q_{t+1}^F}{1+r_t} \tag{9.16}$$

が成立する。

そこで，フラットと戸建て住宅の均衡価格を求める。第2期と第3期にフラットを賃貸する主体がいる。とくに限界的な主体はそれぞれすべての所得を払ってフラットを賃貸する。つまり，

$$(1+\alpha i_t^R(1))\,w_t(1) = R_t$$

$$(1+\alpha i_t^R(2))\,W_t(2) = R_t$$

となる。ここで，$W_t(2) = (1+r_{t-1})\,w_{t-1}(1)+w_t(2)$ である。

フラットと戸建て住宅の供給量をそれぞれ S^F, S^H とする。保護者住宅，フラット，戸建て住宅それぞれの住宅市場均衡は以下のとおりである。

$$1+i_t^R(1)+i_t^R(2) = 5-S^F-S^H \quad (保護者住宅市場)$$

$$(1-i_t^R(1))+(i^H(2)-i_t^R(2))+i^H(4) = S^F \quad (フラット市場)$$

$$(1-i^H(2))+1+(1-i^H(4)) = S^H$$

$$すなわち，3-i^H(2)-i^H(4) = S^H \quad (戸建て住宅市場)$$

これらの均衡条件から，まずフラット価格決定の動学式を求める。フラットを賃貸する限界的な主体を保護者住宅市場の均衡条件に代入して

$$R_t = \frac{(4-S^F-S^H)\alpha+2}{w_t(1)^{-1}+W_t(2)^{-1}} \tag{9.17}$$

を得る。(9.17) 式をフラット市場における無裁定条件である（9.16）式に代入することにより，フラット価格決定のための動学式を得る。

$$q_t^F - \frac{q_{t+1}^F}{(1+r_t)} = \frac{(4-S^F-S^H)\alpha+2}{w_t(1)^{-1}+W_t(2)^{-1}} \tag{9.18}$$

定常状態におけるフラットの価格は

$$\bar{q}^F = \left(\frac{1+r}{r}\right)\left[\frac{(4-S^F-S^H)\alpha+2}{w(1)^{-1}+W(2)^{-1}}\right] \tag{9.19}$$

である。ここで $W(2) = (1+r)\,w(1)+w(2)$ である。

次に，戸建て価格決定の動学式を求める。第 3 期にフラットと戸建て住宅が無差別となるような限界的な主体について，

$$(1+\alpha i_t^H(2))\,W_t(2)-(1+r_{t-1})\,q_{t-1}^F+q_t^F = (1-\gamma)\,q_t^H \tag{9.20}$$

が成り立つ。左辺は第 1 期と第 2 期に得た所得とフラットの売却から得たキャピタル・ゲインである。右辺は戸建て住宅購入のための頭金制約である。

また，第5期にフラットと戸建て住宅が無差別となる限界的な主体について

$$\underline{u}^H + \eta i_t^H(4) = \left[(1+r_t)\,q_t^H - q_{t+1}^H\right] - \left[(1+r_t)\,q_t^F - q_{t+1}^F\right] \tag{9.21}$$

が成り立つ。左辺は戸建て住宅に居住することにより得られる効用プレミアムで，右辺は戸建て住宅を保有する費用とフラットを保有する費用との差である。

（9.20）式，（9.21）式から得られる $i_t^H(2)$，$i_t^H(4)$ を戸建て住宅市場の均衡条件に代入することにより

$$\left(\frac{1-\gamma}{\alpha W_t(2)} + \frac{1+r_t}{\eta}\right) q_t^H - \frac{1}{\eta} q_{t+1}^H$$

$$= 3 + \frac{1}{\alpha} - S^H + \frac{\underline{u}^H}{\eta} + \frac{q_t^F - (1+r_{t-1})\,q_{t-1}^F}{\alpha W_t(2)} - \frac{q_{t+1}^F - (1+r_t)\,q_t^F}{\eta} \tag{9.22}$$

を得る。定常状態における戸建て価格は，以下の式から求めることができる。

$$\left(\frac{1-\gamma}{\alpha W(2)} + \frac{r}{\eta}\right) \bar{q}^H = 3 + \frac{1}{\alpha} - S^H + \frac{\underline{u}^H}{\eta} - \left(\frac{1}{\alpha W(2)} - \frac{1}{\eta}\right) r\bar{q}^F \tag{9.23}$$

(2) 所得変化の影響

さて，Ortalo-Magné and Rady（1998）に倣い，所得が増加したときのフラットと戸建て住宅の価格への影響を調べる。2つのケースを考える。1つは定常状態の変化，もう1つは新たな定常状態に向かう移行期の変化である。まず，定常状態の変化について調べる。すべての世代の所得が変化率を σ として $1+\sigma$ 倍に恒常的に変化したとする。変化前と変化後の定常状態におけるフラット価格をそれぞれ $\bar{q}^F$，$\bar{\bar{q}}^F$ とすると，（9.19）式より

$$\bar{\bar{q}}^F = \left(\frac{1+r}{r}\right)\left[\frac{(4-S^F-S^H)\,\alpha+2}{(1+\sigma)^{-1} w(1)^{-1} + (1+\sigma)^{-1} W(2)^{-1}}\right] = (1+\sigma)\,\bar{q}^F$$

つまり，フラット価格も $1+\sigma$ 倍になる。

一方，戸建て価格についても同様に，所得が恒常的に $1+\sigma$ 倍すれば，（9.23）式より

$$\left(\frac{1-\gamma}{\alpha(1+\sigma)\,W(2)}+\frac{r}{\eta}\right)\bar{q}^H=3+\frac{1}{\alpha}-S^H+\frac{u^H}{\eta}-\left(\frac{1}{\alpha(1+\sigma)\,W(2)}-\frac{1}{\eta}\right)r\bar{q}^F$$

$$(9.24)$$

が成立する。所得の変化前と変化後で住宅価格がどのように変化するかを見るために，(9.23) 式と (9.24) 式の差をとると，

$$\frac{1-\gamma}{\alpha W(2)}\left(\frac{\bar{q}^H}{1+\sigma}-\bar{q}^H\right)+\frac{r}{\eta}\left(\bar{q}^H-\bar{q}^H\right)$$

$$=-\frac{1}{\alpha W(2)}\left(\frac{\bar{q}^F}{1+\sigma}-\bar{q}^F\right)+\frac{r}{\eta}\left(\bar{q}^F-\bar{q}^F\right)$$

となる。ここで，$\bar{q}^F=(1+\sigma)\,\bar{q}^F$，$\bar{q}^H=(1+\sigma')\,\bar{q}^H$ と置くと，

$$\left\{\frac{1-\gamma}{\alpha W(2)}\left(\frac{1+\sigma'}{1+\sigma}-1\right)+\frac{r}{\eta}\sigma'\right\}\bar{q}^H=\frac{r}{\eta}\sigma\bar{q}^F$$

$$(9.25)$$

となり，これは次のように書き換えることができる。

$$\frac{\bar{q}^H}{\bar{q}^F}=\frac{r}{\eta}\sigma\Big/\left\{\frac{1-\gamma}{\alpha W(2)}\left(\frac{1+\sigma'}{1+\sigma}-1\right)+\frac{r}{\eta}\sigma'\right\}$$

$\bar{q}^H>\bar{q}^F$，つまり $\bar{q}^H/\bar{q}^F>1$ であるから，

$$\left\{\frac{1-\gamma}{\alpha(1+\sigma)\,W(2)}+\frac{r}{\eta}\right\}(\sigma'-\sigma)<0$$

が満たされていなければならない。よって $\sigma'<\sigma$ が言える。フラットの価格の方が，戸建て住宅の価格よりも変化率は大きい。

しかし，絶対的な価格の変化幅は戸建て住宅の方が大きい。そのことを確認しておこう。戸建て住宅とフラットの絶対的な価格の変化幅はそれぞれ $\sigma\bar{q}^H$，$\sigma'\bar{q}^F$ であるから，(9.25) 式より，

$$\frac{r}{\eta}\left(\sigma\bar{q}^H-\sigma'\bar{q}^F\right)=\frac{1-\gamma}{\alpha(1+\sigma)\,W(2)}(\sigma-\sigma')\,\bar{q}^H$$

となる。上で見たように，$\sigma>\sigma'$ であるから，$\sigma\bar{q}^H>\sigma'\bar{q}^F$ となり，価格の

表 9.1　世代ごとの所得の推移

	1 期	2 期	3 期	4 期	5 期
⋮	⋮	⋮	⋮	⋮	⋮
$s-1$	$w_{s-1}(1) = w(1)$	$W_{s-1}(2)$ $=(1+r)\,w(1)+w(2)$	$w_{s-1}(3) = w(3)$	$w_{s-1}(4) = w(4)$	$w_{s-1}(5) = w(5)$
s	$w_s(1) = \sigma w(1)$	$W_s(2)$ $=(1+r)\,w(1)+\sigma w(2)$	$w_s(3) = \sigma w(3)$	$w_s(4) = \sigma w(4)$	$w_s(5) = \sigma w(5)$
$s+1$	$w_{s+1}(1) = \sigma w(1)$	$W_{s+1}(2)$ $=(1+r)\,\sigma w(1)+\sigma w(2)$	$w_{s+1}(3) = \sigma w(3)$	$w_{s+1}(4) = \sigma w(4)$	$w_{s+1}(5) = \sigma w(5)$
$s+2$	$w_{s+2}(1) = \sigma w(1)$	$W_{s+2}(2)$ $=(1+r)\,\sigma w(1)+\sigma w(2)$	$w_{s+2}(3) = \sigma w(3)$	$w_{s+2}(4) = \sigma w(4)$	$w_{s+2}(5) = \sigma w(5)$
⋮	⋮	⋮	⋮	⋮	⋮

変化幅は戸建て住宅の方が大きいことがわかる。

　次に，定常状態への移行期におけるフラット価格と戸建て価格の反応について調べる。表 9.1 に示されているように，$s-1$ 期まで定常状態が続いているが，s 期に所得が σ 倍に変化した後，$s+1$ 以降はそのまま新たな定常状態に移行するものとする。

　まず，フラットの価格を調べてみよう。(9.18) 式より，q_s^F は

$$q_s^F = \frac{\bar{q}^F}{1+r} + \frac{(4-S^F-S^H)\,\alpha+2}{w_s(1)^{-1}+W_s(2)^{-1}}$$

が成り立つ。q_s^F と定常状態におけるフラット価格 $\bar{q}^F$ の差をとると，(9.19) 式より

$$q_s^F - \bar{q}^F = \big((4-S^F-S^H)\,\alpha+2\big)$$
$$\times \left[\frac{1}{w_s(1)^{-1}+W_s(2)^{-1}} - \frac{1}{\bar{w}(1)^{-1}+\overline{W}(2)^{-1}}\right]$$

となる。ここで，$w_s(1) = \bar{w}(1) = \sigma w(1)$，$W_s(2) = (1+r)\,w(1)+\sigma w(2)$，$\overline{W}(2) = (1+r)\,\bar{w}(1)+\bar{w}(2) = (1+r)\,\sigma w(1)+\sigma w(2)$ である。

$$w_s(1)^{-1}+W_s(2)^{-1} > \bar{w}(1)^{-1}+\overline{W}(2)^{-1}$$

であるから，大括弧の中は負となり，

$$q_s^F < \bar{q}^F$$

が言える。

　次に，一時的な所得の増加が戸建て価格に及ぼす影響について調べる。戸建て価格の動学式（9.22）式より，戸建て価格は一時的な所得の増加があった場合，定常状態に戻るのに2期間を要する。s 期に一時的な所得の増加があったとすると，（9.22）式から $s+1$ 期と定常状態において

$$\left(\frac{1-\gamma}{\alpha\overline{W}(2)}+\frac{1+r}{\eta}\right)q_{s+1}^H-\frac{1}{\eta}\bar{q}^H$$

$$=3+\frac{1}{\alpha}-S^H+\frac{u^H}{\eta}+\frac{\bar{q}^F-(1+r)q_s^F}{\alpha\overline{W}(2)}-\frac{\bar{q}^F-(1+r)\bar{q}^F}{\eta}$$

$$\left(\frac{1-\gamma}{\alpha\overline{W}(2)}+\frac{r}{\eta}\right)\bar{q}^H=3+\frac{1}{\alpha}-S^H+\frac{u^H}{\eta}-\left(\frac{1}{\alpha\overline{W}(2)}-\frac{1}{\eta}\right)r\bar{q}^F$$

が成り立つので，その差をとると

$$\left(\frac{1-\gamma}{\alpha\overline{W}(2)}+\frac{1+r}{\eta}\right)q_{s+1}^H-\left(\frac{1-\gamma}{\alpha\overline{W}(2)}+\frac{1+r}{\eta}\right)\bar{q}^H$$

$$=-\frac{1+r}{\alpha\overline{W}(2)}(q_s^F-\bar{q}^F) \tag{9.26}$$

となる。$q_s^F < \bar{q}^F$ であるから，（9.26）式の左辺は

$$\left(\frac{1-\gamma}{\alpha\overline{W}(2)}+\frac{1+r}{\eta}\right)q_{s+1}^H-\left(\frac{1-\gamma}{\alpha W_s(2)}+\frac{1+r}{\eta}\right)\bar{q}^H>0$$

である。この式は

$$\frac{q_{s+1}^H}{\bar{q}^H}>\left(\frac{1-\gamma}{\alpha W_s(2)}+\frac{1+r}{\eta}\right)\Big/\left(\frac{1-\gamma}{\alpha\overline{W}(2)}+\frac{1+r}{\eta}\right)>1$$

であるから，$q_{s+1}^H > \bar{q}^H$ が言える。所得が増えたことによってフラットから戸建て住宅へのシフトが起こり，フラットの価格はオーバーシュートせずに定常状態に落ち着くが，戸建て住宅の価格はオーバーシュートしながら定常状態に落ち着くことがわかる。

この論文が発表された頃，Ortalo-Magné and Rady は同じようなディスカッション・ペーパーを執筆しており，モデルの精緻化を図っている様子がうかがえる。そして 2006 年に *Econometrica* に掲載された論文で完結することになるが（Ortalo-Magné and Rady 2006），基本的な枠組みは変わらず，所得の変化が住宅価格に及ぼす影響について分析している。いずれの論文も，所得の変化はライフサイクルの中で流動性制約を受けやすい若い世代の存在を通じて住宅価格に大きな影響を及ぼしているという結論を得ている。

9.3　過剰供給と価格変動

　住宅市場のブームとバストを説明するとき，どうしても見過ごせないのが事業者による herding（群れるという意味であるが，建設ラッシュということになろうか）という現象である。日本においてもバブルが崩壊して住宅需要が落ち込む中，住宅のタイプにもよるが，住宅投資が減るどころかかえって増えるという現象がみられた。この現象はこれまでの議論とは多少異なる要素が働いたと考えるべきである。そこで，この herding という現象を経済学的に合理的な行動として捉えるモデルを紹介したい。1 つは，リアル・オプションの考え方を用いて事業者どうしのゲーム的戦略行動として捉えた Grenadier（1996）で，もう 1 つは事業者のゲーム的戦略行動をベイズの考え方を用いて分析した DeCoster and Strange（2012）である。

9.3.1　住宅建設とゲーム的行動：Grenadier（1996）[4]

　本項では，Grenadier（1996）を取り上げる。2 人の事業者が家賃を生む不動産を保有している状況を考える。2 人は現在を含め将来のある時点において自ら保有する不動産を再開発するオプションをもっているが，再開発するにあたって互いのオプション価値を無視することはできない。なぜなら，再開発時期によって家賃や費用に影響が生ずるからである。議論を簡潔にするために同質な事業者を想定しており，どちらが最初に再開発するかは確率

---

4) 中神（2018）では，Grenadier（1996）をさらに発展させた Wang and Zhou（2006）を取り上げている。

表 9.2　再開発のタイミング

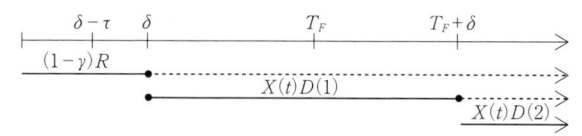

的に決まるものとする。最初に再開発することになる事業者を Leader（以下，Leader の変数については L を付ける），2 番目の事業者を Follower とする（同様に，Follower の変数については F を付ける）。

　2 人の事業者が現在保有するオフィスから生み出される家賃は，将来にわたって R とする。新たなオフィスから生み出される時間 t における家賃を $P(t)$，それを生み出す不動産ストックを $Q(t)$，需要に影響を及ぼす確率的ショックを $X(t)$ とすると，逆需要関数は以下のように定義される。

$$P(t) = X(t)D[Q(t)], \ D'[Q(t)] < 0$$

$X(t)$ は dz を標準的なウィーナー過程として，次のような幾何ブラウン運動に従うものとする。

$$dX = \mu X dt + \sigma X dz$$

ここで，μ はドリフトを示すパラメータ，また σ はボラティリティを示すパラメータである。である。

　時間 τ に I の費用をかけて再開発がはじまり，終了するまでに δ の時間を要する。そのあいだ，家賃収入はゼロである。δ 時間後に新しいオフィスが完成すると，Leader は独占価格として家賃 $P(t) = X(t)D(1)$ を受け取り，Leader によるオプションの行使を受けて Follower が保有するオフィスの家賃は $(1-\gamma)R$ に下がるものとする。

　一方，Follower がオプションを行使して再開発を始めると，δ 時間後に新しいオフィスが 2 件誕生することになり，家賃は複占価格としての $P(t) = X(t)D(2)$ となる。Follower のオプションの行使は，Follower 自身だけではなく Leader の価値にも影響を及ぼすのである（表 9.2）。

　この問題を解くためには，まず Follower の戦略を調べる必要がある。なぜなら，Leader は Follower の戦略を前提に自らの戦略を考えるからである。Leader がいま再開発を始めたときの Follower の価値 $F(X)$ は，古いオフィ

スの価値（家賃の流列の現在価値，つまり $(1-\gamma)R/r$ と，オフィスを新しくするオプション価値 $W(X)$ の合計である。

まず，Follower がいま（時間 τ）すぐに再開発を行うときの本源的価値 $I(X)$ を求めておこう。本源的価値は δ 後に複占価格としての生まれる家賃の流列から，古いオフィスから生まれていた家賃の流列と開発費用とを引いたものである。すなわち，

$$I(X) = \left[\int_\delta^\infty XD(2)e^{-(r-\mu)t}dt\right] - \frac{(1-\gamma)R}{r} - I$$
$$= \left[\frac{D(2)}{r-\mu}e^{-(r-\mu)\delta}\right]X - \frac{(1-\gamma)R}{r} - I$$

である。伊藤のレンマによって，$W(X)$ の変化は次のように書くことができる。

$$dW(X) = \left[\frac{1}{2}\sigma^2X^2W''(X) + \mu XW'(X)\right]dt + \sigma XW'(X)dz$$

均衡において，期待収益率は安全資産利子率に等しい。したがって，均衡において次の微分方程式が成り立つ。

$$0 = \frac{1}{2}\sigma^2X^2W''(X) + \mu XW'(X) - rW(X)$$

この微分方程式を解くために，3つの境界条件が存在する。

$$W(X_F) = \left[\frac{D(2)}{r-\mu}e^{-(r-\mu)\delta}\right]X_F - \frac{(1-\gamma)R}{r} - I \ \text{(continuity 条件)} \ (9.27)$$

$$W'(X_F) = \left[\frac{D(2)}{r-\mu}e^{-(r-\mu)\delta}\right] \ \text{(smooth pasting 条件)} \qquad (9.28)$$

$$W(0) = 0 \qquad\qquad\qquad (9.29)$$

微分方程式の一般解は，$W(X) = AX^\beta$ であるから，特性方程式は

$$\frac{1}{2}\sigma^2\beta^2 + \left(\mu - \frac{1}{2}\sigma^2\right)\beta - r = 0$$

であり，この特性方程式の解は

$$\beta = \frac{-(\mu - \sigma^2/2) \pm \sqrt{(\mu - \sigma^2/2)^2 - 2r\sigma^2}}{\sigma^2}$$

であるが，境界条件の（9.29）より負の解は排除されるので，正の解をそのまま β（＞1）として表記する。境界条件（9.27），（9.28）式より，

$$AX_F^\beta = \left[\frac{D(2)}{r - \mu_X}e^{-(r-\mu)\delta}\right]X_F - \frac{(1-\gamma)R}{r} - I$$

$$A\beta X_F^{\beta-1} = \left[\frac{D(2)}{r - \mu}e^{-(r-\mu)\delta}\right] \tag{9.30}$$

が成り立つので，辺々比をとることにより

$$X_F = \left(\frac{\beta}{\beta-1}\right)\left(\frac{r-\mu}{D(2)}\right)e^{(r-\mu)\delta}\left[I + \frac{(1-\gamma)R}{r}\right] \tag{9.31}$$

を得る。（9.31）式を（9.30）式に代入して

$$A = \frac{I + (1-\gamma)R/r}{\beta-1}\frac{1}{X_F^\beta}$$

を得る。

したがって，微分方程式の解は以下のようになる。

$$W(X) = \begin{cases} \left(\dfrac{I + (1-\gamma)R/r}{\beta-1}\right)\left(\dfrac{X}{X_F}\right)^\beta & \text{if } X < X_F \\[3mm] \left[\dfrac{D(2)}{r-\mu}e^{-(r-\mu)\delta}\right]X - \dfrac{(1-\gamma)R}{r} - I & \text{if } X \geq X_F \end{cases}$$

ただし，$X(t)$ が X_F に達し，Follower が開発を始める時間を T_F とする。

次に，Leader の戦略的行動を考える。すでに建設は始まっており，建設期間に δ を要し完成まで τ という状況にあると仮定する。完成と同時に $X(t)D(1)$ の家賃の流列が発生し，その価値を $L_1(X, \tau)$ とする。また，Follower がオプションを行使すると，δ 以降 $X(t)D(2)$ の家賃の流列が生じ，そこから $X(t)D(1)$ を引いたものを $\bar{L}_2(X, \tau)$ と定義する。すなわち

$$L_1(X, \tau) = \left[\int_\tau^\infty D(1)e^{-(r-\mu)t}dt\right]X = \frac{XD(1)}{r-\mu}e^{-(r-\mu)\tau}$$

$$L_2(X, \tau) = \left[\int_\delta^\infty D(2) e^{-(r-\mu)t} dt\right] X - \left[\int_\delta^\infty D(1) e^{-(r-\mu)t} dt\right] X$$

$$= \frac{X[D(2) - D(1)]}{r - \mu} e^{-(r-\mu)\delta}$$

である。

また，Follower がオプションを行使する前の Leader の価値 $L(X, \tau)$ を，$L_1(X, \tau)$ と $L_2(X, \tau)$ の合計，すなわち

$$L(X, \tau) = L_1(X, \tau) + L_2(X, \tau)$$

とすると，$X < X_F$ のとき $L_2(X, \tau)$ は次の微分方程式を満たさなければならない。

$$0 = \frac{1}{2}\sigma^2 X^2 L_2''(X) + \mu X L_2'(X) - r L_2(X)$$

境界条件としての continuity 条件は，

$$L_2(X_F, \tau) = \bar{L}_2(X_F, \tau)$$

で，微分方程式の一般解は $L_2(X, \tau) = AX^\beta$ であるから，continuity 条件より

$$A X_F^\beta = \frac{X_F[D(2) - D(1)]}{r - \mu} e^{-(r-\mu)\delta}$$

つまり，

$$A = \frac{e^{-(r-\mu)\delta}[D(2) - D(1)]}{r - \mu} X_F^{1-\beta}$$

を得る。よって，微分方程式の解は

$$L_2(X, \tau) = \frac{e^{-(r-\mu)\delta}[D(2) - D(1)]}{r - \mu} X_F \left(\frac{X}{X_F}\right)^\beta$$

となり，(9.31) 式の X_F を代入して

$$L_2(X, \tau) = \frac{e^{-(r-\mu)\delta}[D(2)-D(1)]}{r-\mu}\left(\frac{\beta}{\beta-1}\right)\left(\frac{r-\mu}{D(2)}\right)$$

$$\times e^{(r-\mu)\delta}\left[I+\frac{(1-\gamma)R}{r}\right]\left(\frac{X}{X_F}\right)^{\beta}$$

$$= \left(\frac{\beta}{\beta-1}\right)\frac{[D(2)-D(1)]}{D(2)}\left[I+\frac{(1-\gamma)R}{r}\right]\left(\frac{X}{X_F}\right)^{\beta}$$

を得る。したがって，Leader の価値は以下のようになる。

$$L(X, \tau) = \begin{cases} \dfrac{e^{-(r-\mu)\tau}}{r-\mu}XD(1)+\left(\dfrac{\beta}{\beta-1}\right)\dfrac{D(2)-D(1)}{D(2)}\left(I+\dfrac{(1-\gamma)R}{r}\right)\left(\dfrac{X}{X_F}\right)^{\beta} \\ \quad \text{if } X < X_F \\ \dfrac{e^{-(r-\mu)\tau}}{r-\mu}XD(1)+\dfrac{Xe^{-(r-\mu)\delta}}{r-\mu}[D(2)-D(1)] \quad \text{if } X \geq X_F \end{cases}$$

Leader が再開発に踏み切った瞬間の Leader と Follower の価値を比べて
みる。Leader の価値は $L(X, \delta)-I$ で，Follower の価値は $F(X)$ であるか
ら，その差を $D(X)$ とする。すなわち，

$$D(X) = L(X, \delta)-F(X)-I$$

となる。$D(X)$ は開空間 $(0, X_F)$ に $D(X)=0$ となるような解が一意に存在
することを確認しておこう。

$$D(0) = L(0, \delta)-F(0)-I = -\left[I+\frac{(1-\gamma)R}{r}\right] < 0$$

$$D(X_F) = L(X_F, \delta)-F(X_F)-I = 0$$

で，かつ $\lim_{X \to X_F}D'(X) < 0$ であるから，$D(X)$ は少なくとも一度は
$D(X)=0$ となる。それが一度であることを証明するためには $D(X)$ が凹関
数，すなわち $D''(X) < 0$ であることを示せばよい。なるほど，

$$D''(X) = -\frac{\beta}{X^2}\left[1+\beta\left(\frac{D(1)-D(2)}{D(2)}\right)\right]\left[I+\frac{(1-\gamma)R}{r}\right]\left(\frac{X}{X_F}\right)^{\beta} < 0$$

である。したがって，$D(X)=0$ の解は一意に決まる。
$D(X)=0$ の解を X_L とすると，次のことが言える。

$$X < X_L であれば, \quad L(X, \delta) - I < F(X)$$
$$X = X_L であれば, \quad L(X, \delta) - I = F(X)$$
$$X_L < X < X_F であれば, \quad L(X, \delta) - I > F(X)$$
$$X \geq X_F であれば, \quad L(X, \delta) - I = F(X)$$

同質な事業者 2 社が存在するとき,事業者 2 社にとっての最適な戦略は,X が,Leader になろうとする事業者の X_L よりも小さければ,Follower のオプション価値の方が Leader のオプション価値よりも大きくなるので,Leader になるインセンティブはない。この場合,両者とも開発を思いとどまる。X が,Leader になろうとする事業者の X_L に等しければ,Leader になるときのオプション価値と Follower になるときのオプション価値が一致するので,いずれかが開発に乗り出す。X が,Leader となろうとする X_L と Follower の X_L のあいだにあるとき,Leader になるときのオプション価値の方が Follower になるときのオプション価値よりも大きいので,いずれかが Leader になる。ここでは同質を仮定しているので,どちらが Leader になるかはランダムに決まる。X が Follower の X_L よりも大きければ,Leader になるときのオプション価値と Follower になるときのオプション価値は一致するので,両者が同時に開発を実行する。

ここで興味深いのは最後のケースである。X の値が Follower の X_L よりも大きくなるときだろう。例えば需要が小さくてもそれ以上に費用が小さければ,両者が同時に開発を進めることがありうる。逆に,需要が大きくてもそれ以上に費用が大きいために X の値が Follower の X_L よりも小さくなるとき,両者が開発を控えることもありうる。このように,リアル・オプションにより両者の戦略的な行動を考えることによって herding のような現象を説明することができる。

9.3.2 情報とゲーム的行動：DeCoster and Strange（2012）

次に,DeCoster and Strange（2012）について見ていこう。彼らは次のような状況を考えている。同質の事業者が複数いて,それぞれがある共通する市場で住宅建設を行うか,それとも他の市場で住宅建設を行うか順次決めていく。ただし,他の市場で得られる利益はゼロと仮定する。すでに開発に携

わっている業者の総数が n であるときの事業者 1 人あたりの開発利益は

$$V - F - Cn$$

である。ここで，V：開発利益で二項分布に従う確率変数で，確率 0.5 で開発利益 $V^H > 0$，確率 0.5 で $V^L = 0$ であり，事業者は開発した後にどちらの開発利益が得られるかを知る。F：開発にともなう費用，C：限界的な事業者の混雑費用で，事業者が増えれば増えるほど混雑費用は増えていく，このモデルでは重要な変数である。

　各事業者は開発前に開発利益に関する情報シグナル $\sigma \in \{\sigma^H, \sigma^L\}$ を受け取る。開発によって V^H が得られるときに情報シグナル σ^H を受け取る確率は $\phi\ (>1/2)$ とする。すなわち，

$$\Pr(\sigma = \sigma^H \mid V = V^H) = \phi, \quad \text{また } \Pr(\sigma = \sigma^L \mid V = V^H) = 1 - \phi$$

である。同様に，開発によって V^L が得られるときに情報シグナル σ^L を受け取る確率も $\phi\ (>1/2)$ とする。すなわち，

$$\Pr(\sigma = \sigma^L \mid V = 0) = \phi, \quad \text{また } \Pr(\sigma = \sigma^H \mid V = 0) = 1 - \phi$$

である。

(1)　事業者によって ϕ の値が異なる場合

　事業者によって ϕ の値が異なり，$\phi_1 > \phi_2 > \cdots > \phi_n$ を仮定する。つまり，開発が早い事業者ほど正しい情報を受け取る確率が高いと仮定する。

（a）最初の事業者
　最初の事業者が確率 ϕ_1 で σ^H を受け取ったときの期待開発利益は

$$E[V \mid \sigma_1 = \sigma^H] - F - C$$

で，ベイズ・ルールより，σ^H を受け取ったときに開発利益 V^H を得る確率は，

$$\Pr(V = V^H \mid \sigma_1 = \sigma^H) = \frac{\Pr(\sigma_1 = \sigma^H \mid V = V^H)\Pr(V = V^H)}{\Pr(\sigma_1 = \sigma^H)}$$

$$= \frac{\phi_1(1/2)}{1/2} = \phi_1$$

となる。なお，$\Pr(\sigma_1 = \sigma^H)$ は次のように求めることができる。

$$\Pr(\sigma_1 = \sigma^H) = \Pr(\sigma_1 = \sigma^H | V = V^H)\Pr(V = V^H)$$
$$+ \Pr(\sigma_1 = \sigma^H | V = V^L)\Pr(V = V^L)$$
$$= \phi_1 \frac{1}{2} + (1-\phi_1)\frac{1}{2} = \frac{1}{2}$$

したがって，最初の事業者が σ^H を受け取ったときの期待開発利益は

$$\phi_1 V^H - F - C$$

である。

同様に，最初の開発業が σ^L を受け取ったときの期待開発利益は，

$$E[V | \sigma = \sigma^L] - F - C$$

で，ベイズ・ルールより

$$E[V = V^H | \sigma = \sigma^L] = \frac{\Pr(\sigma = \sigma^L | V = V^H)\Pr(V = V^H)}{\Pr(\sigma = \sigma^L)} = 1 - \phi_1$$

であるから，最初の事業者の開発利益は

$$(1-\phi_1) V^H - F - C$$

である。

したがって，最初の事業者が σ^H を受け取るときにのみ開発を行うための条件は，

$$(1-\phi_1) V^H < F + C < \phi_1 V^H \tag{9.32}$$

である。

(b) 2番目の事業者

次に，2番目の事業者を考える。この事業者は，自分自身の情報シグナルだけではなく最初の事業者の動きを観察している。2番目の事業者もまた

σ^H を受け取ったとすれば，そのとき V^H を受け取る確率は，

$$\Pr(V = V^H \mid (\sigma_1 = \sigma^H) \cap (\sigma_2 = \sigma^H))$$

$$= \frac{\Pr((\sigma_1 = \sigma^H) \cap (\sigma_2 = \sigma^H) \mid V = V^H)\Pr(V = V^H)}{\Pr((\sigma_1 = \sigma^H) \cap (\sigma_2 = \sigma^H))}$$

$$= \frac{\phi_1\phi_2(1/2)}{(1/2)\left[\phi_1\phi_2 + (1-\phi_1)(1-\phi_2)\right]}$$

$$= \frac{\phi_1\phi_2}{\phi_1\phi_2 + (1-\phi_1)(1-\phi_2)}$$

となる。したがって，2番目の事業者が σ^H を受け取ったときに開発を行う場合の開発利益期待は，

$$\frac{\phi_1\phi_2}{\phi_1\phi_2 + (1-\phi_1)(1-\phi_2)} V^H - F - 2C$$

で，同様に2番目の事業者が σ^L を受け取ったとすれば，そのとき V^H を受け取る確率は，

$$\Pr(V = V^H \mid (\sigma_1 = \sigma^H) \cap (\sigma_2 = \sigma^L))$$

$$= \frac{\Pr((\sigma_1 = \sigma^H) \cap (\sigma_2 = \sigma^L) \mid V = V^H)\Pr(V = V^H)}{\Pr((\sigma_1 = \sigma^H) \cap (\sigma_2 = \sigma^L))}$$

$$= \frac{\phi_1(1-\phi_2)(1/2)}{(1/2)\left[\phi_1(1-\phi_2) + (1-\phi_1)\phi_2\right]}$$

$$= \frac{\phi_1(1-\phi_2)}{\phi_1(1-\phi_2) + (1-\phi_1)\phi_2}$$

である。したがって，2番目の事業者が σ^L を受け取ったときに開発を行う場合の開発利益期待は，

$$\frac{\phi_1(1-\phi_2)}{\phi_1(1-\phi_2) + (1-\phi_1)\phi_2} V^H - F - 2C$$

となる。よって，2番目の事業者が σ^H を受け取るときにのみ開発を行うための条件は，

$$\frac{\phi_1(1-\phi_2)}{\phi_1(1-\phi_2) + (1-\phi_1)\phi_2} V^H < F + 2C < \frac{\phi_1\phi_2}{\phi_1\phi_2 + (1-\phi_1)(1-\phi_2)} V^H \quad (9.33)$$

である。

（c）3番目の事業者

3番目の事業者についても同様に考える。この事業者は，自分自身の情報シグナルだけではなく2人の事業者の動きを観察している。2人の事業者がσ^Hを受け取り3番目の事業者がσ^Lを受け取ったときにV^Hを受け取る確率は，

$$\Pr(V = V^H \,|\, (\sigma_1 = \sigma^H) \cap (\sigma_2 = \sigma^H) \cap (\sigma_3 = \sigma^L))$$

$$= \frac{\Pr((\sigma_1 = \sigma^H) \cap (\sigma_2 = \sigma^H) \cap (\sigma_3 = \sigma^L) \,|\, V = V^H)\Pr(V = V^H)}{\Pr((\sigma_1 = \sigma^H) \cap (\sigma_2 = \sigma^H) \cap (\sigma_3 = \sigma^L))}$$

$$= \frac{\phi_1\phi_2(1-\phi_3)(1/2)}{(1/2)\left[\phi_1\phi_2(1-\phi_3) + (1-\phi_1)(1-\phi_2)\phi_3\right]}$$

$$= \frac{\phi_1\phi_2(1-\phi_3)}{\phi_1\phi_2(1-\phi_3) + (1-\phi_1)(1-\phi_2)\phi_3}$$

となる。したがって，3番目の事業者がσ^Lを受け取ったときに開発を行うときの開発利益期待は，

$$\frac{\phi_1\phi_2(1-\phi_3)}{\phi_1\phi_2(1-\phi_3) + (1-\phi_1)(1-\phi_2)\phi_3}V^H - F - 3C$$

となる。したがって，

$$F + 3C < \frac{\phi_1\phi_2(1-\phi_3)}{\phi_1\phi_2(1-\phi_3) + (1-\phi_1)(1-\phi_2)\phi_3}V^H$$

が成り立っていれば，3番目の事業者は自分のシグナルに関係なく2人の事業者に追随した方がよく，まさに herding なる行動が合理的なものとなる。

右辺の値は事業者が正しい情報を受け取る確率ϕに依存する。右辺をϕ_1とϕ_2でそれぞれ微分すると，

$$\frac{\partial(右辺)}{\partial\phi_1} = \frac{\phi_2\phi_3(1-\phi_2)(1-\phi_3)}{\left[\phi_1\phi_2(1-\phi_3) + (1-\phi_1)(1-\phi_2)\phi_3\right]^2} > 0$$

$$\frac{\partial(右辺)}{\partial\phi_2} = \frac{\phi_1\phi_3(1-\phi_1)(1-\phi_3)}{\left[\phi_1\phi_2(1-\phi_3) + (1-\phi_1)(1-\phi_2)\phi_3\right]^2} > 0$$

を得る。最初と2番目の事業者の情報の確実性が高まるほど右辺の値は大きくなり，3番目の事業者が2人の事業者に追随する可能性は高まる。また，当然予想されることであるが，

$$\frac{\partial(右辺)}{\partial\phi_1} - \frac{\partial(右辺)}{\partial\phi_2} = \frac{(\phi_1-\phi_2)\phi_3(1-\phi_3)(\phi_1+\phi_2-1)}{[\phi_1\phi_2(1-\phi_3)+(1-\phi_1)(1-\phi_2)\phi_3]^2} > 0$$

で，右辺の値への影響は，最初の事業者の方が2番目の事業者よりも大きい。
　また，

$$\frac{\partial(右辺)}{\partial\phi_3} = -\frac{\phi_1\phi_2(1-\phi_1)(1-\phi_2)}{[\phi_1\phi_2(1-\phi_3)+(1-\phi_1)(1-\phi_2)\phi_3]^2} < 0$$

であることから，3番目の事業者の情報の確実性が弱まるほど（ϕ_3 が小さくなるほど）右辺の値は大きくなり，2人の事業者に追随しようとするインセンティブは大きくなる。

(2)　事業者の ϕ の値が同一の場合

　(1) で見たように，最初の事業者が σ^H を受け取るときにのみ開発を行うための条件は，(9.32) 式より

$$(1-\phi)V^H < F+C < \phi V^H$$

である。2番目の事業者が σ^H を受け取るときにのみ開発を行うための条件は，(9.33) 式より

$$\frac{1}{2}V^H < F+2C < \frac{\phi^2}{\phi^2+(1-\phi)^2}V^H$$

である。2人の事業者が σ^H を受け取り，3番目の事業者が σ^L を受け取ったときに V^H を受け取る確率は，

$$\Pr(V = V^H | (\sigma_1 = \sigma^H) \cap (\sigma_2 = \sigma^H) \cap (\sigma_3 = \sigma^L))$$
$$= \frac{\phi^2(1-\phi)}{\phi^2(1-\phi)+(1-\phi)^2\phi} = \phi$$

であるから，3番目の事業者が σ^L を受け取ったときに開発を行うときの開

発利益期待は，$\phi V^H - F - 3C$ となり，

$$F + 3C < \phi V^H$$

が成り立っていれば3番目の事業者も自分のシグナルに関係なく追随した方がよい。4番目以降の事業者も $F + nC < \phi V^H$ が成り立つ限り同様の行動をとり，herding なる行動が合理的なものとなる。

9.4 おわりに

　Case and Shiller（1989）によって実証的に示されたように，住宅の価格変化は短期的には正の系列相関をもつが，長期的には平均回帰の動きを示すと言われる。短期的には需要ショックと硬直的な供給によって正の系列相関がもたらされるが，長期的にはその持続的な需要ショックに対して供給が時間をかけて調整されるからである。

　本章は，住宅市場と価格変動に関する4つの点について先行研究をサーベイすることにより，経済学的な説明を加えた。まず第1に，需要サイドと供給サイドにショックが与えられたとき，住宅市場はどのように反応するのか，この点について Poterba（1984）のモデルにもとづいて議論を進めた。しかし，供給サイドのミクロ的な側面が抜け落ちているために，供給サイドからの影響がうまく説明できないという問題があった。第2に，流動性制約が住宅価格にどのような影響を及ぼすかという点にスポットを当てた。Stein（1995）の研究はクロスセクションによる実証研究への応用が期待され，Ortalo-Magné and Rady（1998）の研究はライフサイクルにおける住宅梯子の分析を考えるうえでヒントを与えてくれる。第3に，供給サイドが住宅市場の制約を通じて住宅の価格変動にどのような影響を及ぼすかという点に注目した。ここでは最近注目されている動学的離散選択モデルについて簡単にまとめ，それがどのように住宅投資の分野に応用されるかという点を見た。この手法を用いた日本の住宅市場，とりわけ供給サイドの分析が期待される。第4の点は，住宅市場と価格変動の説明をしようするとき，どうしても見過ごせないのが事業者による herding という現象である。リアル・オプションと完全ベイジアン均衡ゲームによる戦略的な行動について議論を展開した。

　「はじめに」でも述べたように，不動産市場におけるバブルの現象を説明

するのにマネーの存在は欠かすことができない重要な要素ではある。また，不動産市場における情報の役割も決して無視できるものではない。しかし，住宅市場に注目することにより住宅価格のファンダメンタルズがどのような影響を受けるかを分析することは，いまなお意味があることのように思われる。

参考文献
〔邦語〕
中神康博（2018）「住宅市場と価格変動について」Discussion Paper Series No.147, Faculty of Economics, Seikei University。

〔英語〕
Case, K. E. and R. J. Shiller（1989）"The Efficiency of the Market for Single-Family Homes," *American Economic Review*, 79(1), pp.125-137.

Case, K. E. and R. J. Shiller（1990）"Forecasting Prices and Excess Returns in the Housing Market," *AREUEA Journal*, 18(3), pp.253-273.

DeCoster, G. P. and W. C. Strange（2012）"Developers, Herding, and Overbuilding," *Journal of Real Estate Finance and Economics*, 44, pp.7-35.

Grenadier, S. R.（1996）"The Strategic Exercise of Options: Development Cascade and Overbuilding in Real Estate Markets," *Journal of Finance*, 51(5), pp. 1653-1679.

Ortalo-Magné, F. and S. Rady（1998）"Housing Market Fluctuations in a Life-Cycle Economy with Credit Constraints," mimeo.

Ortalo-Magné, F. and S. Rady（1999）"Boom in, Bust out: Young Households and the Housing Price Cycle," *European Economic Review*, 43（4-6）, pp.755-766.

Ortalo-Magné, F. and S. Rady（2006）"Housing Market Dynamics: On the Contribution of Income Shocks and Credit Constraints," *Review of Economic Studies*, 73(2), pp.459-485.

Poterba, J. M.（1980）"Inflation, Income Taxes and Owner-Occupied Housing," NBER Working Paper Series No.553.

Poterba, J. M.（1984）"Tax Subsidies to Owner-Occupied Housing: An Asset Market Approach," *Quarterly Journal of Economics*, 99(4), pp.729-752.

Rosen, S. and R. Topel（1986）"A Time-Series Model of Housing Investment in the United States," NBER Working Paper Series No.1818.

Stein, J.（1995）"Prices and Trading Volume in the Housing Market: A Model with Down-Payment Effects," *Quarterly Journal of Economics*, 110(2), pp.379-406.

Topel, R. and S. Rosen（1988）"Housing Investment in the United States," *Journal of Political Economy*, 96(4), pp.718-740.

Wang, K. and Y. Zhou (2006) "Equilibrium Real Options Exercise Strategies with Multiple Players: The Case of Real Estate Markets," *Real Estate Economics*, 34(1), pp.1-49.

第10章

サーチ理論と住宅市場

10.0　はじめに[1]

　経済学の教科書では，価格は市場における需要と供給のバランスによって決定されると説くのが一般的である。もちろん住宅市場においても，例えば住宅サービスのように需要と供給で説明することも可能ではあるが，それだけでは説明しきれないほど住宅市場は多面的である。その1つとして，消費財である他に，投資財あるいは資産としての性格をあわせもつという側面がある。それゆえ住宅保有は資産形成における意思決定として位置付けられ，また供給の価格弾力性は短期と長期では異なることから，住宅市場の分析には時間的な要素を含める必要がある。その点を考慮した考え方の1つに，ストック・フローアプローチがある。2つ目の側面は，住宅は同質な財ではなく，立地を含め様々な属性によって構成される合成財という点である。都市空間モデルやヘッドニック手法はこの点に着目した分析である。

　本章が注目するのは，もう1つの重要な側面である情報・サーチに関するものである。一般の財・サービスとは異なり，住宅の売買は買い手と売り手のマッチングの問題である。買い手がいま居住する住宅に満足できなくなり気に入った物件を探し当てるためには，少なくとも空き家の状態になっている住宅が存在していなければならない。そうでなければ，住宅に満足できな

1）本章は，中神（2021）にもとづいている。

くなったからといって家を移ることなどできないからである。その意味で，空き家が存在しているということは必要不可欠である。

いま居住する住宅に満足できなくなった世帯は，売り物件の情報にアクセスしながら気に入った物件を探し始める。売り手もまた，新聞，ネットその他の情報ツールを用いて市場に住宅を売りに出す。買い手は住宅を購入によって得られる純便益が最大になるように売り物件を調べ，売り手は売却が得られる純便益が最大になるように価格を設定する。まずは買い手と売り手が出会うことが先決であり，そこから交渉が始まり，互いに合意に達して初めて取引が成立する。

これと似た市場として労働市場がある。労働市場も労働の売り手である労働者と買い手である企業とのマッチングの問題であり，そのために市場をサーチすることが必要である。サーチ・マッチングに関する理論分析は主として労働市場の分野で展開されてきた（その流れを知るには Pissarides 2000 が有益である）。

本章の目的は，サーチ・マッチング理論では住宅価格の変動をどう説明しようとしてきたかという点に注目しながら，筆者が関心のある 4 本の論文 Wheaton（1990），Williams（1995），Krainer（2001），Novy-Marx（2009）を取り上げ，それぞれの論文を解きほぐすことである。

Wheaton（1990）は，労働市場を分析するために展開されてきたサーチ・マッチング理論を，住宅市場に応用した先駆けともいうべき論文である。この分野で論文を執筆するときには必ず引用される。持家住宅を対象としており，住宅を購入しようとする世帯は，住宅を売却しようとする世帯でもあるという点に着目してモデルを構築している。世帯には 3 つの状態があり，いま居住する世帯に満足している世帯，満足せずサーチする世帯，新しい住宅を購入し古い住宅を売却しようとする世帯に分ける。そのうえで，状態変移や空き家率が住宅価格と販売時間にどのような影響を及ぼすか分析を行っている。Wheaton（1990）は定常状態を扱っており，筆者の関心とは必ずしも合致するものではないが，この論文を抜きに住宅市場のサーチ・マッチング理論を語ることはできない。

Williams（1995）は，Wheaton（1990）のモデルを前提に確率的な要素を取り入れ，興味深い分析を繰り広げた。Williams（1995）では，住宅を購入すると住宅からフローとしての利得を得ることになるが，その利得はすべて

の物件にとって共通のマクロ的な要素と買い手固有の要素から構成され，前者は幾何ブラウン運動を仮定し，後者はパレート分布に従うとしている。このような設定のもとでモデルを構築し，確率的な要素を踏まえた住宅価格の動きを明示的に解明した。

Krainer（2001）と Novy-Marx（2009）は，筆者が最も関心のある論文である。住宅市場は，しばしば市場が熱いとか市場が冷え込んでいると言われるが，市場が熱く好況のときには住宅価格は上昇を続け取引量も多く販売に要する時間も短くなるのに対し，市場が冷え込み不況のときにはその逆で，住宅価格は下がり続け取引量は減って販売に要する時間も長くなるというのが一般的な見方である。このような現象を理論的に分析しようと試みたのがこの 2 つの論文である。Krainer（2001）は，とくに経済が良い状態と悪い状態に分けてマルコフ過程を想定することにより，留保価格として定義された住宅価格の変動をシミュレーション分析によって解析した。他方 Novy-Marx（2009）は，労働市場分析ですでに導入されていたマッチング関数を使い，買い手の数に対する売り手の数の比率に着目した。Novy-Marx（2009）の貢献は，定常状態のおいては買い手と売り手が同じ率で市場に参入するとし，買い手・売り手比率を弾力的に定義し，住宅価格の変動を分析したところである。

以下，順を追って説明していく。

10.1　住宅市場への応用

最初に取り上げる Wheaton（1990）は，サーチ理論を住宅市場に応用した嚆矢とされている。しかし，Wheaton モデルは定常状態における分析にとどまっており，確率的な要素は一切含まれていない。そこで，10.1.2 項で Wheaton モデルに確率的要素を取り入れた Williams（1995）を取り上げる。

10.1.1　定常状態：Wheaton（1990）

(1)　モデル

Wheaton モデルは持家の転居が研究対象となっている。ポイントとなる

のは，転居する世帯は買い手と売り手の両方の側面をもつということである。転居は仕事や世帯要因が理由になる場合もあるが，Wheaton モデルではある確率過程による要因によって，いま居住する住宅に満足しきれなくなり（マッチしなくなり）転居を考えるようになる。新しい住宅をサーチするのにコストを払わなければならず，新しい住宅が見つかり転居したとしても，古い家の買い手が見つかるまで新旧両方の住宅を保有する必要がある。古い住宅が売却されて初めてマッチした状態に戻る。

　Wheaton モデルは定常状態を分析の対象としており，持家のストックは固定されており空き家率も外生的に与えられている。この空き家率はサーチに要する努力水準と販売時間に影響を与え，それらが買い手と売り手のそれぞれの留保価格を決定付ける。取引価格はナッシュ交渉解として買い手と売り手のそれぞれの留保価格のあいだに決まる。

　以下，モデルの詳細について説明しよう。

（a）転居率，空き家率，マッチング

　2つのタイプ（$i = 1, 2$）の世帯がいる。例えば，家族のある世帯と独身世帯である。前者は大きめの住宅に住み，後者は小さめの家に住む。タイプ i の世帯数を H_i，タイプ i から他のタイプへの移行率を β_i とすると，それぞれのタイプの世帯数の動きは以下のように表現することができる。

$$\dot{H}_1 = \beta_2 H_2 - \beta_1 H_1$$
$$\dot{H}_2 = \beta_1 H_1 - \beta_2 H_2$$

　タイプ i に属する各世帯は次の 3 つの状態のうちいずれかに含まれる。それはいま居住する住宅に満足している世帯，住宅に満足しながら別のタイプの住宅も同時に所有している世帯，いま居住する住宅に不満を抱えている世帯である。それぞれの世帯数を HM_i，HD_i，HS_i とする。定義より，

$$H_i = HM_i + HD_i + HS_i$$

である。各タイプの住宅総数は短期的には固定されており，ホームレスも存在しないと仮定しているので，各タイプの世帯数以上の住宅は空き家である。すなわち，住宅総数を S_i，空き家数を V_i とすると，

図 10.1　Wheaton モデルのフロー図

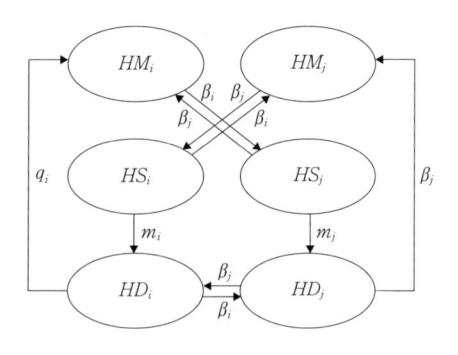

$$V_i = S_i - H_i$$

が成り立つ。

　いま居住する住宅に不満をもったからといって，すぐに満足のいく住宅を見つけることができるわけではない。そのためにサーチの努力をしなければならず，それには費用もかかる。不満を抱えたタイプ i の世帯が，空き家となっている住宅の中から自分の好みに合った住宅を探り当てる事象はポアソン過程で起こるものとし，その到着率を m_i とすると，タイプ i の新規購入住宅は $m_i HS_i$ である。空き家状態にある住宅が販売される事象もポアソン過程で起こり，その到着率を q_i とすると，

$$q_i = \frac{m_i HS_i}{V_i}, \quad i = 1, 2 \tag{10.1}$$

が成り立つ[2]。空き家の状態にある住宅を売却した世帯数は $q_i HD_i$ である。後述するように，2つのパラメータは各世帯がサーチのための努力水準に依存する。

　さて，各タイプの3つの状態変数 HS_i，HD_i，HM_i が時間とともにどのように動くか考える（図 10.1）。

$$\dot{HS_i} = -m_i HS_i - \beta_i HS_i + \beta_j HM_j$$

2）ポアソン過程については，Ross（1972）を参照のこと。

$$\dot{HD_i} = -q_i HD_i + m_i HS_i + \beta_j HD_j - \beta_i HD_i \tag{10.2}$$

$$\dot{HM_i} = +q_i HD_i + \beta_j HS_j - \beta_i HM_i, \quad \text{あるいは} \quad \dot{HM_i} = -\dot{HS_i} - \dot{HD_i}$$

　最初の式は，タイプ i の住宅に不満を抱えている世帯数の動きである。この世帯数の変化に影響を及ぼすのは，マイナスの方向として右辺第1項にあるタイプ i の住宅を探し当てた世帯数，第2項にあるいったん不満を抱えたもののもとのタイプの住宅に戻った世帯数で，プラスの方向として第3項にある他のタイプの住宅に不満をもち，タイプ i に移った世帯数である。

　2番目の式は，タイプ i の住宅に満足しながら別のタイプの住宅も同時に所有している世帯数の動きである。この世帯数に影響を及ぼすのは，マイナスの方向として，第1項にある空き家となっていた住宅を売却したタイプ i の世帯数，第4項にある他のタイプに移行したタイプ i の世帯数で，プラスの方向として，第2項にあるいま居住する住宅に不満を抱え好みに合致した住宅を探し当てたタイプ i の世帯数，第3項にある他のタイプから移行してきた他のタイプの世帯数である。

　3番目の式は，いま居住する住宅に満足している世帯数の動きである。この世帯数に影響を及ぼすのは，プラスの方向として，古い住宅を売却できた世帯数，いったん不満を感じたもののもとの住宅でよいと思った世帯数，マイナスの方向として，いま居住する住宅に不満をもった世帯数である。なお，(10.2) 式の 3 つの式の辺々を 2 つのタイプで足すと $\sum_i (\dot{HM_i} + \dot{HS_i} + \dot{HD_i}) = 0$ となる。世帯数の合計は一定であることから当然である。

　議論を簡単にするために，タイプ1とタイプ2は完全に対称的であると仮定する。つまり $\beta_1 = \beta_2$, $V_1 = V_2$, $HS_1 = HS_2$, $m_1 = m_2$ とすれば，$HS_1 = HS_2$, $HM_1 = HM_2$, $HD_1 = HD_2$ が成り立ち，(10.2) 式の微分方程式は次のように書き直すことができる。

$$\dot{HS} = -mHS - \beta HS + \beta HM = -HS(2\beta + m) + \beta H - \beta HD$$

$$\dot{HD} = -qHD + mHS = -\frac{mHS}{V}HD + mHS = mHS\left(1 - \frac{HD}{V}\right)$$

したがって，定常状態においては

$$HD = V \tag{10.3}$$

$$HS = \frac{\beta(H - HD)}{2\beta + m} \tag{10.4}$$

が成り立つので，（10.3），（10.4）式から $HS = HS(m, H, V, \beta)$ を得る。

販売率 q は，（10.1）式より

$$q = \frac{mHS}{V} = \frac{\beta m(H-V)}{V(2\beta+m)} \equiv q(m, \beta, H, V) \tag{10.5}$$

となる。また，販売率はポアソン過程を仮定しているので，平均販売時間 L は到着率 q の逆数となる。

$$L = \frac{V}{mHS} = \frac{V(2\beta+m)}{\beta m(H-V)} \equiv L(m, \beta, H, V) \tag{10.6}$$

このように，新しい住宅を求めてサーチする世帯数 HS，販売率 q，販売時間 L はいずれも4つのパラメータ，すなわち m，β，H，V の関数として求められる。

(b) サーチの努力水準

ここまで到着率 m は一定としてきた。しかし，実際にはサーチのための努力をするほど到着率の値は大きくなる。つまり，到着率は以下のような努力水準 E の関数として表現することができる。

$$m(E), \ \ m(0) = 0, \ \ \frac{\partial m}{\partial E} > 0, \ \ \frac{\partial^2 m}{\partial E^2} < 0$$

2階微分が負であるという仮定は，努力したことによる効果が弱まることを意味する。

住宅をサーチするために時間をかけて努力しなければならず，それには機会費用をともなう。したがって，そのためのサーチ費用 c を努力水準 E の関数として以下のように定義する。

$$c(E), \ \ c(0) = 0, \ \ \frac{\partial c}{\partial E} > 0, \ \ \frac{\partial^2 c}{\partial E^2} > 0$$

2階微分が正であるという仮定は，努力をすればするほど費用が増えることを意味する。

（c）サーチ行動と住宅市場

上述したように，Wheaton モデルでは3つの状態を考えている。いま居住する住宅に満足している状態，住宅に満足しながら別のタイプの住宅も同時に保有している状態，いま居住する住宅に不満を抱えている状態である。それぞれの状態における効用を以下のように定義する。

UM：いま居住する住宅に満足している世帯の効用（フロー）

US：いま居住する住宅に不満を抱えている世帯の効用（フロー）

WM：いま居住する住宅に満足している世帯にとっての効用の現在価値（ストック）

WD：住宅に満足しながら別のタイプの住宅も同時に保有する世帯にとっての効用の現在価値（ストック）

WS：いま居住する住宅に不満を抱えている世帯にとっての効用の現在価値（ストック）

R：買い手と売り手の交渉によって決まる住宅価格

以下の議論は，資産市場均衡の考え方と同じである。各状態にある世帯にとっての費用・便益を考える。いま居住する住宅に満足している世帯にとって資産市場均衡の条件として次の式が成り立つ。

$$rWM = UM - \beta(WM - WS) \qquad (10.7)$$

左辺は機会費用としての利子費用である。右辺の第1項はこの1年で得らえるフローとしての効用，第2項は状態変化によって満足している状態から満足していない状態に移ることで失うキャピタルロスである。均衡において左辺と右辺が一致する。

次に，新たに保有した住宅と古い住宅を保有する世帯にとっての資産市場均衡条件である。

$$rWD = UM + q(WM - WD + R) \qquad (10.8)$$

左辺は先と同様に機会費用としての利子費用である。右辺は満足した状態から得られる効用と，古い住宅を売却して得られるキャピタルゲイン（満足している住宅から得られる効用の現在価値と売却価格を合計したものから，2軒の住宅を保有する状態から得られる効用の現在価値を引いたもの）を加え

たものである。均衡において両者が一致する。

　さらに，ミスマッチしている世帯にとっての資産市場均衡条件である。

$$rWS = US - c(E) + \beta(WM - WS) + m(E)(WD - WS - R) \quad (10.9)$$

右辺は機会費用としての利子費用である。右辺はいまの満足していない住宅に住み続けることで得られる便益（フロー）である。第2項はサーチ費用，第3項はもとの満足した状態に戻ったことで得られるキャピタルゲイン，第4項はサーチによって満足のいく住宅を見つけたことによって得らえるキャピタルゲインである。均衡において左辺と右辺が一致する。

(d) ナッシュ交渉解

　買い手の利得は $WD - WS - R$ で，これがプラスである限り交渉に応ずる用意がある。

$$WD - WS - R \geq 0$$

一方，売り手の利得は $WM - WD + R$ で，これがプラスである限り交渉に応じる用意がある。

$$WM - WD + R \geq 0$$

Wheaton（1990）は売り手と買い手の交渉力は等しいと仮定している。交渉力が等しければ両者の利得は等しくなるので，

$$WM - WD + R = WD - WS - R$$

が成り立つ。これを R について解くと

$$R = \frac{2WD - WS - WM}{2} \qquad (10.10)$$

を得る。

(2) 定常状態均衡

　（10.7）〜（10.10）式を，WM, WD, WS, R を求める行列式で表現すると以下のようになる。

$$
\begin{pmatrix}
r+\beta & 0 & -\beta & 0 \\
-q & r+q & 0 & -q \\
-\beta & -m(E) & r+\beta+m(E) & m(E) \\
1 & -2 & 1 & 2
\end{pmatrix}
\begin{pmatrix}
WM \\
WD \\
WS \\
R
\end{pmatrix}
=
\begin{pmatrix}
UM \\
UM \\
US-c(E) \\
0
\end{pmatrix}
$$

これを $WM,\ WD,\ WS,\ R$ について解く。左辺の行列の行列式は，

$$
\Delta =
\begin{vmatrix}
r+\beta & 0 & -\beta & 0 \\
-q & r+q & 0 & -q \\
-\beta & -m(E) & r+\beta+m(E) & m(E) \\
1 & -2 & 1 & 2
\end{vmatrix}
= r^2(4\beta+2r+m(E))
$$

であるから，クラメールの公式を用いて

$$
WM = \frac{(2(r+\beta)+m(E))\,UM+2\beta\,(US-c(E))}{r(4\beta+2r+m(E))} \tag{10.11}
$$

$$
WD = \frac{(2r+4\beta+q+m(E))\,UM-q\,(US-c(E))}{r(4\beta+2r+m(E))} \tag{10.12}
$$

$$
WS = \frac{(2\beta+m(E))\,UM+2(r+\beta)\,(US-c(E))}{r(4\beta+2r+m(E))} \tag{10.13}
$$

$$
R = \frac{(UM-US+c(E))\,(2\beta+r+q)}{r(4\beta+2r+m(E))} \tag{10.14}
$$

を得る。(10.11) ～ (10.14) 式の結果を用いて，(10.7)，(10.8)，(10.9)
式におけるキャピタルゲイン，キャピタルロスに相当する以下の値も容易に
求めることができる。

$$
WM-WS = \frac{2(UM-US+c(E))}{4\beta+2r+m(E)}
$$

$$
WD-WS-R = \frac{UM-US+c(E)}{4\beta+2r+m(E)}
$$

$$
WM-WD+R = \frac{UM-US+c(E)}{4\beta+2r+m(E)}
$$

いま居住する住宅に不満を抱いた世帯は満足のいく住宅を見つけるために，
(10.13) 式の WS を最大にするように努力水準を決定する。WS を E で微

分すると,

$$\frac{dWS}{dE} = \frac{-2(r+\beta)(4\beta+2r+m(E))c' + 2(r+\beta)(UM-US+c(E))m'(E)}{r(4\beta+2r+m(E))^2}$$

となる。2階微分することにより最大化のための十分条件は,$m(E)$ と $c(E)$ の仮定より,

$$-2(r+\beta)((4\beta+2r+m(E))c'' - (UM-US+c(E))m'') < 0$$

となる。この条件のもとで,最適化のための条件は

$$c'(E) = m'(E)\frac{UM-US+c(E)}{4\beta+2r+m(E)}$$

である。これを解くことにより,最適な努力水準を β の関数として求めることができる。

$$E = E(\beta)$$

この解を最適化のための必要条件に代入して β で微分すると,以下の結果を得る。

$$\frac{dE}{d\beta} = \frac{8(r+\beta)c'(E)}{-2(r+\beta)((4\beta+2r+m(E))c''(E) - (UM-US+c(E))m''(E))}$$
$$= \frac{-4c'(E)}{((4\beta+2r+m(E))c''(E) - (UM-US+c(E))m''(E))} < 0 \quad (10.15)$$

つまり,状態移行率が高まるほどサーチのための努力水準は弱まる。

　次に,空き家数 V と状態変化率 β が,住宅に満足しない世帯数 HS,住宅価格 R,販売時間 L に及ぼす影響について比較静学を行う。ここでは,m は努力水準だけに依存し空き家数には依存しないと仮定しているので,(10.4),(10.14),(10.6) 式より,それぞれ次のような結果を得る。

命題　$\dfrac{dHS}{dV} < 0,\ \dfrac{dR}{dV} < 0,\ \dfrac{dL}{dV} > 0$

他方,状態変化の確率 β が HS に及ぼす影響は,(10.3),(10.4) 式より,

$$\frac{dHS}{d\beta} = \frac{(H-V)(2\beta+m)-\beta(H-V)(2+m'(E)E'(\beta))}{(2\beta+m)^2}$$

$$= \frac{(H-V)(2\beta+m-\beta(2+m'(E)E'(\beta)))}{(2\beta+m)^2}$$

$$= \frac{(H-V)(m-\beta m'(E)E'(\beta))}{(2\beta+m)^2} > 0$$

である。つまり，状態移行の確率が高くなるほど，いま居住する住宅に不満をもつ世帯の数は増える。

　しかし，R と L の影響についてはいずれも符号を決めることは困難である。最も簡単なケースとして，m と c を外生的なパラメータとして扱った場合について比較静学を行うと，以下のようになる。

$$\frac{dR}{d\beta} = \frac{UM-US+c}{r}\frac{(2+q'(\beta))(4\beta+2r+m)-(2\beta+r+q(\beta))4}{(4\beta+2r+m)^2}$$

$$= \frac{UM-US+c}{r}\frac{2(m-2q(\beta))+q'(\beta)(4\beta+2r+m)}{(4\beta+2r+m)^2}$$

ここで，（10.5）式より

$$\frac{dq}{d\beta} = \frac{H-V}{V}\frac{m(2\beta+m)-\beta m\cdot 2}{(2\beta+m)^2} = \frac{H-V}{V}\frac{m^2}{(2\beta+m)^2} > 0$$

である。よって，β の変化が R に及ぼす影響は，q が小さな値をとるときはプラスであるが，q が大きな値をとるほどマイナスになる傾向がある。ただし，β が E に及ぼす影響，さらには E を通した $m(E)$ と $c(E)$ に及ぼす影響を考慮すると，より複雑な結果となる。いずれにしても $dR/d\beta$ の符号を決めることはできない。

　また，

$$\frac{dL}{d\beta} = \frac{V}{H-V}\frac{(2+m'(E)E'(\beta))\beta m-(2\beta+m)(m+\beta m'(E)E'(\beta))}{(\beta m)^2}$$

$$= \frac{V}{H-V}\frac{m^2+2\beta^2 m'(E)E'(\beta)}{(\beta m)^2}$$

となるので，もし m が外生的に与えられれば，β が大きくなればなるほど販売時間は長くなる。しかし，m が努力水準に依存する場合，(10.15) 式より $E'(\beta)$ の符号は負であるから，β が努力水準 E に及ぼす影響が大きいほど β は販売時間を短くする傾向にあるが，逆に小さいと β は販売時間を長くする力が働く。いずれにしてもやはり $dL/d\beta$ の符号を決めることができない。

　以上，次のようにまとめることができる。

命題　$\dfrac{dHS}{d\beta} > 0, \quad \dfrac{dR}{d\beta} \lessgtr 0, \quad \dfrac{dL}{d\beta} \lessgtr 0$

(3)　シミュレーション分析

　(2) の分析をもとにシミュレーション分析を試みた。Wheaton (1990) でもシミュレーション分析を行っておりそれに倣ったが，後述するように一部 Wheaton (1990) では触れられていないものもある。

(a)　シミュレーション①

　(2) で V と β の比較静学を試みたが，$dR/d\beta$ と $dL/d\beta$ についてはその影響を確定することができなかった。また，m は努力水準 E だけに依存し，空き家率 V/S には依存しないという仮定を設けていた。それを踏まえて最初の数値例では $m(E) = E/2$, $c(E) = c_0 E^2$ と仮定する。その他のパラメータについては以下のとおりである。利子率は5%，ターンオーバー率は10%，空き家率5%，$c_0 = 1000$ である。また，マッチしている世帯のフローの効用は $UM = 10000$, マッチしていない世帯のフローの効用は $US = 5000$ する。このとき得られる以下の値を基準値として，空き家率と β が変化したときの比較静学を試みた。その結果が図 10.2 (a), (b) である。

　空き家率 V/S が住宅価格と販売時間に及ぼす影響については，分析的な結果からも予測できるように，空き家率が高くなるにつれて住宅価格は下がり，販売時間は長くなる。

　β の変化が住宅価格と販売時間に及ぼす影響については，分析的には符号を決定することができなかったが，このシミュレーション結果によれば，β の値が小さい領域では β を介した E の影響が大きく，β の値が大きくなる

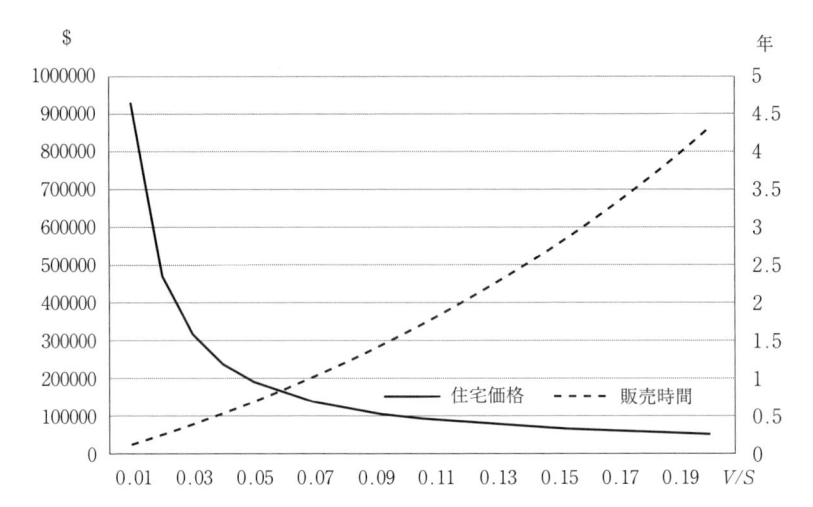

（注）到着率は $E/2$ を仮定し，空き家率の変化が住宅価格，販売時間に及ぼす影響をプロットしたものである。なお，この図は Wheaton（1990）Fig.3 と同じものである。

図 10.2（b）　β が住宅価格と販売時間に及ぼす影響（$m(E) = E/2$）

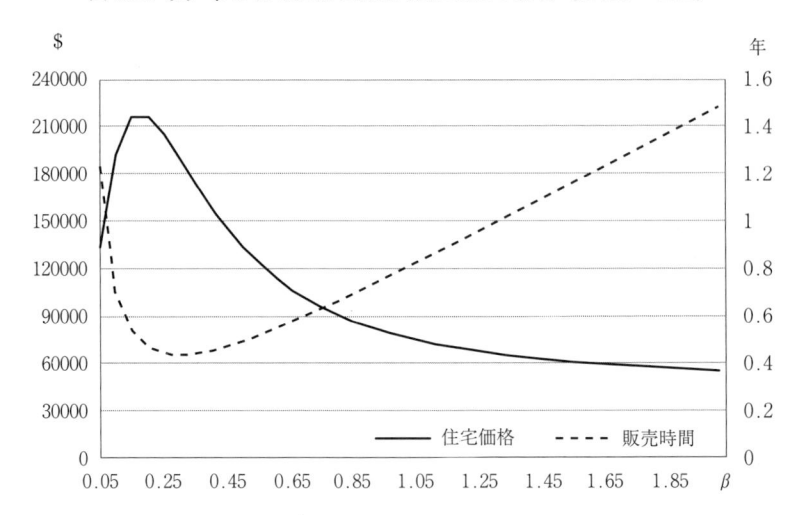

（注）到着率は $E/2$ を仮定している。空き家率（*V/S*）を5％に設定し，β の変化が住宅価格と販売時間に及ぼす影響をプロットしたものである。なお，この図は Wheaton（1990）にはないものである。

につれて住宅価格は上がり，販売時間は短くなる傾向にある。しかし，β の値がさらに大きくなるとその影響は弱まり，住宅価格は下がり，販売時間は長くなる。

(b) シミュレーション②

Wheaton（1990）はもう1つの数値例として，m が努力水準だけではなく，空き家率 V/S にも依存するケースについてシミュレーションを試みている。ここでは $m(E, V/S) = (V/S)(E/2)$ としている。その他のパラメータについては数値例①と同じである。図 10.3（a），（b）に，空き家率 V/S と β の変化が住宅価格と販売時間に及ぼす影響を示されている。

m が空き家率に依存しない場合は，空き家率の上昇とともに住宅価格は単調に低下していたが，数値例②では空き家率 V/S が低い領域では空き家率の上昇とともに住宅価格は上昇し販売時間は短くなるが，ある水準を超えると住宅価格は低下し始め，販売時間は長くなる。

なお，図 10.2（b）と図 10.3（b）は同一となった。Wheaton（1990）も述べているように，シミュレーション①と比較するためにサーチ費用のみを替えてベースとなる数値を一致させたところ，β の影響についてはシミュレーション①の結果と同じになる。

10.1.2 動学モデル：Williams（1995）

(1) モデル

基本的な設定は Wheaton（1990）と同じである。いま居住する住宅に満足せず，新たな住宅を探している世帯がいる。そこに買い手と売り手のマッチングの問題が生まれ，両者のあいだで交渉が成立すれば取引がなされる。そのときの価格は相対的な交渉力の大きさによって決定される。

まず，住宅市場における買い手と売り手のマッチングについて考える。Williams（1995）は買い手が売り手に出会う確率をポアソン分布として捉える。市場に買い手と売り手はそれぞれ B_t, S_t いる。買い手は住宅を購入するにあたり時間をかけて売りに出ている物件を調べなければならない。その努力の度合いが強いほど，売り手と買い手が出会う機会は増える。時間 t から $t+\Delta t$ のあいだに，代表的な買い手がある売り手の物件を内見する確率を

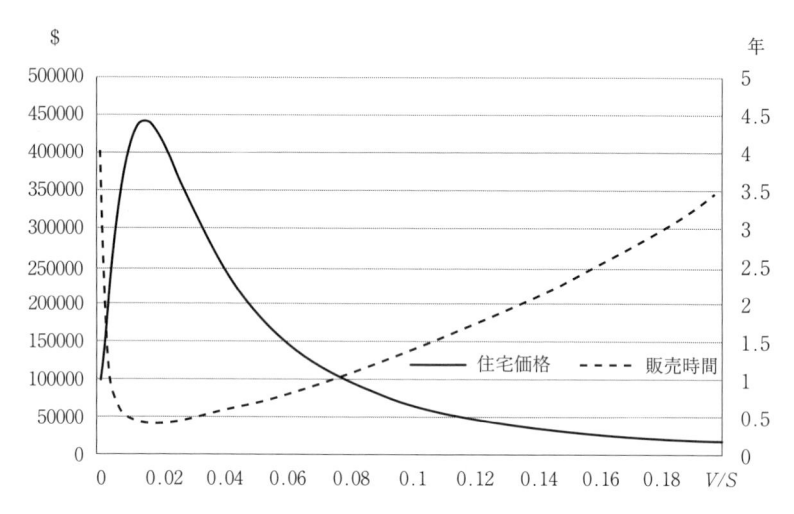

（注）到着率として $(V/S)(E/2)$ を仮定し，空き家率の変化が住宅価格，販売時間に及ぼす影響をプロットしたものである。なお，この図は Wheaton（1990）Fig.4 と同じものである。

図 10.3（b）　*β* が住宅価格と販売時間に及ぼす影響（$m(E) = (V/S)(E/2)$）

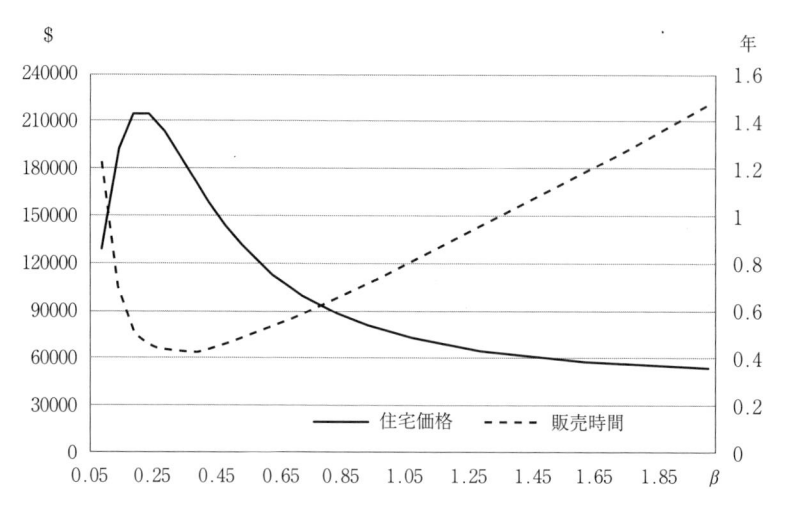

（注）到着率は $E/2$ を仮定している。空き家率（V/S）を 5% に設定し，$β$ の変化が住宅価格と販売時間に及ぼす影響をプロットしたものである。なお，この図は Wheaton（1990）にはないものである。

$\alpha\Delta t + o(\Delta t)$，同じ時間内に１つも売り物件を内見することはない確率を $1-\alpha\Delta t + o(\Delta t)$，逆に複数の売り物件を内見する確率を $o(\Delta t)$ とする。

他方，時間 t から $t+\Delta t$ のあいだに代表的な買い手が代表的な売り手に出会う確率は，$\alpha\Delta t/S_t + o(\Delta t)$ である。したがって，Δt 時間に，売り手が B_t の買い手のうち n 人の買い手に出会う確率は，二項分布として次のように表すことができる。

$$\Pr(n_{t+\Delta t} = n) = \binom{B_t}{n}\left(\frac{\alpha\Delta t}{S_t}\right)^n\left(1-\frac{\alpha\Delta t}{S_t}\right)^{B_t-n}, \ \ \text{ここで} \ n = 0, ..., B_t$$

買い手が売り手に出会う確率との積，つまり $B_t(\alpha\Delta t/S_t)$ を一定であるとみなし，買い手の人数が十分に大きければ，買い手が売り手に出会う回数は $\alpha(B_t/S_t)\Delta t$ をポアソンパラメータとするポアソン分布に従うと考えることができる。$B_t/S_t = \rho$ と定義するとポアソンパラメータは $\alpha\rho\Delta t$ となり，Δt 時間に買い手が売り手に一度も出会うことがない確率と一度出会う確率はそれぞれ以下のようになる[3]。

$$\Pr(n_t = 0) = 1-\alpha\rho\Delta t + o(\Delta t), \ \Pr(n_t = 1) = \alpha\rho\Delta t + o(\Delta t)$$

買い手が売り手に出会ったからといって必ず交渉が成立するわけではない。しかし，いったん買い手が住宅を獲得すると，住宅サービスを享受する。それは住宅保有者が住宅を気に入っている限り続く。時間 t から $t+\Delta t$ までの Δt 時間の家賃を $x_t y_{bs}\Delta t$ とする。x_t は買い手と売り手がマッチしたときのすべての買い手に共通の家賃で，y_{bs} は個々の買い手だけに固有の値である。後者は，買い手と売り手がマッチしたとき，買い手と売り手だけに観察可能である。

確率変数 x_t は，以下のような幾何ブラウン運動に従う。

$$dx = \mu x dt + \sigma x dz$$

ここで z は標準的なウィーナー過程で，μ と σ はそれぞれ単位時間の平均値と分散である。

---

[3] 二項分布とポアソン分布の関係性，ポアソン分布とポアソン過程の関係性については，Ross（1972）を参照のこと。

確率変数 y_{bs} は $\eta \leq y_{bs} < \infty$ で定義され，スケール・パラメータを θ とするパレート分布に従う。パレート分布の分布関数は，

$$F(y_{bs}) = 1 - \left(\frac{\eta}{y_{bs}}\right)^{\theta}$$

で，その確率密度関数は

$$f(y_{bs}) = \frac{\theta \eta^{\theta}}{y_{bs}^{\theta+1}}$$

である。後述の分析のために，y_{bs} が y 以上となる確率と条件付き確率を求めておく。

$$\Pr(y \leq y_{bs}) = \int_{y}^{\infty} \theta \eta^{\theta} y_{bs}^{-\theta-1} dy_{bs} = -\theta \eta^{\theta} \left[\frac{y_{bs}^{-\theta}}{-\theta}\right]_{y}^{\infty} = \left(\frac{\eta}{y}\right)^{\theta}$$
$$\text{for all } y \geq \eta$$
$$E[y_{bs}] = \int_{y}^{\infty} \theta \eta^{\theta} y_{bs}^{-\theta} dy_{bs} = \left(\frac{\theta y}{\theta-1}\right)\left(\frac{\eta}{y}\right)^{\theta}$$

であるから，条件付き期待値は，

$$E[y_{bs} | y_{bs} \geq y] = \frac{E[y_{bs}]}{\Pr(y \leq y_{bs})} = \frac{\theta y}{\theta-1} \quad \text{for all } y \geq \eta \qquad (10.16)$$

となる。

　仕事の都合や家族構成の変化など，やむを得ない事情で住宅を売却しなければならない事態が確率的に起こる。その場合 y_{bs} はゼロとなり，住宅を直ちに売りに出す。こうした事象は時間 Δt のあいだに確率 $\beta \Delta t + o(\Delta t)$ で起こり，住宅のマッチングや期間とは独立しているので，平均 $1/\beta$ とする指数分布に従うものとする。

　$x_t y_{bs}$ が少なくとも $V(x_t)$ より大きければ，買い手は売り手の物件を購入する。この $V(x_t)$ は買い手と売り手にとって留保価値である。これを x_t で除した値を単位留保価値とし，v_t とする。また，交渉が成立したときの取引価格（ナッシュ交渉解）を $P_{bs}(x_t)$ とする。ナッシュ交渉解において，買い手の交渉力を基準とする売り手の相対的な交渉力を λ としている。

William（1995）は Wheaton（1990）に倣い，3 つの状態（新たな住宅を探している状態，マッチしている状態，住宅を売りに出している状態）の効用の現在価値を定義している。住宅に適合せず新たな住宅を探している世帯の効用を $U_b(x_t)$，適合している住宅保有者の効用を $U_{bs}(x_t)$，住宅を売りに出している世帯の効用を $U_s(x_t)$ とする。それぞれの効用に関する微分方程式を求めよう。

(a) $U_b(x_t)$ について

まず，$U_b(x_t)$ について見てみよう。

$$U_b(x_t) = e^{-i\Delta t}\left\{E_x\left[\alpha\Delta t\left(\frac{\eta}{v_t+\Delta t}\right)^{\theta}E_{x+\Delta x}[U_{bs}(x_{t+\Delta t})-P_{bs}(x_{t+\Delta t})\,|\,y_{bs}\geq v_{t+\Delta t}]\right]\right.$$
$$\left.+E_x\left[\left(1-\alpha\Delta t\left(\frac{\eta}{v_t+\Delta t}\right)^{\theta}\right)U_b(x_{t+\Delta t})\right]\right\}+o(\Delta t) \tag{10.17}$$

中括弧の第 1 項は，Δt 時間の中で買い手と売り手が出会う確率を $\alpha\Delta t$，買い手と売り手が適合して取引が成立する確率を $(\eta/(v_t+\Delta t))^{\theta}$ とすると，買い手と売り手が出会い取引が成立したときのネットの効用の現在価値である。第 2 項は，Δt 時間の中で買い手と売り手が出会ったものの取引が成立せず，買い手として居続けるときの効用の現在価値である。（10.17）式の辺々に $e^{i(t+\Delta t)}$ を乗じ，さらに辺々 $e^{it}U_b(x_t)$ を引いたうえで，辺々を Δt で除すると，

$$\frac{e^{i(t+\Delta t)}-e^{it}}{\Delta t}U_b(x_t)$$
$$= e^{it}\left\{E_x\left[\alpha\left(\frac{\eta}{v_t+\Delta t}\right)^{\theta}E_{x+\Delta x}[U_{bs}(x_{t+\Delta t})+U_b(x_{t+\Delta t})-P_{bs}(x_{t+\Delta t})\,|\,y_{bs}\geq v_{t+\Delta t}]\right]\right.$$
$$\left.+\frac{E_x[U_b(x_{t+\Delta t})-U_b(x_t)]}{\Delta t}\right\}+o(\Delta t)$$

となる。Δt をゼロに近づけていくと，伊藤のレンマより

$$\lim_{\Delta t\to 0}\frac{E_x[U_b(x_{t+\Delta t})-U_b(x_t)]}{\Delta t}=\frac{E_x[dU_b]}{dt}=\mu x U_b'+\frac{1}{2}\sigma^2 x^2 U_b''$$

で，左辺は $ie^{it}U_b(x_t)$ であることから，

$$\frac{1}{2}\sigma^2 x^2 U_b'' + \mu x U_b' - iU_b + \alpha\left(\frac{\eta}{v}\right)^\theta E[U_{bs} - U_b - P_{bs}|y_{bs} \geq v] = 0 \quad (10.18)$$

となる。

(b) $U_{bs}(x_t)$

次に，$U_{bs}(x_t)$ について見よう。

$$U_{bs}(x_t) = E_x\left[\int_t^{t+\Delta t} e^{-i(t'-t)} x_{t'} y_{bs} dt'\right]$$
$$+ e^{-i\Delta t}\{\beta\Delta t E_x[U_s(x_{t+\Delta t})] + (1-\beta\Delta t)E_x[U_{bs}(x_{t+\Delta t})]\} + o(\Delta t) \quad (10.19)$$

右辺第 1 項は，時間 t から $t+\Delta t$ までの Δt 時間に得られる住宅サービスの
フローの価値，第 2 項は，Δt 時間後にいま居住する住宅が適合しなくなり
売りに出すときの効用と，そのまま適合続ける場合の効用の期待効用の現在
価値である。

（10.19）式の右辺第 1 項に一次近似を施せば，

$$U_{bs}(x_t) = e^{-i\Delta t} E_x[x_{t+\Delta t} y_{bs}]\Delta t$$
$$+ e^{-i\Delta t}\{\beta\Delta t E_x[U_s(x_{t+\Delta t})] + (1-\beta\Delta t)E_x[U_{bs}(x_{t+\Delta t})]\} + o(\Delta t)$$

となるので，辺々に $e^{i(t+\Delta t)}$ を乗じ，さらに辺々 $e^{it}U_{bs}(x_t)$ を引いたうえで，
辺々を Δt で除すると，

$$\frac{e^{i(t+\Delta t)} - e^{it}}{\Delta t} U_{bs}(x_t) = e^{it}\bigg\{E_x[x_{t+\Delta t}y_{bs}]$$
$$+ \bigg\{\beta E_x[U_s(x_{t+\Delta t}) - U_{bs}(x_{t+\Delta t})] + \frac{E_x[U_{bs}(x_{t+\Delta t}) - U_{bs}(x_t)]}{\Delta t}\bigg\} + o(\Delta t)\bigg\}$$

となる。Δt をゼロに近づけていくと，伊藤のレンマより

$$\frac{E_x[U_{bs}(x_{t+\Delta t}) - U_{bs}(x_t)]}{\Delta t} = \frac{E_x[dU_{bs}]}{dt} = \mu x U_{bs}' + \frac{1}{2}\sigma^2 x^2 U_{bs}''$$

で，左辺は $ie^{it}U_{bs}(x_t)$ となることから，

$$\frac{1}{2}\sigma^2 x^2 U_{bs}'' + \mu x U_{bs}' - i U_{bs} + \beta(U_s - U_{bs}) + x y_{bs} = 0 \qquad (10.20)$$

となる。

(c) $U_s(x_t)$

次に，$U_s(x_t)$ について見よう。

$$U_s(x_t) = e^{-i\Delta t}\Bigg\{ E_x\Bigg[\alpha\rho\Delta t\left(\frac{\eta}{v_t+\Delta t}\right)^\theta (1-\gamma)E_{x+\Delta x}[P_{bs}(x_{t+\Delta x})\,|\,y_{bs}\geq v_{t+\Delta t}]\Bigg]$$

$$+ E_x\Bigg[\left(1 - \alpha\rho\Delta t\left(\frac{\eta}{v_t+\Delta t}\right)^\theta\right)U_s(x_{t+\Delta t})\Bigg]\Bigg\} + o(\Delta t) \qquad (10.21)$$

中括弧の第1項は，Δt 時間の中で売り手が買い手と出会う確率を $\alpha\rho\Delta t$，買い手がフィットして取引が成立する確率を $(\eta/(v_t+\Delta t))^\theta$ とすると，買い手と売り手が出会い取引が成立したときの売り手にとっての効用の現在価値である。第2項は，Δt 時間の中で売り手が買い手と出会ったものの取引が成立せず，売り手として居続けたときの効用の現在価値である。$U_b(x_t)$ と同様にして，Δt をゼロに近づけていくと，（10.21）式は

$$\frac{1}{2}\sigma^2 x^2 U_s'' + \mu x U_s' - i U_s + \alpha\rho\left(\frac{\eta}{v}\right)^\theta E[(1-\gamma)P_{bs} - U_s\,|\,y_{bs}\geq v] = 0 \quad (10.22)$$

となる。

(d) 境界条件

これらの価値関数は以下の2つの境界条件を満たす。1つは $x_t = 0$ のときすべての関数はゼロでなければならないというものである。

$$U_b(0) = 0, \quad U_{bs}(0) = 0, \quad U_s(0) = 0 \qquad (10.23)$$

もう1つは，価値関数は発散したり収斂したりすることはないというものである。$\zeta_b,\ \zeta_s$ を定数，また ζ_{bs} を y_{bs} の関数として，以下の条件を満たす。

$$U_b(x_t) \leq \zeta_b x_t, \quad U_{bs}(x_t) \leq \zeta_{bs} x_t, \quad U_s(x_t) \leq \zeta_s x_t \qquad (10.24)$$

Williams モデルでは，Wheaton（1990）と同じようにナッシュ均衡を考える。買い手と売り手は同じ情報をもつので，両者とも正の利得を得るときにのみ取引が行われる。取引による利得は交渉力に依存し，買い手と売り手の相対的交渉力はそれぞれ $1/(1+\lambda)$，$\lambda/(1+\lambda)$ とする。買い手と売り手の利得はそれぞれ $U_{bs}-U_b-P_{bs}$，$(1-\gamma)P_{bs}-U_s$ であるから，$P_{bs} \leq U_{bs}-U_b$，$U_s \leq (1-\gamma)P_{bs}$ を満たさなければならない。取引が成立するときの総利得は $U_{bs}-U_b-U_s-\gamma P_{bs}$ であるから，売り手にとって

$$(1-\gamma)P_{bs}-U_s = \frac{\lambda}{1+\lambda}(U_{bs}-U_b-U_s-\gamma P_{bs})$$

が成立する。これを整理すると，

$$P_{bs} = \frac{U_s+\lambda(U_{bs}-U_b)}{1-\gamma+\lambda} \tag{10.25}$$

となる。

（2） 均衡

最初に $F \equiv \lambda\rho U_b - U_s$ を定義すると，（10.18）式，（10.22）式，（10.25）式より

$$0 = \frac{1}{2}\sigma^2 x^2 F'' + \mu x F' - iF \tag{10.26}$$

を得る。また，F は（10.23），（10.24）式より

$$F(0) = \lambda\rho U_b(0) - U_s(0) = 0 \tag{10.27}$$

$$F(x) \equiv \lambda\rho U_b(x) - U_s(x) \leq (\lambda\rho\zeta_b - \zeta_s)x \tag{10.28}$$

を満たす。

ところで，（10.26）式の解は $F(x) = Ax^\xi$ の形が予想され，$F'(x) = A\xi x^{\xi-1}$，$F''(x) = A\xi(\xi-1)x^{\xi-2}$ であるから，これらを（10.26）式に代入すると，次のような特性方程式が得られる。

$$\frac{1}{2}\xi^2 - \left(\frac{1}{2} - \frac{\mu}{\sigma^2}\right)\xi - \frac{i}{\sigma^2} = 0$$

この特性方程式は明らかに正負の実数根をもち，しかも正の根は 1 以上であるから，(10.27)，(10.28) 式を満たす非線形の解は存在しないので，$F(x) = 0$ でなければならない。このことは，

$$U_s = \lambda\rho U_b \tag{10.29}$$

を意味する。

　次に (10.18) 式を考える。(10.25)，(10.29) 式より，

$$\frac{1}{2}\sigma^2 x^2 U_b'' + \mu x U_b' - iU_b$$
$$+ \frac{\alpha}{1-\gamma+\lambda}\left(\frac{\eta}{v}\right)^\theta\left[(1-\gamma)U_{bs} - (1-\gamma+\lambda\rho)U_b\right] = 0 \tag{10.30}$$

を得る。一方，(10.20) 式で $xy_{bs} = 0$ とし，(10.29) 式を代入すると

$$\frac{1}{2}\sigma^2 x^2 U_{bs}'' + \mu x U_{bs}' - iU_{bs} + \beta(\lambda\rho U_b - U_{bs}) = 0 \tag{10.31}$$

を得る。ここで $G \equiv U_b - kU_{bs}$ と定義する。(10.30)，(10.31) より

$$\frac{1}{2}\sigma^2 x^2(U_b'' - kU_{bs}'') + \mu x(U_b' - kU_{bs}') - i(U_b - kU_{bs})$$
$$- \beta\lambda\rho k(U_b - kU_{bs}) - \alpha\frac{(1-\gamma+\lambda\rho)}{1-\gamma+\lambda}\left(\frac{\eta}{v}\right)^\theta(U_b - kU_{bs})$$
$$+ \left[\alpha\frac{1-\gamma}{1-\gamma+\lambda}\left(\frac{\eta}{v}\right)^\theta + \beta k - \beta\lambda\rho k^2 - \alpha\frac{(1-\gamma+\lambda\rho)}{1-\gamma+\lambda}\left(\frac{\eta}{v}\right)^\theta k\right]U_{bs} = 0$$

であり，整理すると

$$\frac{1}{2}\sigma^2 x^2 G'' + \mu x G' - \left[i + \beta\lambda\rho k + \alpha\frac{(1-\gamma+\lambda)}{1-\gamma+\lambda}\left(\frac{\eta}{v}\right)^\theta\right]G$$
$$+ \left\{\alpha\frac{1-\gamma}{1-\gamma+\lambda}\left(\frac{\eta}{v}\right)^\theta + \left[\beta - \alpha\frac{(1-\gamma+\lambda\rho)}{1-\gamma+\lambda}\left(\frac{\eta}{v}\right)^\theta\right]k - \beta\lambda\rho k^2\right\}U_{bs}$$
$$= 0 \tag{10.32}$$

となる。また，(10.23)，(10.24) 式より

$$G(0) = 0, \quad G(x) \leq (\varsigma_b - k\varsigma_{bs})x \tag{10.33}$$

を満たす。(10.32) 式右辺の最後の項の k に関する 2 次方程式は正の根，すなわち

$$k = \frac{1}{2\lambda\rho}\left\{\left[1-\frac{\alpha}{\beta}\frac{1-\gamma+\lambda\rho}{1-\gamma+\lambda}\left(\frac{\eta}{v}\right)^{\theta}\right] + \sqrt{\left[1-\frac{\alpha}{\beta}\frac{(1-\gamma+\lambda\rho)}{1-\gamma+\lambda}\left(\frac{\eta}{v}\right)^{\theta}\right]^2 + 4\frac{\alpha}{\beta}\frac{1-\gamma}{1-\gamma+\lambda}\left(\frac{\eta}{v}\right)^{\theta}}\right\}$$

をもち，そのとき同次システム (10.33) 式を満たす非線形解は存在せず，$G(x) = 0$，すなわち $U_b = kU_{bs}$ でなければならない。

そこで，$U_b = kU_{bs}$ を (10.31) 式に代入すると，

$$\frac{1}{2}\sigma^2 x^2 U_{bs}'' + \mu x U_{bs}' - [i + \beta(1-\lambda\rho k)]U_{bs} = 0$$

となり，2 次方程式を満たす k について

$$1-\lambda\rho k > \frac{\alpha}{\beta}\frac{1-\gamma+\lambda\rho}{1-\gamma+\lambda}\left(\frac{\eta}{v}\right)^{\theta} > 0$$

が成り立つので，先述の議論と同じ理由で $U_{bs}(x) = 0$ でなければならない。

これらの議論の結果，$U_b(x) = U_{bs}(x) = U_s(x) = 0$ となり，非線形の解は排除される。したがって (10.18)，(10.20)，(10.22)，(10.23)，(10.24) 式の解は以下のとおりである。

$$P_{bs}(x) = p_{bs}x, \quad V(x) = vx$$
$$U_b(x) = u_b x, \quad U_{bs}(x) = u_{bs}x, \quad U_s(x) = u_s x$$
$$p_{bs} \equiv P_{bs}(1), \quad v \equiv V(1), \quad u_b \equiv U_b(1), \quad u_{bs} \equiv U_{bs}(1), \quad u_s \equiv U_s(1)$$

したがって，これらを (10.18)，(10.20)，(10.29)，(10.25) 式に代入することにより，

$$u_b = \frac{\alpha}{i-\mu}\left(\frac{\eta}{v}\right)^{\theta}E[u_{bs} - u_b - p_{bs}|y_{bs} \geq v] \tag{10.34}$$

$$u_{bs} = \frac{\beta u_s + y_{bs}}{\beta + i - \mu} \tag{10.35}$$

$$u_s = \lambda \rho u_b \tag{10.36}$$

$$p_{bs} = \frac{u_s + \lambda (u_{bs} - u_b)}{1 - \gamma + \lambda} \tag{10.37}$$

を得る。

次のステップとして，単位留保価値 v を求める。そのためにまず，$u_{bs} - u_b - p_{bs}$ を計算する。(10.35), (10.36), (10.37) 式を順次代入していくと，

$$
\begin{aligned}
u_{bs} &- u_b - p_{bs} \\
&= \frac{(1-\gamma)\beta\lambda\rho - (1-\gamma)(\beta+i-\mu) - (\beta+i-\mu)\lambda\rho}{(1-\gamma+\lambda)(\beta+i-\mu)} u_b \\
&\quad + \frac{1-\gamma}{(1-\gamma+\lambda)(\beta+i-\mu)} y_{bs} \\
&= \frac{1-\gamma}{(1-\gamma+\lambda)(\beta+i-\mu)} \left(y_{bs} - \left(\frac{(1-\gamma+\lambda\rho)(\beta+i-\mu)}{1-\gamma} - \beta\lambda\rho \right) u_b \right)
\end{aligned}
$$

を得る。ここで単位留保価格を

$$v = \left(\frac{(1-\gamma+\lambda\rho)(\beta+i-\mu)}{1-\gamma} - \beta\lambda\rho \right) u_b \tag{10.38}$$

と定義すると，

$$u_{bs} - u_b - p_{bs} = \frac{1-\gamma}{(1-\gamma+\lambda)(\beta+i-\mu)} (y_{bs} - v)$$

となる。そこで，条件付き期待値を計算すると，

$$
\begin{aligned}
E[u_{bs} &- u_b - p_{bs} \,|\, y_{bs} \geq v] \\
&= \frac{1-\gamma}{(1-\gamma+\lambda)(\beta+i-\mu)} E[y_{bs} - v \,|\, y_{bs} \geq v] \\
&= \frac{1-\gamma}{(1-\gamma+\lambda)(\beta+i-\mu)} \frac{\int_v^\infty (y_{bs} - v) f(y_{bs}) \, dy_{bs}}{\Pr(y_{bs} \geq v)}
\end{aligned}
$$

$$= \frac{1-\gamma}{(1-\gamma+\lambda)(\beta+i-\mu)} \frac{\int_v^\infty (y_{bs}-v) f(y_{bs}) \, dy_{bs}}{\int_v^\infty f(y_{bs}) \, dy_{bs}}$$

$$= \frac{1-\gamma}{(1-\gamma+\lambda)(\beta+i-\mu)} \frac{\int_v^\infty (y_{bs}-v) \theta\eta^\theta y_{bs}^{-\theta-1} dy_{bs}}{\int_v^\infty \theta\eta^\theta y_{bs}^{-\theta-1} dy_{bs}}$$

$$= \frac{1-\gamma}{(1-\gamma+\lambda)(\beta+i-\mu)} \theta\eta^\theta \left\{ \left[\frac{y_{bs}^{1-\theta}}{1-\theta} \right]_v^\infty - v\left[\frac{y_{bs}^{-\theta}}{1-\theta} \right]_v^\infty \right\} \bigg/ \theta\eta^\theta \left[\frac{y_{bs}^{-\theta}}{-\theta} \right]_v^\infty$$

$$= \frac{1-\gamma}{(1-\gamma+\lambda)(\beta+i-\mu)} \frac{\eta^\theta v^{1-\theta}}{\theta-1} \bigg/ \left(\frac{\eta}{v} \right)^\theta$$

$$= \frac{(1-\gamma)v}{(1-\gamma+\lambda)(\beta+i-\mu)(\theta-1)}$$

であるから，これを（10.34）式に代入して

$$u_b = \frac{\alpha}{i-\mu} \left(\frac{\eta}{v} \right)^\theta \frac{(1-\gamma)v}{(1-\gamma+\lambda)(\beta+i-\mu)(\theta-1)}$$

$$= \frac{1-\gamma}{1-\gamma+\lambda} \frac{\alpha\eta^\theta v^{1-\theta}}{(\theta-1)(i-\mu)(\beta+i-\mu)}$$

となり，さらに，これを（10.38）式に代入して，

$$v = \left[\frac{1-\gamma+\lambda\rho}{1-\gamma}(\beta+i-\mu) - \beta\lambda\rho \right]$$

$$\times \left[\frac{1-\gamma}{1-\gamma+\lambda} \frac{\alpha}{(\theta-1)(i-\mu)(\beta+i-\mu)} \right] \eta^\theta v^{1-\theta}$$

$$= \eta\left\{ \frac{\alpha}{(\theta-1)(i-\mu)(1-\gamma+\lambda)} \left[(1-\gamma+\lambda\rho) - \frac{\beta\lambda\rho(1-\gamma)}{\beta+i-\mu} \right] \right\}^{-\theta}$$

を得る。つまり，

$$v = \eta\phi^{-\theta} \tag{10.39}$$

である。ここで

$$\phi \equiv \frac{\alpha}{(\theta-1)(i-\mu)(1-\gamma+\lambda)} \left[(1-\gamma+\lambda\rho) - \frac{\beta\lambda\rho(1-\gamma)}{\beta+i-\mu} \right]$$

である。ただし，$\phi > 1$ ならば，買い手も売り手も $\eta \leq y_{bs} \leq v$ である場合はすべてのマッチングを拒否する。そうでなければ，マッチングを拒否することはなく，$\eta = v$ でなければならない。しかし，一般的には $\phi > 1$ を仮定するのが妥当である。以下，$\phi > 1$ を前提に議論を進めることにする。

また，（10.39）式は $v = \eta^{\theta} v^{1-\theta} \phi$ と書き直すことができるので，

$$u_b = \frac{1-\gamma}{1-\gamma+\lambda} \frac{\alpha}{(\theta-1)(i-\mu)(\beta+i-\mu)} \frac{v}{\phi} \tag{10.40}$$

となる。

次に，単位住宅価格 p_{bs} を v と y_{bs} で表す。（10.37）式に（10.35），（10.36）式を代入して

$$p_{bs} = \lambda \frac{(\rho-1)(\beta+i-\mu)+\beta\lambda\rho}{(1-\gamma+\lambda)(\beta+i-\mu)} u_b + \frac{\lambda y_{bs}}{(1-\gamma+\lambda)(\beta+i-\mu)}$$

であるから，（10.40）を代入して

$$p_{bs} = \lambda \frac{(\rho-1)(\beta+i-\mu)+\beta\lambda\rho}{(1-\gamma+\lambda)(\beta+i-\mu)} \frac{1-\gamma}{1-\gamma+\lambda} \frac{\alpha}{(\theta-1)(i-\mu)(\beta+i-\mu)} \frac{v}{\phi}$$
$$+ \frac{\lambda y_{bs}}{(1-\gamma+\lambda)(\beta+i-\mu)}$$

を得る。ところで

$$\phi \equiv \frac{\alpha}{(\theta-1)(i-\mu)(1-\gamma+\lambda)} \left[(1-\gamma+\lambda\rho) - \frac{\beta\lambda\rho(1-\gamma)}{\beta+i-\mu} \right]$$
$$= \frac{\alpha}{(\theta-1)(i-\mu)(1-\gamma+\lambda)(\beta+i-\mu)} + (\beta+i-\mu)(1-\gamma+\lambda\rho) - \beta\lambda\rho(1-\gamma) \tag{10.41}$$

と書き直すことができるので，

$$p_{bs} = \lambda(1-\gamma) \frac{(\rho-1)(\beta+i-\mu)+\beta\lambda\rho}{(1-\gamma+\lambda)(\beta+i-\mu)}$$
$$\times \frac{v}{(\beta+i-\mu)(1-\gamma+\lambda\rho)-\beta\lambda\rho(1-\gamma)}$$

$$+ \frac{\lambda y_{bs}}{(1-\gamma+\lambda)(\beta+i-\mu)}$$

となる。

$$(\rho-1)(\beta+i-\mu)+\beta\lambda\rho = \rho(\beta+i-\mu)-[\beta+i-\mu-\beta\lambda\rho]$$
$$(\beta+i-\mu)(1-\gamma+\lambda\rho)-\beta\lambda\rho(1-\gamma)$$
$$= \lambda\rho(\beta+i-\mu)+(1-\gamma)[\beta+i-\mu-\beta\lambda\rho]$$

であることを踏まえ,

$$p_{bs} = \lambda(1-\gamma)\frac{\rho(\beta+i-\mu)-[\beta+i-\mu-\beta\lambda\rho]}{(1-\gamma+\lambda)(\beta+i-\mu)}$$
$$\times \frac{v}{\lambda\rho(\beta+i-\mu)+(1-\gamma)[\beta+i-\mu-\beta\lambda\rho]}+\frac{\lambda y_{bs}}{(1-\gamma+\lambda)(\beta+i-\mu)}$$
$$p_{bs} = \lambda(1-\gamma)\frac{\rho(\beta+i-\mu)-[i+\beta(1-\lambda\rho)-\mu]}{\lambda\rho(\beta+i-\mu)+(1-\gamma)[i+\beta(1-\lambda\rho)-\mu]}$$
$$\times \frac{v}{(1-\gamma+\lambda)(\beta+i-\mu)}+\frac{\lambda y_{bs}}{(1-\gamma+\lambda)(\beta+i-\mu)}$$

を得る。よって,p_{bs} は以下のように書くことができる。

$$p_{bs} = \frac{\phi v+\lambda y_{bs}}{(1-\gamma+\lambda)(\beta+i-\mu)} \tag{10.42}$$

ここで,

$$\phi \equiv \lambda(1-\gamma)\frac{\rho(\beta+i-\mu)-[i+\beta(1-\lambda\rho)-\mu]}{\lambda\rho(\beta+i-\mu)+(1-\gamma)[i+\beta(1-\lambda\rho)-\mu]} \tag{10.43}$$

である。

これらの結果を用いて,平均単位価格,販売時間,プレミアムを求める。

(a) 平均単位価格

p_{bs} は (10.42) 式で与えられている。(10.16) 式より $E[y_{bs}|\,y_{bs}\geq v]$ $= \theta v/(\theta-1)$ であるから,平均単位価格 $\bar{p}$（以下,単位価格とする）は

$$\bar{p} \to E[p_{bs}|y_{bs} \geq v] = \frac{\phi + \lambda\theta/(\theta-1)}{(\beta+i-\mu)(1-\gamma+\lambda)}v \qquad (10.44)$$

となる。ここで ϕ は（10.43）式で定義されたパラメータである。

（b）販売時間

販売時間を求めるためには Novy-Marx（2009）の議論が参考になる。t_s^m は売り手の物件を販売できるまでの平均時間，τ_s^m は次の買い手に出会うまでの平均時間である。$\Pr(y_{bs} \leq v)$ は買い手との交渉の結果，取引が成立しない確率である。

$$E[t_s^m] = E[\tau_s^m] + \Pr(y_{bs} \leq v)E[t_s^m] \qquad (10.45)$$

ところで，ポアソンパラメータは $\alpha\rho$ であったから，それまでの平均時間はその逆数となり，

$$E[\tau_s^m] = \frac{1}{\alpha\rho} \qquad (10.46)$$

である。また，取引が行われる確率は y_{bs} が単位留保価格 v を上回る確率に等しいので，

$$\Pr(y_{bs} \geq v) = \left(\frac{\eta}{v}\right)^{\theta} \qquad (10.47)$$

である。（10.45）式で $E[t_s^m]$ について解き，（10.39），（10.46），（10.47）式の結果を代入して

$$E[t_s^m] = \frac{E[\tau_s^m]}{\Pr(y_{bs} \geq v)} = \frac{\phi}{\alpha\rho} \qquad (10.48)$$

を得る。なお，（10.41）式より，ϕ に含まれる α と分母に含まれる α が打ち消し合うので，α は販売時間には影響しない。

（c）プレミアム

マッチしていない世帯（$y_{bs}=0$ となっている）にとって住宅の収益率は

安全資産として μ のみであるが，マッチしている世帯にとっての住宅収益率は μ に住宅からの配当に相当する部分 y_{bs} を加えたものに等しい。Williams（1995）では，住宅購入前の流動性プレミアムを以下のように定義している。(10.18)，(10.42) 式より，

$$\mu - i + \frac{E[y_{bs}|y_{bs} \geq v]}{E[p_{bs}|y_{bs} \geq v]} = \mu - i + \frac{\theta(\beta + i - \mu)(1 - \gamma + \lambda)}{(\theta - 1)\phi + \lambda\theta} \quad (10.49)$$

である。ここで，ϕ は（10.43）式で定義されたパラメータである。

(3) シミュレーションによる比較静学

これらの分析結果をもとにシミュレーションによって比較静学を試みた。Williams（1995）とは一部異なるが，本章で取り上げる他の論文と同様の形で比較静学を行った。以下，Williams（1995）に倣い，単位時間は 1 年としている。パラメータが多数にわたるので，ここでは筆者が興味を持つ 3 つのケースについて比較静学を試みた。1 つは，β の影響である。β は住宅を売りに出す確率で，この値が大きいほど引っ越しが頻繁に行われるようになることを意味する。2 つ目は ρ の影響である。ρ は売り手の数に対する買い手の数の割合で，ρ が大きな値をとるにつれて需要が高まることを意味する。3 つ目は α の影響である。α は買い手が売り手に出会う確率で，この値が大きいほど気に入った住宅を見つける確率は高まる。

なお，シミュレーションを行う際，λ については Williams（1995）に倣った。λ は買い手の交渉力を基準としたときの売り手の交渉力を示すパラメータである。Williams（1995）では，λ は売り手の数に対する買い手の数の割合である ρ に依存して決まるとし，以下のように定義している。

$$\lambda = \frac{\alpha\rho + i\phi}{\alpha + i\phi}$$

この定義に従えば，ρ が 1 の値をとれば λ の値も 1 となり，買い手と売り手の交渉力は等しくなる。ρ が 1 の値より大きければ λ の値も 1 より大きくなり，売り手の交渉力は大きくなる。本章でもこの定義にもとづきシミュレーション分析を行った。

シミュレーションの結果が図 10.4 から図 10.6 に示されている。シミュレ

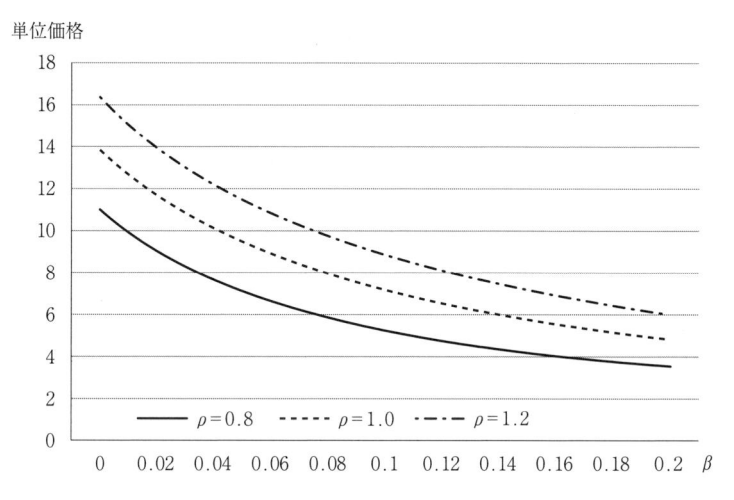

図 10.4（a）　β が単位価格に及ぼす影響

（注）β の変化にともなう単位価格（(10.44) 式の値）の変化を，$\rho = 0.8$, $\rho = 1.0$, $\rho = 1.2$ それぞれの場合についてプロットしたものである。この図は Williams (1995) にもとづき，筆者が独自に作成したものである。

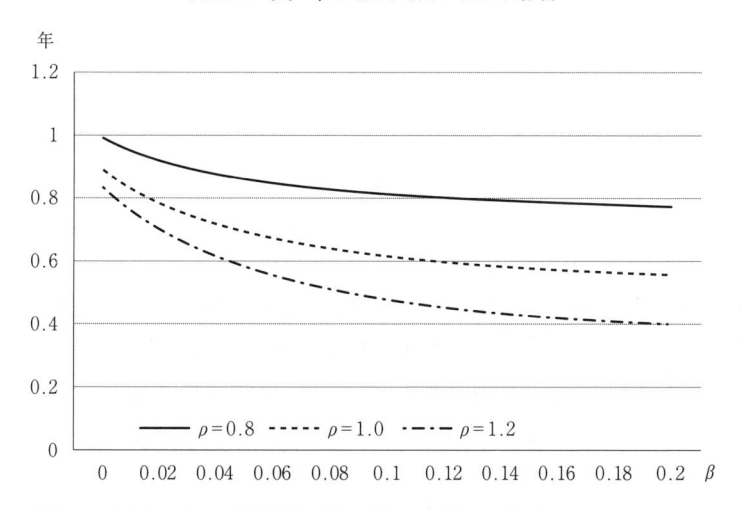

図 10.4（b）　β が販売時間に及ぼす影響

（注）β の変化にともなう販売時間（(10.48) 式の値）の変化を，$\rho = 0.8$, $\rho = 1.0$, $\rho = 1.2$ それぞれの場合についてプロットしたものである。この図は Williams (1995) にもとづき，筆者が独自に作成したものである。

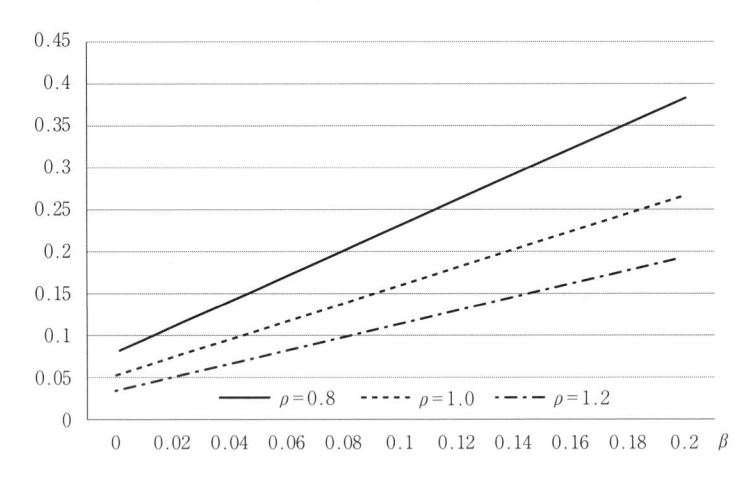

(注) β の変化にともなうプレミアム（(10.49) 式の値）の変化を，$\rho = 0.8$, $\rho = 1.0$, $\rho = 1.2$ それぞれの場合についてプロットしたものである。この図は Williams (1995) にもとづき，筆者が独自に作成したものである。

ーションを行ううえで基準となったパラメータの値は，$\alpha = 10{,}000$, $\beta = 0.10$, $\gamma = 0.10$, $\eta = 0.95$, $\theta = 20$, $i = 0.08$, $\mu = 0.02$, $\rho = 1.0$ である。

　図 10.4 (a), (b), (c) は β の変化が (10.44) 式の単位価格，(10.48) 式の販売時間，(10.49) 式のプレミアムに及ぼす影響を，ρ の値が 0.8, 1.0, 1.2 の場合についてシミュレーションしたものである。β の値が大きくなるほど，単位価格は低下し，販売期間は短くなり，プレミアムは上昇する。また，同じ β の値で比較したとき，ρ の値が大きいほど，単位価格は上昇し，販売時間は短くなり，プレミアムは小さくなる。

　図 10.5 (a), (b), (c) は ρ の変化が単位価格，販売時間，プレミアムに及ぼす影響を，β の値が 0.05, 0.10, 0.15 の場合についてシミュレーションしたものである。ρ の値が大きくなるほど，単位価格は上昇し，販売期間は短くなり，プレミアムは低下する。また，同じ ρ の値で比較したとき，β の値が大きいほど，単位価格は低下し，販売時間は短くなり，プレミアムは上昇する。

　図 10.6 (a), (b) は α の変化が単位価格と販売時間に及ぼす影響を，ρ の値が 0.8, 1.0, 1.2 の場合についてシミュレーションしたものである。α

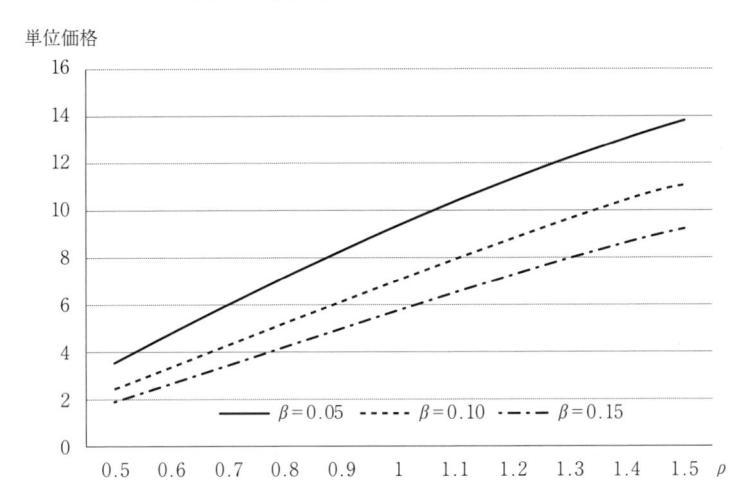

図 10.5（a） ρ が単位価格に及ぼす影響

（注）ρ の変化にともなう単位価格（(10.44) 式の値）の変化を，$\beta = 0.05$，$\beta = 0.10$，$\beta = 0.15$ それぞれの場合についてプロットしたものである。この図は Williams（1995）にもとづき，筆者が独自に作成したものである。

図 10.5（b） ρ が販売時間に及ぼす影響

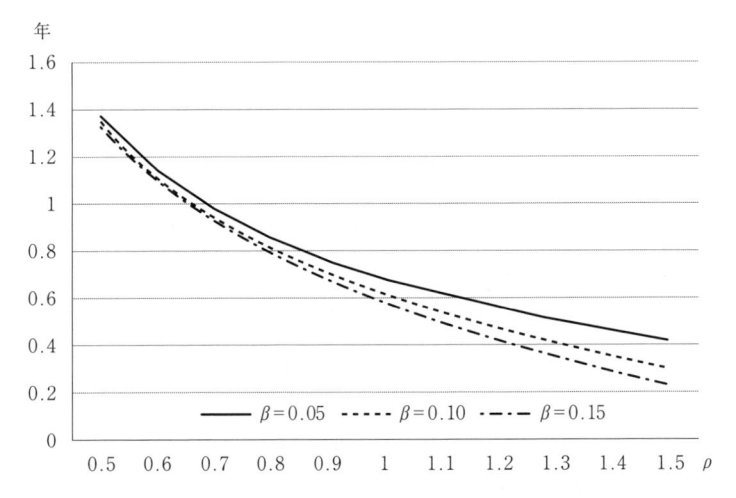

（注）ρ の変化にともなう販売時間（(10.48) 式の値）の変化を，$\beta = 0.05$，$\beta = 0.10$，$\beta = 0.15$ それぞれの場合についてプロットしたものである。この図は Williams（1995）にもとづき，筆者が独自に作成したものである。

図 10.5（c） ρ がプレミアムに及ぼす影響

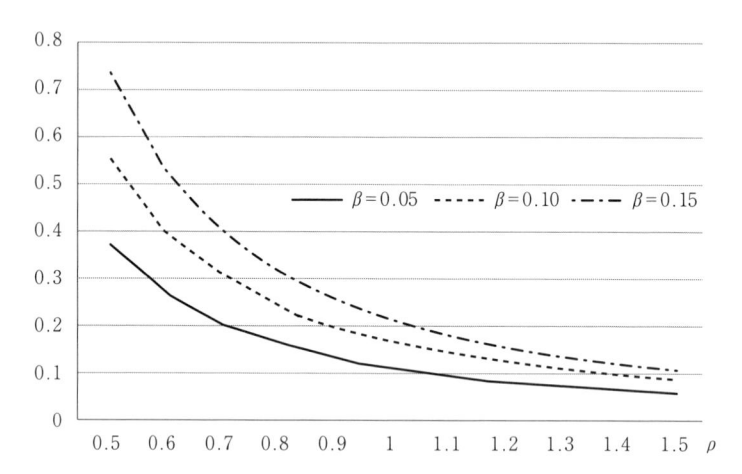

（注）ρ の変化にともなうプレミアム（(10.49) 式の値）の変化を，$\beta = 0.05$, $\beta = 0.10$, $\beta = 0.15$ それぞれの場合についてプロットしたものである。この図は Williams（1995）にもとづき，筆者が独自に作成したものである。

図 10.6（a） α が単位価格に及ぼす影響

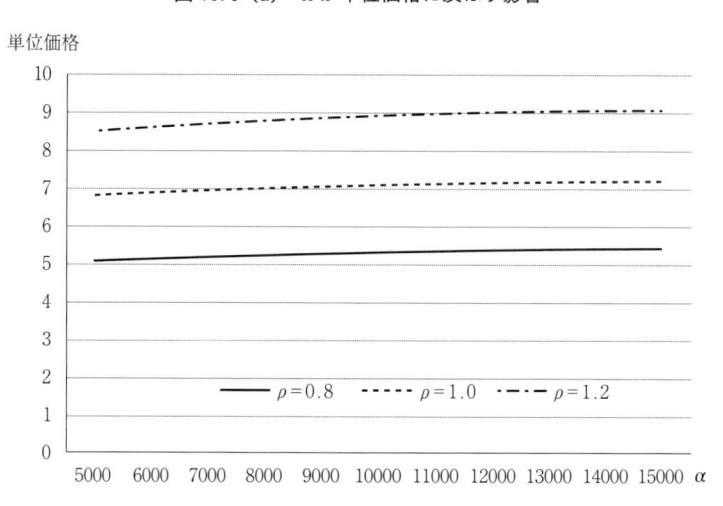

（注）α の変化にともなう単位価格（(10.44) 式の値）の変化を，$\rho = 0.8$, $\rho = 1.0$, $\rho = 1.2$ それぞれの場合についてプロットしたものである。この図は Williams（1995）にもとづき，筆者が独自に作成したものである。

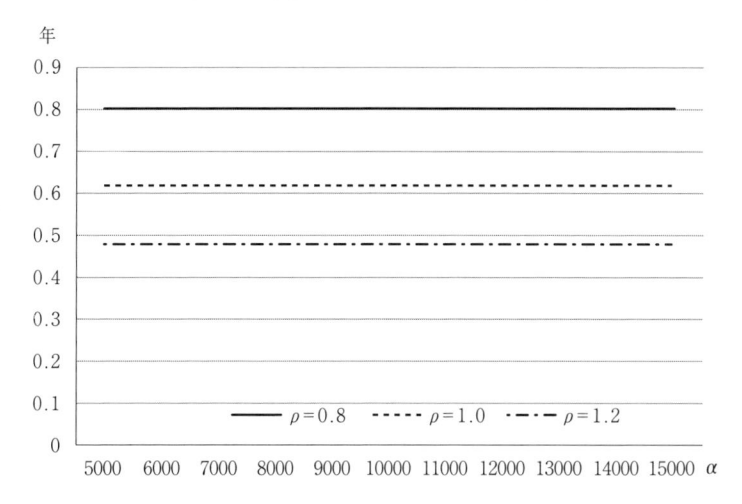

（注）α の変化にともなう販売時間（（10.48）式の値）の変化を，$\rho = 0.8$, $\rho = 1.0$, $\rho = 1.2$ それぞれの場合についてプロットしたものである。この図は Williams（1995）にもとづき，筆者が独自に作成したものである。

の値が大きくなっても，単位価格はわずかしか上昇せず，販売時間には影響しない。また，同じ ρ の値で比較したとき，α の値が大きいほど，単位価格は上昇し，販売時間は短くなる。また，すでに見たように，α はプレミアムに全く影響しない。

10.2　流動性と価格変動：Krainer（2001）

Krainer（2001）は，Wheaton（1990），Williams（1995）にもとづき，住宅市場における住宅価格の変動を理論的に説明しようとした斬新な論文である。Krainer（2001）は住宅市場を取り巻く経済状態が確率的に変移するモデルを扱っている[4]。

---

4) Krainer and LeRoy（2002）は Krainer（2001）の定常状態について分析している。詳細については中神（2021）を参照のこと。

図 10.7　Krainer モデルのフロー図

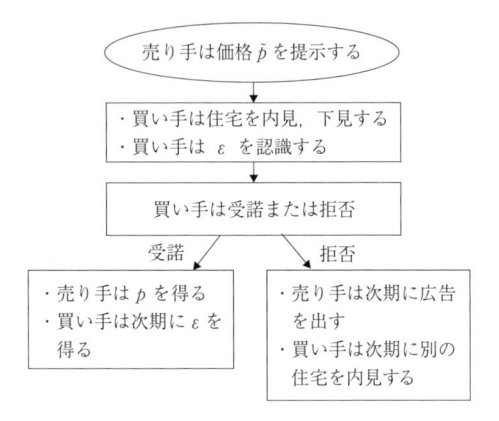

（1）モデル

　いま居住する住宅がフィットしなくなると，新しい住宅を求めてサーチを始める。ある期間に内見できる物件は1軒とし，その物件の気に入り度（以下，フィット値と呼び，ε とする）は $[0,1]$ で定義された一様分布の確率変数とする。この分布そのものは買い手，売り手両方に共通する情報であるが，買い手のみフィット値を知っているが売り手はわからない。まず，売り手は住宅価格 $\tilde{p}$ を提示する。買い手はフィット値にもとづいて住宅を購入する，しないの意思決定を行う。いわゆるゲーム理論で言うところの最後通告ゲーム（take-it-or-leave-it）である（図 10.7）。

　買い手は住宅を購入すると，次期からフィット値に相当する住宅サービスを受け，フィットしなくなるまで続く。もし，住宅を購入しなければ当期は住宅サービスを一切受けることはできず，次期にまたサーチを続ける。フィットの状態が続いている世帯はそのまま住み続け，もし次期にフィットしなくなれば，サーチ活動に入る。

（a）配当としての家賃

　住宅からの収益（配当）は，経済主体固有の ε^i に加えて，マルコフ過程を想定するマクロ的なファクター x を考慮する。すなわち，

$$d^i = \varepsilon^i + x$$

を仮定する。x は x^L（経済が悪い状態）と x^H（経済が良い状態）のいずれかをとるものとする。x の状態変化行列は

$$M = \begin{bmatrix} \lambda & 1-\lambda \\ 1-\lambda & \lambda \end{bmatrix}$$

で表される。いまの経済状態を所与として，次期に同じ状態が続く確率を λ,異なる状態に転移する確率を $1-\lambda$ とする。

(b) 売り手の行動

売り手は市場に住宅を出す期待値を最大にするように価格を選ぶ。そのときの最大値を $q(x)$ とする。

$$q(x) = \max_{\tilde{p}} \{\mu(\tilde{p})\,\tilde{p} + (1-\mu(\tilde{p}))\,\beta Eq[x']\} \tag{10.50}$$

最適となる価格 $p = p(x)$ は，以下の最適化のための必要条件を満たす。

$$\left(\frac{\partial \mu}{\partial \tilde{p}}\bigg|_{\tilde{p}=p(x)}\right)(p(x)-\beta Eq[x']) + \mu(\tilde{p}|_{\tilde{p}=p(x)}) = 0$$
$$\text{for } x = x^L, x^H \tag{10.51}$$

(10.51) 式で求めた $p(x)$ を（10.50）式に代入することにより $q(x)$ を求めることができる。$p(x)$ は買い手の行動にも影響を及ぼすが，その点については後述する。

(c) 買い手の行動

買い手固有のマッチング価値 ε をもつ買い手の価値関数を次のように定義する。

$$v(x, \varepsilon) = \beta E(x' + \varepsilon + \pi v(x', \varepsilon) + (1-\pi)(q(x')+s(x')))$$
$$\text{for } x = x^L, x^H \tag{10.52}$$

Krainer (2001) によって示されているように，(10.52) 式は x についての線形関数として表すことができる。そのことを Krainer (2001) の補論を参考に確認しておく。

$$v(x_0, \varepsilon) = E_0[\beta(x_1 + \varepsilon + (1-\pi)(q_1 + s_1) + \pi v(x_1, \varepsilon))]$$
$$= E_0[\beta(x_1 + \varepsilon + (1-\pi)(q_1 + s_1)$$
$$+ \pi(\beta(x_2 + \varepsilon + (1-\pi)(q_2 + s_2) + \pi v(x_2, \varepsilon))))]$$
$$= E_0[\beta(x_1 + \varepsilon + (1-\pi)(q_1 + s_1))$$
$$+ \beta^2\pi(x_2 + \varepsilon + (1-\pi)(q_2 + s_2)) + \beta^2\pi^2 v(x_2, \varepsilon)]$$
$$= E_0\sum_{t=1}^{\infty}\beta^t\pi^{t-1}(x_t + \varepsilon + (1-\pi)(q_t + s_t))$$
$$= E_0\sum_{t=1}^{\infty}\beta^t\pi^{t-1}\{\Pr(x_t = x^L)x^L + \Pr(x_t = x^H)x^H + \varepsilon$$
$$+ (1-\pi)(\Pr(x_t = x^L)(q(x^L) + s(x^L))$$
$$+ \Pr(x_t = x^H)(q(x^H) + s(x^H)))\} \tag{10.53}$$

行列 M を固有値，固有ベクトルを用いて対角化すると，

$$\begin{pmatrix} \lambda & 1-\lambda \\ 1-\lambda & \lambda \end{pmatrix} = \begin{pmatrix} 1/\sqrt{2} & 1/\sqrt{2} \\ -1/\sqrt{2} & 1/\sqrt{2} \end{pmatrix}\begin{pmatrix} 2\lambda-1 & 0 \\ 0 & 1 \end{pmatrix}\begin{pmatrix} 1/\sqrt{2} & -1/\sqrt{2} \\ -1/\sqrt{2} & 1/\sqrt{2} \end{pmatrix}$$

となる。初期条件を D_0 とすると，t 期における状態は

$$D_t = \begin{pmatrix} \lambda & 1-\lambda \\ 1-\lambda & \lambda \end{pmatrix}^t D_0$$
$$= \left[\begin{pmatrix} 1/\sqrt{2} & 1/\sqrt{2} \\ -1/\sqrt{2} & 1/\sqrt{2} \end{pmatrix}\begin{pmatrix} 2\lambda-1 & 0 \\ 0 & 1 \end{pmatrix}\begin{pmatrix} 1/\sqrt{2} & -1/\sqrt{2} \\ -1/\sqrt{2} & 1/\sqrt{2} \end{pmatrix}\right]^t D_0$$
$$= \begin{pmatrix} 1/\sqrt{2} & 1/\sqrt{2} \\ -1/\sqrt{2} & 1/\sqrt{2} \end{pmatrix}\begin{pmatrix} 2\lambda-1 & 0 \\ 0 & 1 \end{pmatrix}^t\begin{pmatrix} 1/\sqrt{2} & -1/\sqrt{2} \\ -1/\sqrt{2} & 1/\sqrt{2} \end{pmatrix} D_0$$
$$= \begin{pmatrix} ((2\lambda-1)^t+1)/2 & (1-(2\lambda-1)^t)/2 \\ (1-(2\lambda-1)^t)/2 & ((2\lambda-1)^t+1)/2 \end{pmatrix} D_0$$

となる。$D_0 = (1, 0)$ とすると，

$$D_t = \left(\frac{(2-\lambda)^t+1}{2}, \frac{(2-\lambda)^t-1}{2}\right)$$

となる。この結果を使って（10.53）式のそれぞれの項を計算しよう。

$$E_0\sum_{t=1}^{\infty}\beta^t\pi^{t-1}\varepsilon = \beta\varepsilon(1 + \beta\pi + \beta^2\pi^2 + \cdots) = \frac{\beta\varepsilon}{1-\pi\beta}$$

$$\sum_{t=1}^{\infty} \beta^t \pi^{t-1} \mathrm{Pr}\left(x_t = x^L\right) x^L$$

$$= \beta^1 \pi^0 \mathrm{Pr}\left(x_1 = x^L\right) x^L + \beta^2 \pi^1 \mathrm{Pr}\left(x_2 = x^L\right) x^L + \cdots$$

$$= \beta^1 \pi^0 \frac{(2\lambda-1)^1 + 1}{2} x^L + \beta^2 \pi^1 \frac{(2\lambda-1)^2 + 1}{2} x^L + \cdots$$

$$\quad + \beta^3 \pi^2 \frac{(2\lambda-1)^3 + 1}{2} x^L + \cdots$$

$$= \frac{\beta x^L}{2(1-\pi\beta)} + \frac{\beta(2\lambda-1) x^L}{2(1-\pi\beta(2\lambda-1))}$$

なお，第1項，第2項は次のようにして求められる。

$$\frac{\beta^1 \pi^0}{2}\left(1 + \pi\beta + \pi^2\beta^2 + \cdots\right) x^L = \frac{\beta x^L}{2(1-\pi\beta)}$$

$$\frac{\beta^1 \pi^0}{2}(2\lambda-1)\left(1 + \pi\beta(2\lambda-1)^1 + \pi^2\beta^2(2\lambda-1)^2 + \cdots\right) x^L$$

$$= \frac{\beta(2\lambda-1) x^L}{2(1-\pi\beta(2\lambda-1))}$$

同様にして，

$$E_0 \sum_{t=1}^{\infty} \beta^t \pi^{t-1}(1-\pi) P\left(x_t = x^L\right)\left(q\left(x^L\right) + s\left(x^L\right)\right)$$

$$= (1-\pi)\left(\frac{\beta\left(q\left(x^L\right) + s\left(x^L\right)\right)}{2(1-\pi\beta)} + \frac{\beta(2\lambda-1)\left(q\left(x^L\right) + s\left(x^L\right)\right)}{2(1-\pi\beta(2\lambda-1))}\right)$$

であり，整理すると，

$$v(x^L, \varepsilon) = A\left[x^L + (1-\pi)\left(q^L + s^L\right)\right] + B\left[x^H + (1-\pi)\left(q^H + s^H\right)\right] + \frac{\beta\varepsilon}{1-\pi\beta}$$

$$v(x^H, \varepsilon) = A\left[x^H + (1-\pi)\left(q^H + s^H\right)\right] + B\left[x^L + (1-\pi)\left(q^L + s^L\right)\right] + \frac{\beta\varepsilon}{1-\pi\beta}$$

となる。ここで，

$$A = \frac{\beta}{2(1-\pi\beta)} + \frac{\beta(2\lambda-1)}{2(1-\pi\beta(2\lambda-1))}$$

$$B = \frac{\beta}{2(1-\pi\beta)} - \frac{\beta(2\lambda-1)}{2(1-\pi\beta(2\lambda-1))}$$

である。より簡潔に $v(x, \varepsilon)$ は次のように書くことができる。

$$v(x, \varepsilon) = \frac{\beta\varepsilon}{1-\pi\beta} + g(x, -x) \quad \text{for } x = x^L, x^H \tag{10.54}$$

ここで，$-x$ は他方の変数を意味する。

サーチによるオプション価値は次のように定義することができる。

$$s(x) = E_\varepsilon \max\{v(x, \varepsilon) - p(x), \beta Es[x']\} \quad \text{for } x = x^L, x^H \tag{10.55}$$

住宅を購入することとサーチを続けることが無差別となるフィットの境界値 ε^* は

$$v(x, \varepsilon) - p(x) = \beta Es(x') \quad \text{for } x = x^L, x^H \tag{10.56}$$

を満たす値である。上で見たように，$v(x, \varepsilon)$ は ε の1次関数であるから，(10.54)，(10.56) 式より

$$\varepsilon^*(x) = \frac{1-\pi\beta}{\beta}\{(p(x) + \beta Es(x')) - g(x, -x)\} \quad \text{for } x = x^L, x^H \tag{10.57}$$

となる。

(d) 販売確率

$\mu(p(x))$ と ε^* の密接な関係について見よう。ここで $p(x)$ は売り手が決める最適な販売価格である。販売確率は買い手が ε^* よりも高いフィット値を引く確率である。つまり，

$$\mu(p(x)) = 1 - \Pr(\varepsilon \le \varepsilon^*(x)) = 1 - \varepsilon^*(x) \quad \text{for } x = x^L, x^H \tag{10.58}$$

である。なお，(10.58) 式の最後の等式は，固有の家賃 ε は一様分布に従うと仮定しているからである。

以上，均衡における 10 個の変数 $p^*(x)$，$q^*(x)$，$\bar{\varepsilon}^*(x)$，$s^*(x)$，$\mu^*(x)$（いずれも $x = x^L, x^H$）を求めるための 10 個の条件，(10.50)，(10.51)，(10.55)，(10.56)，(10.58) 式が出そろった。

(2) シミュレーション分析

しかし，明示的に均衡解をパラメータの関数として解くことは困難である。そこで，シミュレーションによって比較静学の分析を行うことにする。以下，均衡値には * を付けずに表記する。$\mu^L = 1 - \bar{\varepsilon}^L$，$\mu^H = 1 - \bar{\varepsilon}^H$ であるから，実際は以下の 8 本の式から求めることができる。

（10.57）式を考慮し，（10.58）式を $\tilde{p}$ で微分して $\tilde{p} = p(x)$ で評価すると，

$$\frac{d\mu(p(x))}{d\tilde{p}} = -\frac{d\varepsilon^*(p(x))}{d\tilde{p}} = -\frac{(1-\pi\beta)}{\beta} \quad \text{for } x = x^L, x^H \quad (10.59)$$

となるので，売り手の最適化のための必要条件は（10.51），（10.59）式より

$$-\frac{1-\pi\beta}{\beta}(p^L - \beta(\lambda q^L + (1-\lambda)q^H)) + (1-\bar{\varepsilon}^L) = 0$$

$$-\frac{1-\pi\beta}{\beta}(p^H - \beta(\lambda q^H + (1-\lambda)q^L)) + (1-\bar{\varepsilon}^H) = 0$$

となる。そのときの売り手にとっての住宅の価値は，p^L と p^H を（10.50）式に代入することより得られる。

$$q^L = (1-\bar{\varepsilon}^L)p^L + \bar{\varepsilon}^L\beta(\lambda q^L + (1-\lambda)q^H)$$

$$q^H = (1-\bar{\varepsilon}^H)p^H + \bar{\varepsilon}^H\beta(\lambda q^H + (1-\lambda)q^L)$$

次に，買い手の最適化のための必要条件は，（10.54），（10.56）式より

$$A[x^L + (1-\pi)(q^L + s^L)] + B[x^H + (1-\pi)(q^H + s^H)] + \frac{\beta\varepsilon^L}{1-\pi\beta}$$

$$= p^L + \beta(\lambda s^L + (1-\lambda)s^H)$$

$$A[x^H + (1-\pi)(q^H + s^H)] + B[x^L + (1-\pi)(q^L + s^L)] + \frac{\beta\varepsilon^H}{1-\pi\beta}$$

$$= p^H + \beta(\lambda s^H + (1-\lambda)s^L)$$

となる。最後に，買い手にとってのオプション価値は，ε は一様分布に従うので，（10.55）式より

$$s(x) = (1-\varepsilon^*)\left(\int_{\varepsilon^*}^1 v(x,\varepsilon)\,dF(\varepsilon) - p(x)\right) + \varepsilon^*\beta Es[x']$$

$$= (1-\varepsilon^*)\left(\frac{\beta}{1-\pi\beta}\frac{\varepsilon^*+1}{2}+g(x)-p(x)\right)+\varepsilon^*\beta Es[x']$$

$$= (1-\varepsilon^*)\left(v(x,\varepsilon^*)+\frac{\beta(1-\varepsilon^*)}{1-\pi\beta}-p(x)\right)+\varepsilon^*\beta Es[x']$$

$$= (1-\varepsilon^*)\left(\frac{\beta(1-\varepsilon^*)}{1-\pi\beta}+\beta Es[x']\right)+\varepsilon^*\beta Es[x']$$

$$= \frac{\beta(1-\varepsilon^*)^2}{2(1-\pi\beta)}+\beta Es[x'] \quad \text{for } x = x^L, x^H$$

となる。したがって，（10.55）式の条件は，

$$(1-\beta\lambda)s^L-\beta(1-\lambda)s^H = \frac{(1-\bar\varepsilon^L)^2\beta}{2(1-\pi\beta)}$$

$$(1-\beta\lambda)s^H-\beta(1-\lambda)s^L = \frac{(1-\bar\varepsilon^H)^2\beta}{2(1-\pi\beta)}$$

となる。

これら8本の式（実際には10本である）にもとづいて Krainer（2001）はシミュレーションによる比較静学を行っている。ここでも理解を深めることを目的としてシミュレーション分析を再現した。Krainer（2001）に倣い，いずれのケースも $x^L=0$, $x^H=0.4$ を仮定している。図 10.8 (a) は，$\beta=0.95$, $\lambda=0.8$ として，π が変化したときの住宅の最大価値 $v(x^L,1)$, $v(x^H,1)$ をプロットしたものである。図 10.8 (b) は $\beta=0.95$, $\pi=0.85$ として，λ が変化したときの住宅の最大価値 $v(x^L,1)$, $v(x^H,1)$ をプロットしたものである。π が大きくなるほど住宅の最大価値は上昇していくが，$v(x^L,1)$, $v(x^H,1)$ に大きな違いは見られない。しかし，λ が大きくなってもそれほど大きな変化はないが，1 に近づくにつれて $v(x^L,1)$ は急激に低下するのに対し，$v(x^H,1)$ は急激に上昇する。まさに熱い市場と冷めた市場を想起させる結果である。

同様のことは住宅価格についても言える。図 10.9 (a) は，$\beta=0.95$, $\lambda=0.8$ として，π が変化したときの住宅価格 $p(x^L)$, $p(x^H)$ をプロットしたものである。図 10.9 (b) は，$\beta=0.95$, $\pi=0.85$ として，λ が変化したときの住宅価格 $p(x^L)$, $p(x^H)$ をプロットしたものである。

Krainer（2001）の命題1にあるように，$\lambda=1/2$ のとき販売確率は経済

図 10.8（a） π が留保価格に及ぼす影響

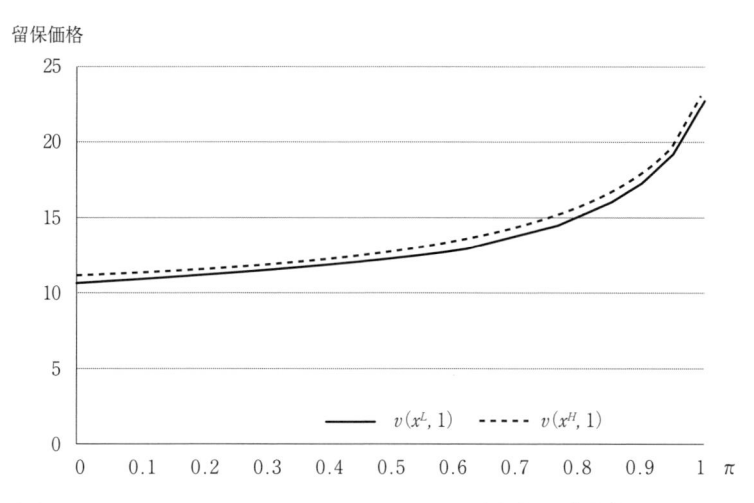

(注) $\beta = 0.95$, $\lambda = 0.8$ に設定し，π が変化したときの $v(x^L, 1)$ と $v(x^H, 1)$ をプロットしたものである。この図は Krainer（2001）Fig.2（a）と同じものである。

図 10.8（b） λ が留保価格に及ぼす影響

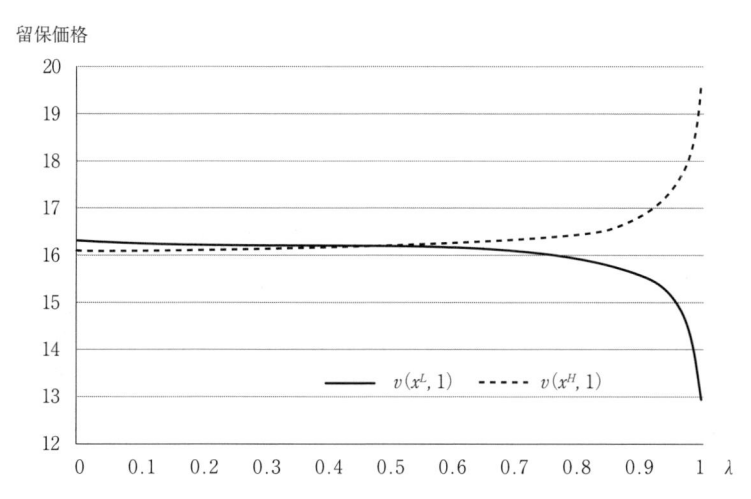

(注) $\beta = 0.95$, $\pi = 0.85$ に設定し，λ が変化したときの $v(x^L, 1)$ と $v(x^H, 1)$ をプロットしたものである。この図は Krainer（2001）Fig.2（b）と同じものである。

図 10.9（a） π が住宅価格に及ぼす影響

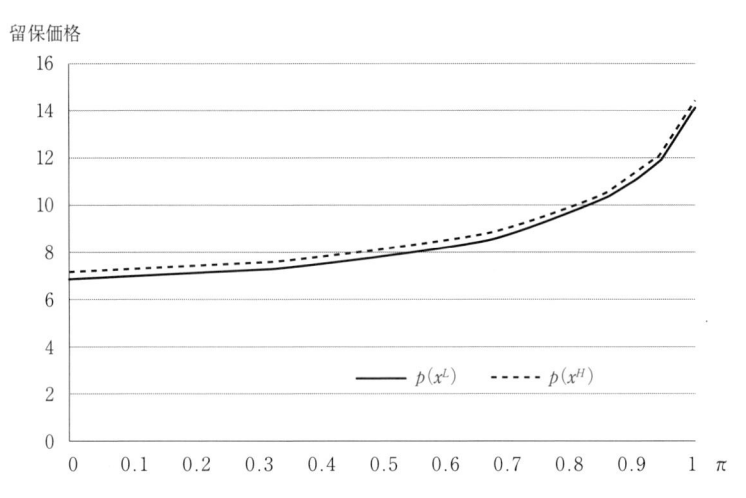

留保価格

（注）$\beta = 0.95$, $\lambda = 0.8$ に設定し, π が変化したときの $p(x^L)$ と $p(x^H)$ をプロットしたものである。この図は Krainer（2001）Fig.3（a）と同じものである。

図 10.9（b） λ が住宅価格に及ぼす影響

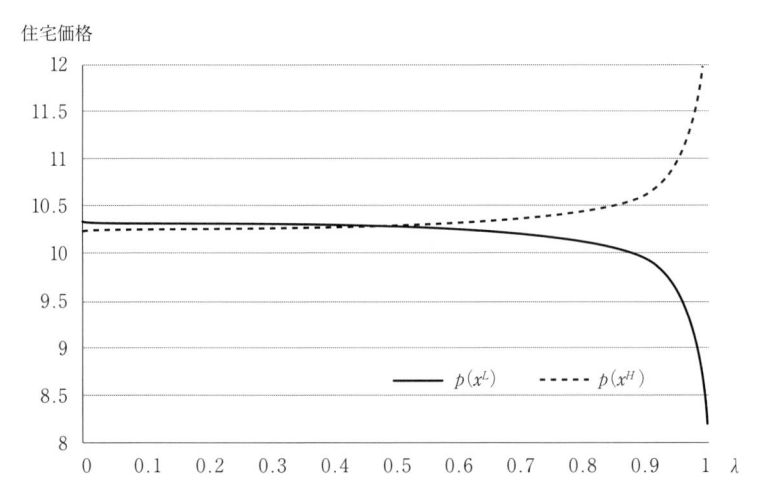

住宅価格

（注）$\beta = 0.95$, $\pi = 0.85$ に設定し, λ が変化したときの $p(x^L)$ と $p(x^H)$ をプロットしたものである。この図は Krainer（2001）Fig.3（b）と同じものである。

販売確率

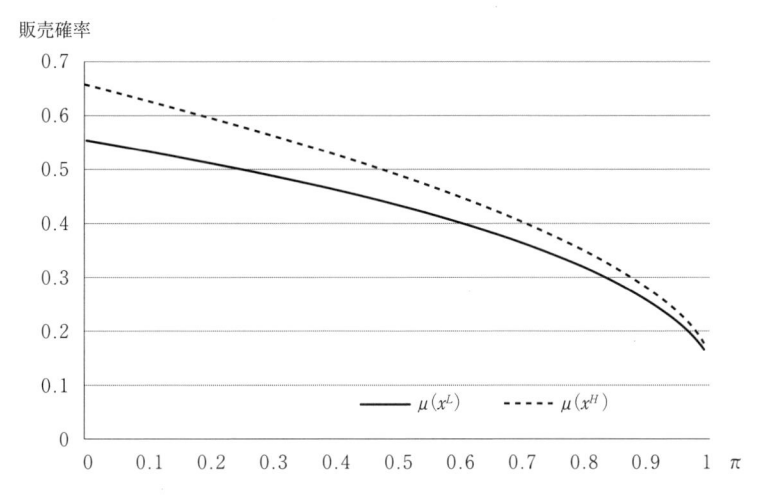

状態に関係なく等しい状態が続くので，$v(x^L, 1)$ と $v(x^H, 1)$，$p(x^L)$ と $p(x^H)$ いずれも等しくなる。しかし，λ が $1/2$ よりも大きな値をとるにつれて，換言すればいまの経済状態が長く続くほど，$v(x^L, 1)$ と $v(x^H, 1)$ のギャップと，$p(x^L)$ と $p(x^H)$ のギャップはいずれもますます大きくなっていく。

　図 10.10（a）は，$\beta = 0.95$，$\lambda = 0.8$ として，π が変化したときの販売確率 $\mu(x^L)$，$\mu(x^H)$ をプロットしたものである。図 10.10（b）は，$\beta = 0.95$，$\pi = 0.85$ として，λ が変化したときの住宅の販売確率 $\mu(x^L)$，$\mu(x^H)$ をプロットしたものである。

　また，図 10.11（a）は，$\beta = 0.95$，$\lambda = 0.8$ として，π が変化したときの住宅の最大価値のギャップ $v(x^H, 1) - v(x^L, 1)$ と住宅価格のギャップ $p(x^H) - p(x^L)$ をそれぞれプロットしたものである。図 10.11（b）は，$\beta = 0.95$，$\pi = 0.85$ として，λ が変化したときの住宅の最大価値のギャップ $v(x^H, 1) - v(x^L, 1)$ と住宅価格のギャップ $p(x^H) - p(x^L)$ をプロットしたものである。Krainer（2001）が述べているように，図 10.11（a），（b）より，$\lambda = 1/2$ でない限り，潜在的な買い手による住宅の価値のばらつきの方が住宅価格のばらつきよりも大きいことがわかる。

図 10. 10（b） λ が販売確率に及ぼす影響

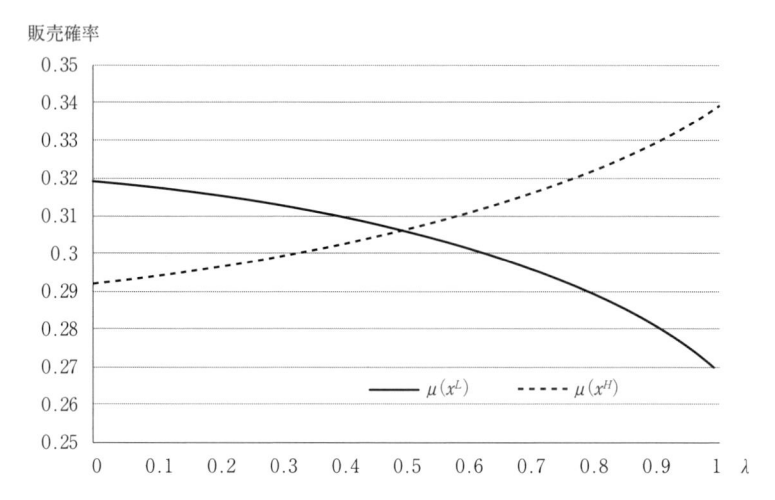

図 10. 11（a） π が留保価格・住宅価格ギャップに及ぼす影響

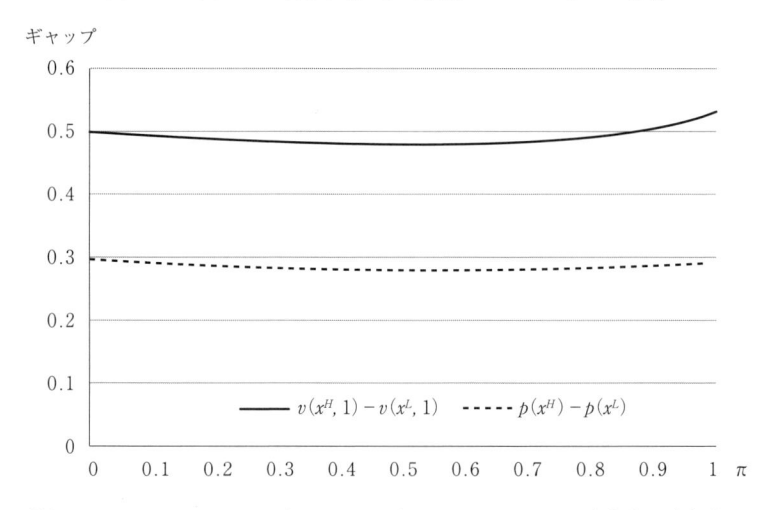

（注）$\beta = 0.95$, $\lambda = 0.8$ に設定し，π が変化したときの $v(x^H, 1) - v(x^L, 1)$ と
$p(x^H) - p(x^L)$ をプロットしたものである。この図は Krainer（2001）Fig.5（a）と同
じものである。

図 10.11（b）　λ が留保価格・住宅価格ギャップに及ぼす影響

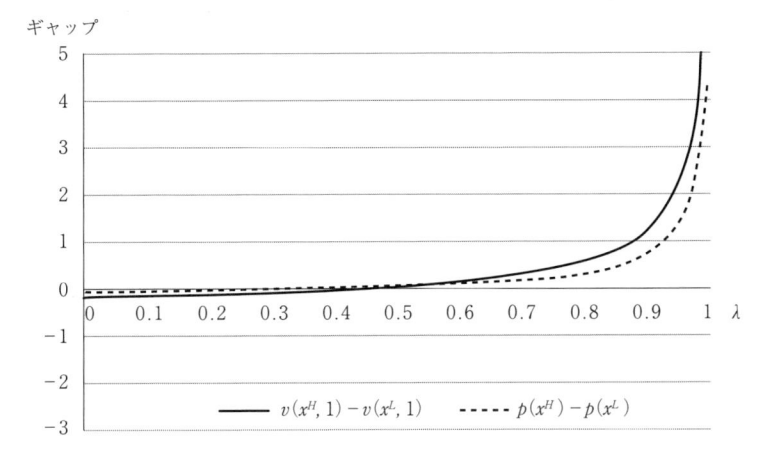

（注）$\beta = 0.95$, $\pi = 0.85$ に設定し，λ が変化したときの $v(x^H, 1) - v(x^L, 1)$ と $p(x^H) - p(x^L)$ をプロットしたものである。この図は Krainer（2001）Fig.5（b）と同じものである。

10.3　市場参加者の反応と価格変動：Novy-Marx（2009）

　本節では，10.2 節で取り上げた Krainer（2001）に続き，住宅市場が熱くなったり冷え込んだりしたときに住宅価格が大きく変動する現象を理論的に解明しようとした Novy-Marx（2009）を取り上げる。Krainer（2001）は住宅市場が熱くなったとき価格が上昇する理由として，取引が成立しなかったことで生ずる売り手と買い手にとっての機会費用の存在を指摘した。それに対して Novy-Marx（2009）の貢献は，市場への弾力的な参入が住宅価格の大きな変動をもたらすことを示した点である。

(1)　モデル

　Novy-Marx（2009）は，労働市場の分析（例えば，Pissarides 2000）で用いられた考え方に倣って議論が進められる（図 10.12）。まずはマッチング関数から説明する。

図 10.12　Novy-Marx モデルのフロー図

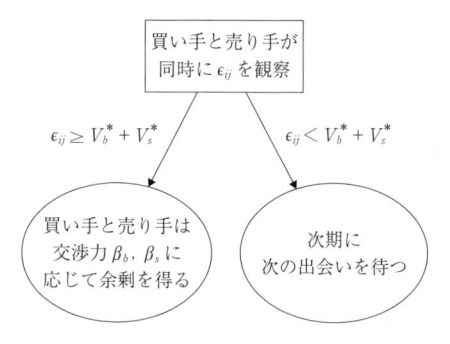

(a) マッチング関数

住宅市場に買い手と売り手が m_b, m_s いるものとする。ある期間に売り手と買い手が出会う回数を m_b, m_s の関数とし，$M(m_b, m_s)$ とする。この関数はマッチング関数と呼ばれ，m_b, m_s について 1 次同次であるとする。ある期間における買い手の売り手との出会いはポアソン過程に従い，出会い率を

$$\frac{M(m_b, m_s)}{m_s} = M\left(\frac{m_b}{m_s}, 1\right) = M(\theta, 1) = q(\theta) \tag{10.60}$$

とする。ここで，$\theta = m_b/m_s$ とする。売り手にとっても買い手との出会いはポアソン過程に従い，（10.60）式と同様に出会い率は

$$\frac{M(m_b, m_s)}{m_b} = \frac{m_s}{m_b} M\left(\frac{m_b}{m_s}, 1\right) = \theta M(\theta, 1) = \theta q(\theta)$$

となる。この θ は住宅市場の逼迫度を示す重要なパラメータである。また，出会い率は θ の 1 次同次関数でコブ=ダグラスの形をしており，$q(\theta) = \theta^\eta \lambda$ とする。出会い率は売り手が増えるほど上昇する。また，ポアソンパラメータ λ を $\lambda \equiv q(1)$，すなわち，買い手と売り手が同じ数のときの出会い率に等しいとする。

(b) 取引価値の分布

買い手と売り手が出会ったとき，2 人のあいだの取引から生まれる総価値を ϵ_{ij} とする。買い手と売り手のペアは事前には何の区別もなく，売り手と

買い手のマッチング価値 ϵ_{ij} は $\Phi_\epsilon(x) = \mathrm{Pr}\,(\epsilon \leq x)$ をもつ確率変数 ϵ から独立に引かれる。ϵ については平均値 $E[\epsilon] = \mu$ とし，平均値からの乖離を固有のマッチング価値とする。取引によって生まれる潜在的な効用がサーチを続行することによって生まれる効用を上回るとき，取引は起こる。つまり，エージェント同士が出会って生まれる取引の潜在的な効用が売り手と買い手の閾値の合計に一致，もしくは凌駕するならば，エージェントは取引機会をものにする。そのような取引が起これば，閾値の合計を上回る余剰部分をナッシュの交渉力で分け合う。

（c）取引費用

　住宅の売買には大きな取引費用をともなう。現実的には住宅の取引費用は価格が高いほど大きくなると考えられるが[5]，買い手と売り手の取引費用をそれぞれ c_b, c_s とし，一定としている。

（d）弾力的参入

　市場に参加する期待価値が大きいほど市場への参加は頻繁になる。それゆえ市場への参加頻度は参加による期待価値 V_i の増加関数である。その参加による期待価値は需要曲線によって決まる。参入曲線は弾力性一定で，買い手と売り手は

$$F_i = X_i\left(V_i + \frac{c_i}{r}\right)^\gamma \tag{10.61}$$

の率で市場に参入してくる。ここで，F_i は参入率，V_i は参入の期待価値，γ は参入率の参加価値に対する弾力性である。γ の値が大きいほど V_i の変化に対して参入率は大きくなることを意味する。逆に γ の値が小さいほど V_i の変化に対して参入率はそれほど敏感に反応しない。後述するように，定常状態においては買い手，売り手いずれも市場に入ってくる数と出ていく数は等しくなる。c_i/r は経済的な意味付けは難しいが，これがあることによって市場に参加する人が少なくとも誰かはいることを保証する。定常状態の分析を行うときに議論を簡単にするためにも有効な仮定である。

5）Williams（1995）では取引費用は住宅価格に比例するモデルを展開している。

(2) 部分均衡

　長期的には市場への参入は弾力的に起こるものと考えられる。Novy-Marx（2009）はまず市場への参入が完全に非弾力的な短期のケースについて分析を行っている。本項では短期における均衡を考え，次項で長期的なケースについて解説する。ただし，参入にかかわる部分以外については短期，長期いずれも同じ議論が前提となる。

(a) ナッシュ交渉解

　V_b を買い手にとっての取引効用，V_s を売り手にとっての取引効用とする。また，V_s^*，V_b^* はそれぞれ売り手，買い手にとって取引を行わない（言い換えればサーチを続ける）ことの価値を示す。売り手と買い手は

$$(V_b - V_b^*)^{\beta}(V_s - V_s^*)^{1-\beta}$$

を最大にするように V_b，V_s を決定する。

　2人にとって取引が成立するためには，少なくとも外部オプション（閾値）である V_b^* と V_s^* の合計を上回る必要があり，さらに実現した余剰 $\epsilon - V_b^* - V_s^*$ を交渉力に比例して受け取る。

　買い手は

$$(V_b - V_b^*)^{\beta_b}(\epsilon - V_b - V_s^*)^{1-\beta_b}$$

が最大になるように V_b を決定する。最適化のための必要条件は

$$\beta_b(V_b - V_b^*)^{\beta_b-1}(\epsilon - V_b - V_s^*)^{1-\beta_b}$$
$$- (1-\beta_b)(V_b - V_b^*)^{\beta_b}(\epsilon - V_b - V_s^*)^{-\beta_b} = 0$$

である。これを整理して $\beta_b(\epsilon - V_b - V_s^*) - (1-\beta_b)(V_b - V_b^*) = 0$ となるので，

$$V_b = V_b^* + \beta_b(\epsilon - \epsilon^*) \tag{10.62}$$

となる。

　同様に，売り手は

$$(\epsilon - V_s - V_b^*)^{1-\beta_s}(V_s - V_s^*)^{\beta_s}$$

が最大になるように V_s を決定する。最適化のための1階の条件は

$$- (1-\beta_s)(\epsilon - V_s - V_b^*)^{-\beta_s}(V_s - V_s^*)^{\beta_s}$$
$$+ \beta_s(\epsilon - V_s - V_b^*)^{1-\beta_s}(V_s - V_s^*)^{\beta_s-1} = 0$$

で, これを整理して $-(1-\beta_s)(V_s - V_s^*) + \beta_s(\epsilon - V_s - V_b^*) = 0$ となるので,

$$V_s = V_s^* + \beta_s(\epsilon - \epsilon^*) \tag{10.63}$$

となる。

(b) 先延ばしの現在価値

先延ばしすることから得られる現在価値 V^* は, 売り手と買い手いずれも同じように分析することができる。τ_i を次の交渉相手に出会う（買い手であれば売り手, 売り手であれば買い手）までの時間とすると,

$$V_i^* = E[e^{-r\tau_i}](\Phi_\epsilon(\epsilon^*) V_i^* + (1-\Phi_\epsilon(\epsilon^*)) E[V_i|\epsilon > \epsilon^*])$$
$$- \int_0^{\tau_i} c_i e^{-rt} dt \tag{10.64}$$

が成り立つ。右辺 $E[e^{-r\tau_i}]$ は次の交渉相手に出会うまでの割引率の期待値である。出会い率を λ_i とすると, τ_i は指数分布に従うので,

$$E[e^{-r\tau_i}] = \int_0^\infty e^{-rt}\lambda_i e^{-\lambda_i t}dt = \int_0^\infty \lambda_i e^{-(r+\lambda_i)t}dt$$
$$= -\left[\frac{\lambda_i}{r+\lambda_i}e^{-(r+\lambda_i)t}\right]_0^\infty = \frac{\lambda_i}{r+\lambda_i}$$

$\Phi_\epsilon(\epsilon^*)$ は次の交渉相手に出会うまでに交渉が成立しない確率で, $1-\Phi_\epsilon(\epsilon^*)$ は交渉が成立する確率である。交渉が成立しない場合はサーチを続けることになり, そのときの現在価値は V_i^* で, また交渉が成立する場合は $\epsilon > \epsilon^*$ のもとで V_i の期待値に等しい現在価値を獲得する。(10.62), (10.63) 式より

$$E[V_i|\epsilon > \epsilon^*] = V_i^* + \beta_i E[\epsilon - \epsilon^*|\epsilon > \epsilon^*]$$
$$= V_i^* + \beta_i \frac{\int_{\epsilon^*}^\infty (z-\epsilon^*)d\Phi_\epsilon(z)}{1-\Phi_\epsilon(\epsilon^*)} = V_i^* + \beta_i \frac{\nu_\epsilon(\epsilon^*)}{1-\Phi_\epsilon(\epsilon^*)}$$

となる。ここで

$$\nu_\epsilon(\epsilon^*) \equiv E\left[(\epsilon-\epsilon^*)I_{\epsilon>\epsilon^*}\right] = \int_{\epsilon^*}^\infty (z-\epsilon^*)\,d\Phi_\epsilon(z)$$

と定義している。

（10.64）式の最後の項はこの間のサーチ費用である。

$$\int_0^{\tau_i} c_i e^{-rt}dt = c_i\int_0^\infty \left(\int_0^t e^{-rs}ds\right)\lambda_i e^{-\lambda_i t}dt$$

$$= c_i\int_0^\infty \left[-\frac{1}{r}e^{-rs}\right]_0^t \lambda_i e^{-\lambda_i t}dt = \frac{c_i}{r}\int_0^\infty (1-e^{-rt})\lambda_i e^{-\lambda_i t}dt$$

$$= \frac{c_i}{r}\int_0^\infty \left(\lambda_i e^{-\lambda_i t}-\lambda_i e^{-(r+\lambda_i)t}\right)dt$$

$$= \frac{c_i}{r}\left\{\left[-e^{-\lambda_i t}\right]_0^\infty + \left[\frac{\lambda_i}{r+\lambda_i}e^{-(r+\lambda_i)t}\right]_0^\infty\right\}$$

$$= \frac{c_i}{r}\left(1-\frac{\lambda_i}{r+\lambda_i}\right) = \frac{c_i}{r+\lambda_i}$$

以上をまとめると，（10.64）式は

$$V_i^* = \frac{\lambda_i}{r+\lambda_i}\left(\Phi_\epsilon(\epsilon^*)V_i^* + (1-\Phi_\epsilon(\epsilon^*))\left(V_i^*+\frac{\beta_i\nu_\epsilon(\epsilon^*)}{1-\Phi_\epsilon(\epsilon^*)}\right)\right) - \frac{c_i}{r+\lambda_i}$$

$$= \frac{\lambda_i}{r+\lambda_i}\left(V_i^*+\beta_i\nu_\epsilon(\epsilon^*)\right) - \frac{c_i}{r+\lambda_i}$$

となり，整理して

$$rV_i^*+c_i = \lambda_i\beta_i\nu_\epsilon(\epsilon^*) \tag{10.65}$$

を得る。左辺はサーチを続けることによる費用，右辺はサーチを続けることによる期待便益である。売り手にとって $rV_s^*+c_s = \lambda_s\beta_s\nu_\epsilon(\epsilon^*)$，買い手にとって $rV_b^*+c_b = \lambda_b\beta_b\nu_\epsilon(\epsilon^*)$ であるから，比をとると

$$\frac{rV_s^*+c_s}{rV_b^*+c_b} = \frac{\lambda_s\beta_s}{\lambda_b\beta_b}$$

で，λ_b,λ_s の定義から

$$\frac{rV_b^* + c_b}{rV_s^* + c_s} = \frac{\lambda_b\beta_b}{\lambda_s\beta_s} = \frac{\theta^\eta\lambda\beta_b}{\theta^{\eta+1}\lambda\beta_s} = \frac{1}{\theta}\frac{\beta_b}{\beta_s}$$

となり，さらに $\theta \equiv m_b/m_a$ であることを考慮すると，

$$\frac{rV_b^* + c_b}{rV_s^* + c_s} = \frac{m_s}{m_b}\frac{\beta_b}{\beta_s}, \quad \text{あるいは} \quad \frac{m_b(rV_b^* + c_b)}{m_s(rV_s^* + c_s)} = \frac{\beta_b}{\beta_s} \qquad (10.66)$$

と書くことができる。これは均衡において買い手と売り手が失う価値は両者の交渉力に比例することを意味する。

(c) 取引が行われる境界値

買い手，売り手同時に成立するので，(10.65) 式より両者を足すと

$$r(V_s^* + V_b^*) + c_s + c_b = (\lambda_s\beta_s + \lambda_b\beta_b)\nu_\epsilon(\epsilon^*)$$

となる。$\epsilon^* = V_s^* + V_b^*$ であることから，$r\epsilon^* + c_s + c_b = (\lambda_s\beta_s + \lambda_b\beta_b)\nu_\epsilon(\epsilon^*)$ となるので，ϵ^* は

$$(\lambda_s\beta_s + \lambda_b\beta_b)\nu_\epsilon(x) = rx + c_s + c_b \qquad (10.67)$$

の解であることがわかる。ここで

$$H(x) = (\lambda_s\beta_s + \lambda_b\beta_b)\nu_\epsilon(x) - rx - c_s - c_b$$

と定義しよう。$H(x)$ は連続関数で，しかも単調減少関数である。なぜなら，

$$\begin{aligned}\frac{dH(x)}{dx} &= (\lambda_s\beta_s + \lambda_b\beta_b)\frac{d\nu_\epsilon(x)}{dx} - r\\ &= -(\lambda_s\beta_s + \lambda_b\beta_b)(1 - \Phi(x)) - r < 0\end{aligned}$$

が成り立つからである。また，$\lim_{x\to 0}H(x) < 0,\ \lim_{x\to\infty}H(x) > 0$ であるから，$H(x) = 0$ は必ず解が唯一存在することがわかる。

(d) 販売時間

次に販売時間を計算する。$E[T_i]$ を取引が成立するまでに市場に居続ける時間の期待値，$E[\tau_i]$ を次の交渉相手に出会うまでの時間の期待値とする。

交渉が不成立となった場合はサーチが続くことになるので，$E[T_i]$ は

$$E[T_i] = E[\tau_i] + \Pr(\epsilon < \epsilon^*) E[T_i]$$

で示される。整理して

$$E[T_i] = \frac{E[\tau_i]}{1 - \Pr(\epsilon < \epsilon^*)} = \frac{E[\tau_i]}{\Pr(\epsilon \geq \epsilon^*)}$$

である。ところで，買い手が次の売り手に出会う出会い率は λ_b であるから，$E[\tau_b]$ はその逆数となる。すなわち，

$$E[\tau_b] = \frac{1}{\lambda_b} = \frac{\theta^{-\eta}}{\lambda}$$

である。また，$\Pr(\epsilon < \epsilon^*) = \Phi_\epsilon(\epsilon^*)$ であるから，

$$E[T_b] = \frac{\theta^{-\eta}}{(1 - \Phi_\epsilon(\epsilon^*))\lambda} \tag{10.68}$$

となる。なお，$E[T_s] = E[T_b]/\theta$ であることは明らかである。

(e) シミュレーション分析

Novy-Marx（2009）は ϵ が正規分布に従うと仮定し，シミュレーション分析を行っている。まず，ϵ が正規分布に従うときの $\nu_\epsilon(x)$ を求めよう。

$$\begin{aligned}
\nu_\epsilon(x) &= \int_x^\infty (y-x)\,d\Phi_\epsilon(y) = \int_{\frac{x-\mu}{\sigma}}^\infty \frac{\sigma t + \mu - x}{\sqrt{2\pi}} e^{-\frac{t^2}{2}} dt \\
&= (\mu - x)\int_{\frac{x-\mu}{\sigma}}^\infty \frac{1}{\sqrt{2\pi}} e^{-\frac{t^2}{2}} dt + \sigma \int_{\frac{x-\mu}{\sigma}}^\infty \frac{t}{\sqrt{2\pi}} e^{-\frac{t^2}{2}} dt \\
&= (\mu - x)\int_{\frac{x-\mu}{\sigma}}^\infty \frac{1}{\sqrt{2\pi}\sigma} e^{-\frac{t^2}{2}} dt + \sigma \left[-\frac{1}{\sqrt{2\pi}} e^{-\frac{t^2}{2}} \right]_{\frac{x-\mu}{\sigma}}^\infty \\
&= (\mu - x)\left(1 - N\left(\frac{x-\mu}{\sigma}\right) \right) + \sigma n\left(\frac{x-\mu}{\sigma}\right)
\end{aligned}$$

ここで，$N(\cdot)$ を標準正規分布の分布関数，$n(\cdot)$ を同分布の確率密度関数とする。ところで，正規分布の場合，

$$1-N\left(\frac{x-\mu}{\sigma}\right) = N\left(\frac{\mu-x}{\sigma}\right), \ n\left(\frac{x-\mu}{\sigma}\right) = n\left(\frac{\mu-x}{\sigma}\right)$$

が言えるから,

$$\nu_\epsilon(x) = (\mu-x)\,N\left(\frac{\mu-x}{\sigma}\right) + \sigma n\left(\frac{\mu-x}{\sigma}\right)$$

となる。これを（10.67）式に代入すると

$$(\lambda_s\beta_s+\lambda_b\beta_b)\left((\mu-x)\,N\left(\frac{\mu-x}{\sigma}\right)+\sigma n\left(\frac{\mu-x}{\sigma}\right)\right) = rx+c_s+c_b$$

となる。ここで，$x = \mu-\sigma y$, $\Lambda(\theta) = \lambda_s\beta_s+\lambda_b\beta_b$ と置くと，

$$\Lambda(\theta)\,(\sigma y N(y)+\sigma n(y)) = r(\mu-\sigma y)+c_s+c_b$$

で，これを整理して

$$yN(y)+n(y)+\frac{ry}{\Lambda(\theta)} = \frac{r\mu+c_b+c_s}{\sigma\Lambda(\theta)} \tag{10.69}$$

を得る。よって，ϵ が正規分布に従うとき，（10.69）式を y について解くことにより，ϵ^* を求めることができる。

　この結果にもとづき，EXCEL によるシミュレーションを試みたところ，Novy-Marx（2009）と同じ結論を得た。パラメータの値は，$\mu = 250{,}000$，$\sigma = 5{,}000$，$\beta_b = 0.2$，$r = 10\%$，$\eta = 0$，$\lambda = 52$，$c(b) = c(s) = 0$ としている。図 10.13（a）は，市場逼迫度 $\log\theta$ が取引留保価格，買い手の留保価格，売り手の留保価格に及ぼす影響をプロットしたものである。逼迫度が大きくなるにつれて買い手の留保価格は低下するものの売り手の留保価格は上昇し，結果的に取引留保価格は高くなる。図 10.13（b）は，市場逼迫度と取引時間をプロットしたものである。市場が逼迫するほど売り手にとって販売時間は短くなるが，買い手にとっては取引が成立するまでの時間が長くなる。

　図 10.14 は，住宅価格と販売時間の相関をプロットしたもので，住宅価格が高いほど販売時間は短くなり，住宅価格が低くなるほど販売時間は長くなるという住宅市場特有の現象が描かれている。

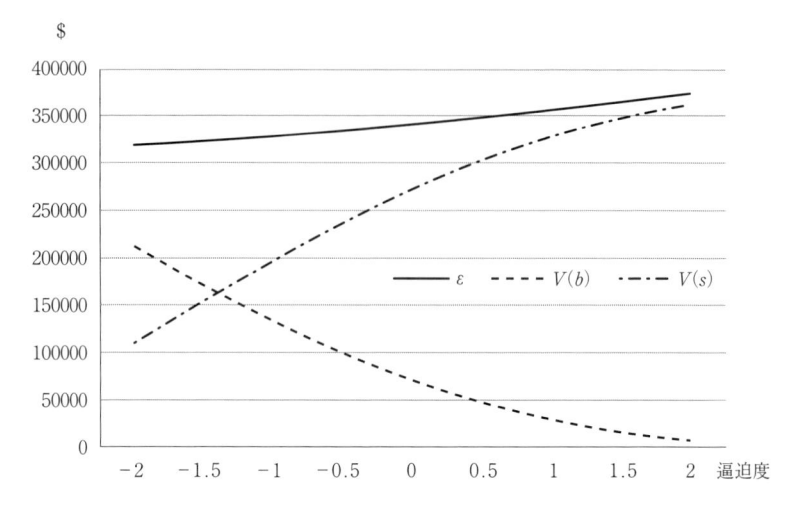

（注）$\log\theta$ が変化したときの ϵ^*, V_b^*, V_s^* をプロットしたものである。$\mu = 250000$, $\sigma = 5000$, $\beta = 0.2$, $r = 0.1$, $\eta = 0$, $\lambda = 52$, $c_b = c_s = 0$ としている。この図は Novy-Marx（2009）Fig.2 と同じものである。

図 10.13（b）　市場逼迫度が販売時間に及ぼす影響

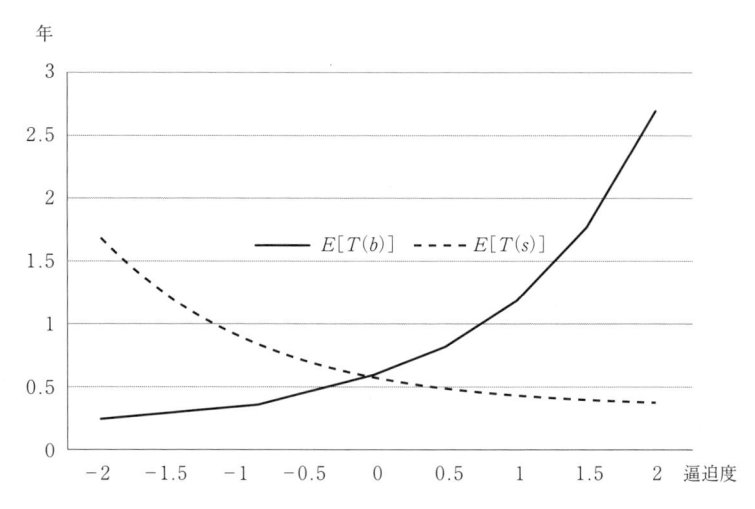

（注）$\log\theta$ が変化したときの販売時間をプロットしたものである。$\mu = 250000$, $\sigma = 5000$, $\beta = 0.2$, $r = 0.1$, $\eta = 0$, $\lambda = 52$, $c_b = c_s = 0$ としている。この図は Novy-Marx（2009）Fig.3 と同じものである。

図10.14　住宅価格と販売時間との関係

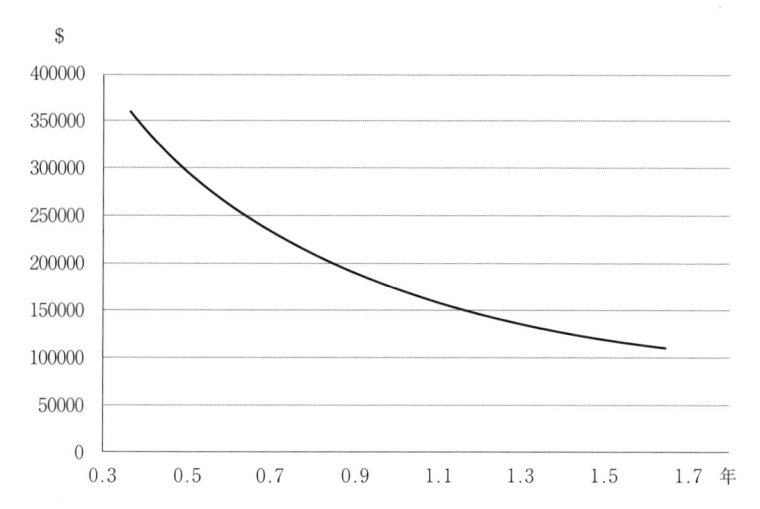

（注）販売時間（横軸）と ϵ^*（縦軸）をプロットしたものである。$\mu = 250000$, $\sigma = 5000$, $\beta = 0.2$, $r = 0.1$, $\eta = 0$, $\lambda = 52$, $c_b = c_s = 0$ としている。この図は Novy-Marx（2009）Fig.4 と同じものである。

(3)　一般均衡

(a)　弾力的な参入

部分均衡においては買い手と売り手の比率 θ は外生的に与えられていたが，一般均衡においては買い手と売り手が同じ率で参入してくる。つまり，$F_b(V_b^*) = F_s(V_s^*)$ である。（10.61）式より $F_i = X_i(V_i + (c_i/r))^\gamma$ であるから，

$$X_b\left(V_b^* + \frac{c_b}{r}\right)^\gamma = X_s\left(V_s^* + \frac{c_s}{r}\right)^\gamma, \ \text{すなわち} \ \left(\frac{rV_b^* + c_b}{rV_s^* + c_s}\right)^\gamma = \frac{X_s}{X_b} \qquad (10.70)$$

である。定義より $m_s/m_b = \theta$ であるから，（10.66）式は

$$\left(\frac{rV_b^* + c_b}{rV_s^* + c_s}\right) = \frac{\beta_b}{1 - \beta_b}\frac{1}{\theta}$$

である。これを（10.70）式に代入することにより

$$\left(\frac{\beta_b}{1-\beta_b}\frac{1}{\theta}\right)^{\tau} = \frac{X_s}{X_b}$$

を得る。よって

$$\left(\frac{\beta_b}{1-\beta_b}\right)^{\tau}\frac{X_b}{X_s} = \theta^{\tau}$$

となり，以下のような関係式を得ることができる。

$$\log\theta = \frac{1}{\gamma}\log\zeta, \quad ここで \zeta = \left(\frac{\beta_b}{1-\beta_b}\right)^{\tau}\frac{X_b}{X_s}$$

部分均衡では，逼迫度 θ の変化が住宅市場に及ぼす影響についてシミュレーション分析を行った。しかし，一般均衡を考えるためには，γ が逼迫度 θ に及ぼす影響を考えなくてはならない。ζ は買い手が売り手に比べてどの程度市場に参加する傾向が強いかを示すパラメータである。ζ が1％変化すると，θ は $1/\gamma$％ 変化する。したがって，買い手，売り手がいずれも住宅価格の変化に対する市場への参加に対する影響が大きいほど（γ が大きいほど），市場逼迫度への影響は小さくなる。それに対して，γ が小さいほど，市場逼迫度への影響は大きくなり，住宅価格や販売時間へのインパクトが大きくなる。

（b）シミュレーション分析

この結果にもとづき，EXCEL によるシミュレーションを試みたところ，Novy-Marx（2009）と同じ結論を得た。引き続きパラメータの値は，$\mu = 250{,}000$, $\sigma = 5{,}000$, $\beta_b = 0.2$, $r = 10\%$, $\eta = 0$, $\lambda = 52$, $c(b) = c(s) = 0$ である。ただし，定常状態における市場逼迫度は（10.68）式にもとづく。図 10.15（a），（b）は，市場参入傾向 $\log\zeta$ が取引留保価格と販売時間に及ぼす影響をプロットしたものである。図 10.15（a）から，市場の参入傾向が大きいほど住宅価格を上昇させるが，γ の値が小さいほどその変化は大きいことが示される。図 10.15（b）は，市場参入傾向 $\log\zeta$ と販売時間の関係をプロットしたものである。市場の参入傾向が大きいほど販売時間は短くなる傾向にあるが，γ の値が小さいほどその影響は大きくなることが示さ

図 10.15（a）　**log** ζ が最低販売価格に及ぼす影響

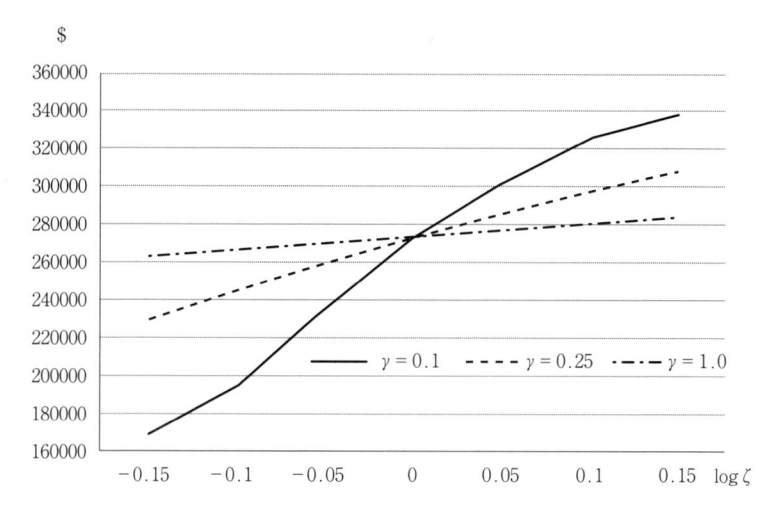

（注）log ζ が変化したときの ϵ^* をプロットしたものである。$\mu/\sigma = 5$, $\beta = 0.2$, $r = 0.1$, $\eta = 0$, $\lambda = 52$, $c_b = c_s = 0$ としている。この図は Novy-Marx（2009）Fig.5（上図）と同じものである。

図 10.15（b）　**log** ζ が販売時間に及ぼす影響

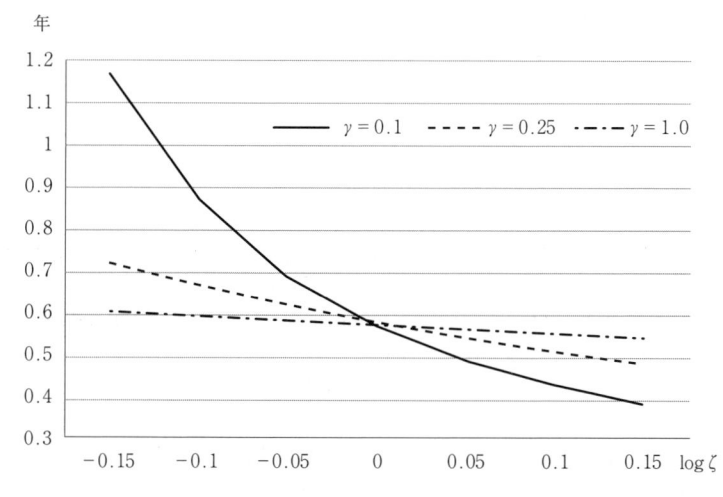

（注）log ζ が変化したときの販売時間をプロットしたものである。$\mu/\sigma = 250000$, $\beta = 0.2$, $r = 0.1$, $\eta = 0$, $\lambda = 52$, $c_b = c_s = 0$ としている。これは Novy-Marx（2009）Fig.5（下図）と同じものである。

れる。

10.4　おわりに

　本章の目的は，労働市場で展開されてきたサーチ・マッチング理論が住宅価格の変動をどのように説明することができるかという点に着目しながら，筆者が関心のある 4 本の論文，すなわち Wheaton（1990），Williams（1995），Krainer（2001），Novy-Marx（2009）について，それぞれの論文を解きほぐすことであった。それぞれの論文についてはシミュレーション分析を再現することにより，理解を深めるよう努めた。

　中神（2021）で触れながら本章では割愛した論文がある。それは Williams（2018）で あ る。Williams（2018）は，Piazzesi, Schneider, and Stroebel（2020）をヒントに住宅市場をいくつかのセグメントに分け，本章で扱った Novy-Marx（2009）のアイデアである内生的な参入にもとづく分析を行っており，日本の住宅市場を分析するうえでとても有益で，示唆に富んでいる。この方向での分析はとても興味深いものであり，今後の課題としたい。

参考文献
〔邦語〕
中神康博（2021）「サーチ理論と住宅市場について」Discussion Paper Series No. 159, Faculty of Economics, Seikei University。

〔英語〕
Krainer, J.（2001）"A Theory of Liquidity in Residential Real Estate Markets," *Journal of Urban Economics*, 49(1), pp.32-53.
Krainer, J. and S. F. LeRoy（2002）"Equilibrium Valuation of Illiquid Assets," *Economic Theory*, 19(2), pp.223-242.
Novy-Marx, R.（2009）"Hot and Cold Markets," *Real Estate Economics*, 37(1), pp. 1-22.
Piazzesi, M., M. Schneider, and J. Stroebel（2020）"Segmented Housing Search," *American Economic Review*, 110(3), pp.720-759.
Pissarides, C. A.（2000）*Equilibrium Unemployment Theory*, 2nd edition, MIT Press.

Ross, S. M.(1972) *Introduction to Probability Models*, Academic Press.

Wheaton, W. C.(1990) "Vacancy, Search, and Prices in a Housing Market Matching Model," *Journal of Political Economy*, 98(6), pp.1270-1292.

Williams, J. T.(1995) "Pricing Real Assets with Costly Search," *Review of Financial Studies*, 8(1), pp.55-90.

Williams, J. T.(2018) "Housing Markets with Endogenous Search: Theory and Implications," *Journal of Urban Economics*, 105, pp.107-120.

提示価格の役割

11.0　はじめに[1]

　住宅価格はどのように決まるかという問題に対し，ストック＝フロー分析が重要な役割を果たしてきたことは中神（2018）で論じた。しかし，ストック＝フロー分析は基本的にワルラス均衡の枠組みを越えるものではなく，空家（室）率や取引時間など不動産取引の特徴をうまく説明しているとは言い難い。中神（2021）および本書第10章において，主として労働市場分析で発展してきたサーチ・モデルを不動産市場に応用した主要論文のサーベイを行い，ストック＝フロー分析との違いを明らかにした。しかし，実際には売り手と買い手が単純に確率的な行動をするというよりも，売り手は不動産物件情報誌やネット上に物件情報とともに価格の提示を行って買い手の注目を引き，取引を有利に進めようとし，買い手もまた複数の売り手から提示価格の情報を得て戦略的に行動する，というのがより現実に近い姿である。不動産市場において提示価格は，買い手のサーチ行動を誘発する重要な鍵となっている。

　Han and Strange（2016）は，不動産市場における提示価格の役割について興味深い研究を行っている。その動機となったのは，その論文で示されたデータ（表11.1）と思われる。それによれば，アメリカの住宅市場では売

1）本章は，中神（2023）にもとづいている。

表 11.1　アメリカ大都市の提示価格と販売データ

	Los Angeles		San Francisco		Boston		Milwaukee		Average	
	1988	2003	1998	2003	1988	2003	1988	2003	1998	2003
Sale Price < List Price	6.3	19.9	9.8	45.8	10.5	21.3	3.3	17.5	4.9	25.5
Sale Price = List Price	38.0	50.4	26.8	27.5	23.5	59.1	22.7	52.4	27.9	48.4
Sale Price > List Price	55.7	29.7	63.4	26.7	76.0	28.6	74.0	31.1	67.1	29.1
#Response	237	141	194	153	200	203	242	183	873	680

（注）この情報は，Case and Shiller（1988, 2003）による。

り手によって提示された価格で取引されるだけではなく，提示価格よりも低い価格で取引されたり，高い価格で取引されたりしている。とくに 1988 年は 4 つの都市で提示された価格よりも高い価格で取引されているのに対し，2003 年はサンフランシスコを除いて半分以上が提示価格で取引されている。そこで，彼らは提示価格の役割について単純な理論モデルを構築し，それにもとづいた実証研究を行っている。

　本章は，Han and Strange（2016）を手掛かりに，提示価格は住宅価格にどのような影響を及ぼすか，2 つの点に焦点を当ててサーベイを行う。1 つは提示価格の価格の上限としての役割に焦点を当てるもので，Han and Strange（2016）の言う「伝統的ケース」にあたる。その代表的な論文として Arnold（1999）と Chen and Rosenthal（1996a）がある。これらはほとんど同時期に書かれ論文で目的を同じくするのものではあるが，売り手と買い手の交渉という観点からすると大きく異なる。前者は Rubinstein（1982）の交互提案ゲームを応用した Shaked and Sutton（1984）を参考に，売り手と買い手の交渉を丹念にモデル化し，売り手の最適な留保価格と提示価格が存在するための条件を導いた。しかし，モデルの設定がやや複雑であったために，閉じた形で解を求めることはできなかった。それに対して本章で取り上げる Chen and Rosenthal（1996a）では，売り手と買い手のあいだの交互の提案は行われず，売り手は眼前に現れた買い手と対峙し買い手の評価値を見て売却するかどうかの選択を行い，もし売却しないのであれば次の買い手を待つというもので，そこには両者のあいだに交渉の余地はない。そうしたより単純な設定のもとで最適な提示価格と留保価格を特徴付けている。

　もう 1 つの焦点は，オークションにおける提示価格の役割である。H-S で定義された「伝統的ケース」と「受諾ケース」では，売り手にプラスの利得

が生まれる。しかし市場が競争的であれば，プラスの利得が生まれる限り新たな売り手が参入してくるに違いない。その結果，残されたケースは「価格競り上げケース」ということになる。Albrecht, Gautier, and Vroman（2016）は，その意味で H-S の部分均衡分析から一般均衡分析への拡張を試みた刺激的な論文と言える。本章で取り上げる内容は彼らの論文の前半部分であるが，同時期に書かれた Albrecht, Gautier, and Vroman（2014b）の副産物でもあり，丁寧な解説がなされているとは言い難い。それだけに内容を理解するにはかなりの準備が必要となる。

　本章の構成は以下のとおりである。既述したように，11.1 節で，Han and Strange（2016）を手掛かりとして不動産市場における提示価格の役割について概観する。11.2 節で，提示価格が価格の上限としてコミットするケースについて Chen and Rosenthal（1996a）を取り上げ，さらに 11.3 節で，オークションにおける提示価格の役割について Albrecht, Gautier, and Vroman（2016）を取り上げる。そして 11.4 節はまとめである。

11.1　提示価格の役割：Han and Strange(2016)

　Han and Strange（2016）（以下，H-S）は，不動産市場において提示価格が取引価格や販売期間にどう影響するかを実証的に検証するために，論文の前半で簡単な理論モデルを展開している。彼らは不動産取引の形態を「伝統的ケース」，「価格競り上げ競争ケース」，「受諾ケース」の 3 つに分け，提示価格が果たす役割について分析を行っている。

(1)　モデル

　H-S は論文後半の実証研究に必要な仮説を導くために，可能な限り単純な仮定を設けて理論モデルを展開している。売り手の留保価格を x_L とする。また，買い手の評価値（留保価格）は Low タイプの x_L か High タイプの x_H いずれかで，High タイプである確率を δ とする。また，売り手と買い手ともに取引には費用がかかり，それぞれ s と c する。なお，売り手，買い手ともにリスク中立的である。

　取引価格はサーチが行われた後に決定される。もし価格が提示されなかった場合，売り手と 1 人もしくは複数の買い手とのあいだで交渉が行われる。

もし High タイプの買い手が 2 人以上いれば，すべての余剰は売り手に渡り，そのときの取引価格 p は $p = x_H$ である。High タイプの買い手がいない場合は，取引価格は $p = x_L$ となり，山分けする余剰はない。売り手が，1 人の High タイプの買い手と 1 人以上の Low タイプの買い手と交渉する場合には，取引価格は売り手と買い手の相対的な交渉力に依存して決まる。売り手の交渉力を θ とすると，売り手と 1 人の High タイプの買い手とのあいだの交渉によって決まる取引価格は $p = \theta x_H + (1-\theta) x_L$ である。x_L は売り手の留保価格であって買い手の留保価格を意味するのではない（ただし，売り手の留保価格は Low タイプの留保価格に等しい）。

提示価格に意味をもたせるために，2 つの条件が成り立たなければならない。まず，提示価格の最大値 a_θ は，$a_\theta = \theta x_H + (1-\theta) x_L$ でなければならない。なぜなら，x_H の評価値をもつ買い手（High タイプの買い手）は，交渉価格よりも提示価格の方を受諾することになるからである。もう 1 つは，提示価格に対してコミットしなければならないという条件である。

H-S における売り手と買い手の意思決定のタイミングは次のとおりである。最初に売り手は s を所与として価格 a を提示する。次に，買い手は a, c に加えて x の分布の情報を得て売り手のところに行くかどうかの選択をする。売り手のところにやって来る買い手の数を n とする。買い手の評価値 x は買い手と売り手に認知される。そして最後に，取引価格 p は交渉価格 a_θ もしくは提示価格 a の受諾によって決まる。

まず，買い手が 1 人の場合を考える。Low タイプの買い手であれば $p = x_L$ である。High タイプの買い手は $a \le a_\theta$ のときにのみ提示価格 a を受諾する。つまり，提示価格は買い手の交渉力が反映された価格 a_θ よりも低くなければならない。

続いて，買い手が 2 人以上いる場合である。価格を決めるうえで 3 つのケース，すなわち，「伝統的ケース」，「価格競り上げケース」，「受諾ケース」がある。

(a) 伝統的ケース

買い手の評価値 x はすべて提示価格 a 以下でなければならず，提示価格は $a \in (x_L, x_H)$ であるから，売り手のところにやって来るすべての買い手は Low タイプ，つまり評価値は $x = x_L$ である。その結果，取引価格は

図 11.1　伝統的ケース

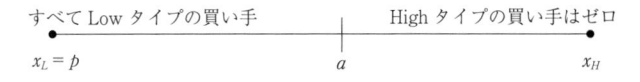

すべて Low タイプの買い手　　　　　　High タイプの買い手はゼロ

$x_L = p$　　　　　　　　　　　a　　　　　　　　　　x_H

図 11.2　価格競り上げケース

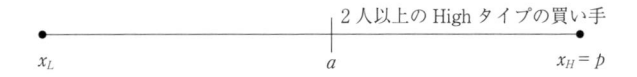

2 人以上の High タイプの買い手

x_L　　　　　　　　　　　a　　　　　　　　　$x_H = p$

$p = x_L$ となり，売り手の利益はゼロとなる。同様に，買い手の効用もゼロである。この伝統的ケースは，提示価格をできるだけ高く設定し，交渉によって価格を下げていくケースに対応している。このようなケースを「伝統的ケース」とする。「伝統的ケース」が起こる確率を τ とすると，n 人すべてが Low タイプでなければならないので，$\tau = {}_nC_n\delta^0(1-\delta)^n = (1-\delta)^n$ である（図 11.1）。

(b) 価格競り上げケース

複数の買い手が提示価格を超える評価を与えるケースである。少なくとも 2 人以上の買い手が High タイプで x_H の評価を与える。この「価格競り上げケース」では $p = x_H$ となり，買い手の効用はゼロ，売り手の利益は $x_H - x_L$ である。複数の買い手が提示価格よりも高い評価値（x_H）を与えるので，取引価格は提示価格に縛られることはない。このケースが起こる確率を β とする。β については次の「受諾ケース」の後に定義される（図 11.2）。

(c) 受諾ケース

買い手のうち 1 人だけ評価値が提示価格よりも高いケースである。この「受諾ケース」では，High タイプの買い手の交渉力がそれほど大きくなく，$a \leq \theta x_H + (1-\theta) x_L$ であれば，High タイプの買い手にとって提示価格はコミットメントとして機能する。もしコミットメントとして機能すれば，High タイプの買い手の効用は $x_H - a$ で，売り手の利益は $a - x_L$ である。このケースが起こるのは，1 人の買い手だけ提示価格以上（x_H）を払おうとし，他の買い手の評価値は提示価格よりも低い（x_L）場合である。その確率を

図 11.3　受諾ケース

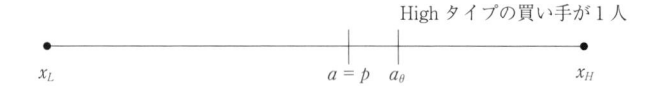

α とすると，$\alpha = {}_nC_1\delta^1(1-\delta)^{n-1} = n\delta(1-\delta)^{n-1}$ である（図 11.3）。

　買い手の数が n（≥ 2）人のとき，3 つのケースは High タイプの買い手の数で見るとそれぞれ排反事象であるから，3 つのケースが起こる確率を合計すると 1 でなければならない。したがって，「価格競り上げケース」が起こる確率は，$\beta = 1-(1-\delta)^n-n\delta(1-\delta)^{n-1}$ である。H-S は次の命題としてまとめている。

命題　$a \in (x_L, x_H)$ で n（≥ 2）人の買い手がいるとき，「伝統的ケース」，「価格競り上げケース」，「受諾ケース」いずれも起こる可能性があり，それぞれが起こる確率は

- 伝統的ケース：$\tau = (1-\delta)^n$
- 価格競り上げケース：$\beta = 1-(1-\delta)^n-n\delta(1-\delta)^{n-1}$
- 受諾ケース：$\alpha = n\delta(1-\delta)^{n-1}$

である。

　「伝統的ケース」，「価格競り上げケース」，「受諾ケース」それぞれのケースの取引価格 p は x_L，x_H，a で，それぞれが起こる確率は τ，β，α であるから，取引価格の期待値は $E[p] = \alpha a + \beta x_H + \tau x_L$ である。提示価格が取引価格に直接影響を及ぼすことは明らかであり，売り手が提示価格をいくらに設定するかによって買い手のサーチ行動が決まり，それが間接的に取引価格の期待値に影響を及ぼす。そこで，買い手と売り手の行動についてそれぞれ考える。

(2)　逆需要関数

　買い手は，ほかの買い手のサーチ行動を所与として，サーチによる期待効用がサーチ費用を上回れば売り手を訪れる。ある売り手を訪れる買い手の数が n のときに均衡状態にあるとは，そのときの期待効用がサーチ費用以上で，訪問者数が $n+1$ になるとサーチ費用を満たさなくなってしまう状態を

言う。この考え方にもとづけば，n 番目の買い手にとって提示価格がいくらであれば受諾する用意があるかを考えることにより，買い手が直面する逆需要関数なるものを求めることができる。

買い手の交渉力が大きいほど，サーチに対するインセンティブは大きくなり，そのインセンティブを刺激するためには提示価格をより引き下げなければならない。そこでまず，買い手の交渉力の最低水準を求める。サーチする最初の買い手が High タイプであるときにのみ，売り手は事後的に確率 δ でプラスの利益を得る。交渉による取引価格は $p = \theta x_H + (1-\theta) x_L$ であるから，期待効用 v は買い手が High タイプである確率と交渉によって得られる余剰をかけ合わせたもの，すなわち

$$v = \delta [x_H - (\theta x_H + (1-\theta) x_L)] = \delta (1-\theta)(x_H - x_L)$$

である。少なくとも 1 人の買い手がサーチ行動を起こすためには，この期待効用が買い手のサーチ費用を上回っていなければならない。すなわち，交渉力の水準 θ は，$\delta(1-\theta)(x_H - x_L) \geq c$（仮定 1）を満たしていなければならない。

次に，売り手が買い手を 1 人獲得するのに必要な提示価格の最大値 a_1 を求める。買い手が 1 人であるとき，買い手の効用は High タイプの場合 $(x_H - a_1)$ で，Low タイプの場合ゼロであるから，買い手の期待効用は $\delta(x_H - a_1) + (1-\delta) \cdot 0$ である。この期待効用を v_1 とすると，サーチ費用よりも大きくなければならず，$v_1 = \delta(x_H - a_1) \geq c$ を満たさなければならない。したがって，売り手が買い手を 1 人獲得するのに必要な提示価格の最大値は，$a_1 = x_H - c/\delta$ である。

次に，買い手が 2 人以上の場合である。「伝統的なケース」でも「価格競り上げケース」でも買い手の期待効用はゼロで，買い手の期待効用がプラスとなるのは「受諾ケース」のときだけである。n 人の買い手の中から High タイプの買い手が 1 人選ばれる確率は ${}_nC_1 \delta^1 (1-\delta)^{n-1} = n\delta(1-\delta)^{n-1}$ で，ある特定の買い手が選ばれる確率は $1/n$ であるから，ある特定の買い手が選ばれそれが High タイプである確率は $(1/n) \cdot n\delta(1-\delta)^{n-1}$ である。したがって，この買い手の期待効用 v_n は $v_n = \delta(1-\delta)^{n-1}(x_H - a_n)$ で，この期待利得はサーチにかかる取引費用 c よりも大きくなければならない。つまり，$v_n = \delta(1-\delta)^{n-1}(x_H - a_n) \geq c$ であるから，n 人の買い手がやって来るときの

図 11.4　提示価格とサーチ

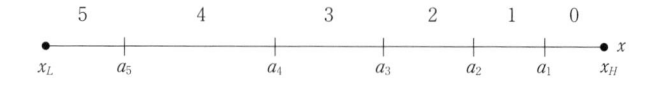

提示価格の最大値は

$$a_n = x_H - \frac{c}{\delta(1-\delta)^{n-1}} \tag{11.1}$$

である。

　(11.1) 式は提示価格の列集合 $A = \{a_n \mid n = 1, 2, ..., N\}$ を示しており，いわば住宅購入者が直面する逆需要関数を意味する。図 11.4 にその需要表が示されている。$a \in (a_1, x_H)$ の場合，提示価格は高すぎて買い手は誰もやって来ない。$a \in (a_{n+1}, a_n)$ の場合，n 人の買い手がやって来る。サーチを魅力あるものとするために，$n = 1$ のときの買い手の効用は少なくともサーチ費用を上回っていなければならず，最も低い水準の提示価格は x_L であるから，少なくとも 1 人の買い手がサーチから便益を得るためには $x_H - x_L \geq c/\delta$（仮定 2）を満たしていなければならない。

　需要表からわかるように，買い手の数を増やすためには提示価格を低くすればよい。この関係は (11.1) 式において n を a の関数とみなし，a で微分すれば得られる。(11.1) 式より，

$$\delta(1-\delta)^{n-1} = \frac{c}{x_H - a}$$

であるから，対数をとると

$$\log \delta + (n-1)\log(1-\delta) = \log c - \log(x_H - a)$$

となる。a で微分すると，

$$\frac{\partial n}{\partial a}\log(1-\delta) = \frac{1}{1-\delta}$$

となり，よって，

$$\frac{\partial n}{\partial a} = \frac{1}{\log(1-\delta)}\frac{1}{1-\delta} < 0$$

を得る。次節で見るように，Chen and Rosenthal（1996a）とは異なり，提示価格は価格の上限として機能するだけではなく，サーチに対するインセンティブを与える役割をもつ。

もう1つの大事な点は，提示価格を低くしていくと，サーチする買い手の数は限界に達するという点である。（11.1）式より，買い手の数が最大となる N は

$$x_H - x_L = \frac{c}{\delta(1-\delta)^{N-1}} \tag{11.2}$$

を満たさなければならない。

(3) 売り手による提示価格の選択

売り手は買い手の逆需要関数を所与として，期待余剰を最大にするように提示価格を決める。買い手が1人となるように提示価格を決めるとする。売り手の期待利益は

$$\pi_1 = \delta[a - x_L] - s$$

である。買い手が1人のとき，売り手にとって最大となる提示価格は，（11.1）式より $a_1 = x_H - c/\delta$ であったから，これを代入すると

$$\pi_1 = \delta\left[x_H - \frac{c}{\delta} - x_L\right] - s = \delta(x_H - x_L) - (c + s)$$

となる。したがって，売り手が利益を得るためにはこれがゼロ以上でなければならず，H-S はこの条件を仮定3としている。

$n \geq 2$ を導く提示価格の場合，期待利益は

$$\pi_n = \alpha[a_n - x_L] + \beta[x_H - x_L] + \tau \cdot 0$$
$$= n\delta(1-\delta)^{n-1}[a_n - x_L]$$
$$+ (1 - (1-\delta)^n - n\delta(1-\delta)^{n-1})[x_H - x_L] - ns$$

となり，a_n に（11.1）式を代入して，

$$
\begin{aligned}
\pi_n &= n\delta(1-\delta)^{n-1}\left[x_H-\frac{c}{\delta(1-\delta)^{n-1}}-x_L\right] \\
&\quad +(1-(1-\delta)^n-n\delta(1-\delta)^{n-1})\,[x_H-x_L]-ns \\
&= n\delta(1-\delta)^{n-1}[x_H-x_L] \\
&\quad +(1-(1-\delta)^n-n\delta(1-\delta)^{n-1})\,[x_H-x_L]-nc-ns \\
&= (1-(1-\delta)^n)\,[x_H-x_L]-(c+s)\,n \qquad (11.3)
\end{aligned}
$$

を得る。π_n は n の増加とともにどのような動きをするのだろうか。期待利得が最大になるような提示価格は存在するのだろうか。H-S は，期待利得が最大になるような提示が存在することを証明している。

まず，（11.3）式より，$\Delta\pi_n = \pi_n-\pi_{n-1}$ を計算する。

$$
\begin{aligned}
\Delta\pi_n &= \{(1-(1-\delta)^n)\,[x_H-x_L]-(c+s)\,n\} \\
&\quad -\{(1-(1-\delta)^{n-1})\,[x_H-x_L]+(c+s)\,(n-1)\} \\
&= \delta(1-\delta)^{n-1}[x_H-x_L]-(c+s)
\end{aligned}
$$

仮定 3 より $\Delta\pi_1 > 0$ である。また，

$$
\Delta\pi_n-\Delta\pi_{n-1} = -\delta^2(1-\delta)^{n-2}[x_H-x_L] < 0
$$

であるから，$\Delta\pi_n$ は n の増加とともに減少していく。ところで，最大の訪問者数のとき，（11.2）式により

$$
\Delta\pi_N = \delta(1-\delta)^{N-1}[x_H-x_L]-(c+s) = -s < 0
$$

である。このことは，提示価格を最大にする n は N 以下の数であることを意味する。

　売り手の最適提示価格は x_L と x_H のあいだにあり，3 つのケースすべてが存在しうる。H-S は次のような命題としてまとめている。

命題　仮定 1，2，3 のもとで，買い手のサーチに対するインセンティブを与え，取引価格は提示価格に等しいこともあれば，提示価格より高くなることも低くなることもある。いずれのケースにおいても，プラスの買い手の数をもたらす最適な提示価格が存在する。

「伝統的なケース」，「価格競り上げ競争のケース」，「受諾ケース」という3つのケースは，市場の条件や住宅のタイプによっていかに住宅市場が影響を受けるかという問題を説明するのに役に立つ。例えば住宅市場でバブルが崩壊するとき，提示価格はサーチに対して強力な力を与えることができるし，提示価格を低下させることによってタイプの異なる住宅の買い手の数を増やすこともできる。こうした状況において，住宅は提示価格よりも高く売れるのであろうか。それとも安くなるのであろうか。H-S はそれぞれのケースが起こる確率が買い手の数によってどう影響するかを調べている。

　買い手が n 人のときの伝統的なケースが起こる確率は $\tau_n = (1-\delta)^n$ であるから，買い手の数が増えると

$$\tau_{n+1} - \tau_n = (1-\delta)^{n+1} - (1-\delta)^n = -\delta(1-\delta)^n < 0$$

となるので，買い手の数が増えると伝統的なケースが起こる確率は低くなる。これは住宅市場がブームのときと整合的である。なぜなら，住宅ブームのとき買い手の評価値の上昇によって，売り手は提示価格を低下させ，買い手の数を増やす。結果として伝統的なケースが起こる確率は低くなる。

　価格競り上げケースが起こる確率は $\beta_n = 1 - (1-\delta)^n - n\delta(1-\delta)^{n-1}$ であったから，

$$
\begin{aligned}
\beta_{n+1} - \beta_n &= \{1 - (1-\delta)^{n+1} - (n+1)\delta(1-\delta)^n\} \\
&\quad - \{1 - (1-\delta)^n - n\delta(1-\delta)^{n-1}\} \\
&= (1-\delta)^n\{-(1-\delta)+1\} + n\delta(1-\delta)^{n-1}\{-(1-\delta)+1\} - \delta(1-\delta)^n \\
&= \delta(1-\delta)^n + n\delta^2(1-\delta)^{n-1} - \delta(1-\delta)^n \\
&= n\delta^2(1-\delta)^{n-1} > 0
\end{aligned}
$$

となる。住宅ブームのときは，買い手の数が増えて，価格競り上げケースの確率は上昇する。

　受諾ケースが起こる確率は $\alpha_n = n\delta(1-\delta)^{n-1}$ であったから，

$$
\begin{aligned}
\alpha_{n+1} - \alpha_n &= (n+1)\delta(1-\delta)^n - n\delta(1-\delta)^{n-1} \\
&= n\delta(1-\delta)^{n-1}\{(1-\delta)-1\} + \delta(1-\delta)^n \\
&= -n\delta^2(1-\delta)^{n-1} + \delta(1-\delta)^n \\
&= \delta(1-\delta)^{n-1}\{(1-\delta)-n\delta\} \lessgtr 0
\end{aligned}
$$

となり，買い手の数の増加が受諾ケースが起こる確率に及ぼす影響は確定することはできない。買い手の数が少ないときは受諾ケースが起こる確率は上昇する傾向にあるが，買い手の数がある数を超えると受諾ケースが起こる確率は低下し始める。

また，質の異なる住宅が市場にあるとき，販売期間は長くなると言われている。住宅ブームのときと逆で，伝統的なケースの確率は上がり，価格競り上げケースの確率は下がる。受諾ケースの確率についてはどちらとも言えない。

H-S はこれらの理論的に得られた結果を検証するために，論文の後半で実証的な分析を試みている。

11.2 価格の上限としての提示価格：
Chen and Rosenthal(1996a)

不動産取引において提示された価格から，価格を徐々に下げていくというのがありふれた光景である。Chen and Rosenthal（1996a）（以下，C-R）は，独占的な売り手にとって価格の上限を設定することによる販売方法がどのように機能するか分析を行っている。ここでは，買い手には交渉力がない場合と買い手にも交渉力がある場合について取り上げる。

(1) モデル

買い手は到着率を λ とするポアソン過程に従って売り手の前に現れる。潜在的な買い手の物件に対する評価値 u と内見費用 c はそれぞれ確率的に与えられ，潜在的に存在する買い手のあいだでも独立であり，また買い手同士でも独立である。買い手は評価値を知るためには，事前に本人だけに知らされた費用を負担して物件を内見する必要がある。その費用は売り手にはわからないが，その費用の確率的な情報はもっている。買い手が得る評価値は売り手にも知らされる。

以下のように変数を定義する。

r：割引率
λ：ポアソン到着率
U：潜在的買い手の物件に対する評価値を示す確率変数で，確率密度関数と

分布関数をそれぞれ g, G とする。費用を負担して内見した後に買い手
　　に評価値 u が与えられ，買い手だけではなく売り手にも知らされる。
C：物件を内見するのに必要となる費用を示す確率変数で，確率密度関数と
　　分布関数をそれぞれ f, F とする。その実現値 c は買い手には事前に知
　　らされるが，売り手は内見費用が確率的に与えられることはわかってい
　　ても，その実現値は知らされない。

U と C については，次のような仮定を設けている。

〔仮定1〕
　　U は $[\underline{u}, \bar{u}]$ $(-\infty \leq \underline{u} < \bar{u} \leq \infty)$ で，ま た C は $[\underline{c}, \bar{c}]$ $(0 \leq \underline{c} < \bar{c} \leq \infty)$ で定義される。g, f はプラスで定義域において微分可能である。

〔仮定2〕
　　F は対数凹（log concave）である。すなわち，f/F は $[\underline{c}, \bar{c}]$ で非減少関
　　数である。

　　ゲームのプレイヤーは売り手と無限にやって来る潜在的な買い手である。
ゲームのルールは以下のとおり。時間 0 に，売り手は提示価格 H を設定す
る。潜在的な買い手は 1 人ずつ売り手のところにやって来て，自分の内見費
用 c を知り提示価格 H を見たうえで，内見するかどうかを判断する。もし
内見しないと決めたら買い手はその物件を諦め，売り手は次の買い手を待つ。
買い手が内見すると，評価値 u は買い手と売り手の双方に知らされる。も
し u が H を上回れば，価格 H で取引されゲームは終わる。H を超えてい
なければ，売り手は買い手の評価値である u で売却しゲームを終わらせる
か，それとも次の買い手を待つかどうかを決める。買い手がやってくる時間
と，買い手が買っても買わなくても物件から離れるまでの時間とのあいだに
は全く時間はかからないものとする。

　　以下，このゲームのサブゲーム完全均衡を求める。そのために，各買い手
にはゲームに参加することが決まってから c が自然によって与えられ，また
内見が終わってから u が自然によって与えられる。サブゲームは，売り手
のところにやって来た買い手にとっては内見するかしないかを決めるノード
（節目）で，また，売り手にとっては u の値が知らされ売却か次の買い手を
待つかどうかを決めるノード（節目）で始まる。サブゲーム完全均衡は，そ

れぞれのノードで行われる選択と一度の H の選択が，すべてのほかのプレイヤーの選択を所与としたときに利潤を最大にしている必要がある。

(a) 買い手

買い手の側から考えよう。買い手の問題は簡単である。u が提示価格 H 以上であれば買い手は $u-H$ の余剰を獲得し，そうでなければゼロである。買い手は余剰の期待値が内見費用 c を上回っていれば内見する。つまり，

$$s(H) \equiv \int_H^u (u-H) g(u) \, du \geq c \tag{11.4}$$

である。内見費用 c に等しい $s(H)$ は買い手が内見するかどうかの限界値を示す。内見費用が $s(H)$ よりも高いと買い手は内見するのを諦める。つまり，売り手の前にやってきた買い手が内見する（事前）確率 $F(s(H))$ は

$$F(s(H)) = \int_{\underline{c}}^{s(H)} f(c) \, dc \tag{11.5}$$

である。

ところで，$s(H)$ は（11.4）式より

$$s(H) = \int_H^u u g(u) \, du - H \int_H^u g(u) \, du$$

と書くことができるから，H で微分すると，

$$s'(H) = -Hg(H) - \left(\int_H^u g(u) \, du - Hg(H) \right) = -\int_H^u g(u) \, du < 0 \tag{11.6}$$

となる。（11.6）式は，買い手の余剰 $s(H)$ の期待値は H が高く設定されればされるほど低下することを意味する。

(b) 売り手

他方，独占者である売り手が直面する最適化問題は次のようになる。

$$\Pi = \max_{H,L} \int_0^\infty e^{-rt} \lambda e^{-\lambda t} dt \left\{ F(s(H)) \left[H \int_H^u g(u) \, du + \int_L^H u g(u) \, du \right] \right.$$

$$+\Pi\left[(1-F(s(H)))+F(s(H))\int_{\underline{u}}^{L}g(u)\,du\right]\right\} \quad (11.7)$$

制約条件は

$$L \leq H \leq \bar{u} \quad (11.8)$$

である。ここで，Π：最大化された期待割引販売価格（利潤），L：独占者である売り手がそれ以下では売却することはない最低価格水準，である。

（11.7）式の右辺には Π が含まれている。Chen and Rosenthal（1996b）によれば，（11.7）式を満たす Π^* が存在して（11.7）式の右辺が最大化される。（11.8）式のもとで H と Π を固定して考えると，L の最大値は Π そのものである。なぜなら，買い手の u が Π よりも高ければ売り手は売却するのが最良であるし，もし低ければ売却せずに次の買い手を待った方がよいからである。そこで，L を Π に等しいと置くと，

$$\Pi(H) = \max_{H} \int_{0}^{\infty} e^{-rt}\lambda e^{-\lambda t}dt\left\{F(s(H))\left[H\int_{H}^{u}g(u)\,du+\int_{\Pi}^{H}ug(u)\,du\right.\right.$$
$$\left.\left.+\Pi\int_{\underline{u}}^{\Pi}g(u)\,du\right]+(1-F(s(H)))\Pi\right\}$$

となり，計算を続けると

$$\Pi(H) = \max_{H} \frac{\lambda}{\lambda+r}\left\{F(s(H))\left[-\int_{H}^{u}(u-H)g(u)\,du+\int_{H}^{u}ug(u)\,du\right.\right.$$
$$\left.\left.+\int_{\Pi}^{H}ug(u)\,du+\Pi\int_{\underline{u}}^{\Pi}g(u)\,du\right]+(1-F(s(H)))\Pi\right\}$$
$$= \max_{H} \frac{\lambda}{\lambda+r}\left\{F(s(H))\left[\int_{\Pi}^{u}ug(u)\,du+\Pi\int_{\underline{u}}^{\Pi}g(u)\,du-s(H)\right]\right.$$
$$\left.+(1-F(s(H)))\Pi\right\}$$
$$= \max_{H} \frac{\lambda}{r}F(s(H))\left[\int_{\Pi}^{u}ug(u)\,du+\Pi\int_{\underline{u}}^{\Pi}g(u)\,du-s(H)-\Pi\right]$$
$$= \max_{H} \frac{\lambda}{r}F(s(H))\left[\int_{\Pi}^{u}ug(u)\,du-\Pi\left(1-\int_{\underline{u}}^{\Pi}g(u)\,du\right)-s(H)\right]$$
$$= \max_{H} \frac{\lambda}{r}F(s(H))\left[\int_{\Pi}^{u}ug(u)\,du-\Pi\int_{\Pi}^{u}g(u)\,du-s(H)\right]$$
$$= \max_{H} \frac{\lambda}{r}F(s(H))\left[\int_{\Pi}^{u}(u-\Pi)g(u)\,du-s(H)\right] \quad (11.9)$$

を得る。$\Pi(H)$ を最大にするために $\Pi(H)$ を H について微分すると,

$$
\begin{aligned}
\Pi'(H) = \frac{\lambda}{r} \Big\{ & f(s(H)) s'(H) \Big[\int_\Pi^u (u-\Pi) g(u) \, du - s(H) \Big] \\
& + F(s(H)) \Big[-\Pi(H) g(\Pi(H)) \Pi'(H) - \Pi'(H) \int_\Pi^u g(u) \, du \\
& - \Pi(H) (-g(\Pi(H)) \Pi'(H)) - s'(H) \Big] \Big\}
\end{aligned}
$$

となり, これを整理すると,

$$
\begin{aligned}
\Big(\frac{r}{\lambda} & + F(s(H)) \int_\Pi^u g(u) \, du \Big) \Pi'(H) \\
& = f(s(H)) s'(H) \Big[\int_\Pi^u (u-\Pi) g(u) \, du - s(H) \Big] + F(s(H)) (-s'(H))
\end{aligned}
$$

となる。左辺の括弧の中は正であるから, 最大化のための必要条件は高々

$$
f(s(H)) s'(H) \Big[\int_\Pi^u (u-\Pi) g(u) \, du - s(H) \Big] + F(s(H)) (-s'(H)) = 0 \quad (11.10)
$$

である。

(2) 数値例

C-R は簡単な例を使って具体的に説明している。内見費用 C は $[0,1]$ の一様分布に従い, 評価値 U は $[20,30]$ の一様分布に従う。2 つの確率変数は独立である。一般に $[a,b]$ の一様分布の平均は $(a+b)/2$ であるから, 平均評価値(つまり 25)に対する平均内見費用(つまり 0.5)の割合は 2% である。また, $\lambda/r = 200$ で利子率を 5% とすると $\lambda = 10$ である。これは 1 年間に売り手のところにやってくる買い手の人数が平均 10 人であることを意味する。

(11.4) 式の定義から,

$$
s(H) = \int_H^{30} \frac{u-H}{10} du = \frac{(H-30)^2}{20}, \quad s'(H) = \frac{(H-30)}{10}
$$

であり, (11.5) 式より, 売り手のところにやって来た買い手が内見する確率(すなわち累積確率分布関数)$F(s(H))$ と確率密度関数 $f(s(H))$ は

$$F(s(H)) = \int_0^{s(H)} dc = s(H), \ f(s(H)) = 1$$

である。また，(11.10) 式の括弧の中の第 1 項を計算すると，

$$\int_\Pi^{30} \frac{u-H}{10} du = \frac{(\Pi-30)^2}{20}$$

となる。

したがって，最適化のための必要条件 (11.10) 式は

$$\left[\frac{(\Pi-30)^2}{20} - \frac{(H-30)^2}{20} \right] - \frac{(H-30)^2}{20} = 0$$

となる。つまり，

$$(\Pi-30)^2 = 2(H-30)^2$$

であるから，この条件のもとで目的関数 (11.9) 式

$$\Pi = 200 \frac{(H-30)^2}{20} \left[\frac{(\Pi-30)^2}{20} - \frac{(H-30)^2}{20} \right] = \frac{(H-30)^4}{2}$$

を最大化すればよい。ソルバーを用いて解くと，$H^* = 27.31$ のとき最大値 $\Pi^* = 26.20$ をとる。買い手のうち実際に物件を購入する確率は $(30-26.20)/(30-20) = 0.38$，また販売価格が上限価格 H^* である確率は，$(30-27.31)/(30-26.20) = 0.71$ である。なお，$s(H^*) = 0.36$ であるが，論文では $s(H^*) = 0.27$ となっており，間違いではないかと思われる。

(3) 比較静学

一般的には，(11.10) 式を満たす H を λ と r の関数として解くことができる。これを $H^*(\lambda, r)$ とすると，$H^*(\lambda, r)$ を (11.10) 式に代入して以下の λ と r に関する恒等式を得る。

$$f(s(H^*)) s'(H^*) \left[\int_\Pi^u (u-\Pi^*) g(u) \, du - s(H^*) \right] + F(s(H^*)) (-s'(H^*)) \equiv 0$$

ところで，大括弧の中は $r\Pi^*/\lambda F(s(H^*))$ に等しいので，

$$f(s(H^*))s'(H^*)\frac{r\Pi^*}{\lambda F(s(H^*))}+F(s(H^*))(-s'(H^*)) \equiv 0$$

となり，整理すると，

$$-\frac{f(s(H^*))}{F(s(H^*))}\Pi^*+\frac{\lambda}{r}F(s(H^*)) \equiv 0 \tag{11.11}$$

となる。左辺の第1項は，価格の上限（提示価格）をわずかに上昇させたときの利益の変化を示す。F は対数凸関数（言い換えれば，仮定より f/F は非増加関数である）であるから，正の値をとる。第2項は，価格の上限をわずかに上昇させたときの費用を示し，正の値をとる。C-R は，以下の2つの命題としてまとめている。

命題1 ゲームは本質的にユニークなサブゲーム完全均衡をもつ。そこでは，売り手は価格の上限 H^*（$<\bar{u}$）と価格の下限 Π^* を設定し，潜在的な買い手は $c \leq s(H^*)$ のときには内見する。

命題2 H^* と Π^* は λ の増加関数，r の減少関数である。

命題2を証明するために，(11.11) 式を λ で微分すると，

$$-\frac{d(f(s^*)/F(s^*))}{ds}\frac{ds^*}{dH}\frac{\partial H^*}{\partial \lambda}\Pi^*-\frac{f(s(H^*))}{F(s(H^*))}\frac{\partial \Pi^*}{\partial \lambda}$$
$$+\frac{F(s(H^*))}{r}+\frac{\lambda}{r}f(s^*)\frac{ds^*}{dH}\frac{\partial H^*}{\partial \lambda}=0$$

となる。よって，

$$\frac{\partial H^*}{\partial \lambda}=\frac{\dfrac{f(s(H^*))}{F(s(H^*))}\dfrac{\partial \Pi^*}{\partial \lambda}-\dfrac{F(s(H^*))}{r}}{\dfrac{ds^*}{dH}\left[-\dfrac{d(f(s^*)/F(s^*))}{ds}+\dfrac{\lambda}{r}f(s^*)\right]}$$

を得る。分母は仮定より負であるから，分子もまた負であることを示せばよい。

ところで，H^* を (11.9) 式に代入して，

$$\Pi(H^*) = \frac{\lambda}{r}F(s(H^*))\left[\int_{\Pi^*}^u (u-\Pi^*)g(u)\,du - s(H^*)\right]$$

$$= \frac{\lambda}{r}F(s(H^*))\left[\int_{\Pi^*}^u ug(u)\,du - \Pi^*\int_{\Pi^*}^u g(u)\,du - s(H^*)\right] \qquad (11.12)$$

となる。(11.12) 式を λ で微分すると，

$$\frac{\partial \Pi^*}{\partial \lambda} = \frac{\Pi^*}{\lambda} + \frac{\lambda}{r}F(s(H^*))\left[-\Pi^*g(\Pi^*)\frac{\partial \Pi^*}{\partial \lambda} - \frac{\partial \Pi^*}{\partial \lambda}\int_{u=\Pi^*}^u g(u)\,du\right.$$

$$\left. + \Pi^*g(\Pi^*)\frac{\partial \Pi^*}{\partial \lambda}\right]$$

$$= \frac{\Pi^*}{\lambda} - \frac{\lambda}{r}F(s(H^*))\frac{\partial \Pi^*}{\partial \lambda}\int_{u=\Pi^*}^u g(u)\,du < \frac{\Pi^*}{\lambda}$$

を得る。よって，

$$\frac{f(s(H^*))}{F(s(H^*))}\frac{\partial \Pi^*}{\partial \lambda} - \frac{F(s(H^*))}{r} < \frac{f(s(H^*))}{F(s(H^*))}\frac{\Pi^*}{\lambda} - \frac{F(s(H^*))}{r}$$

が成り立ち，右辺は (11.11) 式よりゼロであるから，

$$\frac{f(s(H^*))}{F(s(H^*))}\frac{\partial \Pi^*}{\partial \lambda} - \frac{F(s(H^*))}{r} < 0$$

となる。したがって，

$$\frac{\partial H^*}{\partial \lambda} > 0$$

である。

　同様に，(11.11) 式を r で微分すると，

$$\frac{dH^*}{dr} = \frac{\dfrac{f(s(H^*))}{F(s(H^*))}\dfrac{\partial \Pi^*}{\partial r} + \dfrac{\lambda F(s(H^*))}{r^2}}{\dfrac{ds^*}{dH}\left[-\dfrac{d\left(f(s^*)/F(s^*)\right)}{ds} + \dfrac{\lambda}{r}f(s^*)\right]}$$

となる。先と同様にして分母は負であったから，分子が正であることを示せばよい。(11.12) 式を r で微分すると，

$$\frac{\partial \Pi^*}{\partial r} = -\frac{\Pi^*}{r}$$

$$+ \frac{\lambda}{r} F(s(H^*)) \left[-\Pi^* g(\Pi^*) \frac{\partial \Pi^*}{\partial r} - \frac{\partial \Pi^*}{\partial r} \int_{u=\Pi^*}^{u} g(u) \, du + \Pi^* g(\Pi^*) \frac{\partial \Pi^*}{\partial r} \right]$$

$$= -\frac{\Pi^*}{r} - \frac{\lambda}{r} F(s(H^*)) \frac{\partial \Pi^*}{\partial r} \int_{u=\Pi^*}^{u} g(u) \, du > -\frac{\Pi^*}{r}$$

$$\frac{f(s(H^*))}{F(s(H^*))} \frac{\partial \Pi^*}{\partial r} + \frac{F(s(H^*))}{r^2} > -\frac{f(s(H^*))}{F(s(H^*))} \frac{\Pi^*}{r} + \frac{\lambda F(s(H^*))}{r^2}$$

が成り立ち，右辺は（11.11）式よりゼロであるから，

$$\frac{f(s(H^*))}{F(s(H^*))} \frac{\partial \Pi^*}{\partial r} + \frac{F(s(H^*))}{r^2} > 0$$

となる。したがって，

$$\frac{\partial H^*}{\partial r} < 0$$

である。

11.3　直接的サーチ：Albrecht, Gautier, and Vroman（2016）

　Chen and Rosenthal（1996a）では，売り手は最初に提示する価格にあくまでもコミットする形で買い手との交渉に臨んでいた。したがって，取引価格は売り手の提示価格よりも低くなる。しかし，Han and Strange（2016）で示されたように，実際には売り手によって提示された価格で取引されるばかりではなく，提示価格よりも高い価格で取引されることもあれば，それよりも低い価格で取引されることもある。このような状況を理論的に説明するために，Han and Strange（2016）は部分均衡の枠組みの中で分析を行ったが，本節では一般均衡による分析を試みた Albrecht, Gautier, and Vroman（2016）（以下，A-G-V と表記する）の論文を見ていく。

（1）　モデル
　彼らのモデルは，買い手と売り手の1回限りのゲームで両者間の交渉は考

えていない。買い手と売り手の数をそれぞれ B と S とし，その比率 $\theta = B/S$ を住宅市場の逼迫度とする。θ を所与として均衡が存在することを示すのが主たる目的であるが，Chen and Rosenthal（1996a）では独占的な市場が想定されていたのに対し，A-G-V では売り手が自由に参入・退出を繰り返す中で市場均衡が効率的であることが示されている。

A-G-V によれば，1 回限りのゲームは以下のようなものである。

① 売り手は価格 a を提示する。
② 買い手は提示された価格をすべて調べたうえで訪問すべき k 戸の物件を選ぶ。買い手のあいだで情報の交換はない。内見に行った後に，買い手に物件の評価値 x が確率的に与えられる。評価値 x は私的情報で，買い手・売り手のペア間で独立かつ同一の分布に従い，連続分布関数 $F(x)$ は $[0,1]$ で定義される。この分布のハザード率 $f(x)/(1-F(x))$ は増加関数とする。買い手はせいぜい 1 つの物件に入札でき，最も高い評価値の物件を選択する。買い手 1 人 1 人にはその物件を訪れた買い手の数はわからない。
③ 選んだ物件に対し，買い手は提示された価格 a を受諾するか，カウンターオファーを提示するか決める。
④ 売り手は，買い手が 1 人も来なければ，その物件価値をそのまま保持し続ける。
⑤ 少なくとも買い手が 1 人やって来て誰も提示価格を受け入れることがなければ，売り手は買い手の中で最も高いカウンターオファーを受け入れるか，もしくは交渉を止める。提示価格を受諾する買い手が複数いれば，買い手のあいだで最低競売価格を a とする第 2 価格オークションとなる。この場合，物件は最も高い評価値をもつ入札者に売却される。

住宅を購入できなかった買い手の利得はゼロである。評価値 x の買い手が住宅を p で購入すれば，買い手の利得は $x-p$ で，売り手は利得として p を受け取る。売買が成立しなければ，売り手はその価値を保持する。

A-G-V によれば，買い手はすべての提示価格情報にもとづき，どの住宅に入札するかを選ぶ。その意味で Directed Search モデルと言えるが，売り手は自分の提示価格に限定的にコミットするという点で通常の Directed Search モデルとは異なる。1 人だけ売り手のところにやって来て提示価格

を受け入れれば，売り手はその価格で売却する。しかし，提示価格を受諾する買い手が複数いる場合には価格は吊り上げられる。これは Han and Strange（2016）の言う「価格競り上げケース」である。買い手の中に提示価格を受け入れる者がいなければ，売り手は買い手が提示するカウンターオファーの中から最大のものを受諾するか，交渉打ち切りを決断しなければならない。しかし，Chen and Rosenthal（1996a）のように提示価格にコミットする必要はない。彼らのモデルでは売り手と買い手の1対1の交渉にもとづいて取引が行われるが，A-G-V のモデルでは提示価格に対して複数の買い手がいる場合にはオークション（第2価格オークション）によって取引が行われる。

　以下，すべての買い手が同じ戦略をとる対称的な均衡を考える。11.3.2 項で，s 以上の提示価格に対して利得同等であることを示す。11.3.3 項で，s 以上の提示価格であればどんな分布であっても均衡になることを示す。さらに 11.3.4 項で，$a = s$ のときの比較静学を行う。11.3.5 項では，売り手が第2価格オークションにもとづいて競争的に行動するとき，効率的な状態が実現されることを示す。

(2)　利得同等

　すべて売り手は同じ留保価格 s をもち，s 以上の価格 a を提示する。もし $a = s$ なら，売り手は最低競売価格を s とする第2価格オークション方式をとる。もし $a > s$ なら，買い手の中には s と a のあいだのカウンターオファーを提示する者もいれば，a 以上の評価値をもつ買い手は提示価格 a を受諾する。カウンターオファーを提示する買い手にとっては第1価格オークションとなり，a を受諾する買い手が2人以上いる場合は第2位価格オークションとなる。

　利得同等という結果は標準的なオークション理論から言える。特定の売り手のところにやって来る買い手の数が所与である場合を考える。収入同等については Krishna（2010）の Proposition 3.1 で与えられている。

　「買い手の評価値は独立でかつ同一の分布をもっており，買い手はすべてリスク中立的であると仮定する。ゼロの評価値をもつ買い手の期待支払額もゼロとなるような，標準的なオークションにおけるいかなる対称的かつ評価

値の増加関数となる均衡も売り手に同等の期待収入額をもたらす。」（Krishna 2010, p.28）

この Proposition は，Riley and Samuelson（1981）の Proposition 1 にもとづいている。ここでは Krishna（2010）に倣って確認しておこう。

第 1 価格オークションや第 2 価格オークションなど標準的なオークション A を考え，その対称均衡となる戦略を β としよう。評価値 x とする買い手の均衡における期待支払額を $m^A(x)$ とする。簡単化のために，β は $m^A(0) = 0$ となるような戦略とする。評価値 x をもつある特定の買い手を考える。この買い手にとって対称均衡となる戦略は $\beta(x)$ であるが，この買い手の評価値 x ではなく，ほかの買い手の評価値を z としたときの期待利得を考える。この買い手以外の評価値で最高値となる順序統計量を Y_1 とし，Y_1 の分布を G とする。この買い手の z が Y_1 を上回るときオークションの勝者となり，そのときの Y_1 の分布は $G(z) = F(z)^{n-1}$ である。

ほかの買い手は対称均衡戦略をとると考えると，この買い手の期待支払額は

$$\Pi^A(z, x) = G(z)x - m^A(z)$$

である。z で微分すると，

$$\frac{\partial \Pi^A(z, x)}{\partial z} = g(z)x - \frac{dm^A(z)}{dz} = 0$$

となる。均衡では $z = x$ とするのが最適であるので，すべての y について

$$\frac{dm^A(y)}{dy} = g(y)y$$

が成り立つ。この微分方程式を解くと，

$$m^A(x) = m^A(0) + \int_0^x yg(y)\,dy$$

となり，仮定より $m^A(0) = 0$ であるから，

$$m^A(x) = \int_0^x yg(y)\,dy = G(x)\frac{\int_0^x yg(y)\,dy}{\int_0^x g(y)\,dy} = G(x)E[Y_1 \mid Y_1 < x]$$

を得る。標準的なオークションにおける期待支払額はオークションの形態にかかわらず同額となる。

　売り手が留保価格 s をもつ場合，買い手は評価値が s 以上でなければ利得を得ることができない。この場合の期待支払額を $m^A(x, s)$ とすると，評価値が s の場合の期待利得は $sG(s)$ であるので，

$$m^A(x, s) = sG(s) + \int_s^x yg(y)\,dy = sG(s) + [yG(y)]_s^x - \int_s^x G(y)\,dy$$
$$= xG(x) - \int_s^x G(y)\,dy$$

となる。

　ところで，Riley and Samuelson（1981）は期待支払額ではなく，売り手の期待収入額を求めている。後述の議論のために確認しておこう。売り手は買い手の評価値の分布 $F(x)$ を知っているので，留保価格を r とする売り手が 1 人の買い手から得る期待収入額は

$$\int_s^1 m^A(x, s)f(x)\,dx = \int_s^1 \Big(xG(x) - \int_s^x G(y)\,dy\Big)f(x)\,dx$$
$$= \int_s^1 xG(x)f(x)\,dx - \int_s^1 \Big(\int_r^x G(y)\,dy\Big)f(x)\,dx$$
$$= \int_s^1 xG(x)f(x)\,dx - \int_s^1 \Big(\int_y^1 f(x)\,dx\Big)G(y)\,dy^{2)}$$
$$= \int_s^1 xG(x)f(x)\,dx - \int_s^1 G(y)(1 - F(y))\,dy$$
$$= \int_s^1 \Big\{x - \frac{1 - F(x)}{f(x)}\Big\}G(x)f(x)\,dx$$

である。これは買い手 1 人からの期待収入額である。売り手には n 人の買い手がいるので，売り手にとっての期待収入額は

---

2) 積分順序の交換により，$D((x, y) \mid s \le x \le 1, s \le y \le x)$ から $D((x, y) \mid y \le x \le 1, s \le y \le 1)$ に変更して積分している。

$$n\int_s^1\left\{x-\frac{(1-F(x))}{f(x)}\right\}G(x)f(x)\,dx \qquad (11.13)$$

となり，オークションの形態にかかわらず売り手にとっても同等となること が示された[3]。

(3) 均衡

11.3.2 項で見たように，買い手と売り手にとって売り手の留保価格 s 以 上であればどんな提示価格 a であっても構わない。留保価格 s 以上のどんな 提示価格 a であっても均衡となることを示すためには，s よりも低い価格を 提示することはないということを示さなければならない。

第 2 価格オークションで最適な提示価格を選択するという問題は，制約付 きの最大化問題として捉えることができる。買い手は市場の外で少なくとも ある一定の利得を受け取ることが期待できるという制約のもとで，売り手は 期待利得が最大となるように提示価格 a を決める。買い手が留保価格を s と するある特定の売り手のところにやって来るポアソン到着率を ξ とすると， ξ はこの売り手のところに行く価値と，他の売り手のところに行く価値とが 同じになるように調整される。

A-G-V は次のような問題を考える。

$$\max_{a,\xi}\ \Pi(a,\xi;s)\quad \text{s.t.}\ \ V(a,\xi)=\bar{V}$$

$\Pi(a,\xi;s)$ は売り手の利得であり，提示価格，買い手のポアソン到着率，留 保価格に依存する。また，$V(a,\xi)$ は買い手の利得であり，売り手によって 提示された価格とポアソン到着率に依存する。売り手は，買い手にとって少 なくとも他の場所で得られる利得 $\bar{V}$ と同じだけの期待利得が得られるよう に，売り手の期待利得を最大にする提示価格 a を決定する。この最適化問 題は Albrecht, Gautier, and Vroman による一連の論文の中から生まれたも ので，この論文の中では結論だけに留められており証明は省略されている。

---

3) Krishna (2010) は，$\int_s^1 m^A(x,s)f(x)\,dx=\int_s^1\Big(sG(s)+\int_s^x yg(y)\,dy\Big)f(x)\,dx$ を計算す ることにより，$\int_s^1 m^A(x,s)f(x)\,dx=s(1-F(s))G(s)+\int_s^1 x(1-F(x))g(x)\,dx$ としている。

そこで，Albrecht, Gautier, and Vroman（2014a, 2014b）に沿って証明を試みよう。

まず，$V(a, \xi)$ と $\Pi(a, \xi; s)$ を求めることから始めよう。

(a) $V(a, \xi)$ の導出

買い手の評価値が x で，買い手がほかに n 人いるときの第 2 価格オークションの勝者の期待利得は，

$$x - \int_a^x yd\left(\frac{F(y)-F(a)}{F(x)-F(a)}\right)^n$$
$$= x - \left\{ y\left[\left(\frac{F(y)-F(a)}{F(x)-F(a)}\right)^n\right]_a^x - \int_a^x \left(\frac{F(y)-F(a)}{F(x)-F(a)}\right)^n dy \right\}$$
$$= x - \left\{ x - \int_a^x \left(\frac{F(y)-F(a)}{F(x)-F(a)}\right)^n dy \right\} = \int_a^x \left(\frac{F(y)-F(a)}{F(x)-F(a)}\right)^n dy$$

である。

買い手の数は 0 人から無限大まで考えられるので，提示価格 a よりも高い評価値 x をもつ勝者の期待利得は，ポアソン到着率が $\xi(F(x)-F(a))$ であることに注意して，

$$\sum_{n=0}^{\infty} \frac{e^{-\xi(F(x)-F(a))}(\xi(F(x)-F(a)))^n}{n!} \int_a^x \left(\frac{F(y)-F(a)}{F(x)-F(a)}\right)^n dy$$
$$= \int_a^x \sum_{n=0}^{\infty} \frac{e^{-\xi(F(x)-F(a))}(\xi(F(x)-F(a)))^n}{n!} \left(\frac{F(y)-F(a)}{F(x)-F(a)}\right)^n dy$$
$$= \int_a^x \sum_{n=0}^{\infty} \frac{e^{-\xi(F(x)-F(y))}e^{-\xi(F(y)-F(a))}(\xi(F(y)-F(a)))^n}{n!} dy$$
$$= \int_a^x e^{-\xi(F(x)-F(y))} \sum_{n=0}^{\infty} \frac{e^{-\xi(F(y)-F(a))}(\xi(F(y)-F(a)))^n}{n!} dy$$
$$= \int_a^x e^{-\xi(F(x)-F(y))} dy \tag{11.14}$$

を得る。評価値 x の買い手が第 2 価格オークションの勝者になる確率を $\Pr(H \mid x)$ とすると，

$$\Pr(H \mid x) = \sum_{n=0}^{\infty} \frac{\xi^n e^{-\xi}}{n!} (F(x))^n = \sum_{n=0}^{\infty} \frac{(\xi F(x))^n e^{-\xi F(x)} e^{-\xi(1-F(x))}}{n!}$$

$$= e^{-\xi(1-F(x))} \sum_{n=0}^{\infty} \frac{(\xi F(x))^n e^{-\xi F(x)}}{n!} = e^{-\xi(1-F(x))} \tag{11.15}$$

である。したがって，評価値 x をもつ買い手が第 2 価格オークションの勝者になるときの期待利得 $V(a, \xi; x)$ は，（11.14）式に（11.15）式をかけることにより，

$$V(a, \xi; x) = \int_a^x e^{-\xi(1-F(x))} e^{-\xi(F(x)-F(y))} dy = \int_a^x e^{-\xi(1-F(y))} dy$$

となる。

　買い手の評価値 x は実際には a から 1 までの値をとりうるので，提示価格 a の売り手のところにやって来る勝者の期待利得 $V(a, \xi)$ は，

$$\begin{aligned}
V(a, \xi) &= \int_a^1 \left[\int_a^x e^{-\xi(1-F(y))} dy \right] f(x) dx \\
&= \left[F(x) \int_a^x e^{-\xi(1-F(y))} dy \right]_a^1 - \int_a^1 F(x) e^{-\xi(1-F(x))} dx \\
&= \int_a^1 e^{-\xi(1-F(x))} dx - \int_a^1 F(x) e^{-\xi(1-F(x))} dx \\
&= \int_a^1 (1-F(x)) e^{-\xi(1-F(x))} dx \tag{11.16}
\end{aligned}$$

となる。

(b) $\Pi(a, \xi; s)$ の導出

　次に，売り手の第 2 価格オークションの期待利得を求めよう。買い手がゼロのとき売り手の利得は留保価格の s，また買い手が 1 人の場合，その買い手の評価値が売り手の提示価格 a 以上であればそれを受諾するので a である。買い手が 2 人以上いる場合，買い手の評価値を確率密度関数を f とする分布関数 F から取り出された $X_1, X_2, ..., X_n$ であるとすると，第 2 価格オークションは 2 番目に高い評価の順序統計量となる。この第 2 順序統計量を Y_2 とすれば，売り手の利得は $E[Y_2]$ に等しい。ところで，Y_2 の分布関数は

$$\widetilde{F}(y) = \frac{F(y)-F(a)}{1-F(a)}, \quad 1-\widetilde{F}(y) = 1 - \frac{F(y)-F(a)}{1-F(a)} = \frac{1-F(y)}{1-F(a)}$$

であることに留意して $E[Y_2]$ を求めよう。

- すべてが y 以下であるとき：$\widetilde{F}(y)^n$
- X_1 が y よりも大きく，それ以外のすべてが y 以下であるとき：
  $(1-\widetilde{F}(y))\widetilde{F}(y)^{n-1}$
- X_2 が y よりも大きく，それ以外のすべてが y 以下であるとき：
  $\widetilde{F}(y)(1-\widetilde{F}(y))\widetilde{F}(y)^{n-2}$

$$\vdots$$

- X_{n-1} が y よりも大きく，それ以外のすべてが y 以下であるとき：
  $\widetilde{F}(y)^{n-2}(1-\widetilde{F}(y))\widetilde{F}(y)^{1}$
- X_n が y よりも大きく，それ以外のすべてが y 以下であるとき：
  $\widetilde{F}(y)^{n-1}(1-\widetilde{F}(y))$

合計すると，

$$\widetilde{F}(y)^n + n(1-\widetilde{F}(y))\widetilde{F}(y)^{n-1}$$
$$= \left(\frac{F(y)-F(a)}{1-F(a)}\right)^n + n\left(\frac{1-F(y)}{1-F(a)}\right)\left(\frac{F(y)-F(a)}{1-F(a)}\right)^{n-1}$$

となる。この分布を $\widetilde{G}(y)$ とすると，買い手の数が n のときの売り手の期待利得は

$$\int_a^1 y d\widetilde{G}(y) = \left[y\left\{\left(\frac{F(y)-F(a)}{1-F(a)}\right)^n + n\left(\frac{1-F(y)}{1-F(a)}\right)\left(\frac{F(y)-F(a)}{1-F(a)}\right)^{n-1}\right\}\right]_s^1$$
$$\qquad - \int_a^1 \left\{\left(\frac{F(y)-F(a)}{1-F(a)}\right)^n + n\left(\frac{1-F(y)}{1-F(a)}\right)\left(\frac{F(y)-F(a)}{1-F(a)}\right)^{n-1}\right\} dy$$
$$= 1 - \int_a^1 \left\{\left(\frac{F(y)-F(a)}{1-F(a)}\right)^n + n\left(\frac{1-F(y)}{1-F(a)}\right)\left(\frac{F(y)-F(a)}{1-F(a)}\right)^{n-1}\right\} dy$$

となる。したがって，売り手の期待利得は

$$\Pi(a,\xi;s) = se^{-\xi(1-F(a))} + ae^{-\xi(1-F(a))}\xi(1-F(a))$$
$$\qquad + \sum_{n=2}^{\infty} \frac{e^{-\xi(1-F(a))}(\xi(1-F(a)))^n}{n!}\int_a^1 y dG_{n-1}(y)$$
$$= se^{-\xi(1-F(a))} + ae^{-\xi(1-F(a))}\xi(1-F(a))$$
$$\qquad + \sum_{n=2}^{\infty} \frac{e^{-\xi(1-F(a))}(\xi(1-F(a)))^n}{n!}$$

$$-\int_a^1 \sum_{n=2}^{\infty} \frac{e^{-\xi(1-F(a))}(\xi(1-F(a)))^n}{n!}\left(\frac{F(y)-F(a)}{1-F(a)}\right)^n dy$$

$$-\int_a^1 \sum_{n=2}^{\infty} \frac{e^{-\xi(1-F(a))}(\xi(1-F(a)))^n}{n!}$$

$$\times n\left(\frac{1-F(y)}{1-F(a)}\right)\left(\frac{F(y)-F(a)}{1-F(a)}\right)^{n-1} dy$$

$$= se^{-\xi(1-F(a))}+ae^{-\xi(1-F(a))}\xi(1-F(a))$$

$$+\sum_{n=2}^{\infty}\frac{e^{-\xi(1-F(a))}(\xi(1-F(a)))^n}{n!}$$

$$-\int_a^1 e^{-\xi(1-F(y))}\sum_{n=2}^{\infty}\frac{e^{-\xi(F(y)-F(a))}(\xi(F(y)-F(a)))^n}{n!}dy$$

$$-\int_a^1 e^{-\xi(1-F(y))}\xi(1-F(y))\sum_{n=2}^{\infty}\frac{e^{-\xi(F(y)-F(a))}(\xi(F(y)-F(a)))^{n-1}}{(n-1)!}dy$$

$$= se^{-\xi(1-F(a))}+ae^{-\xi(1-F(a))}\xi(1-F(a))$$

$$+\left(1-e^{-\xi(1-F(a))}-e^{-\xi(1-F(a))}\xi(1-F(a))\right)$$

$$-\int_a^1 e^{-\xi(1-F(y))}\left(1-e^{-\xi(F(y)-F(a))}-e^{-\xi(F(y)-F(a))}\xi(F(y)-F(a))\right)dy$$

$$-\int_a^1 e^{-\xi(1-F(y))}\xi(1-F(y))\left(1-e^{-\xi(F(y)-F(a))}\right)dy$$

$$= se^{-\xi(1-F(a))}+ae^{-\xi(1-F(a))}\xi(1-F(a))$$

$$+\left(1-e^{-\xi(1-F(a))}-e^{-\xi(1-F(a))}\xi(1-F(a))\right)$$

$$-\int_a^1 e^{-\xi(1-F(y))}dy+\int_a^1 e^{-\xi(1-F(a))}dy$$

$$+\int_a^1 e^{-\xi(1-F(a))}\xi(F(y)-F(a))dy$$

$$-\int_a^1 e^{-\xi(1-F(y))}\xi(1-F(y))dy+\int_a^1 e^{-\xi(1-F(a))}\xi(1-F(y))dy$$

$$= (s-a)e^{-\xi(1-F(a))}+1-\int_a^1 e^{-\xi(1-F(x))}dx$$

$$-\int_a^1 e^{-\xi(1-F(x))}\xi(1-F(x))dx \tag{11.17}$$

となる。(11.17) 式第 3 項の積分の値は

$$\int_a^1 e^{-\xi(1-F(x))}dx = \left[xe^{-\xi(1-F(x))}\right]_a^1-\int_a^1 x\xi f(x)e^{-\xi(1-F(x))}dx$$

$$= 1-ae^{-\xi(1-F(a))}-\int_a^1 x\xi f(x)e^{-\xi(1-F(x))}dx \tag{11.18}$$

で，また，

$$\int_a^1 s\xi e^{-\xi(1-F(x))} f(x)\, dx = \left[se^{-\xi(1-F(x))} \right]_a^1 = s - se^{-\xi(1-F(a))}$$

であるから，

$$se^{-\xi(1-F(a))} = s - \int_a^1 s\xi e^{-\xi(1-F(x))} f(x)\, dx \tag{11.19}$$

を得る。(11.18)，(11.19) 式を (11.17) 式に代入すると，

$$\Pi(a, \xi; s) = s - \int_a^1 s\xi e^{-\xi(1-F(x))} f(x)\, dx + \int_a^1 x\xi f(x)\, e^{-\xi(1-F(x))} dx$$
$$- \int_a^1 e^{-\xi(1-F(x))} \xi(1-F(x))\, dx$$

となるので，整理して

$$\Pi(a, \xi; s) = s + \xi \int_a^1 \left(x - \frac{1-F(x)}{f(x)} - s \right) e^{-\xi(1-F(x))} f(x)\, dx \tag{11.20}$$

を得る。

さて，$V(a, \xi)$ と $\Pi(a, \xi; s)$ を導出することができた。もう一度ここで整理しておくと，売り手の利得 $\Pi(a, \xi; s)$ は

$$\Pi(a, \xi; s) = s + \xi \int_a^1 (v(x) - s)\, e^{-\xi(1-F(x))} f(x)\, dx$$
$$= s + (1 - e^{-\xi}) \int_a^1 (v(x) - s)\, g(x)\, dx \tag{11.21}$$

である。ここで，

$$v(x) = x - \frac{1-F(x)}{f(x)} \tag{11.22}$$

$$g(x) = \frac{\xi e^{-\xi(1-F(x))} f(x)}{1 - e^{-\xi}} \tag{11.23}$$

とする。$v(x)$ は評価値 x をもつ買い手の virtual valuation（実質価値評価）で，第2項はハザード率の逆数であるから，仮定より $v(x)$ は増加関数であ

る。Bulow and Roberts（1989）によれば，$v(x)$ は売り手にとって評価値 x をもつ買い手の限界収入と解釈することができる。

　また，A-G-H の脚注 13 にあるように，ベイズの定理より，$g(x)$ は $f(x|H)$ に等しい。

$$f(x|H) = \frac{\text{Pr}\,(H|x)\,f(x)}{\text{Pr}\,(H)} \equiv g(x) \qquad (11.24)$$

なるほど，（11.15）式より $\text{Pr}(H|x) = e^{-\xi(1-F(x))}$ で，

$$\text{Pr}(H) = \int_0^1 e^{-\xi(1-F(x))} f(x)\,dx = \left[\frac{e^{-\xi(1-F(x))}}{\xi}\right]_0^1 = \frac{1-e^{-\xi}}{\xi}$$

であるから，これらを（11.24）式に代入して確認することができる。したがって，$g(x)$ は少なくとも 1 人買い手がやってくるという条件のもとで，その特定の売り手を訪れる買い手の最大評価値 x の確率密度関数ということができる。つまり，特定の売り手のところにやって来る最大評価値をもつ買い手の評価値 x の確率密度関数である。（11.21）式が示すように，売り手の期待利得 $\Pi(a, \xi; s)$ は，留保価格 s に，少なくとも 1 人の買い手がやって来る確率 $1-e^{-\xi}$ と，$v(x)-s$ に $g(x)$ をかけて a から 1 まで積分したものを乗じて加えたものである。

　他方，買い手の期待利得 $V(a, \xi)$ は，（11.22）式を用いれば

$$V(a, \xi) = \int_a^1 (x-v(x))\,e^{-\xi(1-F(x))} f(x)\,dx \qquad (11.25)$$

と書き換えることができる。（11.25）式が示すように，買い手の期待利得 $V(a, \xi)$ は，$x-v(x)$ と 評価値 x をもつ買い手が勝者になる確率（（11.15）式）を乗じたものに $f(x)$ かけて a から 1 まで積分したものである。

（c）補助命題の証明

　A-G-V の補助命題を証明することにしよう。補助命題は次のようなものである。

補助命題　制約付き最大化問題の解は $a^* = s$ である。それに対応するポア

ソン到着率は $V(s, \xi^*) = \bar{V}$ の解である。

この補助命題を証明するために，ラグランジアンを以下のように定義する。

$$\mathcal{L}(a, \xi, \lambda) = \Pi(a, \xi; s) + \lambda(V(a, \xi) - \bar{V})$$

最適化のための必要条件は，

$$\frac{\partial \mathcal{L}}{\partial a} = \Pi_a(a, \xi; s) + \lambda V_a(a, \xi) = 0$$

$$\frac{\partial \mathcal{L}}{\partial \xi} = \Pi_\xi(a, \xi; s) + \lambda V_\xi(a, \xi) = 0$$

$$\frac{\partial \mathcal{L}}{\partial \lambda} = V(a, \xi) - \bar{V} = 0$$

である。これらの必要条件を満たすような解が存在するとすれば，それらの解を a^*，ξ^*，λ^* として，

$$\Pi_a(a^*, \xi^*; s) + \lambda^* V_a(a^*, \xi^*) = 0 \qquad (11.26)$$

$$\Pi_\xi(a^*, \xi^*; s) + \lambda^* V_\xi(a^*, \xi^*) = 0 \qquad (11.27)$$

$$V(a^*, \xi^*) - \bar{V} = 0 \qquad (11.28)$$

が満たされていなければならない。ここで $a^* = s$ であることを示すためには，$a^* = s$ のときに同時に3つの必要条件が満たされることを示せばよい。

ところで，(11.21)，(11.25) 式をそれぞれ a で偏微分すると

$$\Pi_a(a, \xi; s) = -(1 - e^{-\xi})(v(a) - s)g(a)$$

$$V_a(a, \xi) = -(1 - F(a))e^{-\xi(1 - F(a))}$$

であるから，(11.26) 式にそれぞれ代入すると

$$-(1 - e^{-\xi^*})(v(s) - s)g(s) - \lambda^*(1 - F(s))e^{-\xi^*(1 - F(s))} = 0$$

となり，さらに (11.22)，(11.23) 式を代入すると，

$$(1 - e^{-\xi^*})\left(\frac{1 - F(s)}{f(s)}\right)\frac{\xi^* e^{-\xi^*(1 - F(s))} f(s)}{1 - e^{-\xi^*}} - \lambda^*(1 - F(s))e^{-\xi^*(1 - F(s))} = 0$$

となる。整理すると

$$(\xi^* - \lambda^*)(1 - F(s))e^{-\xi^*(1-F(s))} = 0$$

となるので，$\lambda^* = \xi^*$ であることがわかる。

(11.27) 式も同時に成り立っていなければならない。(11.21) 式を ξ で微分すると，

$$\Pi_\xi(a, \xi) = \int_a^1 (v(x) - s)e^{-\xi(1-F(x))}f(x)\,dx$$
$$-\xi \int_a^1 (v(x) - s)(1 - F(x))e^{-\xi(1-F(x))}f(x)\,dx$$

であるから，最適な点 (s, ξ^*) において

$$\Pi_\xi(s, \xi^*) = \int_s^1 (v(x) - s)e^{-\xi^*(1-F(x))}f(x)\,dx$$
$$-\xi^* \int_s^1 (v(x) - s)(1 - F(x))e^{-\xi^*(1-F(x))}f(x)\,dx$$
$$= \int_s^1 \left(x - \frac{1 - F(x)}{f(x)} - s\right)e^{-\xi^*(1-F(x))}f(x)\,dx$$
$$-\xi^* \int_s^1 \left(x - \frac{1 - F(x)}{f(x)} - s\right)(1 - F(x))e^{-\xi^*(1-F(x))}f(x)\,dx$$
$$= \int_s^1 \left(x - \frac{1 - F(x)}{f(x)} - s\right)e^{-\xi^*(1-F(x))}f(x)\,dx$$
$$-\xi^* \int_s^1 (x - s)(1 - F(x))e^{-\xi^*(1-F(x))}f(x)\,dx$$
$$+\xi^* \int_s^1 (1 - F(x))^2 e^{-\xi^*(1-F(x))}dx \tag{11.29}$$

となる。ところで，(11.29) 式右辺の第 2 項は

$$\xi^* \int_s^1 (x - s)(1 - F(x))e^{-\xi^*(1-F(x))}f(x)\,dx$$
$$= \left[(x - s)(1 - F(x))e^{-\xi^*(1-F(x))}\right]_s^1$$
$$-\int_s^1 \left((1 - F(x)) - (x - s)f(x)\right)e^{-\xi^*(1-F(x))}dx$$
$$= \int_s^1 \left(x - \frac{1 - F(x)}{f(x)} - s\right)e^{-\xi^*(1-F(x))}f(x)\,dx$$

で，(11.29) 式右辺の第 1 項に等しくなり，互いに打ち消し合う。

また，（11.16）式を ξ で偏微分すると

$$V_\xi(a, \xi) = -\int_a^1 (1-F(x))^2 e^{-\xi(1-F(x))} dx$$

であるから，最適な点 (s, ξ^*) で，

$$V_\xi(s, \xi^*) = -\int_s^1 (1-F(x))^2 e^{-\xi^*(1-F(x))} dx$$

が成り立つ。したがって（11.29）式右辺の第3項は，$\xi^* = \lambda^*$ であること
を考慮すると，

$$\xi^* \int_s^1 (1-F(x))^2 e^{-\xi^*(1-F(x))} dx = -\lambda^* V_\xi(s, \xi^*)$$

となり，（11.29）式は

$$\Pi_\xi(s, \xi^*) = -\lambda^* V_\xi(s, \xi^*)$$

となる。つまり，

$$\Pi_\xi(s, \xi^*) + \lambda^* V_\xi(s, \xi^*) = 0$$

となり，$a^* = s$ のときに必要条件の（11.27）式が成り立つことがわかる。
また，（11.28）式より，それに対応する ξ^* が決まる。

さらに A-G-V は，11.3.2 項の利得同等を念頭に置きながら，命題として
まとめている。

命題 $a \geq s$ を満たす価格を提示するとき，同質の売り手からなるモデルで
は均衡が存在する。そのような均衡はすべて利得同等となっている。さらに，
売り手が s よりも低い価格を提示するような均衡は存在しない。

(4) 比較静学

売り手が同質のとき，均衡は無数存在し，均衡のすべてにおいて利得同等
となる。均衡における性質を調べるために，すべての売り手が $a = s$ を提示
するケースについて，売却確率と平均売却価格を θ と s のパラメータとして

計算している。これまで買い手のポアソン到着率 ξ は売り手の戦略的な変数として扱ってきたが，ここでは市場の逼迫度を示す θ として外生的に取り扱っている。

　s 以上をもつ買い手が特定の物件にやってくるときのポアソン到着率は $\theta(1-F(s))$ であるから，その物件が売れ残る確率は $e^{-\theta(1-F(s))}$ である。したがってその物件が売却される確率 $\Pr(\text{sale})$ は，

$$\Pr(\text{sale}) = 1 - e^{-\theta(1-F(s))}$$

である。そこで θ で微分すると，

$$\frac{\partial \Pr(\text{sale})}{\partial \theta} = (1-F(s))\, e^{-\theta(1-F(s))} > 0$$

となり，逼迫度 θ が増すと売却確率は上昇する。

　また，s で微分すると，

$$\frac{\partial \Pr(\text{sale})}{\partial s} = -\theta f(s)\, e^{-\theta(1-F(s))} < 0$$

となり，売り手が留保価格を高めに設定すればするほど，言い換えれば，あまり焦らずに交渉に挑むようであれば，売却確率は低下する。

　次に，物件が売却されるときの期待価格を求めよう。11.3.2 項で求めた (11.13) 式は，(11.22) 式を用いて $n\int_0^1 v(x)\,G(x)\,f(x)\,dx$ と書くことができる。買い手の数は 0 人から無限大まで考えられ，取引は留保価格 s よりも高くなることを考慮すると，売り手の期待収入額は

$$
\begin{aligned}
\sum_{n=0}^{\infty} & \frac{\theta^n e^{-\theta}}{n!} \left\{ n\int_s^1 v(x)\,G(x)\,f(x)\,dx \right\} \\
&= \int_s^1 v(x) \sum_{n=0}^{\infty} \frac{\theta^{n-1} e^{-\theta}}{(n-1)!} (F(x))^{n-1} f(x)\,dx \\
&= \theta \int_s^1 v(x)\, e^{-\theta(1-F(x))} \sum_{n=0}^{\infty} \frac{e^{-\theta F(x)}(\theta F(x))^{n-1}}{(n-1)!} f(x)\,dx \\
&= \theta \int_s^1 v(x)\, e^{-\theta(1-F(x))} f(x)\,dx
\end{aligned}
$$

となる。売り手の期待収入額は，物件が売却されたときの平均取引価格

$\Pr(\text{sale})E[P]$ に等しい,すなわち,

$$\left(1-e^{-\theta(1-F(s))}\right)E[P] = \theta\int_s^1 v(x)\,e^{-\theta(1-F(x))}f(x)\,dx$$

である。よって,平均取引価格は

$$E[P] = \frac{\theta\int_s^1 v(x)\,e^{-\theta(1-F(x))}f(x)\,dx}{1-e^{-\theta(1-F(s))}}$$

となる。また,これは (11.23) 式より

$$E[P] = \frac{\int_s^1 v(x)\,g(x)\,dx}{\int_s^1 g(x)\,dx}$$

と書くことができる[4]。

そこで s で微分すると,

$$\frac{\partial E[P]}{\partial s} = \frac{-v(s)\,g(s)\int_s^1 g(x)\,dx + g(s)\int_s^1 v(x)\,g(x)\,dx}{\left(\int_s^1 g(x)\,dx\right)^2}$$

$$= \frac{g(s)\int_s^1 (v(x)-v(s))\,g(x)\,dx}{\left(\int_s^1 g(x)\,dx\right)^2} > 0$$

を得る。$\partial E[P]/\partial s$ が正であるのは,$v(x)$ は単調増加関数だからである。留保価格 s を高く設定すればするほど,言い換えれば,あまり焦らずに交渉に挑むようであれば,期待売却価格は上昇する。

また,θ で微分すると,$g(x;\theta)/\int_s^1 g(x;\theta)\,dx$ が θ について第 1 次確率優位であれば,すなわち,$\theta' > \theta$ であればすべての $x \in (s,1)$ について $g(x;\theta')/\int_s^1 g(x;\theta')\,dx < g(x;\theta)/\int_s^1 g(x;\theta)\,dx$ が言えれば,

---

4) $\int_s^1 g(x)\,dx = \dfrac{\xi}{1-e^{-\xi}}\int_s^1 e^{-\xi(1-F(x))}f(x)\,dx = \dfrac{\xi}{1-e^{-\xi}}\left[\dfrac{e^{-\xi(1-F(x))}}{\xi}\right]_s^1 = \dfrac{1-e^{-\xi(1-F(s))}}{1-e^{-\xi}}$ である。

$$\frac{\partial E[P]}{\partial \theta} > 0$$

であることが証明される。市場が逼迫すればするほど，期待売却価格は上昇する。

(5) 効率的な参入

Han and Strange（2016）の部分均衡分析から一般均衡分析への拡張を図る A-G-V にとって，競争的オークションは効率的かという問題が残されている。A-G-V では証明が省略されているが，Albrecht, Gautier, and Vroman（2014a, b）は，売り手が第 2 価格オークションの最低価格の提示によって競争的に行動する場合，売り手の自由な参入によってもたらされる均衡は効率的であることを示した。この点を Albrecht, Gautier, and Vroman（2013, 2014a, b）の論文を参考にして確認しておく。

留保価格（すでに見たように，最低競売価格でもある）を s とするオークションによる期待余剰を $\Lambda(s, \theta; s)$ とする。買い手がいない場合，すなわち $n = 0$ のとき，$\Lambda(s, \theta; s) = s$ である。買い手が n 人（$n \geq 1$）いる場合の期待余剰 $\Lambda(s, \theta; s)$ は，

$$\begin{aligned}
\Lambda(s, \theta; s) &= \int_s^1 x d\left(\frac{F(x) - F(s)}{1 - F(s)}\right)^n \\
&= \left[x\left(\frac{F(x) - F(s)}{1 - F(s)}\right)\right]_s^1 - \int_s^1 \left(\frac{F(x) - F(s)}{1 - F(s)}\right)^n dx \\
&= 1 - \int_s^1 \left(\frac{F(x) - F(s)}{1 - F(s)}\right)^n dx
\end{aligned}$$

となる。この売り手にやってくる買い手の数はパラメータ $\theta(1 - F(s))$ とするポアソン分布に従うので，期待利得は

$$\begin{aligned}
\Lambda(s, \theta; s) &= se^{-\theta(1 - F(s))} \\
&\quad + e^{-\theta(1 - F(s))} \sum_{n=1}^{\infty} \frac{(\theta(1 - F(s)))^n}{n!} \left(1 - \int_s^1 \left(\frac{F(x) - F(s)}{1 - F(s)}\right)^n dx\right) \\
&= se^{-\theta(1 - F(s))} + e^{-\theta(1 - F(s))} \sum_{n=1}^{\infty} \frac{(\theta(1 - F(s)))^n}{n!}
\end{aligned}$$

$$-e^{-\theta(1-F(s))}\sum_{n=1}^{\infty}\frac{(\theta(1-F(s)))^n}{n!}\int_s^1\left(\frac{F(x)-F(s)}{1-F(s)}\right)^n dx$$

$$= se^{-\theta(1-F(s))}+\sum_{n=1}^{\infty}\frac{e^{-\theta(1-F(s))}(\theta(1-F(s)))^n}{n!}$$

$$-\int_s^1 e^{-\theta(1-F(x))}\sum_{n=1}^{\infty}\frac{e^{-\theta(F(x)-F(s))}(\theta(F(x)-F(s)))^n}{n!}dx$$

$$= se^{-\theta(1-F(s))}+\left(1-e^{\theta(1-F(s))}\right)-\int_s^1 e^{-\theta(1-F(x))}\left(1-e^{-\theta(F(x)-F(s))}\right)dx$$

$$= se^{-\theta(1-F(s))}+\left(1-e^{\theta(1-F(s))}\right)-\int_s^1 e^{-\theta(1-F(x))}dx+e^{-\theta(1-F(s))}(1-s)$$

$$= 1-\int_s^1 e^{-\theta(1-F(x))}dx$$

となる。$\Lambda(s,\theta;s)$ を θ で微分すると，

$$\frac{\partial \Lambda(s,\theta;s)}{\partial\theta}=\int_s^1(1-F(x))e^{-\theta(1-F(x))}dx$$

となり，(11.16) 式より

$$\frac{\partial \Lambda(s,\theta;s)}{\partial\theta}=V(s,\theta) \tag{11.30}$$

が成り立つ。

　このオークションの期待利得 $\Lambda(s,\theta,s)$ は，売り手の期待利得とこのオークションに参加する買い手の期待人数に買い手の期待利得をかけたもので，(11.16)，(11.20) 式からも導出できる。なるほど，

$$\Lambda(s,\theta;s)=\theta V(s,\theta)+\Pi(s,\theta;s)$$

$$=\theta\int_s^1(1-F(x))e^{-\theta(1-F(x))}dx$$

$$+s+\theta\int_s^1\left(x-\frac{1-F(x)}{f(x)}-s\right)e^{-\theta(1-F(x))}f(x)\,dx$$

$$=s+\theta\int_s^1(x-s)e^{-\theta(1-F(x))}f(x)\,dx$$

$$=s+\theta\int_s^1 xe^{-\theta(1-F(x))}f(x)\,dx-\theta s\int_s^1 e^{-\theta(1-F(x))}f(x)\,dx$$

$$=s+\left\{[xe^{-\theta(1-F(x))}]_s^1-\int_s^1 e^{-\theta(1-F(x))}dx\right\}-s[e^{-\theta(1-F(x))}]_s^1$$

$$= s + \left\{1 - se^{-\theta(1-F(s))} - \int_s^1 e^{-\theta(1-F(x))}dx\right\} - s\left(1 - e^{-\theta(1-F(s))}\right)$$

$$= 1 - \int_s^1 e^{-\theta(1-F(x))}dx$$

となることが確かめられる。

そこで，$\Lambda(s, \theta; s)$ を θ で微分すると

$$\frac{\partial \Lambda(s, \theta; s)}{\partial \theta} = V(s, \theta) + \theta V_\theta(s, \theta) + \Pi_\theta(s, \theta)$$

となる。したがって，(11.30) 式が言えるためには，

$$\theta V_\theta(s, \theta) + \Pi_\theta(s, \theta; s) = 0 \tag{11.31}$$

でなければならない。

この条件は，均衡においては売り手 1 人あたりの人数が増えると，それにともなう売り手の期待利得の増加は，すでに存在していた買い手の利得の減少によってちょうど相殺されるというものである。ところで，各売り手は制約付きの期待利得を最大化するように行動する結果，(11.27) 式より，均衡において (11.31) 式は常に成り立つ。よって，同質の売り手が市場に自由に参入するとき，達成される均衡は効率的であることがわかる。

11.4　おわりに

住宅市場において住宅価格がどのように決定されるかという問題は，1990年代に入るまではストック＝フローアプローチを中心とする分析によるのが主流であった。しかし，実際には住宅市場（不動産市場と言ってもよい）はワルラス的な均衡ではなく，むしろ労働市場と似た性格をもっているため，1970年代に労働市場の分析で注目を集めたサーチ理論を住宅市場にも応用しようとする動きが見られるようになった。

Wheaton（1990）は，サーチ理論を最初に住宅市場分析に応用した論文とされている。しかし，「はじめに」でも述べたように，Wheaton のサーチ理論では売り手と買い手との取引はランダム・マッチングによるもので，そこには交渉やオークションの余地はない。むしろ売り手と買い手との交渉や

オークションによって取引がなされる方がより現実的であり，サーチ理論に交渉やオークションの要素を取り込むことは自然の成り行きである。

　本章は，交渉やオークション理論を住宅市場の分析に応用した論文の中でも，とくに提示価格の役割に重点を置いた3本の論文のサーベイを行った。しかし残念ながら，本章では取り上げることができなかったものがある。1つはA-G-V論文で扱われた売り手が2タイプいる場合の提示価格の役割に関するもので，シグナリング・ゲームを応用したものである。もう1つはまだディスカッション・ペーパーの段階ではあるが，住宅市場がバブル崩壊の状態にあるとき提示価格が住宅価格の硬直性にどう関与するかを分析したRekkas, Wright, and Zhu（2020）の論文である。これらについては今後の課題としたい。

参考文献

〔邦語〕

中神康博（2018）「住宅市場と価格変動について」Seikei University Discussion Paper Series No.147, Faculty of Economics, Seikei University。

中神康博（2021）「サーチ理論と住宅市場について」Seikei University Discussion Paper Series No.159, Faculty of Economics, Seikei University。

中神康博（2023）「サーチにおける提示価格の役割について」Seikei University Discussion Paper Series No.174, Faculty of Economics, Seikei University。

〔英語〕

Albrecht, J., P. A. Gautier, and S. Vroman（2013）"Efficiency Entry in Competing Auctions," mimeo.

Albrecht, J., P. A. Gautier, and S. Vroman（2014a）"Efficiency Entry in Competing Auctions," mimeo.

Albrecht, J., P. A. Gautier, and S. Vroman（2014b）"Efficiency Entry in Competing Auctions," *American Economic Review*, 104(10), pp.3288-3296.

Albrecht, J., P. A. Gautier, and S. Vroman（2016）"Directed Search in the Housing Market," *Review of Economic Dynamics*, 19, pp.218-231.

Arnold, M. A.（1999）"Search, Bargaining and Optimal Asking Prices," *Real Estate Economics*, 27(3), pp.453-481.

Bulow, J. and J. Roberts（1989）"The Simple Economics of Optimal Auctions," *Journal of Political Economy*, 97(5), pp.1060-1090.

Case, K. E. and R. J. Shiller（1988）"The Behavior of Home Buyers in Boom and Post-Boom Markets," *New England Economic Review*, November/December, pp.29-46.

Case, K. E. and R. J. Shiller (2003) "Is There a Bubble in the Housing Market," *Brookings Papers on Economic Activity*, 2, pp.299-362.

Chen, Y. and R. W. Rosenthal (1996a) "On the Use of Ceiling-Price Commitments by Monopolists," *RAND Journal of Economics*, 27(2), pp.207-220.

Chen, Y. and R. W. Rosenthal (1996b) "Asking Prices as Commitment Devices," *International Economic Review*, 37(1), pp. 129-155.

Han, L. and W. C. Strange (2016) "What is the Role of the Asking Price for a House?" *Journal of Urban Economics*, 93, pp.115-130.

Krishna, V. (2010) *Auction Theory*, Second Edition, Elsevier.

Rekkas, M., R. Wright, and Y. Zhu (2020) "How Well Does Search Theory Explain Housing Prices?" mimeo.

Riley, J. and W. Samuelson (1981) "Optimal Auctions," *American Economic Review*, 71(3), pp.381-392.

Rubinstein, A. (1982) "Perfect Equilibrium in a Bargaining Model," *Econometrica*, 50(1), pp.97-108.

Shaked, A. and J. Sutton. (1984) "Involuntary Unemployment as a Perfect Equilibrium in a Bargaining Model," *Econometrica*, 52(6), pp.1351-1364.

Wheaton, W. C. (1990) "Vacancy, Search, and Prices in a Housing Market Matching Model," *Journal of Political Economy*, 98(6), pp.1270-1292.

pp.29-46.

Case, K. E. and R. J. Shiller (2003) "Is There a Bubble in the Housing Market," *Brookings Papers on Economic Activity*, 2, pp.299-362.

Chen, Y. and R. W. Rosenthal (1996a) "On the Use of Ceiling-Price Commitments by Monopolists," *RAND Journal of Economics*, 27(2), pp.207-220.

Chen, Y. and R. W. Rosenthal (1996b) "Asking Prices as Commitment Devices," *International Economic Review*, 37(1), pp. 129-155.

Han, L. and W. C. Strange (2016) "What is the Role of the Asking Price for a House?" *Journal of Urban Economics*, 93, pp.115-130.

Krishna, V. (2010) *Auction Theory*, Second Edition, Elsevier.

Rekkas, M., R. Wright, and Y. Zhu (2020) "How Well Does Search Theory Explain Housing Prices?" mimeo.

Riley, J. and W. Samuelson (1981) "Optimal Auctions," *American Economic Review*, 71(3), pp.381-392.

Rubinstein, A. (1982) "Perfect Equilibrium in a Bargaining Model," *Econometrica*, 50(1), pp.97-108.

Shaked, A. and J. Sutton. (1984) "Involuntary Unemployment as a Perfect Equilibrium in a Bargaining Model," *Econometrica*, 52(6), pp.1351-1364.

Wheaton, W. C. (1990) "Vacancy, Search, and Prices in a Housing Market Matching Model," *Journal of Political Economy*, 98(6), pp.1270-1292.

第 11 章　提示価格の役割　　475

中神康博（なかがみ・やすひろ）

1957 年，宮崎県生まれ。1981 年，慶應義塾大学経済学部卒業。1989 年，カリフォルニア大学サンディエゴ校博士課程修了（Ph. D. in Economics）。同年，カナダ・サスカチュワン大学経済学部助教授，1992 年，成蹊大学経済学部助教授，1996 年，同教授を経て，2023 年より同特任教授。その間，カリフォルニア大学サンディエゴ校客員助教授，ブラウン大学客員研究員，客員教授などを務める。専門は都市経済学。

けいざい り ろん じゅうたく し じょう
経済理論と住宅市場

2025年 3 月25日　第 1 版第 1 刷発行

著　者……中神康博
発行所……株式会社 日本評論社

　　　　　〒170-8474　東京都豊島区南大塚 3-12-4　振替：00100-3-16
　　　　　電話：03-3987-8621（販売）　03-3987-8595（編集）
　　　　　https://www.nippyo.co.jp/

印刷所……精文堂印刷株式会社
製本所……牧製本印刷株式会社
装　幀……山崎登・蔦見初枝

©Yasuhiro NAKAGAMI, 2025
ISBN 978-4-535-54101-6